毛晋平 总主编　　教师资格考试命题研究组 组编

国家教师资格考试 专用教材

综合素质

中学

顾基平 主编

湖南师范大学出版社

图书在版编目（CIP）数据

综合素质．中学／顾基平主编．—长沙：湖南师范大学出版社，2018.6
国家教师资格考试专用教材
ISBN 978 - 7 - 5648 - 3251 - 3

Ⅰ.①综…　Ⅱ.①顾…　Ⅲ.①教师素质—中学教师—资格考试—教材
Ⅳ.①G451.6

中国版本图书馆 CIP 数据核字（2018）第 120479 号

综合素质（中学）

Zonghe Suzhi (Zhongxue)

顾基平　主编

◇策划组稿：宋　瑛
◇责任编辑：宋　瑛
◇责任校对：李　航
◇出版发行：湖南师范大学出版社
　　　　　　地址：长沙岳麓山　邮编：410081
　　　　　　电话：0731 - 88873070　88873071　传真：0731 - 88872636
　　　　　　网址：http：//press. hunnu. edu. cn
◇经销：湖南省新华书店
◇印刷：长沙超峰印刷有限公司
◇开本：787 mm×1092 mm　1/16
◇印张：21
◇字数：550 千字
◇版次：2018 年 6 月第 1 版　2018 年 6 月第 1 次印刷
◇书号：ISBN 978 - 7 - 5648 - 3251 - 3
◇定价：49.00 元

如有印装质量问题，请与承印厂调换

前 言
FOREWORD

随着教师社会地位和经济待遇的持续提高，越来越多的优秀人才选择教师职业。教师资格是国家对专门从事教育教学工作人员的基本要求，是公民应聘教师职位、从事教师工作的前提条件。《中华人民共和国教育法》与《中华人民共和国教师法》都明确规定：凡在各级各类学校和其他教育机构从事教育教学工作的教师，必须具有相应的教师资格。而公民要想获得教师资格，首先必须参加由教育部统一组织的国家教师资格考试（俗称"国考"），只有顺利通过了这项考试，才有机会成为一名受人尊敬的人民教师。

目前，国家教师资格考试分为幼儿园、小学、中学三个学段，所获得的教师资格也依次对应幼儿园教师、小学教师、中学教师。在校大学专科生大二、大三，本科生大三、大四才能报考；社会人员如具有专科及以上学历，也可以报考。具体考试科目如下：

类　别	笔试科目（全国统一考试）			面试
	科目一	科目二	科目三	（市、县教育局）
幼 儿 园	综合素质（幼）	保教知识与能力		
小　学	综合素质（小）	教育教学知识与能力		
初级中学	综合素质（中）	教育知识与能力	学科知识与教学能力	
高级中学			学科知识与教学能力	
中　职			各省自行组织	

注1：初级中学科目三"学科知识与教学能力"，由考生从语文、数学、英语、思想品德（政治）、历史、地理、物理、化学、生物、音乐、体育与健康、美术、信息技术、科学、历史与社会等15个学科中任选其一。

注2：高级中学科目三"学科知识与教学能力"，由考生从语文、数学、英语、思想品德（政治）、历史、地理、物理、化学、生物、音乐、体育与健康、美术、信息技术、通用技术等14个学科中任选其一。

注3：幼儿园面试不分科目，小学面试科目分为语文、英语、社会、数学、科学、音乐、体育、美术，中学面试科目与科目三相一致。

国家教师资格考试分为笔试和面试两部分，笔试合格后才能参加面试。笔试主要考查申请人从事教师职业所应具备的教育理念、职业道德、法律法规知识、科学文化素养、阅读理解、语言表达、逻辑推理和信息处理等基本能力，教育教学、学生指导和班级管理的基本知识，拟任教学科领域的基本知识，教学设计实施评价的知识和方法，运用所学知识分析和解决教育教学实际问题的能力。

面试通过结构化面试、情景模拟等方式进行，考生需要经过抽题、备课、试讲、答辩等环节，主要考核申请人的职业认知、心理素质、仪表仪态、言语表达、思维品质等教师基本素养和教学设计、教学实施、教学评价等教学基本技能。

为了帮助考生顺利通过国家教师资格考试，我们组织该领域多位资深专家为考生量身打造了此套备考教材。该教材具有以下几个方面的显著特色。

特色一：内容精练。严格依据最新国家教师资格考试标准、考试大纲以及历年真题的实际出题范围编订教材内容，既保证考生在复习中不遗漏知识点，迅速把握重难点，又不增加考生的负担，让其在有限时间内取得最优化的学习效果。另外，每册教材免费附送近年来真题试卷及参考答案。

特色二：通俗易懂。在编写过程中，每个知识点我们都力求用清晰明了的语言进行阐释，相关知识点进行拓展，容易混淆的知识点还专门进行对比。各知识点附上已经考过的真题、答案和解析，有助于考生理解和记忆，提高实战能力，并大致预测该知识点在下次考题中出现的可能性。

特色三：后发优势。国家教师资格考试自2011年试点到全国进入统考，已经积累了很多经验，业已形成较为稳定的命题模式、高频度考点以及与此配套的各类考试辅导资料。此套教材编写相对较晚，这样就有机会锁定考点，参阅当前各种主流辅导资料，去粗取精，以最简洁的内容和形式呈现给考生，为其顺利通过考试助一臂之力。

编　者

考情分析

"综合素质"是中学教师资格考试的统考科目之一，主要考查申请教师资格人员的知识、能力和素养。考试内容包括：职业理念、教育法律法规、教师职业道德规范、文化素养和基本能力。题目的综合和实践性较强，对考生综合能力要求较高。

一、考点分析

（一）职业理念

职业理念包括教育观、学生观和教师观。主要考点为素质教育观、"以人为本"的学生观和新课改背景下的教师观。一般以单项选择题和材料分析题的形式出现。其中素质教育观的内涵、"以人为本"学生观的内涵和新课改背景下教师的角色和行为是职业理念模块中的高频考点。

（二）教育法律法规

教育法律法规包括有关教育的法律法规、教师的权利和义务、学生的权利保护。主要考点为《教育法》、《义务教育法》、《教师法》、《未成年人保护法》、《预防未成年人犯罪法》、《学生伤害事故处理办法》、《国家中长期教育改革和发展规划纲要（2010—2020）》、教师的权利和义务、学生权利保护等。高频考点主要集中在教育法律法规中的限制性条款、划定责任条款、权利义务条款及学生的权利保护等方面。本模块考试目前主要是考单项选择题，未来也不排除会以材料分析题的形式出现。

（三）教师职业道德规范

教师职业道德规范包括教师职业道德和教师职业行为。主要考点为《中小学教师职业道德规范》（2008年修订）、《中小学班主任工作条例》及教育活动中教师人际关系的处理。一般以单项选择题和材料分析题的形式出现。其中，《中小学教师职业道德规范》（2008年修订）和教师人际关系的处理是其高频考点。

（四）文化素养

文化素养包括历史素养、科学素养、传统文化素养、文学素养和艺术素养。主要考点为中外历史常识、中外科技代表人物和成就、科学常识、中国传统文化常识、中外文学常识、中外艺术成就和常识等。本模块内容繁多，考点分散，高频考点一般集中在基础性、常识性、重大性、标志性、代表性等方面的人物、活动、事件、事物或作品上。一般以单项选择题的形式出现。

（五）基本能力

基本能力包括信息处理能力、逻辑思维能力、阅读理解能力和写作能力。其中阅读理解能力和写作能力为重要考点，所占分值比重较大，分别以材料分析题和写作题的形式出现。而信息处理能力和逻辑思维能力所占分值比重较小，主要考查 Office（Word、Excel、PowerPoint）的简单操作、概念推理、复合命题推理以及类比推理、图形推理、数字推理等，一般是考单项选择题。

二、题型解读

从历年统考真题来看，考试题型基本稳定，分为单项选择题、材料分析题和写作题三种题型，考试时间为 120 分钟，总分值为 150 分，题型、题量、分值具体分布如下：

题型	题量	每题分值	总分	合计
单项选择题	29	2	58	
材料分析题	3	14	42	150 分
写作题	1	50	50	

（一）单项选择题

单项选择题覆盖面较广，总题量稳定在 29 题，总分值 58 分，约占试卷总分值的 39%。在历年真题中，各个模块题量基本稳定，其中职业理念 4 题左右、教育法律法规 8 题左右、教师职业道德规范 4 题左右、文化素养 9 题、信息处理能力 2 题、逻辑推理能力 2 题。

在职业理念、教育法律法规和教师职业道德规范三个模块，单项选择题一般以教育教学情境的形式出现，让考生从理论和实践相结合的角度去进行分析、判断和选择。文化素养模块没有太多规律可循，考题形式多样，既有对单个考点的考查，也有对多个相近考点的区别和联系考查，但一般以基础知识和常识为主。信息处理能力主要考查 Office（Word、Excel、PowerPoint）的实际操作，逻辑推理能力原来主要考查概念推理和复合命题推理，近几年则增加了类比推理、图形推理、数字推理等形式。

（二）材料分析题

材料分析题在历年综合素质统考中均为 3 题，且分布相对稳定，其中职业理念 1 题，教师职业道德规范 1 题，阅读理解能力 1 题。总分值 42 分，约占试卷总分值的 28%。

在职业理念和教师职业道德规范模块，材料分析题一般都是给出一段教育教学情境，让学生从职业理念或教师职业道德的角度对材料中教师的教学行为进行评析。至于阅读理解能力模块，一般是从一些报刊或者名人名家的作品中选取一篇或节选 600 ~ 700 字的小散文或议论文形成题干的材料部分，然后从对文中重要概念或句子含义的理解和对文中观点和态度的理解两个方面设置问题。

（三）写作题

写作题一般是阅读所给材料，根据要求写一篇不少于 1000 字的文章，分值为 50 分，约占试卷总分值的 33%。

综合素质考试中的写作题和普通作文不同，虽然题目要求角度自选、立意自定、标题自拟，但所给材料往往与教育理念或教师职业有关，需要考生综合考虑、仔细审题。

目 录
CONTENTS

第一章

职业理念

本章考试要点

1. 教育观

理解国家实施素质教育的基本要求。

掌握在学校教育中开展素质教育的途径和方法。

依据国家实施素质教育的基本要求，分析和评判教育现象。

2. 学生观

理解"人的全面发展"的思想。

理解"以人为本"的涵义，在教育教学活动中做到以学生的全面发展为本。

运用"以人为本"的学生观，在教育教学活动中公正地对待每一个学生，不因性别、民族、地域、经济状况、家庭背景和身心缺陷等歧视学生。

设计或选择丰富多样、适当的教育教学活动方式，因材施教，以促进学生的个性发展。

3. 教师观

了解教师专业发展的要求。

具备终身学习的意识。

在教育教学过程中运用多种方式和手段促进自身的专业发展。

理解教师职业的责任与价值，具有从事教育工作的热情与决心。

第一节

教育观

教育观是指人们对教育这一事物以及它与其他事物关系的看法。具体来说，就是人们对教育者、教育对象、教育内容、教育方法等教育要素及其属性和相互关系的认识，还有人们对教育与其他事物相互关系的看法，以及由此派生出的对教育的作用、功能、目的等各方面的看法。教育观的核心是教育目的，即"教育为了什么"。

教育观一般针对教师而言，即教师对教育持有的看法和态度，它与教师个人的成长背景、学习经历、知识结构等多种因素有关，因而具有主观性和个体性，而且处于不断形成和修正过程之中。

就教育观的类型而言，目前我国基础教育阶段主要存在两种教育观，即"素质教育观"和"应试教育观"。

一、素质教育概述

（一）素质教育的含义

素质教育是指依据人的发展和社会发展的实际需要，以全面提高全体学生的基本素质为根本目的，以尊重学生主体性和主动精神，注重开发人的智慧潜能，注重形成人的健全个性为根本特征的教育。

1997年10月29日，原国家教委关于印发《关于当前积极推进中小学实施素质教育的若干意见》的通知指出："素质教育是以提高民族素质为宗旨的教育。它是依据《教育法》规定的国家教育方针，着眼于受教育者及社会长远发展的要求，以面向全体学生、全面提高学生的基本素质为根本宗旨，以注重培养受教育者的态度、能力，促进他们在德智体等方面生动、活泼、主动地发展为基本特征的教育。"

1999年6月13日，中共中央、国务院《关于深化教育改革，全面推进素质教育的决定》指出："实施素质教育，就是全面贯彻党的教育方针，以提高国民素质为根本宗旨，以培养学生的创新精神和实践能力为重点，造就'有理想、有道德、有文化、有纪律'的、德智体美等全面发展的社会主义事业建设者和接班人。"

具体来说，素质教育包含以下几层含义：

1. 素质教育是以提高国民素质为根本宗旨的教育

素质教育是以人的素质发展为核心的教育。提高国民素质是实施素质教育的根本宗旨和总目标。要实现中华民族的伟大复兴，就必须提高我国国民的整体素质，即提高整个中华民族的思想道德素质、科学文化素质、身体心理素质、审美素质和劳动技能素质等。

2. 素质教育是面向全体学生的教育

素质教育倡导人人有受教育的权利，强调在教育中每个人都得到发展，而不是只注重一部分人，更不是只注重少数人的发展。每个人都得到发展，不仅是民主的基本理念，也是每个人的基本权利。

3. 素质教育是促进学生全面发展的教育

素质教育是以人的全面发展思想为指导，并在全面发展教育的基础上提出的。素质教育全面发展教育在我国新时期的具体落实与深化，二者在教育目的和人才培养目标方面本质上一致。实施素质教育就是通过德育、智育、体育、美育、劳动技术教育的有机结合来实现学生在德智体美劳等方面的全面发展。

真题链接

班主任马老师常对学生说："先学做人，后学做事，社会需要的是身体健康、和谐发展的建设者和接班人，而不是只会死读书的'呆子'。"这表明马老师具有（　　）。

A. 开拓创新的理念　　　　　　　　B. 素质教育的理念

C. 自主发展的意识　　　　　　　　D. 因材施教的意识

答案：B。

4. 素质教育是促进学生个性发展的教育

从对所有学生的共同要求来看，素质教育必须促进学生全面发展。但每一个学生都有其独特性，不同的认知特征、不同的欲望需求、不同的兴趣爱好、不同的价值取向、不同的创造潜能导致学生个性迥异、千差万别，因此，素质教育又必须考虑学生的个性差异，充分发展学生的个性。

5. 素质教育是以培养学生创新精神和实践能力为重点的教育

创新是一个民族进步的灵魂，是国家兴旺发达的不竭动力。创新精神是一个现代人应该具备的素质，而培养具有创新精神和能力的新一代人才，则是素质教育的时代特征。创新能力不仅是一种智力特征，更是一种人格特征，是一种精神状态。创新精神和实践能力的培养是素质教育的核心，是素质教育区别于应试教育的根本所在，也是现代教育区别于传统教育的根本所在。

真题链接

材料分析题：李老师是一名中学美术老师，他常常说："美术课堂不仅要教会学生画画，还应该培养学生更多的能力。"有一次，在和学生聊天时，李老师听说学生家里都有不少闲置的废旧衣物，弃之可惜，留之占地。于是，李老师组织了"变旧为新"创意大赛，号召大家收集家里无用的旧衣物，将其进行改造。这一活动吸引了很多学生和家长参与，有的学生将旧衣服改成符合时尚潮流又具有独特魅力的新衣服；有的学生将旧衣物裁剪成布条、布块，制作成灯笼、小布娃等布艺饰品……学生们给旧衣物赋予了新的功能和价值，制作出缤纷多彩的作品。

在教学中，李老师经常运用绘图技术进行视觉教学，听音乐作画、古诗词意境配画等。他还带学生去郊外写生。每年市里举办美术展览，他都带学生去参观，引导学生仔细观察、用心体会。李老师的美术课成了学生追捧的热门课，他个人也被称为学校最受学生喜爱的"十大明星老师"之一。

问题：请结合材料，从教育观的角度，评析李老师的教育行为。

参考答案：

李老师的教育教学行为践行了科学的素质教育观。

（1）李老师的教育教学行为体现了素质教育是促进学生全面发展的教育。李老师在教授学生美术知识的同时，还积极组织变废为宝等各项课余活动，拓展了学生视野和其他领域的知识，促进了学生的全面发展。

（2）李老师的教育教学行为体现了素质教育是促进学生个性成长的教育。李老师在教学中能够综合运用各种教育教学技术手段，引导学生观察体会，同时开展"变旧为新"等个性化教学活动，关注学生的个性成长。

（3）李老师的教育教学行为体现了素质教育是以培养学生创新精神与实践能力为重点的教育。李老师在教学中注重培养学生动手实践能力，鼓励学生创新思维，培养了学生的创新能力。

（4）李老师的教育教学行为表明他能坚持以学习者为中心，鼓励学生参与教学，创设智力活动，激发学生的参与意识与主体意识，注重学生的思维训练和实际动手能力。

（二）素质教育的产生与发展

素质教育思想产生于 20 世纪 80 年代，主要是基于人们对应试教育弊端的认识与批判，认为应试教育不仅背离了我国的教育方针，而且不利于培养社会进步与发展所需要的人才。

其形成与发展大致可以分为三个阶段：

1. 素质教育思想的形成

1985 年 5 月，《中共中央关于教育体制改革的决定》提出："教育体制改革的根本目的是提高民族素质，多出人才，出好人才。"

1993 年 2 月，中共中央、国务院印发的《中国教育改革和发展纲要》中强调："基础教育是提高民族素质的奠基工程，必须大力加强。"并指出："中小学要由'应试教育'转向全面提高国民素质的轨道，面向全体学生，全面提高学生的思想道德、文化科学、劳动技能和身体心理素质，促进学生生动活泼地发展。办出各自的特色。"

1994 年 6 月，第二次全国教育工作会议在北京召开，李岚清副总理指出："基础教育必须从'应试教育'转到素质教育的轨道上来，全面贯彻教育方针，全面提高教育质量。"同年 8 月，《中共中央关于进一步加强和改进学校德育工作的若干意见》指出："增强适应时代发展、社会进步，以及建立社会主义市场经济体制的新要求和迫切需要的素质教育。"这是第一次在国家层面的正式文件中使用"素质教育"的概念，也标志着素质教育思想的形成。

2. 素质教育的实施

1995 年 3 月，《中华人民共和国教育法》（以下称《教育法》）提出了"发展教育事业，提高全民族的素质，促进社会主义物质文明和精神文明建设"的立法宗旨以及"培养德、智、体等方面全面发展的社会主义事业的建设者和接班人"的教育目的，说明《教育法》在立法的过程中体现了素质教育的思想。

1996 年 3 月，《中华人民共和国国民经济和社会发展"九五"计划和 2010 年远景目标纲要》明确指出："改革人才培养模式，由'应试教育'向全面素质教育转变。"

1997 年 9 月，党的十五大报告强调指出："认真贯彻党的教育方针，重视受教育者素质的提高，培养德智体等全面发展的社会主义事业的建设者和接班人。"

1997 年 10 月，原国家教委关于印发《关于当前积极推进中小学实施素质教育的若干意见》的通知提出："全面推进素质教育是中小学的紧迫任务。""实施素质教育是迎接 21 世纪挑战，提高国民素质，培养跨世纪人才的战略举措。""明确向素质教育转变的目标，树立素质教育的基本观念。素质教育是以提高民族素质为宗旨的教育。它是依据《教育法》规定的国家教育方针，着眼于受教育者及社会长远发展的要求，以面向全体学生、全面提高学生的基本素质为根本宗旨，以注重培养受教育者的态度、能力，促进他们在德智体等方面生动、活泼、主动地发展为基本特征的教育。素质教育要使学生学会做人、学会求知、学会劳动、学会生活、学会健体和学会审美，为培养他们成为有理想、有道德、有文化、有纪律的社会主义公民奠定基础。"

1998 年 12 月，教育部颁发的《面向 21 世纪教育振兴行动计划》提出："实施'跨世纪素质教育工程'，整体推进素质教育，全面提高国民素质和民族创新能力。"

3. 素质教育的全面推进与完善

1999 年 6 月，中共中央、国务院《关于深化教育改革，全面推进素质教育的决定》提出："全面推进素质教育，培养适应二十一世纪现代化建设需要的社会主义新人。""实施素质教育应当贯穿于幼儿教育、中小学教育、职业教育、成人教育、高等教育等各级各类教育，应当贯穿于学校教育、家庭教育和社会教育等各个方面。在不同阶段和不同方面应当有不同的内容和重点，相互配合，全面推进。"这标志着素质教育观已经形成了系统的思想并成为国家推进素质教育的主导思想。

2001 年 5 月，《国务院关于基础教育改革与发展的决定》提出："深化教育教学改革，扎实推进素质教育。""实施素质教育，促进学生德智体美等全面发展，应当体现时代要求。""加快构建符合素质教育要求的新的基础教育课程体系。"

2006 年 6 月，《中华人民共和国义务教育法》规定："义务教育必须贯彻国家的教育方针，实施素质教育，提高教育质量，使适龄儿童、少年在品德、智力、体质等方面全面发展，为培养有理想、有道德、有文化、有纪律的社会主义建设者和接班人奠定基础。"这是第一次明确将素质教育写入法律，表明实施素质教育已成为国家意志，从而体现了实施素质教育的法定性和长远性。

2010 年 7 月，《国家中长期教育改革和发展规划纲要（2010—2020 年）》明确提出："坚持以人为本、全面实施素质教育是教育改革发展的战略主题，是贯彻党的教育方针的时代要求，其核心是解决好培养什么人、怎样培养人的重大问题，重点是面向全体学生、促进学生全面发展，着力提高学生服务国家服务人民的社会责任感、勇于探索的创新精神和善于解决问题的实践能力。"

（三）素质教育的基本特征

1. 全体性

全体性是就教育的对象而言。素质教育的对象是全体学生，而不是少数优生或尖子生。

2. 基础性

基础性主要是指教育的内容。素质教育是为提高全民族的素质、未来劳动者素质和各级各类人才素质奠定基础的教育，即主要是让学生拥有"一般学识"，而不是进行某一专业或职业的训练从而拥有"一技之长"。

3. 全面性

全面性是指教育的目标。素质教育是为了学生德、智、体、美等方面的全面发展，是使学生学会做人、学会求知、学会劳动、学会生活、学会健体和学会审美的全面发展的教育。

4. 发展性

素质教育着眼于开发学生的潜力与潜能，并注重学生的终身可持续发展，不仅要让学生"学会"，而且要让学生"会学"，使学生学会学习、学会发展。

5. 开放性

开放性是就教育的空间而言。素质教育不再局限于课堂和书本知识，而是要积极开拓原有的教育教学空间，建立起学校教育、家庭教育、社会教育相结合的教育网络，重视利用课外的自然资源与社会资源，开展丰富多彩的活动，以利于学生素质的全面提高与和谐发展。

6. 主体性

素质教育要求尊重学生的自觉性、自主性和能动性，培养学生的主体意识，注重学生个性健康发展。

7. 创造性

素质教育特别注重培养学生的创新精神和实践能力，不提倡死记硬背、机械训练和被动接受。反对脱离实际、只重书本知识、忽视实践能力培养的现象。

（四）国家实施素质教育的基本要求

1. 面向全体

素质教育要坚持面向全体学生，依法保障适龄儿童和青少年学习和发展的权利，努力开发每个学生的特长和潜能，使每一个学生都在原有的基础上有所发展，都在天赋允许的范围内充分发展，改变那种仅以分数来衡量或评价学生的做法。

2. 促进学生全面发展

素质教育要求全面发展和整体发展，要求德、智、体、美等各方面并重，要求全面发展学生的思想政治素质、文化科学素质、劳动技能素质、身体心理素质和审美素质等。

在教学中要善于处理全面发展与因材施教的辩证关系，把群体培养目标与个体发展目标统一起来，把提高劳动者素质与培养优秀人才的任务统一起来，把合格率与优秀率结合起来，在保证合格率的基础上提高优秀率，使每个学生达到最优发展，而不是平均发展。

真题链接

1. 某校的校训是"卓越立于全面，广博产生精专"，这体现的教育理念是（　　）。

A. 开拓创新　　　　　　　　　　B. 全面发展

C. 自主发展　　　　　　　　　　D. 因材施教

答案：B。

2. 期末考试要到了，数学老师请综合实践活动课的吴老师把课时让给他上数学课，吴老师欣然同意。他们的做法（　　）。

A. 合理。体现了教师双方的意愿　　B. 不合理。不利于学生的全面发展

C. 合理。有利于提高学生的成绩　　D. 不合理。违背了团结协作的要求

答案：B。

3. 重视学生创新精神和实际能力的培养

素质教育要以培养学生的创新精神和实践能力为重点。教师在重视培养学生创新精神的同时，还要改变那种只重书本知识，忽视实践能力培养的现象。调整和改革课程体系、结构、内容，建立新的基础教育课程体系，试行国家课程、地方课程和学校课程。

改变课程过分强调学科体系、脱离时代和社会发展以及学生实际的状况。抓紧建立更新教学内容的机制，加强课程的综合性和实践性，重视实验课教学，培养学生实际操作能力。

要转变教育观念，改革人才培养模式，积极实行启发式和讨论式教学，激发学生独立思考和创新的意识，切实提高教学质量。要让学生感受、理解知识产生和发展的过程，培养学生的科学精神和创新思维习惯，重视培养学生收集处理信息的能力、获取新知识的能力、分析和解决问题的能力、语言文字表达能力以及团结协作和社会活动的能力。

高等教育要重视培养大学生的创新能力、实践能力和创业精神，普遍提高大学生的人文素养和科学素质。职业教育和成人教育要使学生在掌握必需的文化知识的同时，具有熟练的职业技能和适应职业变化的能力。

教育与生产劳动相结合是培养全面发展人才的重要途径。各级各类学校要从实际出发，加强和改进对学生的生产劳动和实践教育，使其接触自然、了解社会，培养热爱劳动的习惯和艰苦奋斗的精神。建立青少年参与社区服务和社区建设的制度。中小学要鼓励学生积极参加形式多样的课外实践活动，培养动手能力；职业学校要实行产教结合，鼓励学生在实践中掌握职业技能；高等学校要加强社会实践，组织学生参加科学研究、技术开发和推广活动以及社会服务活动，利用假期组织志愿者到城乡支工、支农、支医和支教。社会各方面要为学校开展生产劳动、科技活动和其他社会实践活动提供必要的条件，同时要加强学生校外劳动和社会实践基地的建设。

 真题链接

1. 康老师经常在班上开展"成语知识竞赛""演讲赛""辩论赛"等活动，营造运用语文知识的情境。康老师的做法有利于(　　)。

A. 提高学生实践能力　　　　　　　B. 发展学生的互补性

C. 促进教师专业发展　　　　　　　D. 减轻教师工作压力

答案：A。

2. 为了改变学生从课本中找"标准答案"的习惯，刘老师经常在课堂上设计一些开放性问题，引导学生自由讨论、探索答案。同事马老师对刘老师说："你这样会使学生思维太发散，也浪费时间，将来考试肯定会吃亏的，我从不这样做!"下列选项中正确的是(　　)。

A. 马老师的说法合理，有利于提高学生学习成绩

B. 刘老师的做法得当，有利于培养学生创新意识

C. 马老师的说法欠妥，不利于维持课堂教学秩序

D. 刘老师的做法欠妥，不利于保证正常教学进度

答案：B。解析：刘老师做法符合素质教育理念，有利于学生创新意识培养。

4. 培养学生主动精神，注重学生个性发展

素质教育强调学生创新精神的培养，这是以学生主动精神和个性发展为基础的。实施素质教育应当尊重和发展学生的主体意识和主动精神，培养和形成学生的健全个性和精神力量，使学生生动活泼的成长。为此，教师必须进行启发式教学，鼓励学生主动探索、主动思考。此外，素质教育还要求遵循教育的个性化原则，坚持因材施教。

 真题链接

历史课上，教师讲到"楚汉战争"中项羽自杀时，一个学生突然说道："项羽真是个大傻瓜！"此时教师恰当的处理方式是(　　　)。

A. 批评学生扰乱秩序　　　　　　B. 视而不见继续上课

C. 引导学生展开讨论　　　　　　D. 要求学生不乱说话

答案：C。解析：素质教育强调培养学生的主动精神，要求尊重学生的主体性。C选项"引导学生展开讨论"符合素质教育的理念。

5. 着眼于学生的终身可持续发展

终身教育是现代教育的重要标志。素质教育要着眼于学生的终身可持续发展，教是为了不教，不仅要让学生学会，更要让学生会学。素质教育不仅重视学生现在一般发展对于未来的发展价值和迁移价值，而且重视直接培养学生自我发展能力。

二、学校教育中开展素质教育的途径和方法

（一）树立素质教育理念，深化教育改革

基本普及九年义务教育和基本扫除青壮年文盲（简称"两基"），是全面推进素质教育的基础。树立素质教育理念，深化教育改革是开展素质教育的条件。

在新课改的背景下，教师必须改变传统的教育认知与观念，树立素质教育的新观念。国家要加大力度对现行基础教育进行包括教育体制、教育内容、教育途径、教育方法等方面在内的全面改革。还要多进行素质教育思想的宣传，开展讲座，对教师进行培训。

（二）提高教师队伍的水平，最大限度地发挥教师的作用

素质教育的成败，在很大程度上取决于教师。而要提高教师的综合素质，则必须做到以下几点：

1. 更新教师的教育观念

教育观念是教师素质的重要组成部分，新的教育观念包括素质教育的整体观和整体改革的方法观。它可以产生一种强大的内驱力，激励每位教师全身心投入到教育教学工作中。

2. **提高教师师德修养**

因为师德对教师的行为具有导向作用，所以提高师德修养对实施素质教育就至关重要。

3. **强化教师在职进修制度，进一步提高教师的待遇，优化学校管理**

建立优化教师队伍的有效机制，提高教师队伍的整体素质。合理配置教师资源，努力造就能够带领广大教师和教育工作者积极实施素质教育的学校领导以及管理干部队伍。只有这样，才能最大限度地发挥教师的作用。

（三）将教育目的落实到教学之中

这是素质教育对课堂教学最基本的要求。现行的课堂教学，在目标的先进性、全面性、系统性、科学性等方面，在目标的实现策略和具体操作等方面，与素质教育的基本要求还存在较大差距。因此，课堂教学不能仅仅注重对知识的理解和应用、对思想品质的培养、对一般学习能力和特殊学习能力的培养，还要重视对学生学习兴趣的激发、学习动机的培养、学习需要的满足、学习方法的指导、学习态度的端正，这些都要渗透到教学目标的要求中，并贯穿于课堂教学的每一堂课，乃至每一个环节。

（四）构建与生活、生产实际和社会发展紧密联系的学科内容体系

素质教育要通过学科教育来实现，这首先取决于教学内容。而以往的教材或教学内容过多考虑学科内容的完整性和全面性，过分追求学科体系的系统性和严谨性，比较忽视学科之间的联系以及科学与人、生活和社会的联系，因此，构建与生活、生产实际和社会发展紧密联系的学科内容体系就显得尤为迫切和关键。

新课程内容体系着力强调要培养学生良好的思想政治素质、道德品质、公民意识和社会责任感；培养学生良好的心理和健全的人格；培养学生终身学习的愿望和能力，以及创新精神和实践能力；培养学生健康的体魄和文明卫生的习惯；培养学生健康的审美观和审美能力。

（五）调动学生的主动性和积极性

全方位调动学生的主动性和积极性，保证学生学习的有效性，提高学生学习的质量，促进学生学习的良性循环，这是课堂教学的首要任务和核心课题。没有最大限度地发挥学生的潜力，没有从根本上调动全体学生学习积极性，不能真正让所有学生参与教学，不教学生如何学习，这是影响教学质量的深层次原因。

（六）建立多层次、多样化的教学模式

在充分发挥学生主动性和教师能动性的基础上，要实现教与学的统一，就要建立多层次、多样化的教学模式。教学目标的层次性，教学内容的多元性，教学对象的复杂性，决定了教学模式必须多样化。微观层次上，可以有知识掌握与传授模式、技能形成与训练模式、能力获得与培养模式、行为规范的认同与示范模式、态度改变与教化模式等；宏观层次上，可以有学习－教授模式、发现－指导模式、问题－解决模式等。从内容方

面考虑，有概念教学模式、例题教学模式、思想方法教学模式等。

三、素质教育观的运用

（一）素质教育与应试教育的区别

项目	应试教育	素质教育
指导思想	以应付升学考试，追求升学率为目的，唯分是举	全面提高学生的素质，进而全面提高国民的素质
教育目的	为适应上一级学校的选择需要，以应试训练为目的	根据社会进步和人的发展需要，使学生学会做人、学会求知、学会生活、学会健体、学会创造和学会审美
教育对象	面向少数人，忽视大多数人，重在"选拔"	面向全体学生，重在"普及"
教育内容	完全围绕应试要求，考什么教什么	使受教育者在德、智、体、美、劳诸方面都得到发展的教育
课程结构	单一的学科课程，重视少数"主科"，轻视"副科"	以现代课程理论为指导，注重课程结构的均衡性、选择性、综合性
课业负担	作业繁重，多采用"题海战术"和机械训练，忽视学生对知识的真正理解和掌握	着眼于学生的全面和谐发展，严格按照教育教学规律办事。例如，作业要注意内容，分量适度，形式灵活，还要注意符合学生身心发展规律
师生关系	强调师道尊严，师生之间是管与被管、教与被教、灌与被灌的关系	强调尊师爱生、民主平等、双向交流，教师要尊重、理解、信任、鼓励、扶植每个学生
教育方法	以死记硬背和机械训练为主，死抠书本，脱离实际	重视双基、发展智力、培养能力，使学生主动发展
教学途径	将课堂和书本作为教学的唯一途径，不同程度地脱离社会、脱离实际	实现教育的社会化，建构学校与社会的"双向参与"机制，增加教学途径，扩大教育视野，实行开放式教育
评价标准	以"分"为导向，以"率"为标准，以"考"为法宝，并以此评价学校、教师和学生，实行僵化死板的"一刀切"的教育或评价	确立社会实践的评价权威，淡化分数的警告、惩戒作用，把学生的差异作为资源潜能优势，实行使学生个性健康、完善发展的教育或评价

（二）实施素质教育的问题与误区

1. 重智育，轻德育

目前我国中学教育还在相当程度上存在重智育、轻德育的现象，学校、教师看重的主要还是学生的成绩和分数，至于思想品德、为人处世则关注较少，从而影响学生的全面发展。

2. 重文化知识传授，轻创新精神和实践能力的培养

虽然素质教育实施多年，但由于应试教育影响根深蒂固，不少学校和教师还是偏重文化知识的传授，忽视对学生创新精神和实践能力的培养，学生只是被动地接受，缺失学习的主动性，实践能力也未得到应有的发展。

3. 课业负担过重，影响学生身心健康

为了追求高分和升学率，目前中学生课业负担普遍过重，补课比较频繁，学生休息时间不足，缺乏锻炼时间，学习压力增大，从而严重影响学生身心健康，特别是近视和肥胖率一直居高不下，并逐年上升。

4. 将素质教育等同于艺术教育、特长教育

认为素质教育就是让每一个学生都有特长、都会一门乐器，素质教育就是特长教育、艺术教育等。其实，艺术素质只是人的素质的一部分，艺术教育或特长教育也只是整个素质教育的一部分。

5. 将素质教育等同于课外活动

认为"应试教育重课堂，素质教育重课外"、"素质教育搞得好就是课外活动搞得好"。其实，素质教育对课堂教学和课外活动都非常重视，如果只重课外，素质教育就失去了主阵地或主渠道，学生的全面发展也只会沦为空谈。

6. 误认为素质教育是取消考试的教育

认为只有取消考试，素质教育才能成为现实。其实，考试只是一种形式，是检查教育教学质量和选拔人才的手段，素质教育也需要测评机制，评价学生的素质发展。因此，素质教育并不是不加区别地取消一切考试，只是考试的目的、内容和方式需要进一步改革和完善。

7. 将素质教育与升学率对立起来

有人认为，追求升学率是应试教育的表现，素质教育不看升学率，甚至认为实施素质教育必然会导致升学率下降。其实，升学率是衡量学校办学效果的一个指标和一种手段，是教育教学考核的一部分。我们反对的是片面追求升学率，而不是将追求升学率与素质教育对立起来。另外，素质教育如果能够坚持始终、实施得法，教育质量和升学率一定会有所提高。

8. "一手抓应试教育，一手抓素质教育"

在升学体制没有多大改变之前，往往会出现"两手抓"的现象。抓素质教育是为了应付上级主管部门的检查，抓应试教育是为了提高升学率增加学校的影响力，从而导致学校精力分散、负担过重、资源浪费，学生的全面发展也相应受损。

第二节

学生观

学生观是指对学生的本质属性及其在教育过程中的地位和作用的看法，它支配着教育行为，决定着教育者的工作态度和工作方式。传统学生观把学生视为被动的客体，是教育者管辖的对象，是装知识的容器；而现代学生观则认为学生是积极的主体，是学习的主人，是发展的、独特的、具有独立意义的人。

一、"人的全面发展"的思想

人的全面发展思想是在人类社会发展过程中逐步形成并发展起来的。马克思主义关于人的全面发展学说确立了科学的人的发展观，指出人的全面发展具有历史必然性，从而成为确立我国教育目的的理论依据，也是确立科学学生观的理论基础。

（一）人的全面发展的概念

人的全面发展是指人的劳动能力，即人的智力和体力的全面、充分、自由、和谐、统一的发展，此外，还包括人的才能、志趣和道德品质的多方面发展。

（二）人的全面发展思想的基本内容

1. 人的发展同其所处的社会生活条件是相联系的

马克思和恩格斯运用唯物主义的观点来考察人的发展问题，认为人的发展不决定于意识，而决定于存在；不决定于思维，而决定于生活；决定于个人生活的经验发展和表现，而这两者又决定于社会关系。

2. 旧式分工造成了人的片面发展

马克思和恩格斯指出，出现第一次社会大分工后，城市和农村的分离，脑力劳动和体力劳动的分离，造成了人的片面发展。旧的社会分工和不合理的生产关系是人的片面发展的原因。人的片面发展的基本特征是脑力劳动和体力劳动的分离和对立。在资本主义社会初期的工场手工业里，人的身心发展更加片面化、畸形化，脑力劳动和体力劳动的分离和对立达到了顶点。

3. 机器大工业生产提供了人的全面发展的基础与可能

首先，机器大工业生产的出现，使生产力得到了极大提高，从而使人的全面发展成了社会的客观需要。其次，机器大工业生产也为人的全面发展提供了可能和条件。机器大工业生产的发展提高了劳动生产率，缩短了劳动时间，创造了丰富的物质生活条件，使劳动者有充分的闲暇时间去学技术、学文化，发展自己的兴趣、爱好和特长，以适应大工业生产的需要。

4. 社会主义制度是实现人的全面发展的社会条件

机器大工业生产所提供的人的全面发展的可能性，在资本主义社会并不能充分地实现，而社会主义制度是实现人的全面发展的社会条件。这是因为，生产资料的公有制性质决定了每个人都必须参加生产劳动，而生产劳动又为每个人提供了全面发展的机会，同时，生产资料公有制的实现，为全体劳动者提供了物质和精神条件，从而进一步促进了人的全面发展。但是，人的全面发展的实现，只有到共产主义社会才能真正成为现实。因为共产主义社会消灭了旧有的分工制度，消灭了脑力劳动和体力劳动对立的社会基础，生产劳动不再是奴役人的手段，而成了解放人的手段，它为每一个人提供全面发展和表现自己全部能力（即体力和脑力）的机会。

5. 教育与生产劳动相结合是培养全面发展人的唯一途径

马克思说："生产劳动同智育和体育相结合，它不仅是提高社会生产的一种方法，而且是造就全面发展人的唯一方法。"因此，教育与生产劳动相结合是马克思和恩格斯教育思想的重要内容之一。

（三）人的全面发展思想与素质教育

人的全面发展思想是素质教育的理论基础，素质教育是以人的全面发展思想为指导，以全面发展教育为基础，二者在本质上是一致的。个性自由和全面发展是马克思主义关于人的全面发展学说的灵魂，20 世纪末在中国开展的素质教育运动实质上是马克思主义关于人的全面发展学说的具体实践，也是我国社会主义教育目的的具体落实与深化。

二、"以人为本"的含义

一般而言，以人为本就是一种对人在社会历史发展中的作用与地位的肯定，强调人在社会历史发展中的主体作用与地位。它是一种价值取向，强调尊重人、解放人、依靠人和为了人。它也是一种思维方式，就是在分析和解决一切问题时，既要坚持历史的尺度，也要坚持人的尺度。具体来说：

第一，在人与自然的关系上，以人为本就是不断提高人的生活质量，增强可持续发展能力。

第二，在人与社会的关系上，以人为本就是既使社会成果惠及全体人民，不断促进人的全面发展，又积极为劳动者提供充分发挥其聪明才智的社会环境。

第三，在人与人的关系上，就是强调公正，不断实现人们之间的和谐发展，既要尊重贫困群体的基本需求、合法权益和独立人格，也要尊重精英群体的能力和贡献，为他们进一步创业提供良好的人际环境。

第四，在人与组织的关系上，就是各级组织既要注重解放人和开发人，为人的发展提供平等的机会与舞台、政策与规则、管理与服务，又要努力做到使人们各得其所。

实际上，以人为本既是一种社会发展思想，也是一种教育思想，二者密切联系在一起。

从社会发展思想看，以人为本是科学发展观的核心，这体现在如下三个方面：第一，以人为本是历史唯物主义的一项基本原则。第二，以人为本是我们党的根本宗旨和执政理念的集中体现。第三，以人为本全面回答了科学发展观的一系列问题，即为谁发展、靠谁发展、发展成果如何分配。这就是说科学发展观必须依靠人民、为了人民，发展成果与人民共享。

从教育思想看，以人为本就是在教育活动中以学生为本，以学生的全面发展为本，以全体学生的全面发展为本，主要体现在如下三个方面：第一，在教育活动中，以学生作为教育活动的出发点，尊重学生主体地位，引导学生成长；第二，在教育活动中，以促进学生全面发展为目标；第三，在教育活动中，必须面向全体学生。

三、"以人为本"的学生观

以人为本的学生观就是以学生的发展为核心，承认学生是学习的主体，每个学生都有潜力，学生是完整的个体，充分尊重、关心、理解每个学生，根据学生的不同特点，教育和引导他们学习、生活，帮助他们健康成长，为他们今后一生的发展奠定坚实的基础。

（一）学生是发展中的人，要用发展的观点认识学生

学生是处于发展过程中的人，意味着学生是不成熟的、正在成长的人。从教育角度讲，意味着学生是在教育过程中、在教师指导下成长起来的。

1. 学生的身心发展是有规律的

科学研究和教育实践证明，学生的身心发展具有顺序性、阶段性、不平衡性、个别差异性、互补性等规律，教师应该熟悉不同年龄阶段学生身心发展的特点，并依据学生身心发展规律和特点开展教育教学活动，从而有效促进学生身心健康发展。

（1）顺序性。身心发展的顺序性是指学生的身心发展是一个由低级到高级、由量变到质变的连续发展过程。如身体的发展遵循着从上到下、从中间到四肢、从骨骼到肌肉的顺序发展，即所谓的"中心四周律和头尾律"。心理的发展总是遵循由机械记忆到意义记忆、由形象思维到抽象思维、由情绪到情感的顺序发展。因此，教育工作者应该按照学生身心发展的序列循序渐进地进行施教，注意"学不躐等"，不可"揠苗助长"或"陵节而施"。

（2）阶段性。身心发展的阶段性是指个体在不同的年龄阶段表现出身心发展的不同特征和阶段性矛盾。如小学生的思维具有具体性和形象性的特点，记忆则以机械记忆为

主等。

身心发展的阶段性规律决定教育工作者必须根据学生不同年龄阶段的特点分阶段进行，在教育教学的要求、内容和方法的选择上具有针对性，不能搞"一刀切"，还要注意各阶段的衔接和过渡。

（3）不平衡性。身心发展的不平衡性是指学生在连续不断的发展过程中学生身心发展的速度并不一致，在不同的时间，发展的速度和水平有明显的差异，具体表现在两方面：一是同一方面的发展速度在不同的年龄阶段发展不均衡，如人的身高体重就存在两个"高峰期"——乳儿期和青春发育期；二是不同方面在不同的年龄阶段发展不平衡，如儿童的大脑发展较快，但身高体重则相对较慢。

不平衡性决定了教育要适时而教，也就是要在学生发展的关键期或最佳期进行及时的教育。所谓关键期是指人的某种机能在某一年龄阶段最适宜于形成的时期，也叫最佳期或敏感期。

（4）互补性。身心发展的互补性是指机体各部分或心理机能与生理机能之间存在着互补关系，某一方面受损或缺失之后可以由其他方面的超常发展得到补充。如盲人的听觉通常比较发达；身患重病或有残疾的学生，可以通过其顽强的意志和强大的信心，继续努力刻苦地学习，从而使身心得到发展。

身心发展的互补性要求教育应结合学生实际，扬长避短，注重发展学生的自身优势，促进学生的个性化发展。

（5）个体差异性。身心发展的个体差异性是指学生之间存在身心发展的速度和水平的差异，这种差异体现了学生各个方面发展水平的高低，以及不同学生的不同潜力和优势。

个体差异性表现在两个方面：其一，从群体的角度看，个体身心发展的个别差异性最初表现为男女性别的差异，它不仅是自然性上的差异，还包括由性别带来的生理机能和社会地位、角色、交往群体的差别；其二，个体差异表现在身心的所有构成方面，其中有些是发展水平的差异，有些是心理特征的表现方式上的差异。

根据身心发展的个体差异性，教育工作者要善于发现个体间的差异特征，做到因材施教，充分发挥每个学生的潜能和积极因素，有的放矢地进行教学，使每个学生都得到最大的发展。

 真题链接

于老师总是根据学生不同的学习基础设计课堂提问和练习。这表明于老师(　　)。

A. 遵循教学规律，实现学生全面发展　　B. 关注学生差异，促进全体学生发展

C. 注重分层教学，促进学生均衡发展　　D. 注重循序渐进，实现师生教学相长

答案：B。

2. 学生具有巨大的发展潜能

学生具有巨大的发展潜能，智力水平可以明显提高，这已为科学研究所证实。中学生具有极强的可塑性，正处于人生上升期的关键阶段，这就要求我们要持一种乐观的学生观，充分信任学生。

3. 学生是处于发展过程中的人

学生是处于发展过程中的人，也就意味着学生还是一个不成熟的人，是一个正在成长的人，是需要教师指导的人。把学生作为一个发展中的人来对待，就要理解学生身上存在的不足，允许学生犯错误，宽容对待学生。当然，更重要的是要帮助学生改正错误，解决问题，从而促进学生不断地成长。

4. 学生的发展是全面发展

现代学生观强调，当今社会，单纯的智育或者占绝对主导地位的教育，已经无法满足社会的需要。教师在教学实践中，不仅要重视"知识与技能"的传授，更要看到"过程与方法"、"态度情感与价值观"的重要性，把学生培养成全面发展的人。

初一学生小武想做一名科学家，班主任说："你现在学数学那么吃力，以后学物理、化学肯定也学不好，一定不能把当科学家作为人生目标。"班主任的说法（　　）。

A. 忽视了学生的主体性　　　　　　B. 忽视了学生的发展性

C. 忽视了学生的创造性　　　　　　D. 忽视了学生的差异性

答案：B。解析：学生观强调，学生是处于发展过程中的人，具有巨大的发展潜能。班主任未用发展的眼光看小武。

（二）学生是独特的人，要充分发展学生的个性潜能

1. 每个学生都有自身的独特性

独特性是个性的本质特征，珍视学生的独特性和培养具有独立个性的人，应成为对待学生的基本态度。

独特性也意味着差异性，教师不仅要认识到学生的差异，而且要尊重学生的差异。差异不仅是教育的基础，也是学生发展的前提。教师应将学生的差异视为一种财富，使每个学生在原有基础上都得到完全、自由的发展。

2. 学生与成人之间存在巨大差异

学生和成人之间存在很大差别，学生的观察、思考、选择和体验都和成人有明显不同。"应当把成人当作成人，把孩子当作孩子"。作为一个社会人，学生应该受到尊重、爱护；作为一个自然人，我们应该尊重他们的生理、心理特点，"把孩子当作孩子"。

3. 人的全面发展，不是不同方面的平均发展

人的全面发展，要求每一个人在德、智、体、美等各个方面都得到发展，但人的不

同方面的发展并不能以同样的水平来要求。承认不同学生在不同方面发展的不同可能性，是人的全面发展的要求。

4. 人的全面发展，不是所有的人按平均水平发展

人的道德能力、智慧水平、身体技能和审美能力等，不可能有一个普遍的统一的标准，特别是不可能有一个平均的标准。

全面发展的学生观，承认不同人发展的差异性的同时，还重视人的个性发展。

全面发展的人，不是"千人一面"的人，而是有特点的人、完整的人；也不是各个方面平均发展的人，而是在全面发展基础上个性也得到健全发展的人。在全面发展基础上，个性潜能得到充分开发，是全面发展教育的最高境界。

（三）学生是具有独立意义的人，要尊重学生的自主独立性

学生不是被动的加工对象和消极接受教育的客体，而是具有主观能动性的学习主体，在教育过程中具有一定的独立性、选择性、调控性、创造性和自我意识性，对于教师在情感、态度、行为等方面的教育影响具有自我选择、自我认知、自我反思、自我调整的主动能力。

教师应视学生为具有独立意义的人，将其当作能动性的学习主体，注重学生的主体性需求，关注学生的全面成长，使自己的教育教学适应学生的年龄特点与认识水平。教师切勿将自己的意志强加给学生，否则会挫伤学生的主动性、积极性，扼杀他们的学习兴趣，不利于学生的发展。

（四）学生是完整的人，要用整体的眼光来看待学生

1. 人是生理、心理和社会文化性的统一体

人具有生理性、心理性和社会文化性，完整的人是这三者的统一。如果在认识学生的时候，仅仅看到学生作为人的某一方面，会产生片面的学生观。

2. 人的生理、心理和社会文化性各方面也有具体的完整构成

人的完整性还体现在人的生理方面、心理方面和社会文化方面的具体构成：人的生理包括了人的生理构造的各个方面，人的心理包括认知、情感、个性等各个方面，人的社会文化涉及社会文化对人所要求的德、智、体、美等各个方面。此外，教师在教育过程中还要注意对学生生理、心理和社会文化各方面内部各部分的全面认识。

真题链接

材料分析题：汤老师接手 3 班班主任一个月了，他在课间经常把做作业的同学"撵"出教室，还"异想天开"地让学生自主设计去世界文化遗产的考察路线，让学生模仿在联合国发言，让学生设计一次公益募捐的方案……

就在其他老师议论汤老师的这些做法时，他又在"折腾"分层教学。现在他需要投

入更多的时间和精力进行准备，上课要同时兼顾班上多个小组的学习状态……有老师建议他少"折腾"，还说："你关注大多数学生就行了，何必那么费劲。再说即使你这样辛苦，也不一定保证每个学生都能学好。"汤老师依然坚持他的做法，在经过多次试验后，他慢慢发现分层教学还有很多窍门，比如可以把分层教学与"小先生制"结合起来，可以让学生自己总结所学所思所得。例如，在学完《屈原》之后，学生交上来的作业有读后感，有续写、改写，有诗歌、图画、短剧，角度多样，观点鲜明，一段时间之后，汤老师发现学生越来越乐于在作业中另辟蹊径地表达自己的想法了。

问题：结合材料，从学生观的角度，评价汤老师的行为。

参考答案：

汤老师的行为符合现代"以人为本"的学生观，主要表现在：

（1）学生是发展中的人。学生是处于发展过程中的人，具有巨大的发展潜能。老师应该充分信任学生，用发展的观点看待学生，促进学生的全面进步与发展。材料中汤老师相信学生具有发展潜力，才有了丰富多样的作业活动方式，才真正探索出能促进所有学生发展的分层教学。

（2）学生是发展的主体。在教育活动中学生是具有主体地位、主体需求以及主观能动性的人，教师必须承认学生的主体地位，充分发挥学生在学习过程中的主动性和创造性。材料中汤老师让学生自主设计世界文化遗产考察路线，模仿联合国发言，设计公益募捐的方案，积极推动"分层教学"等等都体现了汤老师坚持学生的主体地位，满足学生的发展需求，培养学生的创新和实践能力。

（3）学生是独特的人。每个学生都有自身的独特性，学生与学生之间存在着巨大的差异，教师应该珍视学生的独特性和培养具有独特个性的人。材料中汤老师非常注重结合学生的特点开展教学，他不跟其他老师一样只满足于关注大多数学生，而是探索创新实验新的教学方式，使每个学生都能在原有基础上得到充分、自由的发展。

教师正确的学生观将直接影响学生的健康发展。正是因为汤老师坚持"以人为本"的学生观，才使得学生乐于表达自己的想法，并促使自己在教育教学活动中不断创新提高。汤老师的理念和实践值得我们每一位老师学习和借鉴。

四、教育公正与学生共同发展

教育公正，在教育活动中的体现，就是所有学生都能够获得同样的教育机会，或者说教育机会对所有学生来说都是均等的。

运用"以人为本"的学生观来开展教育活动，要遵循"教育公正"的原则，处理好学生发展的"共同性"和"差异性"问题。

（一）促进全体学生的共同发展要以教育机会均等为基本原则

教育机会均等原则的提出，是因为受教育者之间存在着差异。教育机会均等，就是要求公正地对待学生，不因性别、民族、地域、经济状况、家庭背景和身心发展情况而受到不同的对待。换句话说，无论学生有怎样的差异，给予他们的受教育机会都应当是均等的。

所谓教育机会均等，应当包括两个方面：一是入学机会均等，二是教育过程中机会均等。

1. 入学机会均等

入学机会均等，就是无论学生的性别、民族、地域、经济状况、家庭背景和身心发展情况如何，都享有同等的入学机会。

受到历史条件限制，不同国家、不同时期、不同社会经济与教育发展水平，入学机会均等含义有所不同。

2. 教育过程中机会均等

教育过程不只是传递知识的过程，也是教师向学生分配教育资源的过程。学生在教育过程中受到教师的关注程度，是学生重要的教育机会。在确保入学机会均等的情况下，教育过程中的机会均等比入学机会均等更重要。因为有了入学机会，但没有获得教育过程中的均等机会，受教育者仍然不能得到很好的发展。

（二）有差异的学生的共同发展

1. 学生的性别差异与共同发展

性别既是一种自然状态，也是一种社会文化状态。

性别作为一种自然状态，是由遗传基因决定的。遗传基因的差异，会给不同性别的人带来发展的差异。

所谓不因性别差异而造成受教育者的发展差异，做到促进男生和女生的共同发展，就是要做到不因性别差异而造成一种性别学生发展的优势和另一性别学生发展的劣势。

2. 学生的民族差异与共同发展

我国是一个多民族的国家，因此，在我国中学教育活动中，坚持"以人为本"，必须注意到民族差异，做到不同民族的学生共同发展，特别要注意少数民族学生的发展。

少数民族的语言使用范围较小，因而在学校教育中，双语教育就成为少数民族地区教育的特点。少数民族学生在接受教育中可能遇到的困难，必须受到重视，使各个民族的学生都能得到发展。

3. 学生的地域差异与共同发展

中国人口众多，地域广大，经济发展不平衡，存在着地域发展的差异。生活在经济发达地区的学生，可能在教学设施、教师配置比较优越的学校里学习，他们的家庭也可能比经济不发达地区的家庭给孩子提供更好的学习条件，因而地域差异可能成为学生发展中的一个问题。

教育者要对来自于不同地域的学生，不同的发展状况，有正确的认识。要正确地对待可能由于地域造成的学生发展差异，不能因学生所处地域的差异而歧视一些学生，要促进来自不同地域的中学生共同发展。

4. 学生家庭背景的差异与共同发展

家庭是社会的细胞，然而社会中的家庭却千差万别。家庭有经济情况的差异，有家长社会地位的差异，有家长文化水平的差异，有家长性格的差异，有家长教育子女水平的差异，还有家庭结构的差异。家庭的这种种差异，可能会影响中学生的发展。

教育者不能因为学生家庭的种种差异，以及这些差异给学生发展带来的困难而歧视学生。

5. 学生身心发展水平的差异与共同发展

一个人的身心发展水平，是在较长时间里，在各种复杂因素影响下导致的。同一班级里的学生不可能身心发展水平完全一样。在教育过程中最有可能影响教师对学生进行资源分配的因素，就是学生身心发展水平的差异。

从学生的自然状况看，他们的生理发展情况会有差异，特别是一些生理有残缺的学生，面对着更为困难的发展问题。从学生的社会文化素质状况看，也会存在学习水平的差异。在教育活动中，教育者最有可能遭遇的问题，就是学生身心发展差异问题。教师背离"以人为本"学生观的情况，也会出现在对待学生身心发展的差异上。

在教育活动中"以人为本"，特别要注意正确地对待学生身心发展的差异，要给予身心发展状况不同的学生以同样的关注，以促进学生的共同发展。

真题链接

由于生源存在差异，某中学将学生按入学成绩高低，分为快慢班。该学校的做法（　　）。

A. 正确，有利于因材施教　　　　B. 正确，有利于资源配置

C. 错误，不利于教育公平　　　　D. 错误，不利于均衡发展

答案：C。

五、因材施教，促进学生个性发展

（一）因材施教，促进学生个性发展的意义

1. 适应素质教育的需要

实施素质教育的核心是培养学生的创造精神和实践能力，而实现的前提和途径是学生个性的发展。

2. 学生成才的最重要的内在条件

未来社会需要高素质的个性化人才，而个性对一个人的成长起着决定作用，因此，个性的培养与教育必须从小抓起。

3. 有助于教师自我形象的重塑

没有个性的教师不可能有个性化的教学，没有个性的教学自然培养不出有个性的学生。教师应注意自己的品质修养，塑造自己的良好形象，成为学生学习的楷模。

4. 提升办学品位

通过开展丰富多彩的活动，创设浓厚的文化氛围，让每个教师真正做到教书育人，塑造学生的良好个性，充分发挥学生的特长，从而全面提升学校的办学品位。

（二）在教育教学中，如何贯彻因材施教

1. 全面深入地了解学生

教师对学生的一般知识水平、接受能力、学习风气、学习态度和每个学生的兴趣、爱好、知识储备、智力水平以及思想、身体等方面的特点，都要充分了解，以便从实际出发，有针对性地进行教学。

2. 面向全体与兼顾个别相结合

在教学中既要把主要精力放在面向全班集体教学上，又要善于兼顾个别学生，使每个学生都能得到相应的发展。

3. 针对学生的个性特点，提出不同的要求

为不同个性特点的学生设计最优化的教育方案，并运用于教育实践。因材施教的教育原则，应贯彻于日常的教学过程之中。

需要指出的是，因材施教并非是要减少学生的差异。实际上在有效的因材施教策略影响下，学生学习水平的发展差异可能更大。教师对于不同水平的学生应该设计不同的发展蓝图，这样才能有意识地进行培养。

4. 对学生多引导、多表扬，实行多元评价

教师要以促进学生全面发展和个性发展为宗旨，从多元的视角（多维度横向评价、多维度纵向评价），利用各种资源对学生的发展水平做出评价。也就是说，要横向运用灵活多样的指标、校内外的多种活动、学校和家庭以及社区的各种资源去评估学生。纵向评价重点是学生在不同阶段的表现是否更积极、主动或进步。

总之，在大力推进素质教育的过程中，越来越多的人认识和体会到了重视学生个别差异的重要性。学生的个性和智力水平千差万别，所以教育的方法也不能千篇一律。必须因人而异、随机应变、讲究策略，从而贯彻因材施教的教育原则。

教师观

教师观就是教师的教育观念，是教师对其职业的特点、责任、教师的角色以及科学履行职责所必须具备的基本素质等方面的认识。教师观直接影响着教师的价值判断，进而影响其教学行为。因此，教师应树立科学的教师观，实现教师角色的准确定位，以便全面履行教师的职责，做一位现代优秀教师。

一、中学教师的职业认知

（一）教师的概念

《教师法》第三条规定："教师是履行教育教学职责的专业人员，承担教书育人，培养社会主义事业建设者和接班人、提高民族素质的使命。教师应当忠诚于人民的教育事业。"

这是从法律上对教师概念的界定，它包含以下三层含义：

（1）教师的职责——教育教学

（2）教师的身份——专业人员

（3）教师的使命——教书育人，培养社会主义事业建设者和接班人，提高民族素质。

（二）教师职业的性质

1. 教师职业是一种专门化的职业，教师是专业人员

职业是依据人们参加社会劳动的性质与形式而划分的社会劳动集团，是个人在社会中所从事并以其为主要生活来源的工作的种类。它是人类社会分工的产物。

专业则是指专门从事某一种工作或职业，是职业进一步分化的结果。

一种职业之所以能成为专业，是因为这个专门职业具有一般职业所不具有的不可替代性：第一，它具有不可或缺的社会功能，从事这种专门职业的群体承担着特殊的社会责任，从业人员必须具备较高的专业道德水准和专业素养；第二，它必须具有比较完善的专业理论和比较成熟的专业技能，从业人员必须经过较长时间专门的培养和训练。

1966年10月，国际劳工组织和联合国教科文组织在巴黎会议上通过的《关于教师地位的建议》中指出："教书应被视为一种专门职业：它是一种公众服务的型态，它需要教师的专业知识以及特殊技能，这些都要经过持续的努力与研究，才能获得并维持。"

教师职业是专门性职业，因此，教师是专业人员。在国际劳工组织制定的《国际标准职业分类》中，教师被列入了"专家、技术人员和有关工作者"的类别中。1986年，我国国家统计局和国家标准局首次颁布的中华人民共和国国家标准《职业分类与代码》中也将各级各类教师列入了"专业技术人员"这一类别。1993年10月颁布的《教师法》中教师被界定为"履行教育教学职责的专业人员"。

教师工作作为一种专门职业，具有专业的基本特性，如需要经过严格的职前专业训练，具有一定的职业声望，具有专业自主性，有自己的专业标准，教师实践是现代教育科学重要的专业研究领域。

总之，教师职业是一种专门化的职业或专业，教师是专业人员，是正在发展并逐渐走向完善与成熟的专业人员，这是教师职业的基本性质。

2. 教师职业是促进个体社会化的职业，教师是教育者

个体从自然人发展成社会人，是在学习、接受人类经验，消化、吸收人类文化的社会化过程中逐步实现的。在个体社会化的过程中承担教化任务的是教师。教师根据一定的社会要求向年轻一代传授人类长期积累的知识经验，塑造他们的价值观念，引导他们把外在的社会要求内化为个体的素质，实现个体的社会化。

（三）教师的职业角色

所谓教师角色是指处在教育系统中的教师所表现出来的由其特殊地位决定的符合社会对教师期望的行为模式。教师职业的最大特点就在于职业角色的多样化。

1. 传统的教师角色

一般说来，传统的教师职业角色主要有以下几种：

（1）传道者角色

教师负有传递社会传统道德、价值观的使命，"道之所存，师之所存也"。进入现代社会，虽然道德观、价值观呈现出多元化的特点，但学校教师的道德观、价值观总是代表着居社会主导地位的道德观、价值观，并用这种观念引导年轻一代。除了社会一般道德、价值观外，教师对学生的"做人之道"、"为业之道"、"治学之道"等也有引导和示范的责任。

（2）授业、解惑者角色

教师是社会各行各业建设人才的培养者，他们在掌握了人类经过长期的社会实践活动所获得的知识经验、技能的基础上，对其精心加工整理，然后以特定的方式传授给年轻一代，并帮助年轻一代解除学习中的困惑，启发其智慧，使其形成一定的知识结构和技能技巧，成为对社会有用的建设者。

（3）示范者角色

教师的言行是学生学习和模仿的榜样。夸美纽斯曾说过，教师的职务是用自己的榜样教育学生。学生具有向师性的特点，教师的言论行为、为人处世的态度会对学生产生

耳濡目染、潜移默化的作用。

（4）管理者的角色

教师是学校教育教学活动的组织者和管理者，需要肩负起教育教学管理的职责，包括确定目标、建立班集体、制定和贯彻规章制度、维持班级纪律、组织班级活动、协调人际关系等，并对教育教学活动进行控制、检查和评价。

（5）父母与朋友的角色

教师往往被学生视为自己的父母或朋友。低年级的学生倾向于把教师看作父母的化身，对教师的态度类似对父母的态度。高年级学生则往往愿意把教师当作他们的朋友，也期望教师能把自己当作朋友看待，希望得到教师在学习、生活、人生等多方面的指导，希望教师能与他们一起分担痛苦与忧伤，分享欢乐与幸福。

（6）研究者角色

教师工作对象是充满生命力的、千差万别的活的个体，传授的内容是不断发展变化着的人文和科学知识，这就决定了教师要以一种发展变化的态度和研究者的精神来对待自己的工作对象、工作内容和各种教育活动，要不断学习、不断反思、不断创新。

2. 新课程背景下教师角色的转变

（1）教师从知识的传授者转变为学生学习的促进者

从教师与学生的关系看，教师是学生学习的促进者，使教师从过去仅为知识传授者这一核心角色中解放出来。促进者成为教师最明显、最直接、最富时代特征的角色特征，是教师角色特征中的核心特征。其内涵主要包括两个方面：其一，教师是学生学习能力的培养者；其二，教师是学生人生的引路人。

（2）教师从"教书匠"转变为教育教学的研究者和反思性的实践者

从教学与研究的关系来看，教师要成为教育教学的研究者和反思性的实践者。因为，新课程所蕴含的新理念、新方法，以及新课程实施中所遇到的各种各样的新问题，都是过去的经验和理论难以解释和应付的，教师也不能被动地把别人的研究成果生硬地应用于教学中。

教师在教学过程中要以研究者的心态置身于教学情境之中，以研究者的眼光审视和分析教学理论与教学实践中的各种问题，对自身的行为进行反思，对出现的问题进行探究，对积累的经验进行总结，使其形成规律性的认识。

因此，从新课程实验一开始，就倡导教师要成为研究者，鼓励教师在真实的教育情境中研究教育，开展"行动研究"，在研究状态下工作，为了课程和教学改进的行动而研究，在行动中研究。这种"行动研究"把教学与研究有机地融为一体，是教师由"教书匠"转变为"教育家"的前提条件，是教师持续进步的基础，是提高教学水平的关键，是创造性实施新课程的保证。

真题链接

邱老师经常梳理教学工作中遇到的问题，并运用教育学、心理学知识分析问题的成因，寻找解决策略。邱老师在这一过程中扮演的主要角色是（　　）。

A. 教育教学的研究者　　　　　　B. 行为规范的示范者

C. 心理健康的维护者　　　　　　D. 学生学习的组织者

答案：A。解析：经常梳理教学中遇到的问题并刻苦钻研，体现的是教育教学研究者的角色。

（3）教师从课程的忠实执行者转变为课程的建设者和开发者

新课程倡导民主、开放、科学的课程理念，同时确立了国家课程、地方课程、校本课程三级课程管理体制，这就要求课程必须与教学相互整合，教师必须在课程中发挥主体性作用。教师不能只是课程的执行者，更应成为课程的建设者和开发者。为此，教师要做到：

其一，形成强烈的课程意识和参与意识，改变以往学科本位论的观念和消极被动执行的做法；

其二，了解和掌握各个层次的课程知识，包括国家层次、地方层次、学校层次、课堂层次和学生层次，以及这些层次之间的关系；

其三，提高和增强课程建设能力，使国家课程和地方课程在学校与课堂实施中不断增值、不断丰富、不断完善；

其四，锻炼并形成课程开发的能力，新课程越来越需要教师具有开发本土化、校本化课程的能力；

最后，增强课程评价的能力，学会对各种教材进行评鉴，对课程实施的状况进行分析，对学生学习的过程和结果进行评定。

（4）教师从专业型教师、学校型教师拓展为"社区型"教师

新课程特别强调学校与社区的互动，重视挖掘社区的教育资源。在这种情况下，教师的教育工作不能局限于学校、课堂，因为教师不仅是学校的一员，更是整个社区的一员，是整个社区教育、科学、文化事业建设的共建者。因此，教师的角色必须从专业型教师、学校型教师拓展为"社区型"教师。教师的角色是开放型的，教师要特别注重利用社区资源来丰富学校教育的内容。

（四）教师劳动的特点

由于教师任务与职业角色的多重性，教师劳动的目的、对象和手段与其他职业相比有很大的差异，所以就形成了教师劳动独有的特点。

1. 复杂性

教师劳动不仅有体力的付出，还有脑力的付出，是复杂的脑力劳动。其复杂性主要表现在：

（1）劳动对象的差异性。教师的劳动对象是千差万别的学生，他们不仅有着先天素质的差异，还有后天环境造成的个性差异，而且处在快速成长和变化的时期。教师不仅要在同一时空条件下对全体学生实施相同的课程计划、课程标准，还要根据每个学生的实际情况因材施教，使每个学生都能得到最大的发展。

（2）教育目的的全面性。教育的目的是促进人的全面发展，因此，教师劳动的目的是培养德、智、体、美等方面全面发展的人。

（3）教育任务的多样性。教师既要教书，又要育人；既要向学生传授文化科学知识和基本技能，又要培养他们形成高尚的道德品质、养成良好的行为习惯等。

2. 创造性

教师劳动的创造性主要是由教育对象的特殊性和和教育情境的复杂性所决定的。其创造性主要表现在：

（1）对不同学生的区别对待、因材施教。

（2）对教育教学原则的贯彻和运用，对教育教学方法的选择、运用和更新，对教育教学内容的选择、加工和处理。

（3）教师需要"教育机智"。教育机智是一种对突发性教育情境或事件做出迅速、恰当处理的随机应变的能力。教育机智是教师在教育教学过程中的一种特殊定向能力，是教师良好的综合素质和修养的外在表现，是教师娴熟运用综合教育手段的能力。

3. 示范性

教师劳动的示范性是指教师的言行举止会成为学生仿效的对象，教师的人品、才能、治学态度等都可成为学生学习的楷模。教师劳动的示范性是由学生的"向师性"、模仿性以及可塑性心理特征所决定的。古语云，"学高为师，身正为范"，"身教重于言教"，"其身正，不令而行；其身不止，虽令不从"，教师劳动与其他劳动的一个显著不同点，就在于教师主要是用自己的思想、学识和言行，通过示范的方式去直接影响劳动对象。即教师自身是教师劳动的一种手段。德国教育家第斯多惠说："教师本人是学校里最重要的师表，是最直观的最有教益的模范，是学生最活生生的榜样。"

4. 长期性

教师的劳动不是一种短期见效的行为，而是一种具有长期性特点的特殊劳动过程。

首先，人才培养的周期长、见效慢。"十年树木，百年树人"，人才的成长是一个长期的过程，教师付出的大量的艰辛劳动，往往要经过很长的时间才能见效。正如苏霍姆林斯基所说："教育工作的最后结果如何，不是今天或明天就能看到，而是需要经过很长时间才见分晓的。你所做的、所说的和使儿童接受的一切，有时要过五年、十年才能显示出来。"另外，教师劳动的社会效益要在学生参加工作以后才能得到体现或检验，即要从学生的社会效益来最后定论教师劳动的价值与效果。

其次，教师的劳动还表现为一定的延时性和长效性。教师对学生的影响不会随着学生学业的结束而消失，而是会在学生长期的实践中更趋于完善和成熟。教师为学生在德、智、体、美、劳诸方面打下的基础，往往会影响学生的一生，成为他们终身发展的宝贵财富。

真题链接

毛泽东在写给他的老师徐特立的信中说："你是我二十年前的先生，你现在仍然是我的先生，你将来必定还是我的先生。"这说明教师对学生的影响具有（　　　）。

A. 层次性　　　　　　　　　　B. 自觉性

C. 深远性　　　　　　　　　　D. 规范性

答案：C。解析：教师劳动具有长期性和长效性，深远性亦包含其中。

5. 个体性和群体性

从劳动手段而言，教师的劳动主要是以个体劳动的形式进行的。教师的劳动在一定的时间和空间上，在一定的目标上，都具有很强的个体性特点。

同时，教师的劳动成果又是集体劳动和多方面影响的结果。从横向上来看，一个学生的身心发展是学校、家庭、社会和其本人共同努力的结果；从纵向上来看，每一阶段教师所面对的学生几乎都是前一阶段教师劳动的产物。所以，教师的个体劳动最终都要汇入到集体劳动之中。

教师劳动的个体性和群体性，要求教师既要协调好影响学生身心发展的综合环境，特别是处理好自身与教师群体的关系，又要不断提高自身的思想修养和业务水平，从而提高教师劳动的整体效率。

6. 连续性和广延性

连续性是指教师的劳动时间没有固定的工作时间长度，也没有严格的交接班时间界限。除了正常的工作时间，教师常常还要利用晚上或休息时间来备课、批改作业、思考、写作等。

广延性是就教师的劳动空间而言。教师没有严格界定的劳动场所，课堂内外、学校内外都可能成为教师劳动的空间。因为学生生活在学校、家庭和社会广泛的空间范围中，所以，教师不能只在课内、校内发挥他的影响力，还要走出校门，进行家访、街访，协调学校、社会、家庭的教育影响，以达到更好的教育目的。

（五）教师的职业素养

1. 知识素养

对教师的知识素养或结构，不同的学者有不同的描述。其中林崇德与申继亮对教师知识结构的描述具有较高的概括性。他们将教师的知识结构分为四个方面，即本体性知识、条件性知识、实践性知识和文化知识。

（1）精深的专业知识——本体性知识

这主要是指教师所具有的任教学科的知识，即学科内容知识。它是教师从事教学活动的基础，直接影响着教师对课堂和教学内容的理解、掌握和选择。它主要涉及"教什么"的问题。具体包括：

第一，精通所教学科的基本知识和基本技能。教师应该对所教学科的基础性知识有广泛而准确的理解，熟练掌握相关的技能和技巧。

第二，了解与该学科相关的知识。教师要了解学科间的相关点、相关性质、逻辑关系等，这不但可以丰富教师所教学科的教学工作，而且使教师有可能与相关学科的教师在教学上取得协调，在组织学生开展综合性活动时相互配合。

第三，了解该学科的新发展。教师必须注意该学科的新知识、学科发展的趋势和动向、学科研究的最新成果、推动学科发展的因素，以及该学科对人类社会发展的价值及在社会生活、生产实践中的表现形态。

第四，了解该学科领域的思维方式和方法论。对于教师而言，要领悟独特的认识世界的视角、域界、层次及思维的工具和方法，熟悉学科内科学家发明的过程及成功的原因，学习科学家身上展现出来的科学精神和人格力量，能够把所教学科内容放在更为深广的学术背景和社会背景上考虑，这样才能够全面理解所教内容的价值和意义。

（2）丰富的教育心理学知识——条件性知识

这主要是指教师所必须具备的教育学和心理学知识。它主要用来支撑学科内容的本体性知识，为教师的教学设计和实施提供教育学和心理学的基础，涉及的是"如何教"和"为什么这样教"的问题。教师对教育学和心理学知识的掌握程度直接决定着教育教学活动的成败和效率。教师要加强教育工作的科学性和有效性，就必须掌握这些知识。

（3）有效的实践性知识

这主要是指教师在实现有目的的教学行为中所具有的课堂情境知识以及相关的学科教学法知识。这些知识一方面源自职前教育所接受的学科教学的训练，另一方面来自于实践活动中不断积累并掌握的经验，它涉及"具体怎么教"的问题，因此，也是教师知识结构中不可或缺的知识。过去一般将实践性知识纳入条件性知识之中。

（4）广博的科学文化知识——文化知识

这是指教师应具备一般的人文知识、社会科学和自然科学知识，以及基本的艺术素养。一方面，由于各门学科之间密切相关，存在广泛的横向联系，另一方面，由于学生思想活跃、兴趣广泛，他们希望教师能在多方面知识上满足他们的要求，因此，教师既要精通一门学科，又要研究相邻学科，这样才能在传授知识时旁征博引、深入浅出，增强学生的求知欲，提高教学效果。

2. 能力素养

（1）语言表达能力

教师的语言首先要准确、明了，有逻辑性；其次要富有感情，有感染力。更进一步的要求是富有个性，能够体现出教师的独特风采。教师不仅要善于独白，还要掌握对话艺术。

（2）组织管理能力

教师要面对班集体进行教育工作，其组织管理能力必然会影响到教育教学工作的进行。这种组织管理能力包括两方面：一是教学过程中的组织管理，二是学生集体的组织管理。这主要是针对班主任而言。

（3）组织教学能力

教师组织教学能力包括：编制教学进展计划和教案的能力，分析和重组教材体系的能力，运用教学参考书即编写补充教材的能力，恰当选择和运用教学方法的能力，运用现代化教学手段和制作教具的能力，收集、整理、归纳教学反馈信息的能力等。

（4）教育科研能力

教师的科研能力是指各级各类教师在进行教育教学工作的同时，从事与教育教学相关课题的总结、实验及创造发明的能力。它不仅是高校教师必备的能力，同时也是中小学教师应具备的能力，最基本的要求是教师应具有对他人成果进行分析、鉴别并提出个人见解的能力。

（5）自我调控和自我反思能力

教师的反思能力是指教师在教学过程中，把教学活动本身作为意识的对象，不断地对自我表现以及教学进行积极主动的计划、检查、评价、反馈、控制和调节的能力。教师的调控能力主要包括自我表现监控能力和对教学的监控能力。

3. 职业道德素养

（1）热爱教育事业

这是教师对待教育事业必须具备的行为准则，是教师做好工作的基本前提。首先，我国教师所从事的是人民的教育事业，它是为国家培养社会主义事业建设者和接班人，为社会主义现代化建设培养人才的重要阵地。其次，教育事业是造就人、培育人的事业。因此，世界各国都把热爱教育、献身教育事业作为衡量教师职业道德品质优劣的基本标准。

（2）热爱学生

热爱学生是热爱和忠诚教育事业的具体体现，是教师职业道德的核心。教师对学生的爱，是一种巨大的教育力量，也是一种重要的教育手段。

（3）团结协作

在现代学校教育制度中，学生的全面发展是由不同阶段、多门学科或多种职能的教师集体劳动的结果，培养学生的任务不可能由个别教师独立完成。因此，教师要善于协调人际关系，同事之间要团结协作，从而形成教育合力，共同促进学生的全面发展。

（4）为人师表

"师者，人之模范也。"以身立教，为人师表是教师道德修养的最高表现，是由教师劳动的示范性特点以及学生的向师性、模仿性、可塑性特点所决定的。

二、教师专业发展的要求

（一）教师专业发展的含义

教师专业发展是指教师在整个专业生涯中，依托专业组织、专门的培养制度和管理制度，通过持续的专业教育，习得教育教学专业技能，形成专业理想、专业道德和专业能力，从而实现专业自主的过程。教师专业发展包括教师群体的专业发展和教师个体的专业发展。

1. 教师群体的专业发展

教师群体的专业发展是教师群体外在专业性的提升，一般称之教师专业化，是指教师职业具有自己独特的职业要求和职业条件，有专门的培养制度和管理制度。它是教师职业不断成熟、逐渐达到专业标准，并获得专业地位的过程。

教师群体的专业发展或专业化主要包括以下内容：

（1）建立教师专业标准。国家对教师任职既有规定的学历标准，也有必要的教育知识、教育能力和职业道德的要求。对教育知识和教育教学能力的要求，不仅包括学科专业性的内容，也包括教育专业性的内容。

（2）完善教师教育体系。国家有教师教育的专门机构、专门教育内容和措施，教师教育专业化。

（3）完备教师评定机制。国家有对教师资格和教师教育机构的认定制度和管理制度。

（4）形成全社会公认的教师专业团体。

2. 教师个体的专业发展

教师个体的专业发展是教师作为专业人员，从专业思想到专业知识、专业能力、专业心理品质等方面由不成熟到比较成熟的发展过程，即由一个新手发展成为专家型教师或教育家型教师的过程。教师的专业发展一般是指教师内在的、个体的专业性提升，从本质上而言，教师的专业发展就是教师个人的专业性不断发展和提升的过程。

（二）教师专业发展的内容

1. 专业理想的建立

教师的专业理想是教师对成为一个成熟的教育教学专业工作者的向往与追求，它为教师提供了奋斗的目标，是推动教师专业发展的巨大动力。具有专业理想的教师对教育教学工作会产生强烈的认同感和投入感，会对教育教学工作抱有强烈的期待。

2. 专业人格的形成

教师的专业人格是教师在教育教学工作中所必须具有的道德品质方面的自我修养，诚实正直、善良宽容、公正严格是教师专业人格的重要内容。诚实正直是做人的根本，善良宽容是对学生的爱，公正严格是出于教师的责任。学高为师，身正为范，才能赢得学生的信任和尊重，使学生心悦诚服，在潜移默化中影响学生的成长。

3. 专业知识的拓展与深化

教师作为专门职业，必须具有从事专业工作所需要的专业知识。教师要想获得专业发展，就必须要系统地深化专业知识，丰富更多专业领域知识，解决存在的疑问，进一步阅读大量专业书籍，拓展知识的广度，提高思考的深度。

4. 专业能力的提高

教师的专业能力是教师综合素质最突出的外在表现，也是评价教师专业化的核心要素。教师专业能力可以分为教学技巧和教育教学能力两个方面。

（1）教学技巧。教学技巧是指教师运用已有的教学理论知识，通过练习而形成的巩固、复杂的教学行为系统。教师常用的教学技巧主要有导入技巧、提问技巧、强化技巧、变化刺激技巧、沟通技巧、教学手段应用的技巧以及结束的技巧等。

（2）教育教学能力。教育教学能力是指教师从事教师职业所必须具备的基本能力。主要包括语言表达能力、组织管理能力、组织教学能力、教育科研能力、自我调控和自我反思能力等。

5. 专业态度和动机的完善

教师专业态度和动机是教师专业活动的动力基础。教师在这方面的发展主要表现为教师对职业的态度、工作的积极性以及满意度等。从我国目前的情况来看，很多人从事教师职业都是考虑教师的福利待遇以及教师的工作特点（稳定、假期长）等方面。这样的工作动机不利于自身更加投入地工作，也不利于产生较高的职业满意度。

6. 专业自我的形成

专业自我包括自我意向和自我尊重等。教师的专业自我是教师个体对自我从事教育教学工作的感受、接纳和肯定的心理倾向，这种倾向将显著地影响到教师的教育教学工作效果。

（三）教师专业发展阶段

教师专业发展阶段理论是建立在职业生涯发展研究与理论的成果之上的。该理论研究的鼻祖是美国学者费朗斯·富勒，其在1969年编制的《教师关注问卷》，成为教师发展理论研究的开始。

1. 费朗斯·富勒的教学关注阶段论

富勒认为，师范生在成长为专业化教师的过程中，关注事项可以分为四个阶段。

（1）任教前关注阶段。这是师资养成时期，师范生扮演学生角色，对自己将来的教师角色只是想象，未经历教学角色，没有教学经验，只关注自己，对上课教师不表同情，并持批评态度。

（2）早期生存关注阶段。这是指他们初次实际接触教学工作时期，关注自己作为教师的生存问题。此时他们以关注班级管理、教学内容及指导者的评价为主，本身感觉压力大。

（3）教学情境关注阶段

此阶段他们关注教学情境限制和挫折及对他们各种不同的教学要求；较重视自己的教学，关注自己的教学表现，而不是学生的学习。

（4）关注学生阶段。许多教师在职前教育阶段表达了对学生学习、社会和情绪需求的关注，却没有实际行动，直到他们亲身体验到必须面对和克服较繁重的工作任务时，才能关注学生。

2. 教师发展的五阶段理论

教师发展的五阶段理论，是美国亚利桑那州立大学的伯利纳在人工智能领域的"专家系统"研究以及德赖弗斯职业专长发展五阶段理论的基础上，根据教师教学专业知识、技能学习和掌握情况提出的。

（1）新手阶段。新手型教师是指经过系统教师教育和专业学习，刚刚走上教学工作岗位的新教师，他们表现出以下特征：理性化、处理问题缺乏灵活性、刻板、依赖规定。这个阶段教师的主要需求是了解与教学相关的实际情况，熟悉教学环境，积累教学经验。

（2）熟练新手阶段。新手型教师在积累了一定的知识和经验后逐渐发展成为熟练新手，其特征主要表现为：实践经验与书本知识进行整合，处理问题具有一定的灵活性，不能很好地区分教学情境中的信息，缺乏足够的责任感。一般来说，具有 2~3 年教学经验的教师处于这一阶段。

（3）胜任阶段。大部分的新手型教师在经过 3~4 年的教学实践和职业培训之后，能够发展成为胜任型教师，这是教师发展的基本目标。胜任型教师的主要特征是：教学目的性相对明确，能够选择有效的方法达到教学目标，对教学行为有更强的责任心，但是教学行为还没有达到足够流畅、灵活的程度。

（4）业务精干阶段。一般来说，到第五年，积累了相当知识和教学经验的教师便进入了业务精干的发展阶段。在此阶段，教师表现出以下的特征：对教学情境有敏锐的直觉感受力，教师技能达到认知自动化水平，教学行为达到流畅、灵活的程度。

（5）专家阶段。专家阶段是教师发展的最终阶段，只有少部分教师能达到这个阶段。此阶段的教师在教学方面的主要特征是：观察教学情境、处理问题的非理性倾向，教学技能的完全自动化，教学方法的多样化。

此外，20 世纪七八十年代，美国俄亥俄州立大学以伯顿为首的一批学者提出了教师生涯循环发展理论，他们把教师专业发展划分为生存阶段、调整阶段和成熟阶段三个阶段。20 世纪 80 年代，美国约翰霍普金斯大学的费斯勒从生命的自然老化过程和周期的角度研究教师专业发展的过程，对处在不同生涯发展阶段的教师进行观察、访谈、调查，结合成人发展和人类生命发展阶段等研究的文献分析，提出整体、动态的教师生涯循环理论，将教师的职业周期分为八个阶段：职前教育阶段，入职阶段，能力形成阶段，热心和成长阶段，职业受挫阶段，稳定和停滞阶段，职业低落阶段，职业退出阶段。

三、终身学习的意识

（一）终身学习的含义

英国成人教育家耶克斯利最早提出了终身学习的理念，将之真正概念化和体系化的代表人物是保罗·朗格朗，他在 1965 年联合国教科文组织主持召开的国际成人教育促进会会议上提出了"终身教育"的概念，并在 1970 年出版的《终身教育引论》一书中系统阐述了他的终身教育思想。终身教育最终形成的标志是 1996 年联合国教科文组织发表的报告《教育——财富蕴藏其中》。该报告提出了终身学习社会教育的核心与关键是：（1）学会认知；（2）学会做事；（3）学会共同生活；（4）学会生存。这"四个学会"也被认为是现代教育的四大支柱。

终身学习就是指社会每个成员为适应社会发展和实现个体发展的需要贯穿于人的一生的持续的学习过程。

终身学习的基本特征主要包括连续性、开放性、多样性、灵活性、个性化和整体性。

（二）终身学习的意义

终身学习是教师专业发展的不竭动力，也是教师职业的必然要求。

1. 终身学习是教师专业发展的必然要求

教师要具备和保持良好的专业素养，就必须不断地学习，及时更新知识和教育观念，不断提高师德水平和教育教学能力。

2. 终身学习是教师职业生涯周期特点的必然要求

教师是教育者、教学者，也是学习者，在职业发展过程中，应当根据职业生涯不同阶段的不同特点和侧重点来确定并安排学习的内容和形式，做到有的放矢。

3. 终身学习是教师工作对象特点的必然要求

学生具有模仿性和向师性，唯有教师树立终身学习的理念并付诸行动，才会影响到学生的学习态度及行为；唯有教师自身具备不断学习的能力，才能提高学生学习的能力；唯有学而不厌的教师才能教出学而不厌的学生。所以，教师应成为终身学习的先导和典范。

学校派骨干教师王老师外出参加培训。王老师说："我经常给别人做讲座，哪里还需要去接受培训？还是让刚参加工作的年轻人去吧！"关于此事的下列说法中，正确的是（　　）。

A. 王老师具有团队协作的意识　　　　B. 王老师具有专业发展的意识

C. 王老师缺乏终身学习的意识　　　　D. 王老师缺乏课程建设的意识

答案：C。解析：首先，通过常规行为判断王老师言行应为错误行为，可以排除选项A、B。其次，王老师以骨干教师自居，不愿参加业务培训，体现出不积极学习的意向，缺乏终身学习的意识，故选C。而D属于无关选项。

（三）教师终身学习的内容

1. 学会学习

在当今社会，学会获取知识的方法比获取知识本身更为重要。学会学习，养成良好的学习习惯，使学习成为自己的一种生活方式将是每一个人未来生活幸福和愉快的保证。

2. 通晓自己所教学科，成为学科专家

人们越来越清楚地认识到，教师只有接受严格的、高层次的学科教育，才有可能在教学过程中应付自如、得心应手。一个合格的教师应该全面学习一门学科，包括学科历史、学科结构体系、学科基础理论、学科知识应用以及跨学科知识等。

3. 掌握有关教育的学问

未来的教师必须是一个教育专家，必须在学习专业学科的同时掌握其他有关教育的学问，如教育学、心理学、教育哲学、教育技术、管理学等。

4. 学习信息技术

教育信息化主要强调将现代化信息技术转化为现代教学手段。它包括两类：一类是视听技术，如广播、电影、影视、录像等；另一类指信息处理技术，主要是计算机和微型电脑的操作技术。

（四）教师终身学习的途径

1. 在工作实践中贯彻落实终身学习

教师应当首先树立终身学习的理念，这样才会通过教育影响到学生的终身学习理念。理念的形成不能靠外在的灌输，教师要真正认识到终身学习不仅是知识经济时代社会发展的客观要求，也是教师职业生涯发展的要求，更是不断提升生命质量的一种途径。这就要求教师在工作实践中贯彻落实终身学习。

2. 在反思中促进终身学习

终身学习和不断反思是人自我发展、优化生命的两种重要途径。学习中反思，反思促进学习，二者相互依存，不可或缺。教师职业极富挑战性，因为教师面对的是永远变化的环境、永远变化的个体，教师只有不断研究新情况、新环境、新问题，并不断地反思自己的教育教学行为，才能不断适应、促进教育教学工作，使其得到有效的开展。

教师全面反思自己的教育教学行为，会使自己变得更加成熟，形成独特的教育智慧。与此同时，教师利用已有的教育智慧，在反思的过程中又不断发现新问题、解决新问题。反思帮助教师形成教育智慧，教育智慧又推动着教师的反思，在这种良性循环中，教师的职业生涯得到不断发展。

四、教师专业发展的途径和方法

（一）教师专业发展的途径

教师专业发展的途径大致包括职前教育、入职辅导、在职培训、专业发展学校、自我研修、同伴互助、家校合作等几个方面，但最主要的是以下四点：

1. 职前教育

职前教育就是教师的资格教育或教师的专业预备教育，它是教师个体专业发展的起点和基础。

职前教育的主要活动首先是专业准备和学习，以获得书本知识为主，初步形成教师职业所需要的知识和能力，具备时代普遍要求的素质。其次是掌握扎实的学科专业知识，精通自己未来所教的知识，通过微格教学、案例教学以及见习和实习等形式，熟悉教学情境，初步掌握教学技能。

职前教育的内容通过教育课程表现出来，教育课程是教师专业化的主要保障。职前教师教育课程主要包括四个部分：普通教育（亦称公共基础课或通识课程）、专门学科教育、专业教育和教育实践课程（教育见习与实习）。

2. 入职辅导

入职辅导就是根据教学专业的特点和要求，针对刚出校门的新教师存在的不足等问题，通过在实际教学情境中老教师的现场指导与评价，使新教师适应并胜任学校教学工作，成为合格教师。

新教师的入职辅导是教师专业发展的一个重要阶段，是改进教师教育培养模式，提高师资水平的一个重要举措。它既有利于构建教师专业化建设体系，也有利于新教师进入职业角色，同时它还能帮助教师尽快形成归属感。

新教师入职辅导要坚持以下几条基本原则：（1）入职辅导与中小学的实际工作相结合；（2）突出以第一线教师辅导为主；（3）辅导活动的系统性和新教师"轻负荷"；（4）职前教育机构与中小学进行合作。

3. 在职培训

在职培训是指职前教师教育和入职辅导基础上的专业继续教育。它主要是指教师在担任教学工作之后，为加深对指导教育的理论与技术的理解，改进教学方法，提高业务能力与个人学术修养而进行的主动或被动学习的全部活动。

在职培训主要采取"理论学习、尝试实践、反省探究"相结合的方式，引导教师掌握不断涌现的现代教育理论，培养教师研究教育对象、教育问题的意识和能力，并辅以现代化教学手段的培训。但随着教师教育的发展，教师的在职培训或教育呈现出多层次和多样化趋势。具体包括三种情况：（1）以取得学历、学位或晋升等资格为主要目标；（2）以更新知识，寻求专业发展为目标；（3）以提高教师教学能力，改进中小学教育实践为目标。现阶段我国中小学教师在职培训或教育应转向非学历教育，切实发展教师的思维和教学能力，从促进专业发展着眼，培养高标准的复合型教师。

教师的在职培训或教育应坚持以下基本原则：（1）主体性；（2）校本；（3）发展性；（4）制度性与灵活性相结合。

4. 自我研修

教师的自我研修就是专业化的自我建构，是教师个体专业化发展的最直接、最普遍的途径。自我研修的方式有自我反思、专业阅读、网络学习、行动研究、校本教研等。教师的自我研修是专业理想确立、专业情感积淀、专业技能提高、专业风格形成的关键。

（二）教师专业发展的方法

1. 观摩和分析优秀教师的教学活动

观摩可以是有计划、有目的的观摩，也可以是一般的观摩；可以到现场观摩，也可以观看优秀教师的教学录像。观摩后还要进行分析，例如，学习优秀教师驾驭专业知识、进行教学管理、调动学生积极性等方面的教育机制和教学能力。

2. 开展微格教学

微格教学是以少数学生为对象，在较短时间内（5～20分钟），尝试做小型的课堂教学，并把这种教学录制下来，课后进行分析。微格教学在师范生培养期间及教师入职后都可以进行。

3. 进行专门训练

要促进新教师的快速成长，还可以对他们进行专门训练，如教学常规训练、教学策略训练等。专门训练要有合适的指导教师、扎实的训练过程，并给受训者提供及时反馈。

4. 反思教学经验

美国心理学家波斯纳曾提出了教师成长公式：经验＋反思＝成长。他认为，教师的成长不仅是教龄的增加、经验的积累，更重要的是对经验进行反思。没有反思的经验是狭隘的，于教师的成长并没有多大作用。

布鲁巴奇等人还提出了四种教学反思的方法：（1）撰写反思日记；（2）教师详细描述彼此观摩的教学；（3）交流讨论听课、评课的内容；（4）教师进行行动研究。

邱老师在工作日志中写道："在今天的教研会上，我说做教研跟写论文的方法是一样的，居然没有得到认可。是我错了？还是大家不理解我？我得把这个问题搞清楚。"这表明邱老师（　　）。

A. 善于自我反思　　　　　　　　B. 缺乏探索精神

C. 缺乏问题意识　　　　　　　　D. 善于自我暗示

答案：A。解析：新课程强调教学反思，教学反思是教师专业发展和自我成长的重要因素。邱老师的日志表明其善于发现问题，及时反思。

五、教师的职业责任与价值

（一）教师的职业责任

教师的职业责任就是教师必须承担的职责和任务，是教师职业产生的根本缘由和存在基础。

《教师法》第三条："教师是履行教育教学职责的专业人员，承担教书育人，培养社会主义事业建设者和接班人、提高民族素质的使命。"教师的基本职责就是"教育教学"，而根本职责或使命则是"教书育人，培养社会主义事业建设者和接班人、提高民族素质"。

教师职业责任具有多样性，而且随着社会的发展不断更新，但概括而言，主要包括两个方面：

1. 促进个体发展的责任

教师是学生全面发展的培养者，是民主师生关系的建立者，是学习过程的指导者，是教育信息的开发与应用者，也是学生健康心理的培育者。因此，促进学生全面发展，不仅是教师的首要责任，也是衡量教师有效履行职业责任的根本标准。

2. 促进社会进步的责任

教师是人类文化的传递者，在社会的发展和人类的延续中起着桥梁和纽带作用。教师的责任在于根据社会发展的要求和受教育者的需要，选择人类的文化精华，传递给受教育者，使其继承下来并在以后的工作中进行创造和更新，从而促进社会的发展与进步。

（二）教师的职业价值

教师的职业价值是指教师职业这一客体对于主体的意义，主体包括社会、教师群体和个体。

教师的职业价值包括两个方面：

1. 个人价值

个人价值主要体现在两个方面：

（1）发掘学生潜能。学生具有可塑性和发展的无限可能性，教师可以因材施教，利用有效的方法，充分发掘学生身上的潜能，促进学生个体充分的发展。

（2）满足教师个体自我生存和发展的需要。教师职业是教师获取主要生活来源的社会劳动，可以满足教师个体自我生存和发展的需要。

2. 社会价值

教师职业的社会价值是指教师职业对他人、集体、国家、社会和人类都有巨大贡献，能够为社会的进步和发展提供精神财富，培养合格的建设者和接班人。其主要体现在教师是人类文明的传播者，承担着文明传承的重任。

马克思主义价值学说认为，人的价值首先表现为社会价值。当代教师的个人价值首先表现为是否最大限度地满足社会和他人的需要，其个人价值主要是通过其社会价值的实现而实现，因此，教师的个人价值和社会价值是统一的。

第 二 章

教育法律法规

本章考试要点

1. 有关教育的法律法规

了解国家主要的教育法律法规，如《中华人民共和国教育法》《中华人民共和国义务教育法》《中华人民共和国教师法》《中华人民共和国未成年人保护法》《中华人民共和国预防未成年人犯罪法》《学生伤害事故处理办法》等。

了解《国家中长期教育改革和发展规划纲要（2010—2020年）》的相关内容。

2. 教师权利和义务

理解教师的权利和义务，熟悉国家有关教育法律法规所规范的教师教育行为，依法从教。

依据国家教育法律法规，分析评价教师在教育教学实践中的实际问题。

3. 学生权利保护

了解有关学生权利保护的教育法规，保护学生的合法权利。

依据国家教育法律法规，分析评价教育教学活动中的学生权利保护等实际问题。

第一节

教育法律法规概述

所谓法律，是指由国家制定或认可，并以国家强制力保证实施的，体现统治阶级共同意志的行为规范的总称。根据调整对象和调整方法等方面的不同，可分为许多不同的法律部门。教育法与其他法律的区别主要在于调整对象的不同。教育法主要调整国家、学校、教师、家庭、学生之间在教育活动中产生的各种关系。

一、教育法规概述

（一）教育法、教育法规的含义与类型

1. 教育法

教育法有广义、狭义之分，而其主要区别在于制定机关或主体的不同。

广义的教育法是指由国家机关制定和认可，并以国家强制力保证实施的调整教育活动中各种社会关系的法律规范的总和。它既包括国家各级权力机关制定的教育法律法规，也包括国家各级行政机关制定和发布的命令、决定、条例、规定、办法、指示和规章等规范性教育文件。

狭义的教育法则专指由最高国家权力机关制定的教育法律，即由全国人民代表大会及其常务委员会制定的教育法律规范。

2. 教育法规

教育法规是一切调整教育关系法律规范的总称，即有关教育方面的法律、条例、规章等规范性文件的总和。教育法规是现代国家管理教育的基础和基本依据。

教育法规的类型：

（1）根据教育法规的创制方式和表达方式的不同，可分为成文法和不成文法。

成文法主要是指国家机关根据法定程序制定颁布的具体系统的法律文件。不成文法是指不具有法律条文形式，但国家认可其具有法律效力的法，包括习惯法和判例法两种形式。

（2）依据教育法规的效力等级和内容重要程度不同，可分为根本法和普通法。

根本法（也称基本法）通常是指规定国家根本制度、具有最高法律效力的法律，即《宪法》。普通法（也称单行法）是根本法之外的其他法律，普通法不得与根本法相抵触。

在我国教育法规中，《中华人民共和国教育法》是我国教育的根本法、基本法，其他的如《义务教育法》、《教师法》等则为普通法或单行法。

（3）根据教育法规规定的内容不同，可分为实体法和程序法。

实体法是指规定具体权利义务内容或者法律保护的具体情况的法律。与之相对的是程序法，就是规定行使具体实体法所要遵循的程序。在我国现行教育法规中，尚没有纯粹的程序法。

（4）根据教育法规的适用范围不同，可分为一般法和特殊法。

一般法是指适用于一般的法律关系主体、通常的时间、国家管辖的所有地区的法律。特殊法是指适用于特别的法律关系主体、特别时间、特别地区的法律。

（二）教育法的特点

1. 主体的复杂性

教育活动包括兴办、管理、实施、接受、参与和支持帮助教育等诸多方面。这些活动涉及教育行政机关、其他国家机关、社会组织（企业、事业单位、农村集体组织）、学校、社会团体和几乎每个家庭和公民。这些公民、法人、组织都是教育法调整的对象，都在教育活动中享有广泛的权利和承担多方面的义务，从而使教育法的主体呈现复杂性。

2. 调整范围的广泛性

（1）从教育对象上看，我国宪法赋予了每个公民受教育的权利。教育已经同广大人民群众的切身利益息息相关。

（2）从调整的教育关系上看，在社会主义市场经济条件下，伴随着办学体制、管理体制、投入体制、招生就业制度、学校内部管理体制等方面的全面改革，教育领域中的社会关系发生着重大变化。

3. 法律后果的特殊性

法律后果的特殊性表现在三个方面：（1）注重保护受教育者，尤其是青少年学生。（2）注重保护教师的特殊职业权利。（3）注重保护学校的正当权益。

（三）教育法的功能

教育法的功能指的是教育法的属性、内容及其结构所决定的教育法的潜在效用。它是教育法具有生命力的内在依据。如果教育法没有这种内在的能力，就会失去其存在的价值。教育法的主要内容就是对教育权利与教育义务的分配和运用，以确认不同教育主体的权利和义务的归属及范围，并规定如何享用权利、履行义务及承担法律后果。这些就决定了教育法具有规范功能、标准功能、预示功能和强制功能等。

1. 规范功能

教育法是通过规定教育主体在法律上的权利和义务及其实施后所承担的责任来调整教育活动和教育关系的。它具有普遍性。这就决定了教育法具有在一定区域和时间内规范人们的教育行为的能力。

2. 标准功能

教育法律规范是人们教育行为的标准，人们是否进行教育行为是以教育法律为准绳的。教育行政部门对教育活动的管理，学校开展的教育活动，司法部门办理教育方面的案件，也都是以教育法律为最高标准的。它既是教育行为的标准，也是判断人们行为正确或不正确的标准。

3. 预示功能

教育法作为一种相对稳定的行为规范，可以使人们预见自己或他人的行为将会带来何种法律后果，从而对自己的行为作出合法的安排。各种教育法律关系主体都可以根据教育法律规定，对彼此之间的教育行为是否合法、是否有效及其法律后果进行预测，并预先对自己的活动做出计划和安排，以减少教育活动的偶然性和盲目性，提高教育活动的实际效果和质量。

4. 强制功能

从本质和运行来看，教育法具有国家意志性和国家强制性的特征，因而拥有强制的功能。其强制性一方面体现在教育法本身所规定的内容含有国家权威性的命令，另一方面表现为对教育违法犯罪行为予以制裁、惩罚和警戒。

5. 教育功能

教育法在调整人们行为的同时，也以其力量发挥着教育人们树立正确观念、思想、意识的功能。其教育功能主要通过法的内容的规定，如伸张正义、表彰合法、惩治犯罪等显现出来，同时也通过法的实施过程体现出来。不仅制裁违法行为对人们具有教育作用，而且合法行为对人们也具有示范作用。

（四）教育法的基本原则

教育法的基本原则就是全部教育法所应遵循的总的指导思想，是教育立法、执法、司法以及教育法制宣传、普及和研究的基本出发点和依据，它体现了教育法的本质。

我国教育法的基本原则是我国教育法本质的体现，同时，它也反映了国家的教育基本政策和我国社会主义教育制度的根本特征。在总体上它与我国社会主义法的基本原则保持一致，如民主原则、法治原则、平等原则、社会主义原则、统一原则等，而且要体现它的要求。但由于教育的相对独立性和教育法调整对象的特殊性，教育法的基本原则又具有自身的特点，较之法的总体原则亦表现出一定的差异性。

1. 坚持（或保证）教育的社会主义性质（或方向）的原则

这是我国教育法本质的集中体现，也是社会主义教育法与资本主义教育法的重要区别。教育的社会主义方向或性质表现在很多方面，教育法亦从多方面予以保障。如《教育法》第三条："国家坚持以马克思列宁主义、毛泽东思想和建设有中国特色社会主义理论为指导，遵循宪法确定的基本原则，发展社会主义的教育事业。"这就明确规定了我国教育工作的指导思想和我国教育的社会主义性质。《教育法》第五条："教育必须为社会主义现代化建设服务、为人民服务，必须与生产劳动和社会实践相结合，培养德、智、体、美等方面全面发展的社会主义建设者和接班人。"这则通过对教育方针的明确规定来保障教育的社会主义方向等。

2. 教育的公共性原则

《教育法》第八条第一款规定："教育活动必须符合国家和社会公共利益。"这一规定确立了我国教育的公共性原则。教育法之所以要确立教育的公共性原则，可以从以下几个方面进行理解：第一，教育事业是国家、民族乃至全世界的共同事业，因而，教育事业的发展不仅是个体发展的需要，也是全社会、全人类发展的共同需要；第二，个体发展的活动必然影响社会的发展，因而，每一个受教育者的个体活动也就不再是个人的事情，而成为整个社会活动的必不可少的一部分，并影响着社会的发展；第三，教育工作本身就是为社会发展作贡献。

教育的公共性原则主要体现在以下方面：

（1）教育的世俗化。如《教育法》第八条第二款："国家实行教育与宗教相分离。任何组织和个人不得利用宗教进行妨碍国家教育制度的活动。"

（2）不侵犯社会公共利益。如《教育法》第二十六条第四款："以财政性经费、捐赠资产举办或者参与举办的学校及其他教育机构不得设立为营利性组织。"《民办教育促进法》第十九条："民办学校的举办者可以自主选择设立非营利性或者营利性民办学校。但是，不得设立实施义务教育的营利性民办学校。非营利性民办学校的举办者不得取得办学收益，学校的办学结余全部用于办学。"

（3）语言文字方面的规定。如《教育法》第十二条："国家通用语言文字为学校及其他教育机构的基本教育教学语言文字，学校及其他教育机构应当使用国家通用语言文字进行教育教学。民族自治地方以少数民族学生为主的学校及其他教育机构，从实际出发，使用国家通用语言文字和本民族或者当地民族通用的语言文字实施双语教育。"

3. 教育的平等性原则

教育的平等性原则主要体现在以下两个方面：

（1）受教育机会平等。如《教育法》第九条："中华人民共和国公民有受教育的权利和义务。公民不分民族、种族、性别、职业、财产状况、宗教信仰等，依法享有平等的受教育机会。"

（2）扶持特殊地区和人群教育。我国地域辽阔，人口众多，区域之间的经济、文化、教育的发展很不平衡，这直接或间接地造成了受教育机会不平等的现象。我国少数民族地区和边远的贫困地区，经济发展较为落后，教育水平相对较低，教育法则规定国家对这些地区及人群给予特殊的帮助和扶持。《教育法》第十条规定："国家根据各少数民族的特点和需要，帮助各少数民族地区发展教育事业。国家扶持边远贫困地区发展教育事业。国家扶持和发展残疾人教育事业。"

此外，女童、流动人口子女、有违法犯罪行为的未成年人，也应享有平等的受教育权，相关教育法规也有具体的规定。

4. 遵循教育发展规律的原则

实践证明，只有遵循教育发展的客观规律，教育事业才可能取得发展和成功，否则，必将遭受一定的损失或失败。对于代表工人阶级和广大人民群众共同利益的我国教育法来说，正确反映教育发展的客观规律是其本质的必然要求和表现，而利用教育的客观规律，则是我国教育法的重要使命。通过制定良好的教育法规可以在一定程度上控制教育规律作用的方向、范围、程度和后果，使其向有利于社会和教育健康发展的方向发挥作用。

总的来说，对于所有的教育规律，教育法都必须遵循，而其中又以下述几个方面至为重要：（1）教育与受教育者身心发展相互制约的规律；（2）教育与社会发展相互制约的规律；（3）教育具有相对独立性。

5. 体现和保障人的全面发展的原则

《教育法》第五条规定："教育必须为社会主义现代化建设服务、为人民服务，必须与生产劳动和社会实践相结合，培养德、智、体、美等方面全面发展的社会主义建设者和接班人。"

马克思主义关于人的全面发展学说是确定我国社会主义教育目的的理论基础，我们在教育立法时不仅要从教育方针、教育目的上对人的全面发展予以总体的规定和体现，而且要通过教学计划的制订、教育内容的规定、课时的安排、活动的开展等方面予以保障。对不利于学生全面发展的情况和行为，教育法也应制定相应的制裁措施，全方位地保障学生的全面发展。

此外，有学者认为，教育法的基本原则还包括教育的保障性原则、终身教育原则、重视德育的原则以及"古为今用、洋为中用"、理论联系实际等原则。

（五）教育法的渊源

法律渊源又称"法源"、"法的渊源"或"法的形式"，是法学中的一个专门术语。它包括法的历史渊源、形式渊源、理论渊源等，但约定俗成、为人们常用的是法的形式渊源，即指由不同国家机关制定或认可的，因而具有不同法律效力的各种法律类别。法的渊源主要有以下几种：制定法、判例法、习惯法、法理。

教育法的渊源，或称教育法的形式渊源，是指由不同国家机关依照法定职权和程序制定的，具有不同法律效力的各种规范性文件。我国教育法的渊源主要是制定法，这些制定法是教育法规范的外部表现形式和存在方式。

我国教育法的渊源主要有：宪法、教育法律、教育行政法规、地方性教育法规、教育行政规章等。

1. 宪法

宪法是教育法的基本法源。作为国家的根本大法，宪法是其他法律、法规制定的依据。在一个国家的法律体系中，宪法具有最高的法律地位和法律效力，其他法律、法规都必须依据宪法制定，其内容必须符合宪法，不得与宪法相抵触。由于教育在国家政治、经济、文化等方面发挥着日益重要的作用，同时也由于受教育权是公民权利的重要组成部分，所以，世界上绝大多数国家的宪法一般都有关于教育的专门条款，这些条款通常是规定一国教育的基本原则、目的、教育制度、公民在教育方面的权利和义务、教育行政管理体制等内容。这些规定是制定教育法的重要依据。

2. 教育法律

教育法律是最高国家权力机关及其常设机关制定的教育规范性文件。教育法律是教育法的最主要的渊源，其法律地位和法律效力仅次于宪法。依据法律的制定机关和规定内容的不同，教育法律又可分为教育基本法律和教育单行法律。

（1）教育基本法

在我国，教育基本法是由全国人大制定的、规定我国教育领域带根本性、普遍性问题的规范性文件。我国的教育基本法为《中华人民共和国教育法》，该法于1995年3月18日由第八届全国人民代表大会第三次会议通过。

（2）教育单行法

教育单行法，一般是指由全国人民代表大会常务委员会制定的、规定我国教育领域某一方面具体问题的规范性文件。教育单行法的效力低于宪法和教育基本法。目前，我国已制定颁布的教育单行法包括《学位条例》、《义务教育法》、《教师法》、《职业教育法》、《高等教育法》和《民办教育促进法》。

3. 教育行政法规

教育行政法规是国务院根据宪法和教育法律制定的关于教育行政管理的规范性文件，其效力低于宪法和教育法律。根据《行政法规制定程序暂行条例》的规定，行政法规的名称一般有三种，即条例、规定和办法。

4. 地方性教育法规

地方性教育法规是地方国家权力机关及其常设机关依据宪法、教育法律和教育行政法规制定的、有关本地区教育行政管理的规范性文件。根据《宪法》和《地方各级人民代表大会和地方各级人民政府组织法》的规定，省、自治区、直辖市以及省级人民政府所在地的市和经国务院批准的较大的市的人民代表大会及其常委会有权制定地方性法规。地方性教育法规只在该行政区域内有效，其内容不得同宪法、法律、行政法规相抵触。

5. 教育行政规章

我国《宪法》和《地方各级人民代表大会和地方各级人民政府组织法》规定，国务院各部委、省、自治区、直辖市以及省、自治区的人民政府所在地的市和经国务院批准的较大的市的人民政府可以根据法律、行政法规制定规章。这些规章，如果是规定教育行政管理的，就叫做教育行政规章或教育规章。教育行政规章按照其制定和发布的机关不同，又可以具体分为部门教育规章和地方政府教育规章。

（六）教育法的体系

教育法的体系，是指不同形式的教育法律、法规按照一定的原则有机结合的、协调统一的法律规范体系。教育法的体系可分为纵向结构和横向结构。

1. 纵向结构

教育法体系的纵向结构是指由不同国家机关依照法定职权和程序制定的、具有不同法律效力的规范性文件所组成的系统。它一般由教育基本法律、教育单行法律、教育行政法规、地方性教育法规、教育行政规章等不同效力等级的规范性文件组成。

2. 横向结构

教育法体系的横向结构是指由教育领域中调整不同教育关系的规范性文件所组成的系统。就"教育单行法"而言，我国的教育法目前有义务教育法、学位条例、教师法、职业教育法、高等教育法和民办教育促进法。

(七) 教育法律规范

教育法律规范，又称教育法律规则，是教育法的主要构成要素。它是由国家制定或认可，体现国家在教育方面的意志并通过一定的教育法律条文表现出来，具体规定教育主体的权利和义务及法律后果，具有自己内在逻辑结构的教育行为标准或准则。每一部具体的教育法都是由若干个行为准则组成的有机整体，其中组成教育法行为规则有机整体的单个行为规则，就是一个具体的教育法律规范。

法律规范或规则有较为严密的逻辑结构，包括假定（行为发生的时空、各种条件等事实状态的预设）、行为模式（权利和义务规定）和法律后果（含否定式后果和肯定式后果）三部分，缺失其中任何一部分，都不能算是完整的法律规范或规则。

教育法律规范根据不同的标准，可分为不同的类型：

按照法律规范中行为模式的性质，可分为义务性规范和授权性规范。义务性规范是指其行为模式中规定的教育法律关系主体必须为一定行为或不为某种行为的法律规范。在文字表述上通常采用"必须"、"应当"、"义务"、"禁止"、"不准"、"不得"等字样。授权性规范是指其行为模式中规定教育法律关系主体有权做出或不做出某种行为的法律规范。在表述形式上通常采用"可以"、"有权"、"不受……干涉"、"有……自由"的术语。

按照法律规范指出的"法的后果"，可以分为制裁性规范和奖励性规范。制裁性规范是规定对法律关系参加者做出违反"行为模式"的行为进行制裁的规范。这种规范在事前起到预警作用，事后起到惩戒作用。奖励性规范是指规定对法律关系参加者做出特别有益于社会的"行为模式"时给予奖励的规范。这种规范具有指引人们行为的导向作用。

二、教育法律关系

(一) 教育法律关系的概念

教育法律关系是由教育法律规范所确认和调整的、人们在从事有关教育活动的过程中形成的权利与义务的关系。

（二）教育法律关系的构成要素

教育法律关系由教育法律关系的主体、客体和内容三要素构成。三者相互联系、相互制约，缺一不可。

1. 教育法律关系的主体

教育法律关系的主体亦称权利主体或权利义务主体，是指教育法律关系的参加者，也就是在具体的教育法律关系中享有权利并承担义务的自然人和法人。

自然人是指有生命且有法律人格的个人，包括公民、外国人和无国籍人。自然人是权利主体和义务主体最基本的形态。

法人与自然人相对，是指具有民事权利能力和民事行为能力，依法独立享有民事权利和承担民事义务的组织。

此外，法律关系主体还包括非法人团体。在特殊情况下，国家也可以作为一个整体成为法律关系主体。

 **知识拓展**

中华人民共和国民法总则（节选）

(2017 年 3 月 15 日第十二届全国人民代表大会第五次会议通过)

第十三条　自然人从出生时起到死亡时止，具有民事权利能力，依法享有民事权利，承担民事义务。

第十四条　自然人的民事权利能力一律平等。

第十七条　十八周岁以上的自然人为成年人。不满十八周岁的自然人为未成年人。

第十八条　成年人为完全民事行为能力人，可以独立实施民事法律行为。

十六周岁以上的未成年人，以自己的劳动收入为主要生活来源的，视为完全民事行为能力人。

第十九条　八周岁以上的未成年人为限制民事行为能力人，实施民事法律行为由其法定代理人代理或者经其法定代理人同意、追认，但是可以独立实施纯获利益的民事法律行为或者与其年龄、智力相适应的民事法律行为。

第二十条　不满八周岁的未成年人为无民事行为能力人，由其法定代理人代理实施民事法律行为。

第二十一条　不能辨认自己行为的成年人为无民事行为能力人，由其法定代理人代理实施民事法律行为。

八周岁以上的未成年人不能辨认自己行为的，适用前款规定。

第二十二条　不能完全辨认自己行为的成年人为限制民事行为能力人，实施民事法律行为由其法定代理人代理或者经其法定代理人同意、追认，但是可以独立实施纯获利益的民事法律行为或者与其智力、精神健康状况相适应的民事法律行为。

第五十七条　法人是具有民事权利能力和民事行为能力，依法独立享有民事权利和承担民事义务的组织。

第五十八条　法人应当依法成立。

法人应当有自己的名称、组织机构、住所、财产或者经费。法人成立的具体条件和程序，依照法律、行政法规的规定。

设立法人，法律、行政法规规定须经有关机关批准的，依照其规定。

第七十六条　以取得利润并分配给股东等出资人为目的成立的法人，为营利法人。

营利法人包括有限责任公司、股份有限公司和其他企业法人等。

第八十七条　为公益目的或者其他非营利目的成立，不向出资人、设立人或者会员分配所取得利润的法人，为非营利法人。

非营利法人包括事业单位、社会团体、基金会、社会服务机构等。

第九十六条　本节规定的机关法人、农村集体经济组织法人、城镇农村的合作经济组织法人、基层群众性自治组织法人，为特别法人。

第一百零二条　非法人组织是不具有法人资格，但是能够依法以自己的名义从事民事活动的组织。

非法人组织包括个人独资企业、合伙企业、不具有法人资格的专业服务机构等。

2. 教育法律关系客体

法律关系客体又称权利客体和义务客体，是法律关系主体的权利和义务所指向的对象。教育法律关系的客体一般包括物、教育行为、智力成果三类。

（1）物

物即物质财富，是指在教育法律关系中，可以作为财产权对象的物品或其他物质财富，包括各种物资、财产、设施、场所、资金等。物一般分为动产和不动产两类：不动产包括土地、房屋和其他建筑设施，动产包括资金和教学仪器设备等。

（2）教育行为

教育行为是指教育法律关系主体的作为和不作为。在教育领域中，教育行政机关的行政行为、学校的管理行为和教育教学行为都是教育法律关系赖以存在的最基本的行为。

（3）智力成果

智力成果是指教育法律关系的主体取得或拥有的著作权、专利权、商标权、发明权等权益。

此外，"人身"作为法律关系主体的承载者，在一定范围内也可成为法律关系的客体。如公民的姓名或名称，公民的肖像、名誉以及作为公民身体部分的血液、器官、皮肤等。

3. 教育法律关系的内容

教育法律关系的内容是教育法律关系的主体依据法律规定所享有的权利和承担的义务。权利和义务构成法律关系的内容，是法律关系的核心。

法律上的权利是指法律关系主体依法享有的某种利益或资格，表现为权利人可以做出或不做出一定的行为，并能要求他人相应做出或不做出一定的行为。

法律上的义务是指法律关系的主体依法必须承担和履行的责任，表现为法律关系主体必须做出或不做出一定的行为。

权利和义务相互依存，没有无义务的权利，也没有无权利的义务。

三、教育法律责任

（一）教育法律责任的概念

法律责任有广义、狭义之分。

广义的法律责任包括两个方面：（1）根据法律规定人们应当履行的义务，即法定义务，它要求人们主动、自觉地履行。它一般被称为第一性义务。（2）行为人因实施违法行为而必须承担的惩罚性法律后果。由于它是由违反第一性义务引起的，通常被称为第二性义务。它具有强制性。

狭义的法律责任仅指第二方面，即第二性义务，也是我们通常所指的法律责任。

教育法律责任则是指教育法律关系主体因实施了违反教育法的行为或违约而必须依法承担的惩罚性的法律后果。它具有以下特点：（1）违反教育法律法规的行为或违约行为的客观存在，是承担教育法律责任的前提。（2）教育法律责任的承担者是一切有遵守教育法律、法规义务的个人和组织。（3）教育法律责任的外在表现形式是违法者要受到国家的法律制裁。

（二）教育法律责任的归责（或构成）要件

教育法律责任的归责（或构成）要件，是指特定的国家机关将法律责任条款适用于具体的个人和组织，确定其责任的有无和大小时所考虑的必要条件因素。即构成教育法律责任的各种必备的条件。

教育法律责任的归责（或构成）要件一般包括以下四个方面：

1. 有损害事实

损害事实是指违法、违约行为侵害了教育、教学管理秩序或侵害了其他从事教育教学活动的公民、法人和其他组织的合法权益。这种损害既包括对人身、财产的损害，也包括对精神的损害。

2. 损害行为的违法性

违法性在教育法律责任的归责要件中居于核心地位。行为人只有实施了违反教育法律法规的行为，他才对自己的行为负责、承担相应的法律责任。

3. 因果关系

因果关系即违法行为与损害事实之间有着必然的联系。具体而言，这种因果关系表现为违法行为是导致损害事实发生的直接原因，损害事实是违法行为所造成的必然结果。

4. 主观过错

主观过错是指责任人实施违法行为时的主观心理状态。它是构成教育法律责任的主观要件。主观过错包括故意和过失两大类。故意是指明知自己的行为会发生危害社会的结果，希望或者放任这种结果发生的心理状态，如校外人员殴打教师和学生，或教师体罚学生等。过失是指应当预见自己的行为可能发生损害他人、危害社会的后果，因疏忽大意而没有预见，或者已经预见却轻信能够避免以致发生这种后果的心理状态，如学校对存在的安全隐患不加整改而造成学生的人身伤害。

（三）教育法律责任的类型

法律责任的种类，即法律责任的各种表现形式。根据不同的标准，对教育法律责任可以作不同的划分。根据违法主体的法律地位、违法行为的性质和危害程度的不同，将教育法律责任分为行政法律责任、民事法律责任和刑事法律责任三种。

1. 行政法律责任

行政法律责任是指行为人因实施了违反行政法规的行为而应承担的法律责任，简称行政责任。

行政法律责任具有以下特点：（1）行政法律责任是基于违反行政法律规定的义务而产生的法律责任。（2）行政法律责任应由国家机关依照行政法规定的条件和程序追究。（3）追究行政法律责任主要适用行政程序，如行政复议、申诉等。在必要时，也可采用诉讼程序，如行政诉讼等。

依据教育法的规定，承担教育行政法律责任的方式主要包括行政处分和行政处罚。

2. 民事法律责任

民事法律责任是指由于人们实施了违反民事法律规定的行为所导致的赔偿或补偿的法律责任，简称民事责任。

民事法律责任具有以下特点：

（1）民事责任主要是一种救济责任。其功能主要在于救济当事人的权利，赔偿或补偿当事人的损失。

（2）民事法律责任主要是一种财产责任。如赔偿损失、返还财产等，都是以财产为内容的。当然，除财产责任外，民事责任也包括行为责任和精神责任。

（3）民事责任主要是一方当事人对另一方当事人的责任，在法律允许的情况下，多数民事责任可以由当事人协商解决。

3. 刑事法律责任

刑事法律责任是由于实施违反刑事法律规定的行为所导致的法律责任，简称刑事责任。

刑事法律责任具有以下特点：

（1）产生刑事法律责任的原因在于行为人行为的严重社会危害性，只有行为人的行为具有严重的社会危害性，即构成犯罪，才能追究行为人的刑事责任。

（2）刑事法律是追究刑事法律责任的唯一法律依据，即罪行法定。

（3）刑事法律责任是一种惩罚最为严厉的法律责任。

刑罚是承担刑事法律责任的方式。根据《刑法》规定，刑罚分为主刑和附加刑。主刑的种类有：管制、拘役、有期徒刑、无期徒刑、死刑。附加刑的种类有：罚金、剥夺政治权利、没收财产。

四、教育法律救济

（一）教育法律救济的概念

教育法律救济是指教育法律关系主体的合法权益受到侵害并造成损害时，通过裁决纠纷，使受害者的权利得到恢复、利益得到补救的法律制度。教育法律救济就其基本性质而言，属于行政救济，主要包括行政复议和行政诉讼制度。此外，在教育领域，还有两类特殊的法律救济制度，它们分别是教师申诉制度和学生申诉制度。

教育法律救济具有如下特征：

（1）以纠纷存在为基础；

（2）以权利受损为前提；

（3）以补救受害者的合法权益为根本目的。

（二）教育法律救济的途径

1. 诉讼渠道

诉讼救济，也称司法救济，是指相对人就特定的侵权行为向人民法院提起诉讼，请求救济，人民法院依法对纠纷做出公正裁决，为相对人提供救济。

公民、法人或其他组织对教育行政复议不服，就可以提起教育行政诉讼，来体现司法救济的最终救济作用。

教育行政诉讼是指公民、法人或其他行政组织认为行政机关的具体行政行为侵犯了其教育法所保护的合法权益，而以行政机关为被告提起诉讼，请求给予法律补救，由人民法院对行政行为进行审理并对其做出判决的诉讼活动和制度。

2. 非诉讼渠道

（1）行政救济渠道。主要是指行政申诉和行政复审（或复议）制度。

教育行政申诉制度是指公民在其教育法律法规所赋予的合法权益受到侵害时，向教育行政机关诉明理由，请求获得救济的制度。它主要包括教师申诉制度和学生申诉制度。

教师申诉制度是指教师对学校或其他教育机构及有关政府部门做出的处理不服，或对侵犯其合法权益的行为，向有关教育行政部门或有关的其他政府部门提出要求做出处理的制度。

学生申诉制度，是指学生在其合法权益受到侵害时，依法向主管的申诉机关申诉理由，请求重新处理的制度。

　　教育行政复议是指教育管理相对人认为教育行政机关作出的具体行政行为侵犯其合法权益，依法向做出该行为的上一级教育行政机关或法律法规规定的其他行政机关提出申诉，受理行政机关对该具体行政行为进行复查并做出裁决的活动和制度。

　　（2）其他救济渠道。主要是指通过学校或其他教育机构内部或者民间进行救济的渠道。

　　其一，仲裁渠道。仲裁是根据纠纷双方的共同意愿，由共同选定的仲裁机构以第三者的身份，对当事人双方发生的争议，依据事实做出判断，在权利和义务上做出裁决的活动。仲裁没有国家机关的参与，双方平等自愿，由非国家机关的仲裁机构以平等的第三者身份进行活动。

　　其二，调解渠道。调解是指纠纷的双方或多方当事人，在人民法院、行政机关、群众调解组织的排解疏导下，当事人互相谅解，在民主协商的基础上解决纠纷的活动。调解有司法调解、行政调解、民间调解三种形式。

第二节

我国主要教育法律法规解读

一、教育基本法

　　1995 年 3 月 18 日，第八届全国人民代表大会第三次会议通过了全面规范我国教育工作的基本法律——《中华人民共和国教育法》（以下简称《教育法》），这是我国教育史上具有里程碑意义的一件大事。《教育法》的颁布，标志着我国的教育开始进入全面依法治教的新时期。《教育法》不仅为我国实现全面依法治教提供了基本的法律依据，而且对落实教育事业优先发展的战略地位、推进教育改革和发展以及维护教育法律关系主体的合法权益具有重要的影响和深远的历史意义。

（一）《教育法》的立法基础和依据

　　（1）邓小平同志建设有中国特色的社会主义理论的形成，为《教育法》的制定提供了强大的思想武器和科学指南。

　　（2）《中共中央关于建立社会主义市场经济体制若干问题的决定》的颁布，明确了我国经济体制改革的总方向。特别是《中国教育改革和发展纲要》的发布，明确了我国教育改革和发展的方向、目标、任务和政策措施等大政方针，为《教育法》的制定提供了坚实的政策基础。

（3）全社会关心和支持教育事业为《教育法》的制定提供了的良好社会环境和群众基础。

（4）教育改革和发展的实践为《教育法》的制定打下了良好的实践基础。

（5）《宪法》为《教育法》的制定提供了立法依据。

（二）《教育法》的性质和地位

《教育法》是我国最高权力机关——全国人民代表大会审议通过的。这部法律，在我国教育法规体系中处于"母法"的地位，具有最高的法律权威。在我国法律体系中，《教育法》是宪法之下的国家基本法律之一，其他单行教育法律、法规的制定和实施，都要以《教育法》为基本依据，不得与《教育法》确立的原则和规范相违背。

（三）《教育法》的基本结构

《教育法》共有3个部分（总则、分则和附则），10章，86条。其中，总则是对我国教育活动的总体规定，分则是对我国教育活动各个领域的分别规定，附则是就未尽表达事项的补充规定和说明。

（四）《教育法》的主体内容

中华人民共和国教育法

（1995年3月18日第八届全国人民代表大会第三次会议通过，根据2009年8月27日第十一届全国人民代表大会常务委员会第十次会议《关于修改部分法律的决定》第一次修正，根据2015年12月27日第十二届全国人民代表大会常务委员会第十八次会议《关于修改〈中华人民共和国教育法〉的决定》第二次修正。）

第一章　总则

第一条　【立法目的】为了发展教育事业，提高全民族的素质，促进社会主义物质文明和精神文明建设，根据宪法，制定本法。

第二条　【适用范围】在中华人民共和国境内的各级各类教育，适用本法。

第三条　【指导思想】国家坚持以马克思列宁主义、毛泽东思想和建设有中国特色社会主义理论为指导，遵循宪法确定的基本原则，发展社会主义的教育事业。

第四条　【教育地位】教育是社会主义现代化建设的基础，国家保障教育事业优先发展。

全社会应当关心和支持教育事业的发展。

全社会应当尊重教师。

第五条　【教育方针与目的】教育必须为社会主义现代化建设服务、为人民服务，必须与生产劳动和社会实践相结合，培养德、智、体、美等方面全面发展的社会主义建设者和接班人。

第六条　【教育内容】教育应当坚持立德树人，对受教育者加强社会主义核心价值观教育，增强受教育者的社会责任感、创新精神和实践能力。

国家在受教育者中进行爱国主义、集体主义、中国特色社会主义的教育，进行理想、道德、纪律、法治、国防和民族团结的教育。

第七条　【教育的文化内涵】教育应当继承和弘扬中华民族优秀的历史文化传统，吸收人类文明发展的一切优秀成果。

第八条　【教育与国家利益】教育活动必须符合国家和社会公共利益。

国家实行教育与宗教相分离。任何组织和个人不得利用宗教进行妨碍国家教育制度的活动。

第九条　【公民的教育权利与义务】中华人民共和国公民有受教育的权利和义务。

公民不分民族、种族、性别、职业、财产状况、宗教信仰等，依法享有平等的受教育机会。

第十条　【特殊地区与人群帮扶教育】国家根据各少数民族的特点和需要，帮助各少数民族地区发展教育事业。

国家扶持边远贫困地区发展教育事业。

国家扶持和发展残疾人教育事业。

第十一条　【教育改革与发展】国家适应社会主义市场经济发展和社会进步的需要，推进教育改革，推动各级各类教育协调发展、衔接融通，完善现代国民教育体系，健全终身教育体系，提高教育现代化水平。

国家采取措施促进教育公平，推动教育均衡发展。

国家支持、鼓励和组织教育科学研究，推广教育科学研究成果，促进教育质量提高。

第十二条　【语言文字】国家通用语言文字为学校及其他教育机构的基本教育教学语言文字，学校及其他教育机构应当使用国家通用语言文字进行教育教学。

民族自治地方以少数民族学生为主的学校及其他教育机构，从实际出发，使用国家通用语言文字和本民族或者当地民族通用的语言文字实施双语教育。

国家采取措施，为少数民族学生为主的学校及其他教育机构实施双语教育提供条件和支持。

第十四条　【管理体制】国务院和地方各级人民政府根据分级管理、分工负责的原则，领导和管理教育工作。

中等及中等以下教育在国务院领导下，由地方人民政府管理。

高等教育由国务院和省、自治区、直辖市人民政府管理。

第十五条　【教育行政部门】国务院教育行政部门主管全国教育工作，统筹规划、协调管理全国的教育事业。

县级以上地方各级人民政府教育行政部门主管本行政区域内的教育工作。

县级以上各级人民政府其他有关部门在各自的职责范围内，负责有关的教育工作。

第十六条　【教育监督】国务院和县级以上地方各级人民政府应当向本级人民代表

大会或者其常务委员会报告教育工作和教育经费预算、决算情况，接受监督。

第二章　教育基本制度

第十七条　【学校教育制度】国家实行学前教育、初等教育、中等教育、高等教育的学校教育制度。

国家建立科学的学制系统。学制系统内的学校和其他教育机构的设置、教育形式、修业年限、招生对象、培养目标等，由国务院或者由国务院授权教育行政部门规定。

第十八条　【学前教育】国家制定学前教育标准，加快普及学前教育，构建覆盖城乡，特别是农村的学前教育公共服务体系。

各级人民政府应当采取措施，为适龄儿童接受学前教育提供条件和支持。

第十九条　【义务教育】国家实行九年制义务教育制度。

各级人民政府采取各种措施保障适龄儿童、少年就学。

适龄儿童、少年的父母或者其他监护人以及有关社会组织和个人有义务使适龄儿童、少年接受并完成规定年限的义务教育。

第二十条　【职业教育和继续教育】国家实行职业教育制度和继续教育制度。

各级人民政府、有关行政部门和行业组织以及企业事业组织应当采取措施，发展并保障公民接受职业学校教育或者各种形式的职业培训。

国家鼓励发展多种形式的继续教育，使公民接受适当形式的政治、经济、文化、科学、技术、业务等方面的教育，促进不同类型学习成果的互认和衔接，推动全民终身学习。

第二十一条　【考试制度】国家实行国家教育考试制度。

国家教育考试由国务院教育行政部门确定种类，并由国家批准的实施教育考试的机构承办。

第二十二条　【学业证书制度】国家实行学业证书制度。

经国家批准设立或者认可的学校及其他教育机构按照国家有关规定，颁发学历证书或者其他学业证书。

第二十三条　【学位制度】国家实行学位制度。

学位授予单位依法对达到一定学术水平或者专业技术水平的人员授予相应的学位，颁发学位证书。

第二十四条　【扫除文盲工作】各级人民政府、基层群众性自治组织和企业事业组织应当采取各种措施，开展扫除文盲的教育工作。

按照国家规定具有接受扫除文盲教育能力的公民，应当接受扫除文盲的教育。

第二十五条　【教育督导与评估制度】国家实行教育督导制度和学校及其他教育机构教育评估制度。

第三章　学校及其他教育机构

第二十六条　【教育机构的举办】国家制定教育发展规划，并举办学校及其他教育机构。

国家鼓励企业事业组织、社会团体、其他社会组织及公民个人依法举办学校及其他教育机构。

国家举办学校及其他教育机构，应当坚持勤俭节约的原则。

以财政性经费、捐赠资产举办或者参与举办的学校及其他教育机构不得设立为营利性组织。

第二十七条　【办学条件】设立学校及其他教育机构，必须具备下列基本条件：

（一）有组织机构和章程；

（二）有合格的教师；

（三）有符合规定标准的教学场所及设施、设备等；

（四）有必备的办学资金和稳定的经费来源。

真题链接

依据《中华人民共和国教育法》的相关规定，某地拟设立一所新学校。下列不属于该学校设立必备条件的是(　　)。

A. 有组织机构和章程　　　　　　　B. 有充足的生源

C. 有合格的教师　　　　　　　　　D. 有稳定的经费来源

答案：B。解析：参照《中华人民共和国教育法》第二十七条规定。

第二十八条　【办学程序】学校及其他教育机构的设立、变更和终止，应当按照国家有关规定办理审核、批准、注册或者备案手续。

第二十九条　【教育机构的权利】学校及其他教育机构行使下列权利：

（一）按照章程自主管理；

（二）组织实施教育教学活动；

（三）招收学生或者其他受教育者；

（四）对受教育者进行学籍管理，实施奖励或者处分；

（五）对受教育者颁发相应的学业证书；

（六）聘任教师及其他职工，实施奖励或者处分；

（七）管理、使用本单位的设施和经费；

（八）拒绝任何组织和个人对教育教学活动的非法干涉；

（九）法律、法规规定的其他权利。

国家保护学校及其他教育机构的合法权益不受侵犯。

第三十条　【教育机构的义务】学校及其他教育机构应当履行下列义务：

（一）遵守法律、法规；

（二）贯彻国家的教育方针，执行国家教育教学标准，保证教育教学质量；

（三）维护受教育者、教师及其他职工的合法权益；

（四）以适当方式为受教育者及其监护人了解受教育者的学业成绩及其他有关情况提供便利；

（五）遵照国家有关规定收取费用并公开收费项目；

（六）依法接受监督。

第三十一条 【教育机构的管理体制】学校及其他教育机构的举办者按照国家有关规定，确定其所举办的学校或者其他教育机构的管理体制。

学校及其他教育机构的校长或者主要行政负责人必须由具有中华人民共和国国籍、在中国境内定居、并具备国家规定任职条件的公民担任，其任免按照国家有关规定办理。学校的教学及其他行政管理，由校长负责。

学校及其他教育机构应当按照国家有关规定，通过以教师为主体的教职工代表大会等组织形式，保障教职工参与民主管理和监督。

第三十二条 【教育机构的法律地位】学校及其他教育机构具备法人条件的，自批准设立或者登记注册之日起取得法人资格。

学校及其他教育机构在民事活动中依法享有民事权利，承担民事责任。

学校及其他教育机构中的国有资产属于国家所有。

学校及其他教育机构兴办的校办产业独立承担民事责任。

第四章 教师和其他教育工作者

第三十三条 【教师权利和义务】教师享有法律规定的权利，履行法律规定的义务，忠诚于人民的教育事业。

第三十四条 【教师待遇】国家保护教师的合法权益，改善教师的工作条件和生活条件，提高教师的社会地位。

教师的工资报酬、福利待遇，依照法律、法规的规定办理。

第三十五条 【教师队伍建设】国家实行教师资格、职务、聘任制度，通过考核、奖励、培养和培训，提高教师素质，加强教师队伍建设。

第三十六条 【员工制度】学校及其他教育机构中的管理人员，实行教育职员制度。

学校及其他教育机构中的教学辅助人员和其他专业技术人员，实行专业技术职务聘任制度。

第五章 受教育者

第三十七条 【受教育者的平等权】受教育者在入学、升学、就业等方面依法享有平等权利。

学校和有关行政部门应当按照国家有关规定，保障女子在入学、升学、就业、授予学位、派出留学等方面享有同男子平等的权利。

第三十八条 【教育资助】国家、社会对符合入学条件、家庭经济困难的儿童、少年、青年，提供各种形式的资助。

第四十三条　【受教育者权利】受教育者享有下列权利：

（一）参加教育教学计划安排的各种活动，使用教育教学设施、设备、图书资料；

（二）按照国家有关规定获得奖学金、贷学金、助学金；

（三）在学业成绩和品行上获得公正评价，完成规定的学业后获得相应的学业证书、学位证书；

（四）对学校给予的处分不服向有关部门提出申诉，对学校、教师侵犯其人身权、财产权等合法权益，提出申诉或者依法提起诉讼；

（五）法律、法规规定的其他权利。

第四十四条　【受教育者义务】受教育者应当履行下列义务：

（一）遵守法律、法规；

（二）遵守学生行为规范，尊敬师长，养成良好的思想品德和行为习惯；

（三）努力学习，完成规定的学习任务；

（四）遵守所在学校或者其他教育机构的管理制度。

第六章　教育与社会

第四十七条　【社会合作与参与】国家鼓励企业事业组织、社会团体及其他社会组织同高等学校、中等职业学校在教学、科研、技术开发和推广等方面进行多种形式的合作。

企业事业组织、社会团体及其他社会组织和个人，可以通过适当形式，支持学校的建设，参与学校管理。

第四十八条　【社会实践活动】国家机关、军队、企业事业组织及其他社会组织应当为学校组织的学生实习、社会实践活动提供帮助和便利。

第四十九条　【社会公益活动】学校及其他教育机构在不影响正常教育教学活动的前提下，应当积极参加当地的社会公益活动。

第五十条　【家庭教育】未成年人的父母或者其他监护人应当为其未成年子女或者其他被监护人受教育提供必要条件。

未成年人的父母或者其他监护人应当配合学校及其他教育机构，对其未成年子女或者其他被监护人进行教育。

学校、教师可以对学生家长提供家庭教育指导。

第五十一条　【文化机构的教育】图书馆、博物馆、科技馆、文化馆、美术馆、体育馆（场）等社会公共文化体育设施，以及历史文化古迹和革命纪念馆（地），应当对教师、学生实行优待，为受教育者接受教育提供便利。

广播、电视台（站）应当开设教育节目，促进受教育者思想品德、文化和科学技术素质的提高。

第五十二条　【校外教育】国家、社会建立和发展对未成年人进行校外教育的设施。

学校及其他教育机构应当同基层群众性自治组织、企业事业组织、社会团体相互配合，加强对未成年人的校外教育工作。

第七章 教育投入与条件保障

第五十四条 【教育经费筹措体制】国家建立以财政拨款为主、其他多种渠道筹措教育经费为辅的体制，逐步增加对教育的投入，保证国家举办的学校教育经费的稳定来源。

企业事业组织、社会团体及其他社会组织和个人依法举办的学校及其他教育机构，办学经费由举办者负责筹措，各级人民政府可以给予适当支持。

第五十五条 【教育经费比例】国家财政性教育经费支出占国民生产总值的比例应当随着国民经济的发展和财政收入的增长逐步提高。具体比例和实施步骤由国务院规定。

全国各级财政支出总额中教育经费所占比例应当随着国民经济的发展逐步提高。

第五十六条 【教育经费支出】各级人民政府的教育经费支出，按照事权和财权相统一的原则，在财政预算中单独列项。

各级人民政府教育财政拨款的增长应当高于财政经常性收入的增长，并使按在校学生人数平均的教育费用逐步增长，保证教师工资和学生人均公用经费逐步增长。

第五十七条 【教育专项资金】国务院及县级以上地方各级人民政府应当设立教育专项资金，重点扶持边远贫困地区、少数民族地区实施义务教育。

第五十八条 【教育费附加】税务机关依法足额征收教育费附加，由教育行政部门统筹管理，主要用于实施义务教育。

省、自治区、直辖市人民政府根据国务院的有关规定，可以决定开征用于教育的地方附加费，专款专用。

第六十一条 【经费使用】国家财政性教育经费、社会组织和个人对教育的捐赠，必须用于教育，不得挪用、克扣。

第六十五条 【教育用品保障】各级人民政府对教科书及教学用图书资料的出版发行，对教学仪器、设备的生产和供应，对用于学校教育教学和科学研究的图书资料、教学仪器、设备的进口，按照国家有关规定实行优先、优惠政策。

第八章 教育对外交流与合作

第六十七条 【教育对外交流与合作的原则】国家鼓励开展教育对外交流与合作，支持学校及其他教育机构引进优质教育资源，依法开展中外合作办学，发展国际教育服务，培养国际化人才。

教育对外交流与合作坚持独立自主、平等互利、相互尊重的原则，不得违反中国法律，不得损害国家主权、安全和社会公共利益。

第九章 法律责任

第七十一条 【经费问题的法律责任】违反国家有关规定，不按照预算核拨教育经费的，由同级人民政府限期核拨；情节严重的，对直接负责的主管人员和其他直接责任人员，依法给予处分。

违反国家财政制度、财务制度，挪用、克扣教育经费的，由上级机关责令限期归还被挪用、克扣的经费，并对直接负责的主管人员和其他直接责任人员，依法给予处分；构成犯罪的，依法追究刑事责任。

第七十二条　【侵犯教学秩序及学校财产的法律责任】结伙斗殴、寻衅滋事，扰乱学校及其他教育机构教育教学秩序或者破坏校舍、场地及其他财产的，由公安机关给予治安管理处罚；构成犯罪的，依法追究刑事责任。

侵占学校及其他教育机构的校舍、场地及其他财产的，依法承担民事责任。

第七十三条　【教学设施问题的法律责任】明知校舍或者教育教学设施有危险，而不采取措施，造成人员伤亡或者重大财产损失的，对直接负责的主管人员和其他直接责任人员，依法追究刑事责任。

第七十四条　【违规收取教育机构费用的法律责任】违反国家有关规定，向学校或者其他教育机构收取费用的，由政府责令退还所收费用；对直接负责的主管人员和其他直接责任人员，依法给予处分。

第七十五条　【违法办学的法律责任】违反国家有关规定，举办学校或者其他教育机构的，由教育行政部门或者其他有关行政部门予以撤销；有违法所得的，没收违法所得；对直接负责的主管人员和其他直接责任人员，依法给予处分。

第七十六条　【违规招生的法律责任】学校或者其他教育机构违反国家有关规定招收学生的，由教育行政部门或者其他有关行政部门责令退回招收的学生，退还所收费用；对学校、其他教育机构给予警告，可以处违法所得五倍以下罚款；情节严重的，责令停止相关招生资格一年以上三年以下，直至撤销招生资格、吊销办学许可证；对直接负责的主管人员和其他直接责任人员，依法给予处分；构成犯罪的，依法追究刑事责任。

第七十七条　【招生工作徇私舞弊的法律责任】在招收学生工作中徇私舞弊的，由教育行政部门或者其他有关行政部门责令退回招收的人员；对直接负责的主管人员和其他直接责任人员，依法给予处分；构成犯罪的，依法追究刑事责任。

第七十八条　【违规收取受教育者费用的法律责任】学校及其他教育机构违反国家有关规定向受教育者收取费用的，由教育行政部门或者其他有关行政部门责令退还所收费用；对直接负责的主管人员和其他直接责任人员，依法给予处分。

 真题链接

某初级中学违反国家有关规定向学生收取补课费。依据《中华人民共和国教育法》，有权责令该校退还所收费用的是(　　　)。

A. 教育行政机关　　　　　　　　B. 纪检部门

C. 公安机关　　　　　　　　　　D. 物价部门

答案：A。解析：参照《中华人民共和国教育法》第七十八条规定。

第七十九条 【考生作弊的法律责任】考生在国家教育考试中有下列行为之一的，由组织考试的教育考试机构工作人员在考试现场采取必要措施予以制止并终止其继续参加考试；组织考试的教育考试机构可以取消其相关考试资格或者考试成绩；情节严重的，由教育行政部门责令停止参加相关国家教育考试一年以上三年以下；构成违反治安管理行为的，由公安机关依法给予治安管理处罚；构成犯罪的，依法追究刑事责任：

（一）非法获取考试试题或者答案的；

（二）携带或者使用考试作弊器材、资料的；

（三）抄袭他人答案的；

（四）让他人代替自己参加考试的；

（五）其他以不正当手段获得考试成绩的作弊行为。

第八十条 【考试违法的相关法律责任】任何组织或者个人在国家教育考试中有下列行为之一，有违法所得的，由公安机关没收违法所得，并处违法所得一倍以上五倍以下罚款；情节严重的，处五日以上十五日以下拘留；构成犯罪的，依法追究刑事责任；属于国家机关工作人员的，还应当依法给予处分：

（一）组织作弊的；

（二）通过提供考试作弊器材等方式为作弊提供帮助或者便利的；

（三）代替他人参加考试的；

（四）在考试结束前泄露、传播考试试题或者答案的；

（五）其他扰乱考试秩序的行为。

第八十一条 【考试管理失职的法律责任】举办国家教育考试，教育行政部门、教育考试机构疏于管理，造成考场秩序混乱、作弊情况严重的，对直接负责的主管人员和其他直接责任人员，依法给予处分；构成犯罪的，依法追究刑事责任。

第八十二条 【违法颁发证书的法律责任】学校或者其他教育机构违反本法规定，颁发学位证书、学历证书或者其他学业证书的，由教育行政部门或者其他有关行政部门宣布证书无效，责令收回或者予以没收；有违法所得的，没收违法所得；情节严重的，责令停止相关招生资格一年以上三年以下，直至撤销招生资格、颁发证书资格；对直接负责的主管人员和其他直接责任人员，依法给予处分。

前款规定以外的任何组织或者个人制造、销售、颁发假冒学位证书、学历证书或者其他学业证书，构成违反治安管理行为的，由公安机关依法给予治安管理处罚；构成犯罪的，依法追究刑事责任。

以作弊、剽窃、抄袭等欺诈行为或者其他不正当手段获得学位证书、学历证书或者其他学业证书的，由颁发机构撤销相关证书。购买、使用假冒学位证书、学历证书或者其他学业证书，构成违反治安管理行为的，由公安机关依法给予治安管理处罚。

第八十三条 【侵权民事责任】违反本法规定，侵犯教师、受教育者、学校或者其他教育机构的合法权益，造成损失、损害的，应当依法承担民事责任。

第十章　附则

第八十六条　【施行时间】本法自 1995 年 9 月 1 日起施行。

二、教育单行法

(一)《中华人民共和国义务教育法》(以下称《义务教育法》)

1.《义务教育法》的立法依据

(1)《宪法》;

(2) 1985 年《中共中央关于教育体制改革的决定》;

(3) 我国的实际情况。

2.《义务教育法》的性质与地位

《义务教育法》是教育单行法，它的颁布标志着我国的教育开始真正步入法治的轨道。

3.《义务教育法》的基本结构

《义务教育法》共有 3 部分 (总则、分则和附则)，8 章，63 条。其中，总则是对义务教育活动的总体规定，分则是对义务教育活动各个方面的分别规定，附则是就未尽表达事项的补充规定和说明。

4.《义务教育法》的主体内容

中华人民共和国义务教育法

(1986 年 4 月 12 日第六届全国人民代表大会第四次会议通过，2006 年 6 月 29 日第十届全国人民代表大会常务委员会第二十二次会议第一次修订，2015 年 4 月 24 日第十二届全国人民代表大会常务委员会第十四次会议第二次修订)

第一章　总则

第一条　【立法目的】为了保障适龄儿童、少年接受义务教育的权利，保证义务教育的实施，提高全民族素质，根据宪法和教育法，制定本法。

第二条　【义务教育制度】国家实行九年义务教育制度。

义务教育是国家统一实施的所有适龄儿童、少年必须接受的教育，是国家必须予以保障的公益性事业。

实施义务教育，不收学费、杂费。

国家建立义务教育经费保障机制，保证义务教育制度实施。

第三条　【教育方针与目的】义务教育必须贯彻国家的教育方针，实施素质教育，提高教育质量，使适龄儿童、少年在品德、智力、体质等方面全面发展，为培养有理想、有道德、有文化、有纪律的社会主义建设者和接班人奠定基础。

第四条 【平等的受教育权】凡具有中华人民共和国国籍的适龄儿童、少年，不分性别、民族、种族、家庭财产状况、宗教信仰等，依法享有平等接受义务教育的权利，并履行接受义务教育的义务。

第五条 【政府、家长、学校、社会的义务】各级人民政府及其有关部门应当履行本法规定的各项职责，保障适龄儿童、少年接受义务教育的权利。

适龄儿童、少年的父母或者其他法定监护人应当依法保证其按时入学接受并完成义务教育。

依法实施义务教育的学校应当按照规定标准完成教育教学任务，保证教育教学质量。

社会组织和个人应当为适龄儿童、少年接受义务教育创造良好的环境。

第六条 【保障措施】国务院和县级以上地方人民政府应当合理配置教育资源，促进义务教育均衡发展，改善薄弱学校的办学条件，并采取措施，保障农村地区、民族地区实施义务教育，保障家庭经济困难的和残疾的适龄儿童、少年接受义务教育。

国家组织和鼓励经济发达地区支援经济欠发达地区实施义务教育。

第七条 【管理体制】义务教育实行国务院领导，省、自治区、直辖市人民政府统筹规划实施，县级人民政府为主管理的体制。

县级以上人民政府教育行政部门具体负责义务教育实施工作；县级以上人民政府其他有关部门在各自的职责范围内负责义务教育实施工作。

第八条 【教育督导】人民政府教育督导机构对义务教育工作执行法律法规情况、教育教学质量以及义务教育均衡发展状况等进行督导，督导报告向社会公布。

第九条 【问责制度】任何社会组织或者个人有权对违反本法的行为向有关国家机关提出检举或者控告。

发生违反本法的重大事件，妨碍义务教育实施，造成重大社会影响的，负有领导责任的人民政府或者人民政府教育行政部门负责人应当引咎辞职。

第二章 学生

第十一条 【入学年龄】凡年满六周岁的儿童，其父母或者其他法定监护人应当送其入学接受并完成义务教育；条件不具备的地区的儿童，可以推迟到七周岁。

适龄儿童、少年因身体状况需要延缓入学或者休学的，其父母或者其他法定监护人应当提出申请，由当地乡镇人民政府或者县级人民政府教育行政部门批准。

第十二条 【入学原则】适龄儿童、少年免试入学。地方各级人民政府应当保障适龄儿童、少年在户籍所在地学校就近入学。

父母或者其他法定监护人在非户籍所在地工作或者居住的适龄儿童、少年，在其父母或者其他法定监护人工作或者居住地接受义务教育的，当地人民政府应当为其提供平等接受义务教育的条件。具体办法由省、自治区、直辖市规定。

县级人民政府教育行政部门对本行政区域内的军人子女接受义务教育予以保障。

某初中为提高生源质量，自行组织入学考试，实行跨学区招生。该学校的做法（　　）。

A. 合法，学校有招收学生的权利

B. 合法，学校有自主办学的权利

C. 不合法，违反了尊重学生人格的规定

D. 不合法，违反了免试就近入学的规定

答案：D。解析：通过常规行为分析，该校做法属于不合法行为，故可排除选项A、B。因题干中涉及学校跨区域招生行为，主体为学校行为，因此答案为D。而C之所以不选，是因为题干中并未表现出不尊重学生人格等内容，属于无关选项。

第十三条 【保障入学】县级人民政府教育行政部门和乡镇人民政府组织和督促适龄儿童、少年入学，帮助解决适龄儿童、少年接受义务教育的困难，采取措施防止适龄儿童、少年辍学。

居民委员会和村民委员会协助政府做好工作，督促适龄儿童、少年入学。

第十四条 【社会义务】禁止用人单位招用应当接受义务教育的适龄儿童、少年。

根据国家有关规定经批准招收适龄儿童、少年进行文艺、体育等专业训练的社会组织，应当保证所招收的适龄儿童、少年接受义务教育；自行实施义务教育的，应当经县级人民政府教育行政部门批准。

第三章 学校

第十五条 【学校规划】县级以上地方人民政府根据本行政区域内居住的适龄儿童、少年的数量和分布状况等因素，按照国家有关规定，制定、调整学校设置规划。新建居民区需要设置学校的，应当与居民区的建设同步进行。

第十六条 【学校建设】学校建设，应当符合国家规定的办学标准，适应教育教学需要；应当符合国家规定的选址要求和建设标准，确保学生和教职工安全。

第十七条 【寄宿学校】县级人民政府根据需要设置寄宿制学校，保障居住分散的适龄儿童、少年入学接受义务教育。

第十八条 【民族学校】国务院教育行政部门和省、自治区、直辖市人民政府根据需要，在经济发达地区设置接收少数民族适龄儿童、少年的学校（班）。

第十九条 【特殊教育】县级以上地方人民政府根据需要设置相应的实施特殊教育的学校（班），对视力残疾、听力语言残疾和智力残疾的适龄儿童、少年实施义务教育。特殊教育学校（班）应当具备适应残疾儿童、少年学习、康复、生活特点的场所和设施。

普通学校应当接收具有接受普通教育能力的残疾适龄儿童、少年随班就读，并为其学习、康复提供帮助。

第二十条 【严重不良行为的少年的教育】县级以上地方人民政府根据需要，为具有预防未成年人犯罪法规定的严重不良行为的适龄少年设置专门的学校实施义务教育。

第二十一条 【未成年犯的教育】对未完成义务教育的未成年犯和被采取强制性教育措施的未成年人应当进行义务教育，所需经费由人民政府予以保障。

第二十二条 【均衡发展】县级以上人民政府及其教育行政部门应当促进学校均衡发展，缩小学校之间办学条件的差距，不得将学校分为重点学校和非重点学校。学校不得分设重点班和非重点班。

县级以上人民政府及其教育行政部门不得以任何名义改变或者变相改变公办学校的性质。

真题链接

某县级政府为了提高本县的中考成绩，将辖区内两所初中列为重点学校，并给予政策倾斜。该县级政府的做法（　　）。

A. 合法，县级政府有权自主管理

B. 合法，有助于校际教育质量竞争

C. 不合法，不能设置重点校和非重点校

D. 不合法，应该平均分配各类教育资源

答案：C。

第二十四条 【安全制度与应急机制】学校应当建立、健全安全制度和应急机制，对学生进行安全教育，加强管理，及时消除隐患，预防发生事故。

县级以上地方人民政府定期对学校校舍安全进行检查；对需要维修、改造的，及时予以维修、改造。

学校不得聘用曾经因故意犯罪被依法剥夺政治权利或者其他不适合从事义务教育工作的人担任工作人员。

第二十五条 【禁止乱收费】学校不得违反国家规定收取费用，不得以向学生推销或者变相推销商品、服务等方式谋取利益。

第二十六条 【校长负责制】学校实行校长负责制。校长应当符合国家规定的任职条件。校长由县级人民政府教育行政部门依法聘任。

第二十七条 【禁止开除】对违反学校管理制度的学生，学校应当予以批评教育，不得开除。

第四章 教师

第二十八条 【教师的权利与义务】教师享有法律规定的权利，履行法律规定的义务，应当为人师表，忠诚于人民的教育事业。

全社会应当尊重教师。

第二十九条　【教师行为规范】教师在教育教学中应当平等对待学生，关注学生的个体差异，因材施教，促进学生的充分发展。

教师应当尊重学生的人格，不得歧视学生，不得对学生实施体罚、变相体罚或者其他侮辱人格尊严的行为，不得侵犯学生合法权益。

第三十条　【教师资格及职务】教师应当取得国家规定的教师资格。

国家建立统一的义务教育教师职务制度。教师职务分为初级职务、中级职务和高级职务。

第三十一条　【福利待遇】各级人民政府保障教师工资福利和社会保险待遇，改善教师工作和生活条件；完善农村教师工资经费保障机制。

教师的平均工资水平应当不低于当地公务员的平均工资水平。

特殊教育教师享有特殊岗位补助津贴。在民族地区和边远贫困地区工作的教师享有艰苦贫困地区补助津贴。

第三十二条　【教师培养与师资配置】县级以上人民政府应当加强教师培养工作，采取措施发展教师教育。

县级人民政府教育行政部门应当均衡配置本行政区域内学校师资力量，组织校长、教师的培训和流动，加强对薄弱学校的建设。

第三十三条　【支教工作】国务院和地方各级人民政府鼓励和支持城市学校教师和高等学校毕业生到农村地区、民族地区从事义务教育工作。

国家鼓励高等学校毕业生以志愿者的方式到农村地区、民族地区缺乏教师的学校任教。县级人民政府教育行政部门依法认定其教师资格，其任教时间计入工龄。

第五章　教育教学

第三十四条　【教育目标】教育教学工作应当符合教育规律和学生身心发展特点，面向全体学生，教书育人，将德育、智育、体育、美育等有机统一在教育教学活动中，注重培养学生独立思考能力、创新能力和实践能力，促进学生全面发展。

第三十五条　【素质教育】国务院教育行政部门根据适龄儿童、少年身心发展的状况和实际情况，确定教学制度、教育教学内容和课程设置，改革考试制度，并改进高级中等学校招生办法，推进实施素质教育。

学校和教师按照确定的教育教学内容和课程设置开展教育教学活动，保证达到国家规定的基本质量要求。

国家鼓励学校和教师采用启发式教育等教育教学方法，提高教育教学质量。

第三十六条　【德育】学校应当把德育放在首位，寓德育于教育教学之中，开展与学生年龄相适应的社会实践活动，形成学校、家庭、社会相互配合的思想道德教育体系，促进学生养成良好的思想品德和行为习惯。

第三十七条　【课外活动】学校应当保证学生的课外活动时间，组织开展文化娱乐等课外活动。社会公共文化体育设施应当为学校开展课外活动提供便利。

第三十八条 【教材编写】教科书根据国家教育方针和课程标准编写，内容力求精简，精选必备的基础知识、基本技能，经济实用，保证质量。

国家机关工作人员和教科书审查人员，不得参与或者变相参与教科书的编写工作。

第三十九条 【教科书审定制度】国家实行教科书审定制度。教科书的审定办法由国务院教育行政部门规定。

未经审定的教科书，不得出版、选用。

第四十条 【教材定价】教科书价格由省、自治区、直辖市人民政府价格行政部门会同同级出版行政部门按照微利原则确定。

第六章 经费保障

第四十二条 【财政保障与责任主体】国家将义务教育全面纳入财政保障范围，义务教育经费由国务院和地方各级人民政府依照本法规定予以保障。

国务院和地方各级人民政府将义务教育经费纳入财政预算，按照教职工编制标准、工资标准和学校建设标准、学生人均公用经费标准等，及时足额拨付义务教育经费，确保学校的正常运转和校舍安全，确保教职工工资按照规定发放。

国务院和地方各级人民政府用于实施义务教育财政拨款的增长比例应当高于财政经常性收入的增长比例，保证按照在校学生人数平均的义务教育费用逐步增长，保证教职工工资和学生人均公用经费逐步增长。

第四十三条 【生均公用经费标准】学校的学生人均公用经费基本标准由国务院财政部门会同教育行政部门制定，并根据经济和社会发展状况适时调整。制定、调整学生人均公用经费基本标准，应当满足教育教学基本需要。

省、自治区、直辖市人民政府可以根据本行政区域的实际情况，制定不低于国家标准的学校学生人均公用经费标准。

特殊教育学校（班）学生人均公用经费标准应当高于普通学校学生人均公用经费标准。

第四十四条 【经费分担制度】义务教育经费投入实行国务院和地方各级人民政府根据职责共同负担，省、自治区、直辖市人民政府负责统筹落实的体制。农村义务教育所需经费，由各级人民政府根据国务院的规定分项目、按比例分担。

各级人民政府对家庭经济困难的适龄儿童、少年免费提供教科书并补助寄宿生生活费。

义务教育经费保障的具体办法由国务院规定。

第四十五条 【经费预算与安排】地方各级人民政府在财政预算中将义务教育经费单列。

县级人民政府编制预算，除向农村地区学校和薄弱学校倾斜外，应当均衡安排义务教育经费。

第四十六条 【财政转移支付】国务院和省、自治区、直辖市人民政府规范财政转移支付制度，加大一般性转移支付规模和规范义务教育专项转移支付，支持和引导地方各级人民政府增加对义务教育的投入。地方各级人民政府确保将上级人民政府的义务教育转移支付资金按照规定用于义务教育。

第四十七条 【专项资金】国务院和县级以上地方人民政府根据实际需要，设立专项资金，扶持农村地区、民族地区实施义务教育。

第四十九条 【经费使用】义务教育经费严格按照预算规定用于义务教育；任何组织和个人不得侵占、挪用义务教育经费，不得向学校非法收取或者摊派费用。

第七章 法律责任

第五十一条 【未履行经费保障职责的法律责任】国务院有关部门和地方各级人民政府违反本法第六章的规定，未履行对义务教育经费保障职责的，由国务院或者上级地方人民政府责令限期改正；情节严重的，对直接负责的主管人员和其他直接责任人员依法给予行政处分。

第五十二条 【县级以上地方政府的法律责任】县级以上地方人民政府有下列情形之一的，由上级人民政府责令限期改正；情节严重的，对直接负责的主管人员和其他直接责任人员依法给予行政处分：

（一）未按照国家有关规定制定、调整学校的设置规划的；

（二）学校建设不符合国家规定的办学标准、选址要求和建设标准的；

（三）未定期对学校校舍安全进行检查，并及时维修、改造的；

（四）未依照本法规定均衡安排义务教育经费的。

第五十三条 【政府或教育行政部门的法律责任】县级以上人民政府或者其教育行政部门有下列情形之一的，由上级人民政府或者其教育行政部门责令限期改正、通报批评；情节严重的，对直接负责的主管人员和其他直接责任人员依法给予行政处分：

（一）将学校分为重点学校和非重点学校的；

（二）改变或者变相改变公办学校性质的。

县级人民政府教育行政部门或者乡镇人民政府未采取措施组织适龄儿童、少年入学或者防止辍学的，依照前款规定追究法律责任。

第五十四条 【侵占、挪用、非法收费等行为的法律责任】有下列情形之一的，由上级人民政府或者上级人民政府教育行政部门、财政部门、价格行政部门和审计机关根据职责分工责令限期改正；情节严重的，对直接负责的主管人员和其他直接责任人员依法给予处分：

（一）侵占、挪用义务教育经费的；

（二）向学校非法收取或者摊派费用的。

第五十五条 【学校或教师的法律责任】学校或者教师在义务教育工作中违反教育法、教师法规定的，依照教育法、教师法的有关规定处罚。

第五十六条 【非法获利的法律责任】学校违反国家规定收取费用的，由县级人民政府教育行政部门责令退还所收费用；对直接负责的主管人员和其他直接责任人员依法给予处分。

学校以向学生推销或者变相推销商品、服务等方式谋取利益的，由县级人民政府教育行政部门给予通报批评；有违法所得的，没收违法所得；对直接负责的主管人员和其他直接责任人员依法给予处分。

国家机关工作人员和教科书审查人员参与或者变相参与教科书编写的，由县级以上人民政府或者其教育行政部门根据职责权限责令限期改正，依法给予行政处分；有违法所得的，没收违法所得。

第五十七条 【学校的行政法律责任】学校有下列情形之一的，由县级人民政府教育行政部门责令限期改正；情节严重的，对直接负责的主管人员和其他直接责任人员依法给予处分：

（一）拒绝接收具有接受普通教育能力的残疾适龄儿童、少年随班就读的；

（二）分设重点班和非重点班的；

（三）违反本法规定开除学生的；

（四）选用未经审定的教科书的。

第五十八条 【监护人的法律责任】适龄儿童、少年的父母或者其他法定监护人无正当理由未依照本法规定送适龄儿童、少年入学接受义务教育的，由当地乡镇人民政府或者县级人民政府教育行政部门给予批评教育，责令限期改正。

第五十九条 【行政法律责任】有下列情形之一的，依照有关法律、行政法规的规定予以处罚：

（一）胁迫或者诱骗应当接受义务教育的适龄儿童、少年失学、辍学的；

（二）非法招用应当接受义务教育的适龄儿童、少年的；

（三）出版未经依法审定的教科书的。

第六十条 【刑事法律责任】违反本法规定，构成犯罪的，依法追究刑事责任。

第八章 附则

第六十三条 【施行时间】本法自 2006 年 9 月 1 日起施行。

（二）《中华人民共和国教师法》（以下称《教师法》）

1. 《教师法》的立法依据

（1）我国社会主义现代化建设事业的需要；

（2）提高教师队伍素质的需要；

（3）维护教师合法权益的需要；

（4）教师队伍建设规范化的需要。

2. 《教师法》的性质与地位

《教师法》是我国教育史上第一部关于教师的单行法律，它的制定和颁布体现了党和国家对人民教师的重视。有利于从根本上提高教师的社会地位，保障教师的合法权益，使教师成为社会上受人尊重的职业；有利于加强教师队伍的建设，造就一批具有高素质的教师队伍，促进社会主义教育事业的发展。

3.《教师法》的基本结构

《教师法》共有3部分（总则、分则和附则），9章，43条。其中，总则是对立法目的、适用范围、教师的身份、教师的职责与使命以及教师节等方面的总体规定，分则是对教师的权利与义务、资格与任用、培养培训、考核、待遇、奖励、法律责任等方面的具体规定，附则是就未尽表达事项的补充规定和说明。

4.《教师法》的主体内容

中华人民共和国教师法

（1993年10月31日第八届全国人民代表大会常务委员会第四次会议通过，自1994年1月1日起施行，2009年根据《全国人民代表大会常务委员会关于修改部分法律的决定》修订）

第一章　总则

第一条　【立法目的】为了保障教师的合法权益，建设具有良好思想品德修养和业务素质的教师队伍，促进社会主义教育事业的发展，制定本法。

第二条　【适用范围或对象】本法适用于在各级各类学校和其他教育机构中专门从事教育教学工作的教师。

【内容详解】这里所指的"各级各类学校"是指实施学前教育、普通初中教育、普通高中教育、职业教育、普通高等教育以及特殊教育、成人教育的学校。这里所指的"其他教育机构"是特指与中小学的教育、教学工作紧密联系的少年宫、地方中小学教研室、电化教育馆等教育机构。这里所指的"教师"是指在学校中传递人类文化科学知识和技能、进行思想品德教育，把受教育者培养成社会主义社会需要的专业人员。

《教师法》关于适用范围的规定，是教师的形式特征，也是法律意义上教师概念的外延。《教师法》的适用范围仅限于各级各类学校和其他教育机构中的教师，是由教师职业的特殊性、履行的是特殊的具有公职性质的教学职责决定的。适用范围限于教师，便于在权利、义务、资格、任用、培养、培训、考核等方面对教师做出统一的规定，有利于加强教师队伍的建设。

第三条　【教师的职责、身份与使命】教师是履行教育教学职责的专业人员，承担教书育人，培养社会主义事业建设者和接班人、提高民族素质的使命。教师应当忠诚于人民的教育事业。

第四条　【政府职责】各级人民政府应当采取措施，加强教师的思想政治教育和业务培训，改善教师的工作条件和生活条件，保障教师的合法权益，提高教师的社会地位。全社会都应当尊重教师。

第五条 【管理体制】国务院教育行政部门主管全国的教师工作。

国务院有关部门在各自职权范围内负责有关的教师工作。

学校和其他教育机构根据国家规定，自主进行教师管理工作。

第六条 【教师节】每年九月十日为教师节。

第二章 权利和义务

第七条 【教师权利】教师享有下列权利：

（一）进行教育教学活动，开展教育教学改革和实验；

（二）从事科学研究、学术交流，参加专业的学术团体，在学术活动中充分发表意见；

（三）指导学生的学习和发展，评定学生的品行和学业成绩；

（四）按时获取工资报酬，享受国家规定的福利待遇以及寒暑假期的带薪休假；

（五）对学校教育教学、管理工作和教育行政部门的工作提出意见和建议，通过教职工代表大会或者其他形式，参与学校的民主管理；

（六）参加进修或者其他方式的培训。

第八条 【教师义务】教师应当履行下列义务：

（一）遵守宪法、法律和职业道德，为人师表；

（二）贯彻国家的教育方针，遵守规章制度，执行学校的教学计划，履行教师聘约，完成教育教学工作任务；

（三）对学生进行宪法所确定的基本原则的教育和爱国主义、民族团结的教育，法制教育以及思想品德、文化、科学技术教育，组织、带领学生开展有益的社会活动；

（四）关心、爱护全体学生，尊重学生人格，促进学生在品德、智力、体质等方面全面发展；

（五）制止有害于学生的行为或者其他侵犯学生合法权益的行为，批评和抵制有害于学生健康成长的现象；

（六）不断提高思想政治觉悟和教育教学业务水平。

第九条 【保障机制】为保障教师完成教育教学任务，各级人民政府、教育行政部门、有关部门、学校和其他教育机构应当履行下列职责：

（一）提供符合国家安全标准的教育教学设施和设备；

（二）提供必需的图书、资料及其他教育教学用品；

（三）对教师在教育教学、科学研究中的创造性工作给以鼓励和帮助；

（四）支持教师制止有害于学生的行为或者其他侵犯学生合法权益的行为。

第三章 资格和任用

第十条 【教师资格条件】国家实行教师资格制度。

中国公民凡遵守宪法和法律，热爱教育事业，具有良好的思想品德，具备本法规定的学历或者经国家教师资格考试合格，有教育教学能力，经认定合格的，可以取得教师资格。

第十一条 【学历要求】取得教师资格应当具备的相应学历是：

（一）取得幼儿园教师资格，应当具备幼儿师范学校毕业及其以上学历。

（二）取得小学教师资格，应当具备中等师范学校毕业及其以上学历。

（三）取得初级中学教师、初级职业学校文化、专业课教师资格，应当具备高等师范专科学校或者其他大学专科毕业及其以上学历。

（四）取得高级中学教师资格和中等专业学校、技工学校、职业高中文化课、专业课教师资格，应当具备高等师范院校本科或者其他大学本科毕业及其以上学历；取得中等专业学校、技工学校和职业高中学生实习指导教师资格应当具备的学历，由国务院教育行政部门规定。

（五）取得高等学校教师资格，应当具备研究生或者大学本科毕业学历。

（六）取得成人教育教师资格，应当按照成人教育的层次、类别，分别具备高等、中等学校毕业及其以上学历。不具备本法规定的教师资格学历的公民，申请获取教师资格，必须通过国家教师资格考试。国家教师资格考试制度由国务院规定。

第十三条 【资格认定】中小学教师资格由县级以上地方人民政府教育行政部门认定。中等专业学校、技工学校的教师资格由县级以上地方人民政府教育行政部门组织有关主管部门认定。普通高等学校的教师资格由国务院或者省、自治区、直辖市教育行政部门或者由其委托的学校认定。具备本法规定的学历或者经国家教师资格考试合格的公民，要求有关部门认定其教师资格的，有关部门应当依照本法规定的条件予以认定。取得教师资格的人员首次任教时，应当有试用期。

第十四条 【资格限制】受到剥夺政治权利或者故意犯罪受到有期徒刑以上刑事处罚的，不能取得教师资格；已经取得教师资格的，丧失教师资格。

第十六条 【教师职务制度】国家实行教师职务制度，具体办法由国务院规定。

第十七条 【教师聘任制】学校和其他教育机构应当逐步实行教师聘任制。教师的聘任应当遵循双方地位平等的原则，由学校和教师签订聘任合同，明确规定双方的权利、义务和责任。实施教师聘任制的步骤、办法由国务院教育行政部门规定。

第四章 培养和培训

第十八条 【教师培养】各级人民政府和有关部门应当办好师范教育，并采取措施，鼓励优秀青年进入各级师范学校学习。各级教师进修学校承担培训中小学教师的任务。非师范学校应当承担培养和培训中小学教师的任务。各级师范学校学生享受专业奖学金。

第十九条 【教师培训】各级人民政府教育行政部门、学校主管部门和学校应当制定教师培训规划，对教师进行多种形式的思想政治、业务培训。

第五章 考核

第二十二条 【考核内容】学校或者其他教育机构应当对教师的政治思想、业务水平、工作态度和工作成绩进行考核。教育行政部门对教师的考核工作进行指导、监督。

第二十三条　【考核原则或要求】考核应当客观、公正、准确，充分听取教师本人、其他教师以及学生的意见。

第二十四条　【考核效用】教师考核结果是受聘任教、晋升工资、实施奖惩的依据。

第六章　待遇

第二十五条　【教师工资】教师的平均工资水平应当不低于或者高于国家公务员的平均工资水平，并逐步提高。建立正常晋级增薪制度，具体办法由国务院规定。

第二十六条　【教师津贴】中小学教师和职业学校教师享受教龄津贴和其他津贴，具体办法由国务院教育行政部门会同有关部门制定。

第七章　奖励

第三十三条　【奖励机制】教师在教育教学、培养人才、科学研究、教学改革、学校建设、社会服务、勤工俭学等方面成绩优异的，由所在学校予以表彰、奖励。国务院和地方各级人民政府及其有关部门对有突出贡献的教师，应当予以表彰、奖励。对有重大贡献的教师，依照国家有关规定授予荣誉称号。

第八章　法律责任

第三十五条　【侮辱、殴打教师的法律责任】侮辱、殴打教师的，根据不同情况，分别给予行政处分或者行政处罚；造成损害的，责令赔偿损失；情节严重，构成犯罪的，依法追究刑事责任。

第三十六条　【打击报复教师的法律责任】对依法提出申诉、控告、检举的教师进行打击报复的，由其所在单位或者上级机关责令改正；情节严重的，可以根据具体情况给予行政处分。国家工作人员对教师打击报复构成犯罪的，依照刑法有关规定追究刑事责任。

第三十七条　【教师不法行为的法律责任】教师有下列情形之一的，由所在学校、其他教育机构或者教育行政部门给予行政处分或者解聘：

（一）故意不完成教育教学任务给教育教学工作造成损失的；

（二）体罚学生，经教育不改的；

（三）品行不良、侮辱学生，影响恶劣的。

教师有前款第（二）项、第（三）项所列情形之一，情节严重，构成犯罪的，依法追究刑事责任。

 真题链接

1. 依据《中华人民共和国教师法》，下列情形中，学校不能给予教师行政处分或者解聘的是（　　）。

A. 故意旷课，损害教学的　　　　　　　B. 体罚学生，屡犯不改的

C. 穿戴不整，影响仪表的　　　　　　　D. 侮辱学生，影响恶劣的

答案：C。解析：参照《中华人民共和国教师法》第三十七条规定。

2. 某高中教师孙某旷工给学校教学工作造成一定损失，依照《中华人民共和国教师法》，学校可依法(　　)。

A. 给予孙某行政处分

B. 给予孙某行政处罚

C. 取消孙某教师资格

D. 给予孙某罚款处理

答案：A。解析：参照《中华人民共和国教师法》第三十七条规定。

第三十八条　【拖欠教师工资的法律责任】地方人民政府对违反本法规定，拖欠教师工资或者侵犯教师其他合法权益的，应当责令其限期改正。违反国家财政制度、财务制度，挪用国家财政用于教育的经费，严重妨碍教育教学工作，拖欠教师工资，损害教师合法权益的，由上级机关责令限期归还被挪用的经费，并对直接责任人员给予行政处分；情节严重，构成犯罪的，依法追究刑事责任。

第三十九条　【教师申诉】教师对学校或者其他教育机构侵犯其合法权益的，或者对学校或者其他教育机构做出的处理不服的，可以向教育行政部门提出申诉，教育行政部门应当在接到申诉的三十日内，做出处理。教师认为当地人民政府有关行政部门侵犯其根据本法规定享有的权利的，可以向同级人民政府或者上一级人民政府有关部门提出申诉，同级人民政府或者上一级人民政府有关部门应当做出处理。

第九章　附则

第四十条【用语含义】本法下列用语的含义是：

(一) 各级各类学校，是指实施学前教育、普通初等教育、普通中等教育、职业教育、普通高等教育以及特殊教育、成人教育的学校。

(二) 其他教育机构，是指少年宫以及地方教研室、电化教育机构等。

(三) 中小学教师，是指幼儿园、特殊教育机构、普通中小学、成人初等中等教育机构、职业中学以及其他教育机构的教师。

第四十三条　【施行时间】本法自 1994 年 1 月 1 日起施行。

(三)《中华人民共和国未成年人保护法》(以下称《未成年人保护法》)

1.《未成年人保护法》的性质与地位

《未成年人保护法》一般作为教育单行法看待，未成年人的保护问题，不仅仅是教育活动领域中的问题，同时也是社会生活领域中的问题。《未成年人保护法》从未成年人的健康成长需要出发，制定了保护未成年人成长的法律规范，涉及学校、家庭、社会和司法部门。

2.《未成年人保护法》的基本结构

《未成年人保护法》共有 3 部分 (总则、分则和附则)，7 章，72 条。其中，总则是对立法目的、适用范围、未成年人的权利、保护的原则等方面的总体规定，分则是对家庭、学校、社会、司法几方面的保护以及法律责任等方面的具体规定，附则是就未尽表达事项的补充规定和说明。

3.《未成年人保护法》的主体内容

中华人民共和国未成年人保护法

（1991年9月4日第七届全国人民代表大会常务委员会第二十一次会议通过，2006年12月29日第十届全国人民代表大会常务委员会第二十五次会议第一次修订。2012年10月26日第十一届全国人民代表大会常务委员会第二十九次会议第二次修订）

第一章 总则

第一条 【立法目的】为了保护未成年人的身心健康，保障未成年人的合法权益，促进未成年人在品德、智力、体质等方面全面发展，培养有理想、有道德、有文化、有纪律的社会主义建设者和接班人，根据宪法，制定本法。

第二条 【适用范围】本法所称未成年人是指未满十八周岁的公民。

第三条 【未成年人权利】未成年人享有生存权、发展权、受保护权、参与权等权利，国家根据未成年人身心发展特点给予特殊、优先保护，保障未成年人的合法权益不受侵犯。

未成年人享有受教育权，国家、社会、学校和家庭尊重和保障未成年人的受教育权。

未成年人不分性别、民族、种族、家庭财产状况、宗教信仰等，依法平等地享有权利。

第四条 【国家、社会、学校和家庭的责任】国家、社会、学校和家庭对未成年人进行理想教育、道德教育、文化教育、纪律和法制教育，进行爱国主义、集体主义和社会主义的教育，提倡爱祖国、爱人民、爱劳动、爱科学、爱社会主义的公德，反对资本主义的、封建主义的和其他的腐朽思想的侵蚀。

第五条 【保护原则】保护未成年人的工作，应当遵循下列原则：

（一）尊重未成年人的人格尊严；

（二）适应未成年人身心发展的规律和特点；

（三）教育与保护相结合。

第六条 【全社会的共同责任】保护未成年人，是国家机关、武装力量、政党、社会团体、企业事业组织、城乡基层群众性自治组织、未成年人的监护人和其他成年公民的共同责任。

对侵犯未成年人合法权益的行为，任何组织和个人都有权予以劝阻、制止或者向有关部门提出检举或者控告。

国家、社会、学校和家庭应当教育和帮助未成年人维护自己的合法权益，增强自我保护的意识和能力，增强社会责任感。

第二章 家庭保护

第十条 【父母的责任与义务】父母或者其他监护人应当创造良好、和睦的家庭环境，依法履行对未成年人的监护职责和抚养义务。

禁止对未成年人实施家庭暴力，禁止虐待、遗弃未成年人，禁止溺婴和其他残害婴儿的行为，不得歧视女性未成年人或者有残疾的未成年人。

第十三条 【受教育权的家庭保护】父母或者其他监护人应当尊重未成年人受教育的权利，必须使适龄未成年人依法入学接受并完成义务教育，不得使接受义务教育的未成年人辍学。

第十四条 【未成年人的参与权】父母或者其他监护人应当根据未成年人的年龄和智力发展状况，在作出与未成年人权益有关的决定时告知其本人，并听取他们的意见。

第十五条 【婚姻自主权】父母或者其他监护人不得允许或者迫使未成年人结婚，不得为未成年人订立婚约。

第十六条 【委托监护】父母因外出务工或者其他原因不能履行对未成年人监护职责的，应当委托有监护能力的其他成年人代为监护。

真题链接

母亲杨某外出打工，将15岁的儿子小强留下长期单独居住。杨某的做法（　　）。

A. 合法，可以改善小强的物质生活条件

B. 合法，可以提高小强的独立生活能力

C. 不合法，不得让不满16周岁者脱离监护单独居住

D. 不合法，不得让不满18周岁者脱离监护单独居住

答案：C。解析：根据《中华人民共和国未成年人保护法》第十六条规定。

第三章 学校保护

第十七条 【学校义务】学校应当全面贯彻国家的教育方针，实施素质教育，提高教育质量，注重培养未成年学生独立思考能力、创新能力和实践能力，促进未成年学生全面发展。

第十八条 【学校责任】学校应当尊重未成年学生受教育的权利，关心、爱护学生，对品行有缺点、学习有困难的学生，应当耐心教育、帮助，不得歧视，不得违反法律和国家规定开除未成年学生。

第十九条 【学校教育】学校应当根据未成年学生身心发展的特点，对他们进行社会生活指导、心理健康辅导和青春期教育。

第二十条 【学生减负】学校应当与未成年学生的父母或者其他监护人互相配合，保证未成年学生的睡眠、娱乐和体育锻炼时间，不得加重其学习负担。

第二十一条 【尊重未成年人的人格尊严】学校、幼儿园、托儿所的教职员工应当尊重未成年人的人格尊严，不得对未成年人实施体罚、变相体罚或者其他侮辱人格尊严的行为。

第二十二条 【安全保障与教育】学校、幼儿园、托儿所应当建立安全制度，加强对未成年人的安全教育，采取措施保障未成年人的人身安全。

学校、幼儿园、托儿所不得在危及未成年人人身安全、健康的校舍和其他设施、场所中进行教育教学活动。

学校、幼儿园安排未成年人参加集会、文化娱乐、社会实践等集体活动，应当有利于未成年人的健康成长，防止发生人身安全事故。

第二十三条 【应急预案】教育行政等部门和学校、幼儿园、托儿所应当根据需要，制定应对各种灾害、传染性疾病、食物中毒、意外伤害等突发事件的预案，配备相应设施并进行必要的演练，增强未成年人的自我保护意识和能力。

第二十四条 【人身伤害事故处理】学校对未成年学生在校内或者本校组织的校外活动中发生人身伤害事故的，应当及时救护，妥善处理，并及时向有关主管部门报告。

第二十五条 【有严重不良行为的学生的教育】对于在学校接受教育的有严重不良行为的未成年学生，学校和父母或者其他监护人应当互相配合加以管教；无力管教或者管教无效的，可以按照有关规定将其送专门学校继续接受教育。

依法设置专门学校的地方人民政府应当保障专门学校的办学条件，教育行政部门应当加强对专门学校的管理和指导，有关部门应当给予协助和配合。

专门学校应当对在校就读的未成年学生进行思想教育、文化教育、纪律和法制教育、劳动技术教育和职业教育。

专门学校的教职员工应当关心、爱护、尊重学生，不得歧视、厌弃。

第四章　社会保护

第二十九条 【活动场所和设施支持】各级人民政府应当建立和改善适合未成年人文化生活需要的活动场所和设施，鼓励社会力量兴办适合未成年人的活动场所，并加强管理。

第三十条 【公共场馆的免费或优惠开放】爱国主义教育基地、图书馆、青少年宫、儿童活动中心应当对未成年人免费开放；博物馆、纪念馆、科技馆、展览馆、美术馆、文化馆以及影剧院、体育场馆、动物园、公园等场所，应当按照有关规定对未成年人免费或者优惠开放。

第三十一条 【开放文化体育及上网服务设施】县级以上人民政府及其教育行政部门应当采取措施，鼓励和支持中小学校在节假日期间将文化体育设施对未成年人免费或者优惠开放。

社区中的公益性互联网上网服务设施，应当对未成年人免费或者优惠开放，为未成年人提供安全、健康的上网服务。

第三十三条 【预防未成年人沉迷网络】国家采取措施，预防未成年人沉迷网络。

国家鼓励研究开发有利于未成年人健康成长的网络产品，推广用于阻止未成年人沉迷网络的新技术。

第三十六条　【营业性活动场所运营规定】中小学校园周边不得设置营业性歌舞娱乐场所、互联网上网服务营业场所等不适宜未成年人活动的场所。

营业性歌舞娱乐场所、互联网上网服务营业场所等不适宜未成年人活动的场所，不得允许未成年人进入，经营者应当在显著位置设置未成年人禁入标志；对难以判明是否已成年的，应当要求其出示身份证件。

第三十七条　【禁止烟酒】禁止向未成年人出售烟酒，经营者应当在显著位置设置不向未成年人出售烟酒的标志；对难以判明是否已成年的，应当要求其出示身份证件。

任何人不得在中小学校、幼儿园、托儿所的教室、寝室、活动室和其他未成年人集中活动的场所吸烟、饮酒。

第三十八条　【招用规定】任何组织或者个人不得招用未满十六周岁的未成年人，国家另有规定的除外。

任何组织或者个人按照国家有关规定招用已满十六周岁未满十八周岁的未成年人的，应当执行国家在工种、劳动时间、劳动强度和保护措施等方面的规定，不得安排其从事过重、有毒、有害等危害未成年人身心健康的劳动或者危险作业。

第三十九条　【隐私保护】任何组织或者个人不得披露未成年人的个人隐私。

对未成年人的信件、日记、电子邮件，任何组织或者个人不得隐匿、毁弃；除因追查犯罪的需要，由公安机关或者人民检察院依法进行检查，或者对无行为能力的未成年人的信件、日记、电子邮件由其父母或者其他监护人代为开拆、查阅外，任何组织或者个人不得开拆、查阅。

第四十条　【优先救护】学校、幼儿园、托儿所和公共场所发生突发事件时，应当优先救护未成年人。

第四十一条　【禁止人身伤害】禁止拐卖、绑架、虐待未成年人，禁止对未成年人实施性侵害。

禁止胁迫、诱骗、利用未成年人乞讨或者组织未成年人进行有害其身心健康的表演等活动。

第四十二条　【校园保护】公安机关应当采取有力措施，依法维护校园周边的治安和交通秩序，预防和制止侵害未成年人合法权益的违法犯罪行为。

任何组织或者个人不得扰乱教学秩序，不得侵占、破坏学校、幼儿园、托儿所的场地、房屋和设施。

第四十三条　【政府救助】县级以上人民政府及其民政部门应当根据需要设立救助场所，对流浪乞讨等生活无着未成年人实施救助，承担临时监护责任；公安部门或者其他有关部门应当护送流浪乞讨或者离家出走的未成年人到救助场所，由救助场所予以救助和妥善照顾，并及时通知其父母或者其他监护人领回。

对孤儿、无法查明其父母或者其他监护人的以及其他生活无着的未成年人，由民政部门设立的儿童福利机构收留抚养。

未成年人救助机构、儿童福利机构及其工作人员应当依法履行职责，不得虐待、歧视未成年人；不得在办理收留抚养工作中牟取利益。

第四十四条 【卫生保健】卫生部门和学校应当对未成年人进行卫生保健和营养指导，提供必要的卫生保健条件，做好疾病预防工作。

卫生部门应当做好对儿童的预防接种工作，国家免疫规划项目的预防接种实行免费；积极防治儿童常见病、多发病，加强对传染病防治工作的监督管理，加强对幼儿园、托儿所卫生保健的业务指导和监督检查。

第四十六条 【智力成果和荣誉权的保护】国家依法保护未成年人的智力成果和荣誉权不受侵犯。

第五章　司法保护

第五十一条 【法律援助或司法救助】未成年人的合法权益受到侵害，依法向人民法院提起诉讼的，人民法院应当依法及时审理，并适应未成年人生理、心理特点和健康成长的需要，保障未成年人的合法权益。

在司法活动中对需要法律援助或者司法救助的未成年人，法律援助机构或者人民法院应当给予帮助，依法为其提供法律援助或者司法救助。

第五十二条 【保护未成年人的继承权和受遗赠权】人民法院审理继承案件，应当依法保护未成年人的继承权和受遗赠权。

人民法院审理离婚案件，涉及未成年子女抚养问题的，应当听取有表达意愿能力的未成年子女的意见，根据保障子女权益的原则和双方具体情况依法处理。

第五十三条 【监护人侵权的处理】父母或者其他监护人不履行监护职责或者侵害被监护的未成年人的合法权益，经教育不改的，人民法院可以根据有关人员或者有关单位的申请，撤销其监护人的资格，依法另行指定监护人。被撤销监护资格的父母应当依法继续负担抚养费用。

第五十四条 【对违法犯罪的未成年人的处罚原则】对违法犯罪的未成年人，实行教育、感化、挽救的方针，坚持教育为主、惩罚为辅的原则。

对违法犯罪的未成年人，应当依法从轻、减轻或者免除处罚。

第五十五条 【未成年人案件办理要求】公安机关、人民检察院、人民法院办理未成年人犯罪案件和涉及未成年人权益保护案件，应当照顾未成年人身心发展特点，尊重他们的人格尊严，保障他们的合法权益，并根据需要设立专门机构或者指定专人办理。

第五十六条 【未成年人案件办理要求】讯问、审判未成年犯罪嫌疑人、被告人，询问未成年证人、被害人，应当依照刑事诉讼法的规定通知其法定代理人或者其他人员到场。

公安机关、人民检察院、人民法院办理未成年人遭受性侵害的刑事案件，应当保护被害人的名誉。

第五十七条 【对羁押、服刑的未成年人的规定】对羁押、服刑的未成年人，应当与成年人分别关押。

羁押、服刑的未成年人没有完成义务教育的，应当对其进行义务教育。

解除羁押、服刑期满的未成年人的复学、升学、就业不受歧视。

第五十八条　【对涉案未成年人的隐私保护】对未成年人犯罪案件，新闻报道、影视节目、公开出版物、网络等不得披露该未成年人的姓名、住所、照片、图像以及可能推断出该未成年人的资料。

第五十九条　【矫治与预防】对未成年人严重不良行为的矫治与犯罪行为的预防，依照预防未成年人犯罪法的规定执行。

第六章　法律责任

第六十条　【法律责任概述】违反本法规定，侵害未成年人的合法权益，其他法律、法规已规定行政处罚的，从其规定；造成人身财产损失或者其他损害的，依法承担民事责任；构成犯罪的，依法追究刑事责任。

第六十一条　【国家机关及其工作人员的法律责任】国家机关及其工作人员不依法履行保护未成年人合法权益的责任，或者侵害未成年人合法权益，或者对提出申诉、控告、检举的人进行打击报复的，由其所在单位或者上级机关责令改正，对直接负责的主管人员和其他直接责任人员依法给予行政处分。

第六十二条　【父母或其他监护人的法律责任】父母或者其他监护人不依法履行监护职责，或者侵害未成年人合法权益的，由其所在单位或者居民委员会、村民委员会予以劝诫、制止；构成违反治安管理行为的，由公安机关依法给予行政处罚。

第六十三条　【学校、幼儿园、托儿所及其教职员工的法律责任】学校、幼儿园、托儿所侵害未成年人合法权益的，由教育行政部门或者其他有关部门责令改正；情节严重的，对直接负责的主管人员和其他直接责任人员依法给予处分。

学校、幼儿园、托儿所教职员工对未成年人实施体罚、变相体罚或者其他侮辱人格行为的，由其所在单位或者上级机关责令改正；情节严重的，依法给予处分。

第六十四条　【信息传播者的法律责任】制作或者向未成年人出售、出租或者以其他方式传播淫秽、暴力、凶杀、恐怖、赌博等图书、报刊、音像制品、电子出版物以及网络信息等的，由主管部门责令改正，依法给予行政处罚。

第六十五条　【产品生产、销售者的法律责任】生产、销售用于未成年人的食品、药品、玩具、用具和游乐设施不符合国家标准或者行业标准，或者没有在显著位置标明注意事项的，由主管部门责令改正，依法给予行政处罚。

第六十六条　【营业性活动场所的法律责任】在中小学校园周边设置营业性歌舞娱乐场所、互联网上网服务营业场所等不适宜未成年人活动的场所的，由主管部门予以关闭，依法给予行政处罚。

营业性歌舞娱乐场所、互联网上网服务营业场所等不适宜未成年人活动的场所允许未成年人进入，或者没有在显著位置设置未成年人禁入标志的，由主管部门责令改正，依法给予行政处罚。

第六十七条 【烟酒销售者的法律责任】向未成年人出售烟酒，或者没有在显著位置设置不向未成年人出售烟酒标志的，由主管部门责令改正，依法给予行政处罚。

第六十八条 【招用未成年人的法律责任】非法招用未满十六周岁的未成年人，或者招用已满十六周岁的未成年人从事过重、有毒、有害等危害未成年人身心健康的劳动或者危险作业的，由劳动保障部门责令改正，处以罚款；情节严重的，由工商行政管理部门吊销营业执照。

第六十九条 【侵犯未成年人隐私的法律责任】侵犯未成年人隐私，构成违反治安管理行为的，由公安机关依法给予行政处罚。

第七十条 【民政部门的法律责任】未成年人救助机构、儿童福利机构及其工作人员不依法履行对未成年人的救助保护职责，或者虐待、歧视未成年人，或者在办理收留抚养工作中牟取利益的，由主管部门责令改正，依法给予行政处分。

第七十一条 【胁迫、诱骗、利用未成年人的法律责任】胁迫、诱骗、利用未成年人乞讨或者组织未成年人进行有害其身心健康的表演等活动的，由公安机关依法给予行政处罚。

第七章 附则

第七十二条 【施行时间】本法自 2013 年 1 月 1 日起施行。

（四）《中华人民共和国预防未成年人犯罪法》（以下称《预防未成年人犯罪法》）

1.《预防未成年人犯罪法》的性质与地位

《预防未成年人犯罪法》是为保障未成年人身心健康，培养未成年人良好品行，有效地预防未成年人犯罪而制定，它属于单行法，其地位低于基本法，与《义务教育法》、《教师法》和《未成年人保护法》处于同等地位。

2.《预防未成年人犯罪法》的基本结构

《预防未成年人犯罪法》共有 3 部分（总则、分则和附则），8 章，57 条。其中，总则是对立法目的、预防原则、综合治理、政府职责、科学预防等方面的总体规定，分则是对预防未成年人犯罪的教育、对不良行为的预防、对严重不良行为的矫治、对犯罪的自我防范、对重新犯罪的预防及法律责任等方面的具体规定，附则是就未尽表达事项的补充规定和说明。

3.《预防未成年人犯罪法》的主体内容

中华人民共和国预防未成年人犯罪法

（1999 年 6 月 28 日第九届全国人民代表大会常务委员会第十次会议通过，1999 年 6 月 28 日中华人民共和国主席令第 17 号公布，自 1999 年 11 月 1 日起施行。2012 年 10 月 26 日第十一届全国人民代表大会常务委员会第二十九次会议修订，自 2013 年 1 月 1 日起施行）

第一章　总则

第一条　【立法目的】为了保障未成年人身心健康，培养未成年人良好品行，有效地预防未成年人犯罪，制定本法。

第二条　【预防原则】预防未成年人犯罪，立足于教育和保护，从小抓起，对未成年人的不良行为及时进行预防和矫治。

第三条　【综合治理】预防未成年人犯罪，在各级人民政府组织领导下，实行综合治理。

政府有关部门、司法机关、人民团体、有关社会团体、学校、家庭、城市居民委员会、农村村民委员会等各方面共同参与，各负其责，做好预防未成年人犯罪工作，为未成年人身心健康发展创造良好的社会环境。

第四条　【政府职责】各级人民政府在预防未成年人犯罪方面的职责是：

（一）制定预防未成年人犯罪工作的规划；

（二）组织、协调公安、教育、文化、新闻出版、广播电影电视、工商、民政、司法行政等政府有关部门和其他社会组织进行预防未成年人犯罪工作；

（三）对本法实施的情况和工作规划的执行情况进行检查；

（四）总结、推广预防未成年人犯罪工作的经验，树立、表彰先进典型。

第五条　【科学预防】预防未成年人犯罪，应当结合未成年人不同年龄的生理、心理特点，加强青春期教育、心理矫治和预防犯罪对策的研究。

第二章　预防未成年人犯罪的教育

第六条　【预防犯罪教育的内容与目的】对未成年人应当加强理想、道德、法制和爱国主义、集体主义、社会主义教育。对于达到义务教育年龄的未成年人，在进行上述教育的同时，应当进行预防犯罪的教育。

预防未成年人犯罪的教育的目的，是增强未成年人的法制观念，使未成年人懂得违法和犯罪行为对个人、家庭、社会造成的危害，违法和犯罪行为应当承担的法律责任，树立遵纪守法和防范违法犯罪的意识。

第七条　【教育措施】教育行政部门、学校应当将预防犯罪的教育作为法制教育的内容纳入学校教育教学计划，结合常见多发的未成年人犯罪，对不同年龄的未成年人进行有针对性的预防犯罪教育。

第八条　【教育活动与形式】司法行政部门、教育行政部门、共产主义青年团、少年先锋队应当结合实际，组织、举办展览会、报告会、演讲会等多种形式的预防未成年人犯罪的法制宣传活动。

学校应当结合实际举办以预防未成年人犯罪的教育为主要内容的活动。教育行政部门应当将预防未成年人犯罪教育的工作效果作为考核学校工作的一项重要内容。

第九条　【法制教育人员】学校应当聘任从事法制教育的专职或者兼职教师。学校根据条件可以聘请校外法律辅导员。

第十条 【父母或者其他监护人的责任】未成年人的父母或者其他监护人对未成年人的法制教育负有直接责任。学校在对学生进行预防犯罪教育时，应当将教育计划告知未成年人的父母或者其他监护人，未成年人的父母或者其他监护人应当结合学校的计划，针对具体情况进行教育。

第三章 对未成年人不良行为的预防

第十四条 【不良行为表现】未成年人的父母或者其他监护人和学校应当教育未成年人不得有下列不良行为：

（一）旷课、夜不归宿；

（二）携带管制刀具；

（三）打架斗殴、辱骂他人；

（四）强行向他人索要财物；

（五）偷窃、故意毁坏财物；

（六）参与赌博或者变相赌博；

（七）观看、收听色情、淫秽的音像制品、读物等；

（八）进入法律、法规规定未成年人不适宜进入的营业性歌舞厅等场所；

（九）其他严重违背社会公德的不良行为。

第十五条 【不得吸烟、酗酒】未成年人的父母或者其他监护人和学校应当教育未成年人不得吸烟、酗酒。任何经营场所不得向未成年人出售烟酒。

第十六条 【旷课及夜不归宿的处理】中小学生旷课的，学校应当及时与其父母或者其他监护人取得联系。

未成年人擅自外出夜不归宿的，其父母或者其他监护人、其所在的寄宿制学校应当及时查找，或者向公安机关请求帮助。收留夜不归宿的未成年人的，应当征得其父母或者其他监护人的同意，或者在二十四小时内及时通知其父母或者其他监护人、所在学校或者及时向公安机关报告。

第十七条 【制止不良行为】未成年人的父母或者其他监护人和学校发现未成年人组织或者参加实施不良行为的团伙的，应当及时予以制止。发现该团伙有违法犯罪行为的，应当向公安机关报告。

第十八条 【对教唆、胁迫、引诱未成年人违法犯罪的处理】未成年人的父母或者其他监护人和学校发现有人教唆、胁迫、引诱未成年人违法犯罪的，应当向公安机关报告。公安机关接到报告后，应当及时依法查处，对未成年人人身安全受到威胁的，应当及时采取有效措施，保护其人身安全。

第十九条 【监护规定】未成年人的父母或者其他监护人，不得让不满十六周岁的未成年人脱离监护单独居住。

第二十条 【不得放弃监护职责】未成年人的父母或者其他监护人对未成年人不得放任不管，不得迫使其离家出走，放弃监护职责。未成年人离家出走的，其父母或者其他监护人应当及时查找，或者向公安机关请求帮助。

第二十一条 【离异双方对子女都有教育的义务】未成年人的父母离异的，离异双方对子女都有教育的义务，任何一方都不得因离异而不履行教育子女的义务。

第二十二条 【继父母、养父母的职责】继父母、养父母对受其抚养教育的未成年继子女、养子女，应当履行本法规定的父母对未成年子女在预防犯罪方面的职责。

第二十三条 【学校不得歧视有不良行为的未成年人】学校对有不良行为的未成年人应当加强教育、管理，不得歧视。

第二十四条 【教育行政部门、学校的责任】教育行政部门、学校应当举办各种形式的讲座、座谈、培训等活动，针对未成年人不同时期的生理、心理特点，介绍良好有效的教育方法，指导教师、未成年人的父母和其他监护人有效地防止、矫治未成年人的不良行为。

第二十五条 【对于品行不良教职员工的处理】对于教唆、胁迫、引诱未成年人实施不良行为或者品行不良，影响恶劣，不适宜在学校工作的教职员工，教育行政部门、学校应当予以解聘或者辞退；构成犯罪的，依法追究刑事责任。

第二十六条 【相关营业性活动场所运营范围规定】禁止在中小学校附近开办营业性歌舞厅、营业性电子游戏场所以及其他未成年人不适宜进入的场所。禁止开办上述场所的具体范围由省、自治区、直辖市人民政府规定。

对本法施行前已在中小学校附近开办上述场所的，应当限期迁移或者停业。

第二十七条 【校园周围环境的治安管理】公安机关应当加强中小学校周围环境的治安管理，及时制止、处理中小学校周围发生的违法犯罪行为。城市居民委员会、农村村民委员会应当协助公安机关做好维护中小学校周围治安的工作。

第二十八条 【暂住未成年人的管理】公安派出所、城市居民委员会、农村村民委员会应当掌握本辖区内暂住人口中未成年人的就学、就业情况。对于暂住人口中未成年人实施不良行为的，应当督促其父母或者其他监护人进行有效的教育、制止。

第二十九条 【不得教唆、胁迫、引诱未成年人】任何人不得教唆、胁迫、引诱未成年人实施本法规定的不良行为，或者为未成年人实施不良行为提供条件。

第三十条 【出版物的内容要求】以未成年人为对象的出版物，不得含有诱发未成年人违法犯罪的内容，不得含有渲染暴力、色情、赌博、恐怖活动等危害未成年人身心健康的内容。

第三十一条 【出版物的销售规定】任何单位和个人不得向未成年人出售、出租含有诱发未成年人违法犯罪以及渲染暴力、色情、赌博、恐怖活动等危害未成年人身心健康内容的读物、音像制品或者电子出版物。

任何单位和个人不得利用通信、计算机网络等方式提供前款规定的危害未成年人身心健康的内容及其信息。

第三十二条 【广播、电影、电视、戏剧节目的内容要求与场所管理】广播、电影、电视、戏剧节目，不得有渲染暴力、色情、赌博、恐怖活动等危害未成年人身心健康的内容。广播电影电视行政部门、文化行政部门必须加强对广播、电影、电视、戏剧节目以及各类演播场所的管理。

第三十三条 【未成年人禁入场所须设立禁入标志】营业性歌舞厅以及其他未成年人不适宜进入的场所，应当设置明显的未成年人禁止进入标志，不得允许未成年人进入。营业性电子游戏场所在国家法定节假日外，不得允许未成年人进入，并应当设置明显的未成年人禁止进入标志。对于难以判明是否已成年的，上述场所的工作人员可以要求其出示身份证件。

第四章 对未成年人严重不良行为的矫治

第三十四条 【严重不良行为表现】本法所称"严重不良行为"，是指下列严重危害社会，尚不够刑事处罚的违法行为：

（一）纠集他人结伙滋事，扰乱治安；

（二）携带管制刀具，屡教不改；

（三）多次拦截殴打他人或者强行索要他人财物；

（四）传播淫秽的读物或者音像制品等；

（五）进行淫乱或者色情、卖淫活动；

（六）多次偷窃；

（七）参与赌博，屡教不改；

（八）吸食、注射毒品；

（九）其他严重危害社会的行为。

第三十五条 【对严重不良行为的矫治】对未成年人实施本法规定的严重不良行为的，应当及时予以制止。

对有本法规定严重不良行为的未成年人，其父母或者其他监护人和学校应当相互配合，采取措施严加管教，也可以送工读学校进行矫治和接受教育。

对未成年人送工读学校进行矫治和接受教育，应当由其父母或者其他监护人，或者原所在学校提出申请，经教育行政部门批准。

 **真题链接**

初中生钱某屡次在学校偷盗其他同学的财物。学校对钱某的正确处理方式是（　　）。

A. 学校提出申请，送工读学校进行矫治　　B. 扭送公安机关，依规开除钱某的学籍

C. 劝说钱某退学　　　　　　　　　　　　D. 责令钱某转学

答案：A。解析：参照《中华人民共和国预防未成年人犯罪法》第三十五条规定。另外，根据《中华人民共和国义务教育法》第二十七条规定，对违反学校管理制度的学生，学校应当予以批评教育，不得开除。

第三十六条　【工读学校的管理与教育】工读学校对就读的未成年人应当严格管理和教育。工读学校除按照义务教育法的要求，在课程设置上与普通学校相同外，应当加强法制教育的内容，针对未成年人严重不良行为产生的原因以及有严重不良行为的未成年人的心理特点，开展矫治工作。

家庭、学校应当关心、爱护在工读学校就读的未成年人，尊重他们的人格尊严，不得体罚、虐待和歧视。工读学校毕业的未成年人在升学、就业等方面，同普通学校毕业的学生享有同等的权利，任何单位和个人不得歧视。

第三十七条　【治安处罚】未成年人有本法规定严重不良行为，构成违反治安管理行为的，由公安机关依法予以治安处罚。因不满十四周岁或者情节特别轻微免予处罚的，可以予以训诫。

第三十八条　【不予刑事处罚与收容教养】未成年人因不满十六周岁不予刑事处罚的，责令他的父母或者其他监护人严加管教；在必要的时候，也可以由政府依法收容教养。

第三十九条　【收容教养期间的教育】未成年人在被收容教养期间，执行机关应当保证其继续接受文化知识、法律知识或者职业技术教育；对没有完成义务教育的未成年人，执行机关应当保证其继续接受义务教育。

解除收容教养、劳动教养的未成年人，在复学、升学、就业等方面与其他未成年人享有同等权利，任何单位和个人不得歧视。

第五章　未成年人对犯罪的自我防范

第四十条　【自觉抵制】未成年人应当遵守法律、法规及社会公共道德规范，树立自尊、自律、自强意识，增强辨别是非和自我保护的能力，自觉抵制各种不良行为及违法犯罪行为的引诱和侵害。

第四十一条　【请求保护】被父母或者其他监护人遗弃、虐待的未成年人，有权向公安机关、民政部门、共产主义青年团、妇女联合会、未成年人保护组织或者学校、城市居民委员会、农村村民委员会请求保护。被请求的上述部门和组织都应当接受，根据情况需要采取救助措施的，应当先采取救助措施。

第四十二条　【依法上报】未成年人发现任何人对自己或者对其他未成年人实施本法第三章规定不得实施的行为或者犯罪行为，可以通过所在学校、其父母或者其他监护人向公安机关或者政府有关主管部门报告，也可以自己向上述机关报告。受理报告的机关应当及时依法查处。

第四十三条　【加强保护】对同犯罪行为作斗争以及举报犯罪行为的未成年人，司法机关、学校、社会应当加强保护，保障其不受打击报复。

第六章　对未成年人重新犯罪的预防

第四十四条　【办理未成年人犯罪案件的方针与原则】对犯罪的未成年人追究刑事责任，实行教育、感化、挽救方针，坚持教育为主、惩罚为辅的原则。

司法机关办理未成年人犯罪案件，应当保障未成年人行使其诉讼权利，保障未成年人得到法律帮助，并根据未成年人的生理、心理特点和犯罪的情况，有针对性地进行法制教育。

对于被采取刑事强制措施的未成年学生，在人民法院的判决生效以前，不得取消其学籍。

第四十五条 【审判未成年人刑事案件的规定】人民法院审判未成年人犯罪的刑事案件，应当由熟悉未成年人身心特点的审判员或者审判员和人民陪审员依法组成少年法庭进行。

对于审判的时候被告人不满十八周岁的刑事案件，不公开审理。

对未成年人犯罪案件，新闻报道、影视节目、公开出版物不得披露该未成年人的姓名、住所、照片及可能推断出该未成年人的资料。

第四十六条 【未成年犯的关押、管理与教育】对被拘留、逮捕和执行刑罚的未成年人与成年人应当分别关押、分别管理、分别教育。未成年犯在被执行刑罚期间，执行机关应当加强对未成年犯的法制教育，对未成年犯进行职业技术教育。对没有完成义务教育的未成年犯，执行机关应当保证其继续接受义务教育。

第四十七条 【帮教措施与教育、挽救工作】未成年人的父母或者其他监护人和学校、城市居民委员会、农村村民委员会，对因不满十六周岁而不予刑事处罚、免予刑事处罚的未成年人，或者被判处非监禁刑罚、被判处刑罚宣告缓刑、被假释的未成年人，应当采取有效的帮教措施，协助司法机关做好对未成年人的教育、挽救工作。

城市居民委员会、农村村民委员会可以聘请思想品德优秀，作风正派，热心未成年人教育工作的离退休人员或者其他人员协助做好对前款规定的未成年人的教育、挽救工作。

第四十八条 【学习、就业不受歧视】依法免予刑事处罚、判处非监禁刑罚、判处刑罚宣告缓刑、假释或者刑罚执行完毕的未成年人，在复学、升学、就业等方面与其他未成年人享有同等权利，任何单位和个人不得歧视。

第七章　法律责任

第四十九条 【对不履行监护职责的处理】未成年人的父母或者其他监护人不履行监护职责，放任未成年人有本法规定的不良行为或者严重不良行为的，由公安机关对未成年人的父母或者其他监护人予以训诫，责令其严加管教。

真题链接

高一学生小峰的父母不履行监护职责，放任小峰强行索要他人财物。依据《中华人民共和国预防未成年人犯罪法》，有权对小峰父母给予训诫的是（　　）。

A. 教育行政部门　　　　　　　　B. 公安机关

C. 学校　　　　　　　　　　　　D. 人民法院

答案：B。解析：参照《中华人民共和国预防未成年人犯罪法》第四十九条规定。

第五十条 【对违反监护规定的处理】未成年人的父母或者其他监护人违反本法第十九条的规定，让不满十六周岁的未成年人脱离监护单独居住的，由公安机关对未成年人的父母或者其他监护人予以训诫，责令其立即改正。

第五十一条 【对失职工作人员的处理】公安机关的工作人员违反本法第十八条的规定，接到报告后，不及时查处或者采取有效措施，严重不负责任的，予以行政处分；造成严重后果，构成犯罪的，依法追究刑事责任。

第五十二条 【对制售非法出版物的处罚】违反本法第三十条的规定，出版含有诱发未成年人违法犯罪以及渲染暴力、色情、赌博、恐怖活动等危害未成年人身心健康内容的出版物的，由出版行政部门没收出版物和违法所得，并处违法所得三倍以上十倍以下罚款；情节严重的，没收出版物和违法所得，并责令停业整顿或者吊销许可证。对直接负责的主管人员和其他直接责任人员处以罚款。

制作、复制宣扬淫秽内容的未成年人出版物，或者向未成年人出售、出租、传播宣扬淫秽内容的出版物的，依法予以治安处罚；构成犯罪的，依法追究刑事责任。

第五十三条 【对出售、出租或提供非法读物、音像制品、电子出版物的处罚】违反本法第三十一条的规定，向未成年人出售、出租含有诱发未成年人违法犯罪以及渲染暴力、色情、赌博、恐怖活动等危害未成年人身心健康内容的读物、音像制品、电子出版物的，或者利用通信、计算机网络等方式提供上述危害未成年人身心健康内容及其信息的，没收读物、音像制品、电子出版物和违法所得，由政府有关主管部门处以罚款。

单位有前款行为的，没收读物、音像制品、电子出版物和违法所得，处以罚款，并对直接负责的主管人员和其他直接责任人员处以罚款。

第五十四条 【非法播映或演出的处罚】影剧院、录像厅等各类演播场所，放映或者演出渲染暴力、色情、赌博、恐怖活动等危害未成年人身心健康的节目的，由政府有关主管部门没收违法播放的音像制品和违法所得，处以罚款，并对直接负责的主管人员和其他直接责任人员处以罚款；情节严重的，责令停业整顿或者由工商行政部门吊销营业执照。

第五十五条 【未成年人不适宜进入的场所接纳未成年人进入的处罚】营业性歌舞厅以及其他未成年人不适宜进入的场所、营业性电子游戏场所，违反本法第三十三条的规定，不设置明显的未成年人禁止进入标志，或者允许未成年人进入的，由文化行政部门责令改正、给予警告、责令停业整顿、没收违法所得，处以罚款，并对直接负责的主管人员和其他直接责任人员处以罚款；情节严重的，由工商行政部门吊销营业执照。

第五十六条 【教唆、胁迫、引诱未成年人实施不良行为或严重不良行为的处罚】教唆、胁迫、引诱未成年人实施本法规定的不良行为、严重不良行为，或者为未成年人实施不良行为、严重不良行为提供条件，构成违反治安管理行为的，由公安机关依法予以治安处罚；构成犯罪的，依法追究刑事责任。

第八章 附则

第五十七条 【施行时间】本法自 1999 年 11 月 1 日起施行。

三、教育部门规章

教育部门规章是由教育部发布的规范性教育文件，其涉及面广，数量众多。根据《综合素质》考试大纲，此处仅对《学生伤害事故处理办法》进行解读。

（一）《学生伤害事故处理办法》的立法依据

（1）《中华人民共和国教育法》；

（2）《中华人民共和国未成年人保护法》；

（3）其他相关法律、行政法规及有关规定。

（二）《学生伤害事故处理办法》的性质与地位

《学生伤害事故处理办法》由教育部颁发，属于教育部门规章，其地位低于教育基本法、教育单行法和教育行政法规，但在全国范围内有效。

（三）《学生伤害事故处理办法》的基本结构

《学生伤害事故处理办法》共有 3 部分（总则、分则和附则），6 章，40 条。其中，总则是对立法目的、适用范围、事故处理原则、学校安全教育、监护责任等方面的总体规定，分则是对事故与责任、事故处理程序、事故损害的赔偿及事故责任者的处理等方面的具体规定，附则是就未尽表达事项的补充规定和说明。

（四）《学生伤害事故处理办法》的主体内容

学生伤害事故处理办法

（2002 年 6 月 25 日教育部令第 12 号发布，2010 年 12 月 13 日根据教育部令第 30 号《教育部关于修改和废止部分规章的决定》修订）

第一章　总则

第一条　【立法目的】为积极预防、妥善处理在校学生伤害事故，保护学生、学校的合法权益，根据《中华人民共和国教育法》、《中华人民共和国未成年人保护法》和其他相关法律、行政法规及有关规定，制定本办法。

第二条　【适用范围】在学校实施的教育教学活动或者学校组织的校外活动中，以及在学校负有管理责任的校舍、场地、其他教育教学设施、生活设施内发生的，造成在校学生人身损害后果的事故的处理，适用本办法。

第三条　【学生伤害事故处理原则】学生伤害事故应当遵循依法、客观公正、合理适当的原则，及时、妥善地处理。

第四条　【学校举办者与教育行政部门的责任】学校的举办者应当提供符合安全标准的校舍、场地、其他教育教学设施和生活设施。

教育行政部门应当加强学校安全工作，指导学校落实预防学生伤害事故的措施，指导、协助学校妥善处理学生伤害事故，维护学校正常的教育教学秩序。

第五条　【学校安全教育、管理和保护】学校应当对在校学生进行必要的安全教育和自救教育；应当按照规定，建立健全安全制度，采取相应的管理措施，预防和消除教育教学环境中存在的安全隐患；当发生伤害事故时，应当及时采取措施救助受伤害学生。

学校对学生进行安全教育、管理和保护，应当针对学生年龄、认知能力和法律行为能力的不同，采用相应的内容和预防措施。

第六条　【学生义务】学生应当遵守学校的规章制度和纪律；在不同的受教育阶段，应当根据自身的年龄、认知能力和法律行为能力，避免和消除相应的危险。

第七条　【监护责任的相关规定】未成年学生的父母或者其他监护人（以下称为监护人）应当依法履行监护职责，配合学校对学生进行安全教育、管理和保护工作。

学校对未成年学生不承担监护职责，但法律有规定的或者学校依法接受委托承担相应监护职责的情形除外。

第二章　事故与责任

第八条　【伤害事故中人身损害的归责】发生学生伤害事故，造成学生人身损害的，学校应当按照《中华人民共和国侵权责任法》及相关法律、法规的规定，承担相应的事故责任。

第九条　【学校承担责任的情形】因下列情形之一造成的学生伤害事故，学校应当依法承担相应的责任：

（一）学校的校舍、场地、其他公共设施，以及学校提供给学生使用的学具、教育教学和生活设施、设备不符合国家规定的标准，或者有明显不安全因素的；

（二）学校的安全保卫、消防、设施设备管理等安全管理制度有明显疏漏，或者管理混乱，存在重大安全隐患，而未及时采取措施的；

（三）学校向学生提供的药品、食品、饮用水等不符合国家或者行业的有关标准、要求的；

（四）学校组织学生参加教育教学活动或者校外活动，未对学生进行相应的安全教育，并未在可预见的范围内采取必要的安全措施的；

（五）学校知道教师或者其他工作人员患有不适宜担任教育教学工作的疾病，但未采取必要措施的；

（六）学校违反有关规定，组织或者安排未成年学生从事不宜未成年人参加的劳动、体育运动或者其他活动的；

（七）学生有特异体质或者特定疾病，不宜参加某种教育教学活动，学校知道或者应当知道，但未予以必要的注意的；

（八）学生在校期间突发疾病或者受到伤害，学校发现，但未根据实际情况及时采取相应措施，导致不良后果加重的；

（九）学校教师或者其他工作人员体罚或者变相体罚学生，或者在履行职责过程中违反工作要求、操作规程、职业道德或者其他有关规定的；

（十）学校教师或者其他工作人员在负有组织、管理未成年学生的职责期间，发现学生行为具有危险性，但未进行必要的管理、告诫或者制止的；

（十一）对未成年学生擅自离校等与学生人身安全直接相关的信息，学校发现或者知道，但未及时告知未成年学生的监护人，导致未成年学生因脱离监护人的保护而发生伤害的；

（十二）学校有未依法履行职责的其他情形的。

真题链接

某中学上课时，高年级学生李某到教室外喊赵某，说有事让其出去一趟，班主任张某默许了。赵某走出教室后被李某殴打，导致右眼失明。对赵某所受伤害应当承担赔偿责任的主体是（　　）。

A. 李某　　　　　　　　　　　　B. 张某

C. 学校　　　　　　　　　　　　D. 李某和学校

答案：D。解析：参照《学生伤害事故处理办法》第九条第十款、第十条第一款。上课时班主任默许了学生的行为，未尽自己的工作职责，学校应当承担法律责任。李某打赵某，李某需要承担法律责任。

第十条　【学生或者未成年学生监护人承担责任的情形】学生或者未成年学生监护人由于过错，有下列情形之一，造成学生伤害事故，应当依法承担相应的责任：

（一）学生违反法律法规的规定，违反社会公共行为准则、学校的规章制度或者纪律，实施按其年龄和认知能力应当知道具有危险或者可能危及他人的行为的；

（二）学生行为具有危险性，学校、教师已经告诫、纠正，但学生不听劝阻、拒不改正的；

（三）学生或者其监护人知道学生有特异体质，或者患有特定疾病，但未告知学校的；

（四）未成年学生的身体状况、行为、情绪等有异常情况，监护人知道或者已被学校告知，但未履行相应监护职责的；

（五）学生或者未成年学生监护人有其他过错的。

第十一条　【有过错的当事人承担的责任】学校安排学生参加活动，因提供场地、设备、交通工具、食品及其他消费与服务的经营者，或者学校以外的活动组织者的过错造成的学生伤害事故，有过错的当事人应当依法承担相应的责任。

第十二条　【学校无责任情形】因下列情形之一造成的学生伤害事故，学校已履行了相应职责，行为并无不当的，无法律责任：

（一）地震、雷击、台风、洪水等不可抗的自然因素造成的；

（二）来自学校外部的突发性、偶发性侵害造成的；

（三）学生有特异体质、特定疾病或者异常心理状态，学校不知道或者难于知道的；

（四）学生自杀、自伤的；

（五）在对抗性或者具有风险性的体育竞赛活动中发生意外伤害的；

（六）其他意外因素造成的。

第十三条　【学校不承担事故责任情形】下列情形下发生的造成学生人身损害后果的事故，学校行为并无不当的，不承担事故责任；事故责任应当按有关法律法规或者其他有关规定认定：

（一）在学生自行上学、放学、返校、离校途中发生的；

（二）在学生自行外出或者擅自离校期间发生的；

（三）在放学后、节假日或者假期等学校工作时间以外，学生自行滞留学校或者自行到校发生的；

（四）其他在学校管理职责范围外发生的。

第十四条　【致害人承担的责任】因学校教师或者其他工作人员与其职务无关的个人行为，或者因学生、教师及其他个人故意实施的违法犯罪行为，造成学生人身损害的，由致害人依法承担相应的责任。

第三章　事故处理程序

第十五条　【及时救助与告知】发生学生伤害事故，学校应当及时救助受伤害学生，并应当及时告知未成年学生的监护人；有条件的，应当采取紧急救援等方式救助。

第十六条　【报告】发生学生伤害事故，情形严重的，学校应当及时向主管教育行政部门及有关部门报告；属于重大伤亡事故的，教育行政部门应当按照有关规定及时向同级人民政府和上一级教育行政部门报告。

第十七条　【恢复教育教学秩序】学校的主管教育行政部门应学校要求或者认为必要，可以指导、协助学校进行事故的处理工作，尽快恢复学校正常的教育教学秩序。

第十八条　【协商、调解与诉讼】发生学生伤害事故，学校与受伤害学生或者学生家长可以通过协商方式解决；双方自愿，可以书面请求主管教育行政部门进行调解。

成年学生或者未成年学生的监护人也可以依法直接提起诉讼。

第十九条　【调解期限】教育行政部门收到调解申请，认为必要的，可以指定专门人员进行调解，并应当在受理申请之日起60日内完成调解。

第二十条　【调解程序】经教育行政部门调解，双方就事故处理达成一致意见的，应当在调解人员的见证下签订调解协议，结束调解；在调解期限内，双方不能达成一致意见，或者调解过程中一方提起诉讼，人民法院已经受理的，应当终止调解。

调解结束或者终止，教育行政部门应当书面通知当事人。

第二十一条　【诉讼条件】对经调解达成的协议，一方当事人不履行或者反悔的，双方可以依法提起诉讼。

第二十二条 【报告处理结果】事故处理结束，学校应当将事故处理结果书面报告主管的教育行政部门；重大伤亡事故的处理结果，学校主管的教育行政部门应当向同级人民政府和上一级教育行政部门报告。

第四章　事故损害的赔偿

第二十三条 【赔偿责任法定】对发生学生伤害事故负有责任的组织或者个人，应当按照法律法规的有关规定，承担相应的损害赔偿责任。

第二十四条 【赔偿的范围与标准】学生伤害事故赔偿的范围与标准，按照有关行政法规、地方性法规或者最高人民法院司法解释中的有关规定确定。

教育行政部门进行调解时，认为学校有责任的，可以依照有关法律法规及国家有关规定，提出相应的调解方案。

第二十五条 【伤残鉴定】对受伤害学生的伤残程度存在争议的，可以委托当地具有相应鉴定资格的医院或者有关机构，依据国家规定的人体伤残标准进行鉴定。

第二十六条 【学校赔偿】学校对学生伤害事故负有责任的，根据责任大小，适当予以经济赔偿，但不承担解决户口、住房、就业等与救助受伤害学生、赔偿相应经济损失无直接关系的其他事项。

学校无责任的，如果有条件，可以根据实际情况，本着自愿和可能的原则，对受伤害学生给予适当的帮助。

第二十七条 【学校追偿条件】因学校教师或者其他工作人员在履行职务中的故意或者重大过失造成的学生伤害事故，学校予以赔偿后，可以向有关责任人员追偿。

第二十八条 【学生或监护人赔偿】未成年学生对学生伤害事故负有责任的，由其监护人依法承担相应的赔偿责任。

学生的行为侵害学校教师及其他工作人员以及其他组织、个人的合法权益，造成损失的，成年学生或者未成年学生的监护人应当依法予以赔偿。

 真题链接

16 岁的学生王某放学途中不慎将同学孙某眼部戳伤。依据《学生伤害事故处理办法》，对于该事故承担损害赔偿责任的主体是（　　）。

A. 学校　　　　　　　　　　　　B. 班主任

C. 王某本人　　　　　　　　　　D. 王某的监护人

答案：D。解析：依据《学生伤害事故处理办法》第二十八条第一款的规定。

第二十九条 【赔偿金的筹措】根据双方达成的协议、经调解形成的协议或者人民法院的生效判决，应当由学校负担的赔偿金，学校应当负责筹措；学校无力完全筹措的，由学校的主管部门或者举办者协助筹措。

第三十条 【赔偿准备金】县级以上人民政府教育行政部门或者学校举办者有条件

的，可以通过设立学生伤害赔偿准备金等多种形式，依法筹措伤害赔偿金。

第三十一条　【责任保险办理】学校有条件的，应当依据保险法的有关规定，参加学校责任保险。

教育行政部门可以根据实际情况，鼓励中小学参加学校责任保险。

提倡学生自愿参加意外伤害保险。在尊重学生意愿的前提下，学校可以为学生参加意外伤害保险创造便利条件，但不得从中收取任何费用。

第五章　事故责任者的处理

第三十二条　【对学校主管人员及相关责任人的处理】发生学生伤害事故，学校负有责任且情节严重的，教育行政部门应当根据有关规定，对学校的直接负责的主管人员和其他直接责任人员，分别给予相应的行政处分；有关责任人的行为触犯刑律的，应当移送司法机关依法追究刑事责任。

第三十三条　【对学校的处理】学校管理混乱，存在重大安全隐患的，主管的教育行政部门或者其他有关部门应当责令其限期整顿；对情节严重或者拒不改正的，应当依据法律法规的有关规定，给予相应的行政处罚。

第三十四条　【对教育行政部门的处理】教育行政部门未履行相应职责，对学生伤害事故的发生负有责任的，由有关部门对直接负责的主管人员和其他直接责任人员分别给予相应的行政处分；有关责任人的行为触犯刑律的，应当移送司法机关依法追究刑事责任。

第三十五条　【对学生的处理】违反学校纪律，对造成学生伤害事故负有责任的学生，学校可以给予相应的处分；触犯刑律的，由司法机关依法追究刑事责任。

第三十六条　【对监护人、亲属或者其他有关人员的处理】受伤害学生的监护人、亲属或者其他有关人员，在事故处理过程中无理取闹，扰乱学校正常教育教学秩序，或者侵犯学校、学校教师或者其他工作人员的合法权益的，学校应当报告公安机关依法处理；造成损失的，可以依法要求赔偿。

第六章　附则

第三十七条　【学校与学生的范围界定】本办法所称学校，是指国家或者社会力量举办的全日制的中小学（含特殊教育学校）、各类中等职业学校、高等学校。

本办法所称学生是指在上述学校中全日制就读的受教育者。

第三十八条　【幼儿园发生的幼儿伤害事故处理】幼儿园发生的幼儿伤害事故，应当根据幼儿为完全无行为能力人的特点，参照本办法处理。

第三十九条　【其他教育机构发生的学生伤害事故处理】其他教育机构发生的学生伤害事故，参照本办法处理。

在学校注册的其他受教育者在学校管理范围内发生的伤害事故，参照本办法处理。

第四十条　【实施时间】本办法自 2002 年 9 月 1 日起实施，原国家教委、教育部颁布的与学生人身安全事故处理有关的规定，与本办法不符的，以本办法为准。

在本办法实施之前已处理完毕的学生伤害事故不再重新处理。

四、教育政策

教育政策是一个政党和国家为实现一定历史时期的教育发展目标和任务，依据党和国家在一定历史时期的基本任务、基本方针而制定的关于教育的行动准则。教育政策种类繁多，根据《综合素质》考试大纲的要求，此处仅对《国家中长期教育改革和发展规划纲要（2010—2020 年)》（以下简称《规划纲要》）进行解读。

（一)《规划纲要》的性质与地位

《国家中长期教育改革和发展规划纲要（2010—2020 年)》属于中国共产党和国家层面的教育政策文件。2010 年 7 月 29 日，《规划纲要》正式全文发布，这是中国进入 21 世纪之后的第一个教育规划，是此后一个时期指导全国教育改革和发展的纲领性文件。其主要内容包括：推进素质教育改革试点、义务教育均衡发展改革试点、职业教育办学模式改革试点、终身教育体制机制建设试点、拔尖创新人才培养改革试点、考试招生制度改革试点、现代大学制度改革试点、深化办学体制改革试点、地方教育投入保障机制改革试点以及省级政府教育统筹综合改革试点等 10 个方面。它是 21 世纪第二个十年指导全国教育改革和发展的纲领性文件。

（二)《规划纲要》的制定依据与目的

1. 制定依据

《规划纲要》是根据党的十七大关于"优先发展教育，建设人力资源强国"的战略部署而制定的。

2. 制定目的

（1）促进教育事业科学发展；

（2）全面提高国民素质；

（3）加快社会主义现代化进程。

（三)《规划纲要》的基本结构

《规划纲要》共分 4 个部分，22 章，70 条，分别从总体战略、发展任务、体制改革、保障措施 4 个部分进行阐述。

（四)《规划纲要》的主体内容

国家中长期教育改革和发展规划纲要（2010—2020 年）

第一部分　总体战略

1. 指导思想

高举中国特色社会主义伟大旗帜，以邓小平理论和"三个代表"重要思想为指导，深入贯彻落实科学发展观，实施科教兴国战略和人才强国战略，优先发展教育，完善中国特色社会主义现代教育体系，办好人民满意的教育，建设人力资源强国。

全面贯彻党的教育方针，坚持教育为社会主义现代化建设服务，为人民服务，与生产劳动和社会实践相结合，培养德智体美全面发展的社会主义建设者和接班人。

全面推进教育事业科学发展，立足社会主义初级阶段基本国情，把握教育发展阶段性特征，坚持以人为本，遵循教育规律，面向社会需求，优化结构布局，提高教育现代化水平。

2. 工作方针

工作方针是——优先发展、育人为本、改革创新、促进公平、提高质量。

（1）把教育摆在优先发展的战略地位。

（2）把育人为本作为教育工作的根本要求。人力资源是我国经济社会发展的第一资源，教育是开发人力资源的主要途径。要以学生为主体，以教师为主导，充分发挥学生的主动性，把促进学生健康成长作为学校一切工作的出发点和落脚点。

（3）把改革创新作为教育发展的强大动力。教育要发展，根本靠改革。要以体制机制改革为重点，鼓励地方和学校大胆探索和试验，加快重要领域和关键环节改革步伐。

（4）把促进公平作为国家基本教育政策。教育公平是社会公平的重要基础。教育公平的关键是机会公平，基本要求是保障公民依法享有受教育的权利，重点是促进义务教育均衡发展和扶持困难群体，根本措施是合理配置教育资源，向农村地区、边远贫困地区和民族地区倾斜，加快缩小教育差距。教育公平的主要责任在政府，全社会要共同促进教育公平。

真题链接

《国家中长期教育改革和发展规划纲要（2010—2020年)》提出，教育公平是社会公平的重要基础。教育公平的关键是（　　　）。

A. 机会公平　　　　　　　　B. 过程公平

C. 结果公平　　　　　　　　D. 起点公平

答案：A。

（5）把提高质量作为教育改革发展的核心任务。树立科学的质量观，把促进人的全面发展、适应社会需要作为衡量教育质量的根本标准。树立以提高质量为核心的教育发展观。建立以提高教育质量为导向的管理制度和工作机制。

3. 战略目标

战略目标是——到2020年，基本实现教育现代化，基本形成学习型社会，进入人力资源强国行列。

（1）实现更高水平的普及教育。基本普及学前教育；巩固提高九年义务教育水平；普及高中阶段教育，毛入学率达到90%；高等教育大众化水平进一步提高，毛入学率达到 40%；扫除青壮年文盲。新增劳动力平均受教育年限从 12.4 年提高到 13.5 年；主要劳动年龄人口平均受教育年限从 9.5 年提高到 11.2 年，其中受过高等教育的比例达到 20%，具有高等教育文化程度的人数比 2009 年翻一番。

（2）形成惠及全民的公平教育。坚持教育的公益性和普惠性，保障公民依法享有接受良好教育的机会。

（3）提供更加丰富的优质教育。

（4）构建体系完备的终身教育。

（5）健全充满活力的教育体制。

4. 战略主题

战略主题：坚持以人为本、全面实施素质教育是教育改革发展的战略主题，是贯彻党的教育方针的时代要求，其核心是解决好培养什么人、怎样培养人的重大问题，重点是面向全体学生、促进学生全面发展，着力提高学生服务国家服务人民的社会责任感、勇于探索的创新精神和善于解决问题的实践能力。

具体要求：坚持德育为先；坚持能力为重；坚持全面发展。

第二部分　发展任务

1. 学前教育

基本普及学前教育。

2. 义务教育

（1）巩固提高九年义务教育水平。义务教育是国家依法统一实施、所有适龄儿童少年必须接受的教育，具有强制性、免费性和普及性，是教育工作的重中之重。

巩固义务教育普及成果。坚持以输入地政府管理为主、以全日制公办中小学为主，确保进城务工人员随迁子女平等接受义务教育，研究制定进城务工人员随迁子女接受义务教育后在当地参加升学考试的办法。

增强学生体质。大力开展"阳光体育"运动，保证学生每天锻炼一小时，不断提高学生体质健康水平。

（2）推进义务教育均衡发展。均衡发展是义务教育的战略性任务。实行县（区）域内教师、校长交流制度。实行优质普通高中和优质中等职业学校招生名额合理分配到区域内初中的办法。义务教育阶段不得设置重点学校和重点班。建立城乡一体化义务教育发展机制，在财政拨款、学校建设、教师配置等方面向农村倾斜。率先在县（区）域内实现城乡均衡发展，逐步在更大范围内推进。

 真题链接

《国家中长期教育改革和发展规划纲要（2010—2020 年）》提出，建立城乡一体化义务教育发展机制，在有些方面向农村倾斜。下列选项中不符合要求的是（　　）。

A. 财政拨款向农村倾斜　　　　　B. 课程标准向农村倾斜

C. 教师配置向农村倾斜　　　　　D. 学校建设向农村倾斜

答案：B。

(3) 减轻中小学生课业负担。率先实现小学生减负。不得以升学率对地区和学校进行排名，不得下达升学指标。各种等级考试和竞赛成绩不得作为义务教育阶段入学与升学的依据。

3. 高中阶段教育

(1) 加快普及高中阶段教育。到 2020 年，普及高中阶段教育，满足初中毕业生接受高中阶段教育需求。

(2) 全面提高普通高中学生综合素质。逐步消除大班额现象。积极开展研究性学习、社区服务和社会实践。

(3) 推动普通高中多样化发展。

4. 职业教育

(1) 大力发展职业教育。到 2020 年，形成适应经济发展方式转变和产业结构调整要求、体现终身教育理念、中等和高等职业教育协调发展的现代职业教育体系。

把提高质量作为重点。以服务为宗旨，以就业为导向，推进教育教学改革。实行工学结合、校企合作、顶岗实习的人才培养模式。坚持学校教育与职业培训并举，全日制与非全日制并重。

(2) 调动行业企业的积极性。建立健全政府主导、行业指导、企业参与的办学机制，制定促进校企合作办学法规，推进校企合作制度化。

(3) 加快发展面向农村的职业教育。加强基础教育、职业教育和成人教育统筹，促进农科教结合。逐步实施农村新成长劳动力免费劳动预备制培训。

(4) 增强职业教育吸引力。逐步实行中等职业教育免费制度。积极推进学历证书和职业资格证书"双证书"制度。完善就业准入制度，执行"先培训、后就业"、"先培训、后上岗"的规定。

5. 高等教育

(1) 全面提高高等教育质量。高等教育承担着培养高级专门人才、发展科学技术文化、促进社会主义现代化建设的重大任务。提高质量是高等教育发展的核心任务。到 2020 年，建成一批国际知名、有特色、高水平的高等学校，若干所大学达到或接近世界一流大学水平。

(2) 提高人才培养质量。牢固确立人才培养在高校工作中的中心地位。把教学作为教师考核的首要内容，把教授为低年级学生授课作为重要制度。

(3) 提升科学研究水平。

(4) 增强社会服务能力。

(5) 优化结构办出特色。加快建设一流大学和一流学科。

6. 继续教育

（1）加快发展继续教育。倡导全民阅读。基本形成全民学习、终身学习的学习型社会。

（2）建立健全继续教育体制机制。

（3）构建灵活开放的终身教育体系。

7. 民族教育

（1）重视和支持民族教育事业。

（2）全面提高少数民族和民族地区教育发展水平。大力推进双语教学。全面开设汉语文课程，全面推广国家通用语言文字。全面加强学前双语教育。加强教育对口支援。

8. 特殊教育

（1）关心和支持特殊教育。注重潜能开发和缺陷补偿。

（2）完善特殊教育体系。到 2020 年，基本实现市（地）和 30 万人口以上、残疾儿童少年较多的县（市）都有一所特殊教育学校。全面提高残疾儿童少年义务教育普及水平，加快发展残疾人高中阶段教育，大力推进残疾人职业教育，重视发展残疾人高等教育。因地制宜发展残疾儿童学前教育。

（3）健全特殊教育保障机制。国家制定特殊教育学校基本办学标准，地方政府制定学生人均公用经费标准。逐步实施残疾学生高中阶段免费教育。

第三部分　体制改革

1. 人才培养体制改革

（1）更新人才培养观念。深化教育体制改革，关键是更新教育观念，核心是改革人才培养体制，目的是提高人才培养水平。树立全面发展观念，努力造就德智体美全面发展的高素质人才。树立人人成才观念，面向全体学生，促进学生成长成才。树立多样化人才观念，尊重个人选择，鼓励个性发展，不拘一格培养人才。树立终身学习观念，为持续发展奠定基础。树立系统培养观念，推进小学、中学、大学有机衔接，教学、科研、实践紧密结合，学校、家庭、社会密切配合，加强学校之间、校企之间、学校与科研机构之间合作以及中外合作等多种联合培养方式，形成体系开放、机制灵活、渠道互通、选择多样的人才培养体制。

（2）创新人才培养模式。

注重学思结合。倡导启发式、探究式、讨论式、参与式教学，帮助学生学会学习。充分发挥现代信息技术作用，促进优质教学资源共享。

注重知行统一。坚持教育教学与生产劳动、社会实践相结合。

注重因材施教。推进分层教学、走班制、学分制、导师制等教学管理制度改革。建立学习困难学生的帮助机制。改进优异学生培养方式，在跳级、转学、转换专业以及选修更高学段课程等方面给予支持和指导。

（3）改革教育质量评价和人才评价制度。

改进人才评价及选用制度。树立科学人才观，建立以岗位职责为基础，以品德、能力和业绩为导向的科学化、社会化人才评价发现机制。强化人才选拔使用中对实践能力的考查，克服社会用人单纯追求学历的倾向。

真题链接

根据《国家中长期教育改革和发展规划纲要（2010—2020年)》规定，下面不属于改革教育质量评价和人才评价制度的做法是(　　)。

A. 探索多种评价方式　　　　　　B. 完善综合素质评价

C. 建立多样的评价标准　　　　　D. 树立终结性评价理念

答案：D。解析：该题考查的是教育评价相关知识点。我国现在正在积极建设多元评价模式，单一、死板的评价制度将逐步过渡为多元评价模式。D选项恰恰强调了树立终结性评价理念，即强调对教育活动最终结果的单一评价模式，不符合实际情况，故选D。

2. 考试招生制度改革

（1）推进考试招生制度改革。以考试招生制度改革为突破口，克服一考定终身的弊端，推进素质教育实施和创新人才培养。按照有利于科学选拔人才、促进学生健康发展、维护社会公平的原则，探索招生与考试相对分离的办法，政府宏观管理，专业机构组织实施，学校依法自主招生，学生多次选择，逐步形成分类考试、综合评价、多元录取的考试招生制度。成立国家教育考试指导委员会，研究制定考试改革方案，指导考试改革试点。

（2）完善中等学校考试招生制度。完善初中就近免试入学的具体办法。完善学业水平考试和综合素质评价。改进高中阶段学校考试招生方式，发挥优质普通高中和优质中等职业学校招生名额合理分配的导向作用。规范优秀特长生录取程序与办法。中等职业学校实行自主招生或注册入学。

（3）完善高等学校考试招生制度。深化考试内容和形式改革，着重考查综合素质和能力。探索有的科目一年多次考试的办法，探索实行社会化考试。

逐步实施高等学校分类入学考试。普通高等学校本科入学考试由全国统一组织；高等职业教育入学考试由各省、自治区、直辖市组织。成人高等教育招生办法由各省、自治区、直辖市确定。

完善高等学校招生名额分配方式和招生录取办法，建立健全有利于促进入学机会公平、有利于优秀人才选拔的多元录取机制。普通高等学校本科招生以统一入学考试为基本方式，结合学业水平考试和综合素质评价，择优录取。对特长显著、符合学校培养要求的，依据面试或者测试结果自主录取；高中阶段全面发展、表现优异的，推荐录取；符合条件、自愿到国家需要的行业、地区就业的，签订协议实行定向录取；对在实践岗位上作出突出贡献或具有特殊才能的人才，建立专门程序，破格录取。

（4）加强信息公开和社会监督。

3. 建设现代学校制度

（1）推进政校分开、管办分离。建设依法办学、自主管理、民主监督、社会参与的现代学校制度，构建政府、学校、社会之间新型关系。随着国家事业单位分类改革推进，探索建立符合学校特点的管理制度和配套政策，克服行政化倾向，取消实际存在的行政级别和行政化管理模式。

（2）落实和扩大学校办学自主权。政府及其部门要树立服务意识，改进管理方式，完善监管机制，减少和规范对学校的行政审批事项，依法保障学校充分行使办学自主权和承担相应责任。

（3）完善中国特色现代大学制度。完善治理结构。公办高等学校要坚持和完善党委领导下的校长负责制。探索教授治学的有效途径，充分发挥教授在教学、学术研究和学校管理中的作用。加强教职工代表大会、学生代表大会建设，发挥群众团体的作用。

加强章程建设。各类高校应依法制定章程，依照章程规定管理学校。

扩大社会合作。探索建立高等学校理事会或董事会，健全社会支持和监督学校发展的长效机制。

推进专业评价。鼓励专门机构和社会中介机构对高等学校学科、专业、课程等水平和质量进行评估。建立科学、规范的评估制度。

（4）完善中小学学校管理制度。完善普通中小学和中等职业学校校长负责制。实行校务会议等管理制度，建立健全教职工代表大会制度。扩大中等职业学校专业设置自主权。建立中小学家长委员会。

4. 办学体制改革

（1）深化办学体制改革。坚持教育公益性原则，健全政府主导、社会参与、办学主体多元、办学形式多样、充满生机活力的办学体制，形成以政府办学为主体、全社会积极参与、公办教育和民办教育共同发展的格局。

（2）大力支持民办教育。

（3）依法管理民办教育。

5. 管理体制改革

（1）健全统筹有力、权责明确的教育管理体制。以转变政府职能和简政放权为重点，深化教育管理体制改革，提高公共教育服务水平。促进管办评分离，形成政事分开、权责明确、统筹协调、规范有序的教育管理体制。

（2）加强省级政府教育统筹。

（3）转变政府教育管理职能。逐步实现基本公共教育服务均等化，维护教育公平和教育秩序。改变直接管理学校的单一方式，综合应用立法、拨款、规划、信息服务、政策指导和必要的行政措施，减少不必要的行政干预。

6. 扩大教育开放

第四部分 保障措施

1. 加强教师队伍建设

（1）建设高素质教师队伍。教育大计，教师为本。

（2）加强师德建设。

（3）提高教师业务水平。以农村教师为重点，提高中小学教师队伍整体素质。积极推进师范生免费教育，实施农村义务教育学校教师特设岗位计划，完善代偿机制，完善教师培训制度，将教师培训经费列入政府预算，对教师实行每五年一周期的全员培训。加强教师教育，构建以师范院校为主体、综合大学参与、开放灵活的教师教育体系。以"双师型"教师为重点，加强职业院校教师队伍建设。以中青年教师和创新团队为重点，建设高素质的高校教师队伍。

（4）提高教师地位待遇。依法保证教师平均工资水平不低于或者高于国家公务员的平均工资水平，并逐步提高。落实教师绩效工资。

（5）健全教师管理制度。完善并严格实施教师准入制度，严把教师入口关。国家制定教师资格标准，提高教师任职学历标准和品行要求。建立教师资格证书定期登记制度。省级教育行政部门统一组织中小学教师资格考试和资格认定，县级教育行政部门按规定履行中小学教师的招聘录用、职务（职称）评聘、培养培训和考核等管理职能。

逐步实行城乡统一的中小学编制标准，对农村边远地区实行倾斜政策。制定幼儿园教师配备标准。建立统一的中小学教师职务（职称）系列，在中小学设置正高级教师职务（职称）。探索在职业学校设置正高级教师职务（职称）。制定高等学校编制标准。建立健全义务教育学校教师和校长流动机制。城镇中小学教师在评聘高级职务（职称）时，原则上要有一年以上在农村学校或薄弱学校任教经历。加强教师管理，完善教师退出机制。推行校长职级制。

2. 保障经费投入

（1）加大教育投入。要健全以政府投入为主、多渠道筹集教育经费的体制，大幅度增加教育投入。保证教育财政拨款增长明显高于财政经常性收入增长，并使按在校学生人数平均的教育费用逐步增长，保证教师工资和学生人均公用经费逐步增长。按增值税、营业税、消费税的3%足额征收教育费附加，专项用于教育事业。提高国家财政性教育经费支出占国内生产总值比例，2012年达到4%。

（2）完善投入机制。义务教育全面纳入财政保障范围，实行国务院和地方各级人民政府根据职责共同负担，省、自治区、直辖市人民政府负责统筹落实的投入体制。

非义务教育实行以政府投入为主、受教育者合理分担、其他多种渠道筹措经费的投入机制。学前教育建立政府投入、社会举办者投入、家庭合理负担的投入机制。普通高中实行以财政投入为主，其他渠道筹措经费为辅的机制。中等职业教育实行政府、行业、企业及其他社会力量依法筹集经费的机制。高等教育实行以举办者投入为主、受教育者合理分担培养成本、学校设立基金接受社会捐赠等筹措经费的机制。

（3）加强经费管理。

3. 加快教育信息化进程

（1）加快教育信息基础设施建设。到 2020 年，基本建成覆盖城乡各级各类学校的教育信息化体系，促进教育内容、教学手段和方法现代化。

（2）加强优质教育资源开发与应用。

（3）构建国家教育管理信息系统。

4. 推进依法治教

（1）完善教育法律法规。根据经济社会发展和教育改革的需要，修订教育法、职业教育法、高等教育法、学位条例、教师法、民办教育促进法，制定有关考试、学校、终身学习、学前教育、家庭教育等法律。

（2）全面推进依法行政。

（3）大力推进依法治校。学校要建立完善符合法律规定、体现自身特色的学校章程和制度，依法办学，从严治校，认真履行教育教学和管理职责。尊重教师权利，加强教师管理。保障学生的受教育权，对学生实施的奖励与处分要符合公平、公正原则。健全符合法治原则的教育救济制度。开展普法教育。

（4）完善督导制度和监督问责机制。制定教育督导条例，进一步健全教育督导制度。坚持督政与督学并重、监督与指导并重。严格落实问责制。

5. 重大项目和改革试点

（1）组织实施重大项目。2010—2012 年，围绕教育改革发展战略目标，着眼于促进教育公平，提高教育质量，增强可持续发展能力，以加强关键领域和薄弱环节为重点，完善机制，组织实施一批重大项目。

重大项目：义务教育学校标准化建设；义务教育教师队伍建设；推进农村学前教育；职业教育基础能力建设；提升高等教育质量；发展民族教育；发展特殊教育［使市（地）和 30 万人口以上、残疾儿童少年较多的县（市）都有一所特殊教育学校］；家庭经济困难学生资助；教育信息化建设；教育国际交流合作。

（2）组织开展改革试点。成立国家教育体制改革领导小组，研究部署、指导实施教育体制改革工作。根据统筹规划、分步实施、试点先行、动态调整的原则，选择部分地区和学校开展重大改革试点。

试点内容或项目：推进素质教育改革试点；义务教育均衡发展改革试点；职业教育办学模式改革试点；终身教育体制机制建设试点；拔尖创新人才培养改革试点；考试招生制度改革试点；现代大学制度改革试点；深化办学体制改革试点；地方教育投入保障机制改革试点；省级政府教育统筹综合改革试点。

6. 加强组织领导

加强和改善对教育工作的领导，加强和改进教育系统党的建设，切实维护教育系统和谐稳定。

第三节

教师权利和义务

教师在法律上的权利与义务可以分为两个部分：一是教师作为公民所享有的权利和承担的义务，二是作为专门职业的教师所享有的权利和承担的义务。

一、教师的权利

教师的权利是指教师（及其他教育工作者）能够做出或不做出一定行为，以及要求他人相应做出或不做出一定行为的许可与保障，并为法律所确认、设定和保护。它一般由三部分构成：（1）做出肯定行为的权利，即教师可以做出或实施某种行为的权利；（2）请求权，即要求别人执行或遵守法律义务的可能性，也就是要求他人如何行为的权利；（3）要求主管机关保护之权，即当教师的权利受到侵害时，有权诉诸法律，要求确认、保护其权利，它是请求权的特殊继续。

（一）教师作为公民的基本权利

教师作为公民的基本权利由《宪法》规定，主要包括：平等权、选举权、表达自由（言论、出版、结社、游行、示威）、宗教信仰自由、人身自由、人格尊严、住宅安全权、通信自由、监督权及取得赔偿权、劳动权、劳动者的休息权、社会保障权、受教育权、学术自由权、男女平等权、婚姻自由等。其中人身权利和人格权利是公民权中最重要的两个方面。

教师的人身权利包括生命权、健康权、人身自由权。

教师的人格权利包括姓名权、名誉权、荣誉权、肖像权、隐私权等和人格尊严有关的权利。人格尊严是人格权的核心，人格尊严的法律表现即为公民的人格权。

（二）教师的职业权利

教师的职业权利与教师职业特点相关，是教师职业特定的权利。我国的《教师法》第七条对此做出了明确的规定：（1）进行教育教学活动，开展教育教学改革和实验；（2）从事科学研究、学术交流，参加专业的学术团体，在学术活动中充分发表意见；（3）指导学生的学习和发展，评定学生的品行和学业成绩；（4）按时获取工资报酬，享受国家规定的福利待遇以及寒暑假期的带薪休假；（5）对学校教育教学、管理工作和教育行政部门的工作提出意见和建议，通过教职工代表大会或者其他形式，参与学校的民主管理；（6）参加进修或者其他方式的培训。具体来说，教师的基本权利主要包括以下六个方面：

1. 教育教学权

进行教育教学活动，开展教育教学改革和实验，是教师最基本的权利。不具备教师资格的人员，不得享有此项权利；虽具备教师资格，但尚未受聘或被解聘的人员，此项权利的行使处于停顿状态。只有受聘担任教师工作时，其权利的行使才恢复正常状况。非依法律规定，任何组织或个人不得剥夺在聘教师这一基本权利的行使。但合法的解聘或待聘，不属于侵犯教师这一权利的行为。

2. 科学研究权

从事科学研究、学术交流，参加专业的学术团体，在学术活动中充分发表意见，这是教师作为专业技术人员享有的一项基本权利。教师在完成教育教学基本任务的前提下，有权进行科学研究、技术开发、撰写学术论文、著书立说，参加有关的学术交流活动，依法成立或参加学术团体并在其中兼任工作。在学术研究中有发表自己观点的自由。因此，学校必须保障教师在教书的同时，积极地从事科学研究和学术交流的权利，尤其是应加大对高校科研工作的资金支持，鼓励教师参加各类高层次的学术交流活动。

3. 管理学生权

指导学生的学习和发展，评定学生的品行与学业成绩，这是与教师在教育教学过程中的主导地位相适应的一项特定的基本权利。教师有权根据学生的身心状况和特点，有针对性地指导学生的学习，并在学生的特长、就业、升学等方面给予指导。教师有权对学生的品德、学习、社会活动、劳动、文体活动、师生关系、同学关系等方面的表现作出客观的评价，这也是学校教育教学活动业务性很强的一项专业工作。任何组织和个人都不得非法干预教师行使这项工作。

4. 获取报酬待遇权

按时获取工资报酬，享受国家规定的福利待遇及寒暑假带薪休假，这是教师的基本物质保障权利。教师的工资报酬包括基础工资、职务工资、课时报酬、奖金及教龄津贴、班主任津贴及其他津贴在内的工资收入。福利待遇一般包括医疗、住房、退休等方面依法享有的各项待遇和优惠，以及寒暑假期内的带薪休假。教师职业又是专业性强、脑力和体力消耗较大的一种职业，教师这项基本权利的行使，是教师维持个人及其家庭生活、保持其工作体能的基本保障。

5. 民主管理权

教师可以对学校教育教学、管理工作和教育行政部门的工作提出意见和建议，通过教职工代表大会或者其他形式，参与学校的民主管理。教师此项权利的行使，有利于发挥教师的主人翁作用，推进教育教学工作的民主建设；保证此项权利的行使，能够调动教师对教育教学工作的主动性和积极性，加强对学校和教育行政部门的监督。

真题链接

某教师积极参加学校工会活动，并对学校的改革发展建言献策。该教师行使的权利是(　　)。

　　A. 教育教学权　　　　　　　　B. 控告检举权

　　C. 民主管理权　　　　　　　　D. 培训进修权

　　答案：C。

6. 进修培训权

　　现代社会和科技的不断发展，要求教师及时更新知识、调整知识结构、不断提高思想政治和业务水平。因此，教育行政部门、学校及其他教育机构应给教师参加进修和培训创造条件，提供机会，以切实保障教师权利的实现。

二、教师的义务

　　教师的义务是指依照法律规定教师从事教育教学工作必须履行的责任，表现为教师在教育教学活动中必须做出一定行为或不做出一定行为。它一般也可以分为三个部分：积极行为的义务、不作为的义务和容忍国家强制措施的义务。

（一）教师作为公民的基本义务

　　根据《宪法》规定，教师作为公民的基本义务包括：

　　（1）维护国家统一和全国各民族团结；

　　（2）遵守宪法和法律，保守国家秘密，爱护公共财产，遵守劳动纪律，遵守公共秩序，尊重社会公德；

　　（3）维护祖国的安全、荣誉和利益；

　　（4）依法服兵役；

　　（5）依法纳税。

（二）教师的职业义务

　　根据《教师法》第八条规定，教师应当履行下列义务：（1）遵守宪法、法律和职业道德，为人师表；（2）贯彻国家的教育方针，遵守规章制度，执行学校的教学计划，履行教师聘约，完成教育教学工作任务；（3）对学生进行宪法所确定的基本原则的教育和爱国主义、民族团结的教育，法制教育以及思想品德、文化、科学技术教育，组织、带领学生开展有益的社会活动；（4）关心、爱护全体学生，尊重学生人格，促进学生在品德、智力、体质等方面全面发展；（5）制止有害于学生的行为或者其他侵犯学生合法权益的行为，批评和抵制有害于学生健康成长的现象；（6）不断提高思想政治觉悟和教育教学业务水平。具体来说，包括以下六个方面：

1. 遵守法律法规的义务

　　宪法和法律是国家、社会组织和公民活动的基本行为准则。教师要教书育人，为人师表，更应当模范地遵守宪法和法律。教师是人类灵魂的工程师，在从事教育教学工作中应当遵守职业道德，做到为人师表、敬业爱岗、热爱学生、诲人不倦、博学多才、团结奋进。

2. 教育教学的义务

教师在教育教学工作中，应当全面贯彻教育方针；遵守教育行政部门和学校及其他教育机构制定的教育教学管理的各项规章制度；执行学校依据国家规定的教学大纲、教学计划或教学基本要求而制订的具体计划；履行教师聘任合同中约定的教育教学职责，完成职责范围内的教学任务，保证教育教学质量。

3. 思想教育的义务

首先，教师应自觉地结合自己教育教学的业务特点，将思想政治、品德教育贯穿在教育教学的全过程之中。其次，在对学生进行思想政治、品德教育的内容上，要遵循宪法确定的四项基本原则。这是我国宪法的根本指导思想，也是对学生进行思想政治教育的首要内容。同时要引导学生逐步树立科学的人生观、世界观，把学生培养成为具有社会公德、文明行为习惯的遵纪守法的好公民。第三，教师应当有意识地对学生进行爱国主义、民族团结教育，法制教育，这是弘扬中华民族精神的基本要求，也是国家和社会稳定、协调发展的重要保证。

4. 尊重学生人格的义务

热爱学生，是教师的天职和美德。因此，教师首先要关心、爱护全体学生。其次，要树立尊重学生人格尊严的法律观念。人格尊严是宪法赋予公民的一项基本权利，一个称职的教师在关心、爱护学生的同时，更应懂得尊重学生的人格。在教育教学过程中，教师既不可歧视学生，更不允许侮辱、体罚学生。

 **真题链接**

1. 孙老师把没有按时完成作业的学生赶到操场上，让他们在冷风中把作业写完，说要让学生明白学习的艰辛。这说明，孙老师没有做到（ ）。

A. 关爱学生 B. 因材施教

C. 廉洁从教 D. 严谨治学

答案：A。

2. 晚自习时，高老师发现班上的一位男生在给一位女生递纸条。高老师走上前去对他们说："你们在干吗？是不是在递情书啊？现在可不是谈恋爱的时候啊，考上大学后再谈吧。"高老师的声音不大，但同学们都听到了，这两位同学顿时羞红了脸。关于高老师的做法，下列说法中正确的是（ ）。

A. 明察秋毫，及时引导学生 B. 有亲和力，巧妙杜绝早恋

C. 方法粗暴，侵犯学生隐私 D. 工作武断，伤害学生自尊

答案：D。

5. 保护学生权益的义务

教师必须制止有害于学生的行为或者其他侵犯学生合法权益的行为，批评和抵制有害于学生健康成长的现象。其中，教师制止的范围是特定的，主要是制止在学校工作中或与教育教学工作相关的活动中，侵犯其所负责教育管理的学生的合法权益的违法行为。批评和抵制则具有一般的意义，因为保护学生的合法权益和身心健康成长是全社会共同的责任，而作为教书育人的教师，对社会上出现的有害于学生身心健康成长的不良现象更有义务批评和抵制。

6. 提高自身水平的义务

不断提高思想政治觉悟和教育教学业务水平，这是社会发展和科技进步对教师提出的要求。《国家中长期教育改革和发展规划纲要（2010—2020年）》提出，要完善教师培训制度，将教师培训经费列入政府预算，对中小学教师实行每五年一周期的全员培训，并加强中小学校长培训，重视班主任和辅导员培训。因此，进修培训不仅是法律赋予教师的权利，也是教师必须履行的义务。

第四节

学生权利保护

一、学生的法律地位

（一）学生的概念

从教育的角度而言，学生一般是指在初等学校、中等学校、高等学校和研究机构中学习或以学习为主要任务的受教育者。而在法律意义上，学生则是指在依法成立或国家法律认可的学校及其他教育机构按规定条件具有或取得学籍，并在其中接受教育的公民。

（二）学生的法律地位

法律地位是由法律关系中主体所享有的权利和履行的义务决定的。学生的法律地位，主要取决于其作为教育法律关系的主体，在教育活动中所享有的权利和应承担的义务以及权利受到侵害时的救济途径和行为违法时的责任承担。

首先，作为公民，学生享有《宪法》及相关法律规定的公民的一切权利，如人格权、健康权、名誉权、受教育权等。

其次，作为受教育者，学生享有《教育法》、《义务教育法》、《高等教育法》及其他教育法律规定的受教育权或学习权，如平等权、公正评价权、物质帮助权等。作为学生权利相对方的教师、学校或教育行政机关，不能因为履行教育职权而侵害学生的法定权利。

因此，就法律地位而言，学生在与学校和教师的关系中虽然是被教育和被管理的对象，但依然是教育法律关系的主体，并享有法律规定的一切权利，任何人不得非法侵犯。

二、学生的权利

学生的权利广义上是指学生依照国家法律法规规定而拥有的一切正当权利，狭义上则指学生在教育活动中享有的由教育法所赋予的权利。

在当代，权利主要分为三大类：一是人身人格权利，如生命权、安全权、人格尊严权、名誉权、荣誉权、隐私权、思想自由、信仰自由、宗教自由、人身自由、通信自由等；二是政治权利，如选举权、被选举权、监督权；集会自由、言论自由、结社自由、出版自由；请愿权、诉讼权等；三是经济、社会、文化权利，如财产权、劳动权、休息权、最低生活保障权；妇女权利、老人权利、儿童权利、残疾人权利、消费者权利；受教育权、科学研究自由、文学艺术活动自由等。

学生的权利主要分为两类：一是作为一个人或公民所享有的基本的人权，主要是人身人格权，如生命权、人格尊严权、名誉权、荣誉权、隐私权、人身自由、通信自由等；二是作为学生或受教育者所享有的权利，主要是文化权利，如受教育权。

（一）学生作为公民的基本权利

学生作为公民的基本权利主要包括以下方面：生命权、人格尊严权、名誉权、荣誉权、隐私权、思想自由、人身自由、通信自由、出版自由、诉讼权、财产权、受教育权等。这些权利基本都由宪法和相关法律所确认和保障，是每一个公民的法定权利，任何组织和个人不得非法侵犯和剥夺。

（二）学生作为受教育者享有的权利

根据《教育法》第四十三条规定，受教育者享有下列权利：参加教育教学计划安排的各种活动，使用教育教学设施、设备、图书资料；按照国家有关规定获得奖学金、贷学金、助学金；在学业成绩和品行上获得公正评价，完成规定的学业后获得相应的学业证书、学位证书；对学校给予的处分不服向有关部门提出申诉，对学校、教师侵犯其人身权、财产权等合法权益，提出申诉或者依法提起诉讼；法律、法规规定的其他权利。

1. 参加教育教学活动权

也可以简称为"接受、享用教育"的权利。这是学生最基本的权利，也是保障学生参加学习、接受教育、享有实质性受教育权的前提和基础，因此，任何组织和个人都不得以任何借口强行或非法剥夺。

2. 获得学金权

亦可称为"获取物质保障的权利"。这也是学生的一项实质性权利，体现了国家政府对为学生的学业提供物质保障的重视。

学金包括奖学金、贷学金和助学金。其中，奖学金、贷学金制度主要适用于普通高等学校和中等专业学校，而助学金制度则主要适用于义务教育阶段。

3. 获得"公正评价权"

学业成绩的评价是教育机构对学生在受教育的某一阶段（时期）的学习情况和知识结构、能力水平的概括性鉴定，包括课程考试成绩记录、平时学习情况和总评等。品行评价是教育机构对学生的思想品德和行为表现作出鉴定，包括对学生政治觉悟、道德品质、劳动态度的评定。学生有权要求获得学业成绩评价和品行评价，而且有权要求评价实事求是，体现公平、公正。

4. 获得学业证书和学位证书权

学业证书、学位证书是对学生某一阶段受教育时期的学业成绩、学术水平和品行的终结性评定，它对学生的就业和今后的发展具有重要的作用，因此，获取学业证书和学位证书是学生的一项重要权利。学生在思想品德等方面合格的前提下，学完或提前学完教育教学计划所规定的全部课程，经考核（考试、考查）及格或修满学分，在该教育阶段结束时均有权获得相应的学业证书和学位证书。为此，国家建立了教育证书制度，经国家批准或认可的学校及其他教育机构可以依照国家有关规定向学生颁发相应的学历证书或资格证书及其他学业证书。面向高等教育，国家实行了学位制度，学位分学士、硕士、博士三级，学校及其他教育机构或有关科研机构依照国家有关规定，对具有一定学术或者专业技术水平的公民授予相应的学位。

5. 申诉起诉权

这项权利也可称为"维护自身权益的权利"或"申请法律救济的权利"。它是公民申诉权和诉讼权在学生身上的具体体现。根据《民事诉讼法》和《教育法》第四十三条的规定，学生享有的诉讼权利大致包括以下几个方面：其一，学生对学校或教师侵犯其受教育权可以提起申诉或诉讼，如为提高升学率或其他一些功利性目的，学校或教师强迫学生转学或退学，学生有权提起诉讼。其二，学生对学校或教师侵犯其人身权利可以提起诉讼。学生的人身权主要包括学生的人身不受非法拘禁、逮捕、搜查以及侵害，人格尊严、通信自由不受侵犯。如教师私拆学生信件、污辱学生人格、体罚学生造成严重后果等，学生均有权提起诉讼。其三，学生对学校和教师侵犯其合法财产权利可以提起诉讼，如学校向学生乱收费、强制推销商品而收取不合理费用、教师故意不完成教学任务而实行补课收费等，学生均可提起诉讼。其四，学生对学校或教师侵犯其知识产权可以提起诉讼，如教师窃取学生的著作权、发现权、发明权或其他成果权，学校强行占有学生的知识产权等，学生有权提起诉讼。此外，学生还享有申诉权，学生对学校给予的处分不服，认为处分过重或不该受处分，可以提出申诉，对学校、教师侵犯其人身权、财产权等合法权益的行为在不提起诉讼的前提下，也可提出申诉。需要明确的是，学生提起的诉讼主要属于民事诉讼，学生的申诉则属于非诉讼上的行政申诉。

6. 法律、法规规定的其他权利

亦可简称为"法定的其他权利"，除《教育法》规定的上述权利之外，其他法律、法规如《宪法》、《未成年人保护法》、《教师法》、《义务教育法》、《高等教育法》等对学生的一些权利也做出了明确的规定。但这里的"法律、法规"主要是指有关教育的法律法规以及依据其他法律、法规制定的有关教育的规章。

真题链接

1. 中学生王某上课玩手机，被班主任李某当场没收。王某课后向李某承认错误并要求归还其手机，被李某以王某违反校规为由拒绝。李某的做法（　　）。

A，正确，学校规章应该人人遵守 　　 B. 正确，教师有惩戒学生的权利

C. 不正确，侵犯了学生的财产权 　　 D. 不正确，应上交学校予以销毁

答案：C。

2. 张老师责令考试成绩不及格的小强停课半天写检查。张老师的做法（　　）。

A. 合法，有助于警示其他学生 　　 B. 合法，教师有管理学生的权利

C. 不合法，侵犯了小强的人身权 　　 D. 不合法，侵犯了小强的受教育权

答案：D。

3. 某初中教师李某上课前发现部分学生未完成家庭作业，要求这部分学生完成后再进教室听课。李某的做法（　　）。

A. 合法，教师有管理学生的权利 　　 B. 合法，教师有教育学生的职责

C. 不合法，侵犯了学生受教育权 　　 D. 不合法，侵犯了学生的人身权

答案：C。

三、学生权利保护

中小学生一般都是未成年人，由于年龄、身体、能力等各方面条件的限制，在社会生活中都相对处于劣势，很容易受到外力的伤害，其权利也难以得到应有的保障，因此有必要进行特别的保护。

（一）学生人身权的保护

人身权又称"人身非财产权"或"非财产权"，是财产权的对称。指与民事主体的人身不可分离且无直接经济内容的民事权利。分为人格权与身份权。人格权是指民事主体为维护自己的身体、自由、名誉和价值尊严所必需的权利，包括生命健康权、姓名权、肖像权、名誉权、隐私权、休息权、安全权、人身自由权和婚姻自主权等；身份权是指民事主体因特定身份而产生的权利，包括荣誉权、家庭关系中的亲权、监护权及知识产权中的发表权、署名权等非财产性权利内容。身份权不是基于主体身份的概括的权利，

而是各个权利的总称，其中也包括抚养请求权、财产管理权等一些会引起经济内容的权利。

人身权具有以下特征：（1）与民事主体的人身不可分，即其发生以自然人、法人的人格和身份为前提；（2）是绝对权，特定权利主体以外的不特定的一切人都不得侵犯此权利；（3）是专有权，专属于权利人本人，除法律另有规定外，不得抛弃和转让。

人身权受宪法、刑法、行政法和民法的共同保护，教育法也有相关保护的条款。学生在社会生活和教育活动中人身权都会得到上述法律的保护，但此处主要探讨学生在教育教学活动中人身权的保护，而且以教育法规为主。

1.《**教师法**》

第八条第四款 关心、爱护全体学生，尊重学生人格，促进学生在品德、智力、体质等方面全面发展。

第三十七条 教师有下列情形之一的，由所在学校、其他教育机构或者教育行政部门给予行政处分或者解聘：

（一）故意不完成教育教学任务给教育教学工作造成损失的；

（二）体罚学生，经教育不改的；

（三）品行不良、侮辱学生，影响恶劣的。

教师有前款第（二）项、第（三）项所列情形之一，情节严重，构成犯罪的，依法追究刑事责任。

2.《**义务教育法**》

第二十九条第二款 教师应当尊重学生的人格，不得歧视学生，不得对学生实施体罚、变相体罚或者其他侮辱人格尊严的行为，不得侵犯学生合法权益。

3.《**未成年人保护法**》

第十八条 学校应当尊重未成年学生受教育的权利，关心、爱护学生，对品行有缺点、学习有困难的学生，应当耐心教育、帮助，不得歧视，不得违反法律和国家规定开除未成年学生。

第十九条 学校应当根据未成年学生身心发展的特点，对他们进行社会生活指导、心理健康辅导和青春期教育。

第二十条 学校应当与未成年学生的父母或者其他监护人互相配合，保证未成年学生的睡眠、娱乐和体育锻炼时间，不得加重其学习负担。

第二十一条 学校、幼儿园、托儿所的教职员工应当尊重未成年人的人格尊严，不得对未成年人实施体罚、变相体罚或者其他侮辱人格尊严的行为。

第二十二条 学校、幼儿园、托儿所应当建立安全制度，加强对未成年人的安全教育，采取措施保障未成年人的人身安全。

学校、幼儿园、托儿所不得在危及未成年人人身安全、健康的校舍和其他设施、场所中进行教育教学活动。

学校、幼儿园安排未成年人参加集会、文化娱乐、社会实践等集体活动，应当有利于未成年人的健康成长，防止发生人身安全事故。

第二十五条第四款　专门学校的教职员工应当关心、爱护、尊重学生，不得歧视、厌弃。

第三十七条第二款　任何人不得在中小学校、幼儿园、托儿所的教室、寝室、活动室和其他未成年人集中活动的场所吸烟、饮酒。

第三十九条　任何组织或者个人不得披露未成年人的个人隐私。

对未成年人的信件、日记、电子邮件，任何组织或者个人不得隐匿、毁弃；除因追查犯罪的需要，由公安机关或者人民检察院依法进行检查，或者对无行为能力的未成年人的信件、日记、电子邮件由其父母或者其他监护人代为开拆、查阅外，任何组织或者个人不得开拆、查阅。

第四十条　学校、幼儿园、托儿所和公共场所发生突发事件时，应当优先救护未成年人。

第五十八条　对未成年人犯罪案件，新闻报道、影视节目、公开出版物、网络等不得披露该未成年人的姓名、住所、照片、图像以及可能推断出该未成年人的资料。

第六十三条第二款　学校、幼儿园、托儿所教职员工对未成年人实施体罚、变相体罚或者其他侮辱人格行为的，由其所在单位或者上级机关责令改正；情节严重的，依法给予处分。

第六十九条　侵犯未成年人隐私，构成违反治安管理行为的，由公安机关依法给予行政处罚。

4.《预防未成年人犯罪法》

第三十六条第二款　家庭、学校应当关心、爱护在工读学校就读的未成年人，尊重他们的人格尊严，不得体罚、虐待和歧视。工读学校毕业的未成年人在升学、就业等方面，同普通学校毕业的学生享有同等的权利，任何单位和个人不得歧视。

第四十五条　人民法院审判未成年人犯罪的刑事案件，应当由熟悉未成年人身心特点的审判员或者审判员和人民陪审员依法组成少年法庭进行。

对于审判的时候被告人不满十八周岁的刑事案件，不公开审理。

对未成年人犯罪案件，新闻报道、影视节目、公开出版物不得披露该未成年人的姓名、住所、照片及可能推断出该未成年人的资料。

5.《学生伤害事故处理办法》

第九条（具体内容略）。

真题链接

某中学在资助贫困生的公示中，将拟资助学生的家庭住址、父母姓名、电话号码、身份证号等信息予以公布。该校的做法(　　)。

    A. 符合校务公开的办事原则　　　　B. 体现了学校自主管理权利

    C. 侵犯了学生的个人隐私权　　　　D. 违背了公平待生的教育理念

    答案：C。

(二) 受教育权的总体 (或一般) 保护

受教育权是公民 (或受教育者) 作为权利主体依照法律、法规的规定，在受教育方面可以做出或不做出一定行为的许可和自由，以及要求他人为受教育而做出一定行为或履行一定义务的能力或资格。

受教育权利作为学生的一项不可剥夺的法定权利，其实现不仅有赖于权利主体的积极作为，而且需要义务主体，尤其是政府积极创造条件，为其提供制度和法律上的保障。

1. 实体法的保护

实体法对学生受教育权利的保护是多方面的，如受教育权利和机会平等、建立以保障受教育权为核心的教育制度、鼓励和支持社会办学以使更多的人享受教育等。正因为如此，国家制定了一系列的教育法律、法规，在一定程度上为学生享受教育权利提供了保障。如《学位条例》、《义务教育法》、《未成年人保护法》、《职业教育法》、《高等教育法》和《民办教育促进法》等都从不同方面对不同对象的受教育权利进行了规范和保障。而 1995 年 3 月 18 日颁布的具有基本法性质的《教育法》不仅全面地规定了保障受教育权利的制度及措施，而且以列举的方式规定了受教育者享有的各项权利。此外，还有大量的教育行政法规和规章也对学生受教育权的保障做出了相关规定。如《学校体育工作条例》、《学校卫生工作条例》、《义务教育法实施细则》、《学位条例暂行实施办法》、《普通高等学校招生暂行条例》、《普通高等学校招收保送生的暂行规定》、《普通高等学校学生管理规定》等。

就受教育权的总体 (或一般) 保护而言，《宪法》和《教育法》无疑具有最高的效力和权威，其相关规定对所有学生受教育权的实现都具有重要的保障作用。

(1)《宪法》

第四十六条　中华人民共和国公民有受教育的权利和义务。

国家培养青年、少年、儿童在品德、智力、体质等方面全面发展。

(2)《教育法》

第九条　中华人民共和国公民有受教育的权利和义务。

公民不分民族、种族、性别、职业、财产状况、宗教信仰等，依法享有平等的受教育机会。

第三十七条　受教育者在入学、升学、就业等方面依法享有平等权利。

学校和有关行政部门应当按照国家有关规定，保障女子在入学、升学、就业、授予学位、派出留学等方面享有同男子平等的权利。

第四十三条　受教育者享有下列权利：

（一）参加教育教学计划安排的各种活动，使用教育教学设施、设备、图书资料；

（二）按照国家有关规定获得奖学金、贷学金、助学金；

（三）在学业成绩和品行上获得公正评价，完成规定的学业后获得相应的学业证书、学位证书；

（四）对学校给予的处分不服向有关部门提出申诉，对学校、教师侵犯其人身权、财产权等合法权益，提出申诉或者依法提起诉讼；

（五）法律、法规规定的其他权利。

2. 程序法的保护

如果仅有实体法而无程序法，那么实体法赋予学生的受教育权利将无法实现，当其受到侵害时，也无法获得法律救济。因为权利就其形态而言，有应有权利、法定权利和现实（或实有）权利三种。某种权利被法律所宣示，成为一种法定权利时，并不意味着其必然会转化为现实权利，即一种真实的权利享有。受教育权利作为一种法定权利也是如此，在实践中，不可避免地会出现义务一方没有履行义务，或者权利一方滥用权利而导致学生受教育权利缺损（即权利的基本内容全部或部分丧失）的情况发生。而我国在某种程度上又存在着"重实体、轻程序"的倾向，因此，必须完善受教育权利的程序法保障，使程序法和实体法密切配合，这样才能使实体法所赋予学生的受教育权利得到充分而切实的保障。

随着我国教育法制的不断完善，对学生受教育权利的程序保障正逐步得到重视和发展。如宪法规定了公民的申诉权；《教育法》又确立了学生申诉制度；1999年4月29日通过的《行政复议法》明确将公民的受教育权利列入行政复议范围，当公民认为行政机关的具体行政行为侵犯其受教育权利时，有权向行政机关提出行政复议申请，寻求救济和补偿等。

（三）未成年人受教育权的专门保护

从国际上来看，为了保护未成年人的受教育权及其相关权利，联合国及其相关组织先后制定和发布了一系列的规范性文件，如1959年的《儿童权利宣言》、1989年的《儿童权利公约》、1990年的《关于儿童生存、保护和发展的世界宣言》及《执行九十年代儿童生存、保护和发展世界宣言行动计划》等。

我国为了保护未成年人的受教育权，也专门制定了相关法律和政策，如《义务教育法》、《未成年人保护法》、《预防未成年人犯罪法》、《九十年代中国儿童发展规划纲要》、《中国儿童发展纲要（2001—2010年）》、《中国儿童发展纲要（2011—2020年）》。

具体来说，我国对未成年人受教育权利的保护主要包括国家保护、社会保护、学校保护、家庭保护和司法保护。

1. 国家保护

国家保护主要是通过制定宪法、法律、法规赋予未成年人受教育权利，并对未成年人的受教育权利实施提供各种保障。如《宪法》第四十六条："中华人民共和国公民有受教育的权利和义务。""国家培养青年、少年、儿童在品德、智力、体质等方面全面发展。"《教育法》第九条："中华人民共和国公民有受教育的权利和义务。""公民不分民族、种族、性别、职业、财产状况、宗教信仰等，依法享有平等的受教育机会。"《义务教育法》第四条："凡具有中华人民共和国国籍的适龄儿童、少年，不分性别、民族、种族、家庭财产状况、宗教信仰等，依法享有平等接受义务教育的权利，并履行接受义务教育的义务。""社会组织和个人应当为适龄儿童、少年接受义务教育创造良好的环境。"

2. 家庭保护

从法律角度而言，家庭保护主要是履行监护、抚养、教育义务，并为其成长或发展提供和创造必要条件。如《未成年人保护法》第十条："父母或者其他监护人应当创造良好、和睦的家庭环境，依法履行对未成年人的监护职责和抚养义务。"第十二条："父母或者其他监护人应当学习家庭教育知识，正确履行监护职责，抚养教育未成年人。"第十三条："父母或者其他监护人应当尊重未成年人受教育的权利，必须使适龄未成年人依法入学接受并完成义务教育，不得使接受义务教育的未成年人辍学。"《义务教育法》第五条第二款："适龄儿童、少年的父母或者其他法定监护人应当依法保证其按时入学接受并完成义务教育。"

3. 学校保护

学校是专门的教育场所，在未成年人受教育权的实现和保护中占据重要的地位。学校保护主要体现在维护受教育者的合法权益，创造和改善办学条件，提供教育服务，贯彻教育方针，关心、爱护和尊重学生等方面。如《教育法》第三十条规定："学校及其他教育机构应当履行下列义务：……贯彻国家的教育方针，执行国家教育教学标准，保证教育教学质量；维护受教育者、教师及其他职工的合法权益……"《义务教育法》第三十四条则强调："教育教学工作应当符合教育规律和学生身心发展特点，面向全体学生，教书育人，将德育、智育、体育、美育等有机统一在教育教学活动中，注重培养学生独立思考能力、创新能力和实践能力，促进学生全面发展。"《未成年人保护法》也作出了相应的规定，如第十八条："学校应当尊重未成年学生受教育的权利，关心、爱护学生，对品行有缺点、学习有困难的学生，应当耐心教育、帮助，不得歧视，不得违反法律和国家规定开除未成年学生。"

4. 社会保护

社会保护主要体现在：创造条件，建立和改善文化活动场所设施；社会教育机构及场所设施向中小学生优惠开放；舞台、网吧等相关场所不准未成年人进入；禁止招收未成年人就业，禁止使用童工等。如《未成年人保护法》第三十条："爱国主义教育基地、图书馆、青少年宫、儿童活动中心应当对未成年人免费开放；博物馆、纪念馆、科技馆、展览馆、美术馆、文化馆以及影剧院、体育场馆、动物园、公园等场所，应当按照有关规定对未成年人免费或者优惠开放。"《教育法》第四十五条："国家机关、军队、企业事业组织、社会团体及其他社会组织和个人，应当依法为儿童、少年、青年学生的身心健康成长创造良好的社会环境。"此外，《义务教育法》以及《禁止使用童工规定》等法规也有相关规定。

5. 司法保护

司法保护是指司法机关或通过司法渠道对未成年人和对违法犯罪的未成年人的特别保护。根据《未成年人保护法》的规定，公安机关、人民检察院、人民法院以及司法行政部门，应当依法履行职责，在司法活动中保护未成年人的合法权益，而且"对违法犯罪的未成年人，实行教育、感化、挽救的方针，坚持教育为主、惩罚为辅的原则"（第五十四条）。此外，本法第五十七条规定："羁押、服刑的未成年人没有完成义务教育的，应当对其进行义务教育。解除羁押、服刑期满的未成年人的复学、升学、就业不受歧视。"《预防未成年人犯罪法》则专门从预防未成年人犯罪的教育、对未成年人不良行为的预防、对未成年人严重不良行为的矫治、未成年人对犯罪的自我防范、对未成年人重新犯罪的预防几个方面作出了详细的规定。

（四）特殊群体受教育权的特别保护

特殊学生群体一般是指弱势群体，主要包括残疾学生、经济困难学生和女生。至于违法犯罪的未成年人在某种意义上也属于特殊群体，但此处不拟细述，其受教育权的相关法律保护可参见本章的《义务教育法》、《未成年人保护法》及《预防未成年人犯罪法》解读。

1. 残疾学生受教育权的保护

1990年12月通过、2008年4月修订的《残疾人保障法》第二条规定："残疾人是指在心理、生理、人体结构上，某种组织、动能丧失或者不正常，全部或者部分丧失以正常方式从事某种活动能力的人。""残疾人包括视力残疾、听力残疾、言语残疾、肢体残疾、智力残疾、精神残疾、多重残疾和其他残疾的人。"

我国制定了一系列法律、法规来保障残疾人的受教育权。《宪法》第四十五条第三款规定："国家和社会帮助安排盲、聋、哑和其他有残疾的公民的劳动、生活和教育。"《残疾人保障法》第二十一条更是明确规定："国家保障残疾人享有平等接受教育的权利。"并开辟"教育"专章（二十一条至二十九条），对残疾人教育的不同方面进行规范。1994年8月国务院又发布了《残疾人教育条例》，并于2017年1月进行修订，其中第二条规定："国家保障残疾人享有平等接受教育的权利，禁止任何基于残疾的教育歧视。"第七条规定："学前教育机构、各级各类学校及其他教育机构应当依照本条例以及国家有关法律、法规的规定，实施残疾人教育；对符合法律、法规规定条件的残疾人申请入学，不得拒绝招收。"并在第五十七条对学前教育机构、学校、其他教育机构及其工作人员"拒绝招收符合法律、法规规定条件的残疾学生入学的；歧视、侮辱、体罚残疾学生，或者放任对残疾学生的歧视言行，对残疾学生造成身心伤害的；未按照国家有关规定对经济困难的残疾学生减免学费或者其他费用的"规定了明确的法律责任。此外，《教育法》第十条、《高等教育法》第九条以及《职业教育法》第十五条都做出了相关或类似的规定。

2. 经济困难学生受教育权的保护

根据法律规定，我国每个学生都享有平等的受教育权，但从现实而言，由于多种原因特别是因为家庭经济困难，很多学生都面临休学、失学、辍学的风险，因此，必须从多方面予以保障，尤其是法律方面。

（1）《教育法》

第三十八条 国家、社会对符合入学条件、家庭经济困难的儿童、少年、青年，提供各种形式的资助。

（2）《义务教育法》

第二条第三款 实施义务教育，不收学费、杂费。

第二条第四款 国家建立义务教育经费保障机制，保证义务教育制度实施。

第六条 国务院和县级以上地方人民政府应当合理配置教育资源，促进义务教育均衡发展，改善薄弱学校的办学条件，并采取措施，保障农村地区、民族地区实施义务教育，保障家庭经济困难的和残疾的适龄儿童、少年接受义务教育。

国家组织和鼓励经济发达地区支援经济欠发达地区实施义务教育。

第四十四条第二款 各级人民政府对家庭经济困难的适龄儿童、少年免费提供教科书并补助寄宿生生活费。

（3）《高等教育法》

第九条第二款 国家采取措施，帮助少数民族学生和经济困难的学生接受高等教育。

第五十四条第二款 家庭经济困难的学生，可以申请补助或者减免学费。

第五十五条 国家设立奖学金，并鼓励高等学校、企业事业组织、社会团体以及其他社会组织和个人按照国家有关规定设立各种形式的奖学金，对品学兼优的学生、国家规定的专业的学生以及到国家规定的地区工作的学生给予奖励。

国家设立高等学校学生勤工助学基金和贷学金，并鼓励高等学校、企业事业组织、社会团体以及其他社会组织和个人设立各种形式的助学金，对家庭经济困难的学生提供帮助。

获得贷学金及助学金的学生，应当履行相应的义务。

第五十六条 高等学校的学生在课余时间可以参加社会服务和勤工助学活动，但不得影响学业任务的完成。

高等学校应当对学生的社会服务和勤工助学活动给予鼓励和支持，并进行引导和管理。

（4）《职业教育法》

第三十二条 职业学校、职业培训机构可以对接受中等、高等职业学校教育和职业培训的学生适当收取学费，对经济困难的学生和残疾学生应当酌情减免。收费办法由省、自治区、直辖市人民政府规定。

国家支持企业、事业组织、社会团体、其他社会组织及公民个人按照国家有关规定设立职业教育奖学金、贷学金，奖励学习成绩优秀的学生或者资助经济困难的学生。

3. 女生受教育权的保护

由于传统文化和家庭经济状况等因素的影响，男女在受教育权上不平等的现象依然存在，尤其是在老少边穷地区，因此，需要法律特别的保护。

（1）《教育法》

第九条第二款　公民不分民族、种族、性别、职业、财产状况、宗教信仰等，依法享有平等的受教育机会。

第三十七条　受教育者在入学、升学、就业等方面依法享有平等权利。

学校和有关行政部门应当按照国家有关规定，保障女子在入学、升学、就业、授予学位、派出留学等方面享有同男子平等的权利。

（2）《义务教育法》

第四条　凡具有中华人民共和国国籍的适龄儿童、少年，不分性别、民族、种族、家庭财产状况、宗教信仰等，依法享有平等接受义务教育的权利，并履行接受义务教育的义务。

（3）《妇女权益保障法》

第十五条　国家保障妇女享有与男子平等的文化教育权利。

第十六条　学校和有关部门应当执行国家有关规定，保障妇女在入学、升学、毕业分配、授予学位、派出留学等方面享有与男子平等的权利。

学校在录取学生时，除特殊专业外，不得以性别为由拒绝录取女性或者提高对女性的录取标准。

第十七条　学校应当根据女性青少年的特点，在教育、管理、设施等方面采取措施，保障女性青少年身心健康发展。

第十八条　父母或者其他监护人必须履行保障适龄女性儿童少年接受义务教育的义务。

除因疾病或者其他特殊情况经当地人民政府批准的以外，对不送适龄女性儿童少年入学的父母或者其他监护人，由当地人民政府予以批评教育，并采取有效措施，责令送适龄女性儿童少年入学。

政府、社会、学校应当采取有效措施，解决适龄女性儿童少年就学存在的实际困难，并创造条件，保证贫困、残疾和流动人口中的适龄女性儿童少年完成义务教育。

第 三 章

教师职业道德规范

本章考试要点

1. 教师职业道德

了解《中小学教师职业道德规范》（2008 年修订），掌握教师职业道德规范的主要内容，尊重法律及社会接受的行为准则。

理解《中小学班主任工作条例》文件精神。

分析评价教育教学实践中教师的道德规范问题。

2. 教师职业行为

了解教师职业行为规范的要求。

理解教师职业行为规范的主要内容，在教育活动中运用行为规范恰当地处理与学生、学生家长、同事以及教育管理者的关系。

在教育教学活动中，依据教师职业行为规范，爱国守法、爱岗敬业、关爱学生、教书育人、为人师表。

第一节

教师职业道德

一、教师职业道德概述

（一）教师职业道德的含义

职业道德是指从事一定职业的人们在职业生活中应遵循的道德规范以及与之相适应的道德观念、情操和品质的总和。职业道德是社会道德规范体系的重要组成部分，是一定社会的道德原则和规范在职业行为和职业关系中的特殊表现。

教师职业道德又称"教师道德"或"师德"，是指教师在职业活动过程中所应遵循的，用以调节教师职业工作中教师与学生、教师与集体、教师与社会等关系的道德规范和行为准则的总和。教师职业道德是职业道德体系中的重要组成部分，是教师这一特殊职业所具有的独特的职业道德规范体系。

（二）教师职业道德的特征

1. 教师职业道德的一般特征

教师职业道德具有所有职业道德的一般特征。

（1）调整对象和范围上的专业性或特定性

职业道德往往只对从事某种特定行业的人起调节作用，如专门意义上"救死扶伤"的道德就只适用于医生，而"诲人不倦"的规范也主要适用于教育工作者。因此，教师职业道德在对象和范围上都具有比较明显的专业性或特定性。

（2）内容和结构上的继承性和稳定性

教师职业道德除了反映社会宏观发展及其要求之外，主要反映社会对于职业的要求以及职业本身的特殊利益和要求。这样，一方面会形成相对稳定的道德规范系统，另一方面也会形成较稳定的职业传统习惯和特殊的职业心理，因而体现出比较显著的继承性和稳定性的特征。如商业所讲的"童叟无欺"、"言无二价"，教育上的"为人师表"、"以身立教"等都有较长的历史传统。

（3）规范形式和方法上的灵活性与多样性

职业道德既有比较正式的规章制度形式，也有非正式的俗语、口号形式，还有一些不成文的规矩、习俗、习惯等。如教师职业道德既有国家颁发的《中小学教师职业道德规范》的总体要求，也有各地、各校自己制订的职业道德规范或行为守则。

2. 教师职业道德的特殊性

教师职业道德不仅具有职业道德的一般特征，而且还具有作为一种特殊职业道德的独特性。

（1）道德要求或境界的高层次性

道德境界或要求的高层次性是指社会和他人对教师职业道德的要求总是在整个社会道德体系中处于较高水平和较高层次。这种高层次性又主要取决于教师教书育人的目的和使命。

（2）道德内容的教育性

教师职业道德直接构成和影响教育内容，因而在内容上具有教育性。一方面，教师的职业道德会影响教师对教育内容的加工、处理和传授；另一方面，由于教师劳动特有的示范性和学生较强的模仿性，从而使得教师的人格特征成为影响教育内容的重要因素，甚至可以说教师的人格特征本身就是教育内容。

（3）主体意识的自觉性

教育工作的特点是教育主体和手段的合一性，因此，从道德主体的角度而言，教师职业道德具有明显的自觉性。教书育人的根本职责或使命也要求教师具有高度的责任感和自觉性。

（4）道德行为的典范性

行为的典范性是指教师的品德和行为对学生思想品德的形成与行为具有榜样作用。教师职业道德的典范性是由教师劳动的示范性决定的。学高身正，为人师表，是教师职业道德与其他职业道德的显著区别。

（5）道德情感的丰富性

教师职业需要丰富的情感，有情才能感人，有情方能动人。教师道德情感的丰富性具体表现在：情感胸怀要博大，情感体验要细腻，情感调控要自觉，以情动人要灵活。

（6）道德影响的整体性和深远性

教师职业道德对学生的影响具有整体性和深远性。其整体性包括三个方面：一是影响学生整体人格的建构和发展；二是教师对学生的影响具有集体性，即教师往往是面对学生集体进行教育；三是教师劳动具有非常强的集体性，教师只有通力合作才能完成教书育人的任务或使命。而深远性则是指教师的道德品质和行为对学生的影响是深刻久远的，"深"意味着能直达心灵，"远"则指其影响可能伴随终身。

（三）教师职业道德的功能

1. 对教师的引导功能

就个体而言，教师职业道德为教师的职业成长提供了职业的信念和道德的理想，它可以促使教师去更深刻地思考工作的价值和意义，从而超越生活的现实性与功利性，把教师引向更为崇高的道德境界，全身心地投入教育工作。此外教师职业道德还能够通过评价、激励和追求理想人格等方式在造成良好社会舆论和社会风尚的同时，培育教师的道德意识、行为和品质。

从集体来看，教师职业道德对教师集体的发展也具有引导功能。因为教师职业道德倡导教师之间的合作、分享、诚信、友爱，这无疑有助于教师集体凝聚力的增长，促进教师集体整体的发展。此外，教师职业道德还可以起到监督和约束的作用，使教师集体成员的心中形成一种监督和自我监督的机制，从而避免集体犯错，作出道德上不正当的集体行为。

2. 对学生的教育功能

教师职业工作的一个显著特点就是教育主体与教育手段的合一性，教师既是教育主体，又是教育手段，教师的一言一行、一举一动都会对学生产生潜移默化和深远的影响。因此，教师的职业道德会影响学生道德人格的发展。师德高尚的教师所表现出来的敬业精神、道德人品会极大地感染学生，从而促进学生道德人格的养成。此外，教师在职业工作中所表现出来的关爱和期望亦会形成良好的心理氛围，有利于学生形成良好的学习动机和促进心智成长。

3. 对社会的促进功能

教师职业道德对社会发展有着非常重要的促进作用。

首先，教师的职业劳动也是社会生产劳动的重要组成部分，教师通过对受教育者的塑造和培育参与了物质文明的建设，促进了社会的发展。

其次，教师的职业道德也影响着整个社会的精神文明建设，因为教师往往被视为整个社会的道德楷模，所谓"学为人师，行为世范"、"学高为师，身正为范"，表明教师不仅是知识的传递者，同时更是整个社会的道德榜样，对社会的精神文明起着引领和示范的作用。

第三，教师的职业工作实际上是社会生活重构的基础工程。教师通过自身也通过自己的"产品"直接或间接地参与良好的人际关系和社会生活的重建，因此，教师的影响远不限于"三尺讲台"或学校，而是通过自己的传道、授业和所育人才进入到无限广阔的社会生活领域，从而对整个社会的道德和文明建设产生广泛而深远的影响。

（四）教师职业道德的构成

教师职业道德一般由以下几个方面构成：（1）教师职业理想；（2）教师职业态度；（3）教师职业纪律；（4）教师职业责任；（5）教师职业技能；（6）教师职业良心；（7）教师职业作风；（8）教师职业荣誉。

二、教师职业道德品质

教师职业道德品质是指教师行业的要求在教师个人思想和行动中表现的稳定的特征和倾向。从其结构来看，教师职业道德品质是由职业道德认识、职业道德情感、职业道德意志和职业道德行为等要素有机构成的统一体。

（一）职业道德认识

教师职业道德认识是指对教师职业道德规范体系的认识。教师职业道德认识包括两方面的内容：一是对教师职业意义和价值的认识，即教师职业价值观；二是对教师职业规范的理解和认同。其中，职业道德价值观是教师职业道德认识的核心，而"义务"则是教师职业道德认识的重要范畴。

（二）教师职业道德情感

教师职业道德情感是教师在践行职业道德认识时的内心体验。而"爱"或"师爱"则是教师职业道德情感的重要范畴。

（三）教师职业道德意志

教师职业道德意志是指教师在履行职业道德规范过程中表现出来的自觉克服困难和障碍的能力和毅力。而其意志的基本品质则为自觉性、果断性、坚韧性和自制力。

（四）教师职业道德行为

教师职业道德行为是指教师在职业道德认识和情感支配下采取的行动，因此，它是教师职业道德认识和情感的集中体现。教师的行为自觉地符合教师职业道德规范的要求，是形成教师职业道德品质的标志。

三、教师职业道德修养

（一）教师职业道德修养的含义

教师职业道德修养是指教师为培养良好的职业道德品质所进行的自我锻炼、自我教育、自我改造、自我完善的过程和行为。

教师职业道德修养是一种自律行为，是教师提高其职业道德水平的重要方式，因此有着重要的意义，它既是个体职业道德品质形成和发展的要求，也是社会对教师的要求。另外，它也是教育现代化对教师的要求。

（二）教师职业道德修养的途径与方法

1. 中华民族传统的道德修养途径与方法

（1）自省

自省就是通过自我意识来省察自己言行的过程，即自我评价、自我反省、自我批评、自我调控和自我教育，是孔子提出的一种自我道德修养的方法。

"自省"是自我意识能动性的表现，是行之有效的德行修养的方法。"见贤思齐焉，见不贤而内自省也"，这一直是中国人德行修养的标准之一。作为教师必须时时自省，像曾子一样"吾日三省吾身"，在实践中常思己过，严格解剖自己、分析自己、评价自己，做到"有则改之，无则加勉"。

（2）慎独

"慎独"是我国古代儒家创造出来的自我修身方法，人们一般将其理解为"在独处无人注意时，自己的行为也要谨慎不苟"。慎独讲究个人道德水平的修养，看重个人品行的操守，是个人风范的最高境界。教师既要将慎独当作修身的重要方法，又要将其当作自我追求的师德境界。

（3）防微杜渐

防微杜渐是指当错误的思想和行为刚有苗头或征兆时，就加以预防与制止，坚决不让它继续发展。常言道，"千里之堤，溃于蚁穴"，作为教师，在道德修养过程中必须防微杜渐、注意小节，将不良的思想苗头消灭在萌芽状态，及时纠正错误，这样才能不断提升和完善自己。

2. 新时期教师职业道德修养的途径与方法

（1）树立科学的世界观和人生观

树立科学的世界观和人生观是教师道德修养的前提和基础。首先，教师应树立共产主义人生价值观；其次，教师要树立正确的名利观、公私观和苦乐观；第三，教师要树立坚定而崇高的人生理想。

（2）加强学习

职业道德认识是职业道德形成的基础，而只有不断学习，才可能提高对职业道德的认识。为此，教师要做到：其一，加强马克思主义理论学习；其二，加强教师职业道德修养专业知识的学习；其三，学习丰富的科学文化知识和，汲取社会生活中一切有用的养料；其四，虚心求教，善于向他人学习。

（3）投身实践

实践是检验教师职业道德修养效果的根本标准，是教师职业道德修养的目的和归宿，因此，教师职业道德修养的最根本途径就是投身于教育教学的实践。首先，教师要投身于教育实践；其次，教师要投身于生活实践；第三，教师要开展有教育意义的道德实践活动。

四、《中小学教师职业道德规范》（2008 年修订）解读

（一）重新修订《中小学教师职业道德规范》的背景

改革开放以来，我国于 1985、1991、1997 年先后三次颁布和修改了《中小学教师职业道德规范》，对教师职业道德的发展起了积极的推动作用。但原规范条款中许多内容不能满足新时代要求，许多内容需要不断完善。少数教师师德缺失与滑坡，引起了人民群众强烈不满，引起了党中央和国务院高度重视。为贯彻落实党的十七大精神和胡锦涛总书记"8·31"重要讲话精神，进一步加强教师队伍建设，全面提高中小学教师队伍的师德素质和专业水平，在广泛征求意见的基础上，对 1997 年国家教委和全国教育工会联合

印发的《中小学教师职业道德规范》进行了修订。

（二）《中小学教师职业道德规范》（2008 年修订）的内容

中小学教师职业道德规范（2008 年修订）

一、爱国守法。热爱祖国，热爱人民，拥护中国共产党领导，拥护社会主义。全面贯彻国家教育方针，自觉遵守教育法律法规，依法履行教师职责权利。不得有违背党和国家方针政策的言行。

二、爱岗敬业。忠诚于人民教育事业，志存高远，勤恳敬业，甘为人梯，乐于奉献。对工作高度负责，认真备课上课，认真批改作业，认真辅导学生。不得敷衍塞责。

三、关爱学生。关心爱护全体学生，尊重学生人格，平等公正对待学生。对学生严慈相济，做学生良师益友。保护学生安全，关心学生健康，维护学生权益。不讽刺、挖苦、歧视学生，不体罚或变相体罚学生。

四、教书育人。遵循教育规律，实施素质教育。循循善诱，诲人不倦，因材施教。培养学生良好品行，激发学生创新精神，促进学生全面发展。不以分数作为评价学生的唯一标准。

五、为人师表。坚守高尚情操，知荣明耻，严于律己，以身作则。衣着得体，语言规范，举止文明。关心集体，团结协作，尊重同事，尊重家长。作风正派，廉洁奉公。自觉抵制有偿家教，不利用职务之便谋取私利。

六、终身学习。崇尚科学精神，树立终身学习理念，拓宽知识视野，更新知识结构。潜心钻研业务，勇于探索创新，不断提高专业素养和教育教学水平。

真题链接

图 1 是丰子恺的漫画《某种教师》，该教师的做法(　　　)。

图 1

A. 正确，维护了知识的权威性

B. 正确，保证了教学的科学性

C. 不正确，违背了勤恳执教的师德要求

D. 不正确，违背了探索创新的师德要求

答案：D。

（三）《中小学教师职业道德规范》解读

《中小学教师职业道德规范》（以下简称为《规范》）的基本内容继承了我国的优秀师德传统，并充分反映了新形势下经济、社会和教育发展对中小学教师应有的道德品质和职业行为的基本要求。《规范》对教师的职业道德起指导作用，是调节教师与学生、教师与学校、教师与国家、教师与社会相互关系的基本行为准则。但《规范》不是对教师的全部道德行为和教育教学工作的要求，不能取代学校的其他各项规章制度。此外，《规范》的许多内容是《教师法》相关条文的具体化，在学习时须注意结合教育法规。

新《规范》共六条，体现了教师职业特点对师德的本质要求和时代特征，"爱"与"责任"是贯穿其中的核心和灵魂。

1. "爱国守法"——教师职业的基本要求

热爱祖国是每个公民，也是每个教师的神圣职责和义务。建设社会主义法治国家，是我国现代化建设的重要目标。要实现这一目标，需要每个社会成员知法守法，用法律来规范自己的行为，不做法律禁止的事情。

2. "爱岗敬业"——教师职业的本质要求

没有责任就办不好教育，没有感情就做不好教育工作。教师应始终牢记自己的神圣职责，志存高远，把个人的成长进步同社会主义伟大事业、同祖国的繁荣富强紧密联系在一起，并在深刻的社会变革和丰富的教育实践中履行自己的光荣职责。

真题链接

某中学曾老师，每次布置课后作业后，都只是在下次课堂上与学生核对一下答案。曾老师的做法（　　　）。

A. 合理，可以提高教学效率　　　　B. 不合理，教师应认真批改作业

C. 合理，可以促进学生自学　　　　D. 不合理，增加了学生课后负担

答案：B。解析：曾老师的做法违背了《中小学教师职业道德规范》"爱岗敬业"的要求。

3. "关爱学生"——师德的灵魂

亲其师，信其道。没有爱，就没有教育。教师必须关心爱护全体学生，尊重学生人格，平等公正对待学生。对学生严慈相济，做学生良师益友。保护学生安全，关心学生

健康，维护学生权益。

4. "教书育人"——教师的天职

教师必须遵循教育规律，实施素质教育。循循善诱，诲人不倦，因材施教。培养学生良好品行，激发学生创新精神，促进学生全面发展。不以分数作为评价学生的唯一标准。

5. "为人师表"——教师职业的内在要求

教师要坚守高尚情操，知荣明耻，严于律己，以身作则，在各个方面率先垂范，做学生的榜样，以自己的人格魅力和学识魅力教育影响学生。要关心集体，团结协作，尊重同事，尊重家长。作风正派，廉洁奉公。自觉抵制有偿家教，不利用职务之便谋取私利。

 真题链接

1. 某学生家长给余老师送礼，想让余老师给其孩子安排最好的座位，余老师拒绝了。余老师的做法（　　）。

A. 不正确，不利于取得家长信任　　　　B. 不正确，不符合家校沟通要求

C. 正确，符合严慈相济的要求　　　　D. 正确，符合廉洁从教的要求

答案：D。解析：符合《中小学教师职业道德规范》中"为人师表"的要求。

2. 蒋老师的亲戚开办了一家培训公司，希望蒋老师推荐自己班上的学生参加辅导班，或者提供班上学生的联系方式。面对这种情况，蒋老师应该（　　）。

A. 推荐学生参加辅导班，促进学生全面发展

B. 坚决拒绝亲戚的请求，并说明自己的理由

C. 提供学生的联系方式，同时推荐学生参加辅导班

D. 仅提供学生的联系方式，不推荐学生参加辅导班

答案：B。

6. "终身学习"——教师专业发展不竭的动力

终身学习是时代发展的要求，也是教师职业特点所决定的。教师必须树立终身学习理念，拓宽知识视野，更新知识结构，潜心钻研业务，勇于探索创新，不断提高专业素养和教育教学水平。

 真题链接

材料分析题：刚参加工作的夏老师，承担高中一年级的英语教学。第一次上课时，夏老师正在用英语做自我介绍，其他同学都在认真地听，唯独坐在第一排的一个男生没

有抬头。夏老师注意到他正在看一本英文小说，她虽有些不快，但也未多想，就开始教学。夏老师朗读课文的时候，发现那个男生根本就没有把课本拿出来。"要不要提醒他呢？"夏老师一分神，结果读错了一个单词。"切！"那个男生发出了不屑的声音。夏老师感觉特别尴尬，上课也没了状态。课后，夏老师从别的老师那里了解到，这个男生叫李奇，曾经因父母工作的关系在国外上了几年学，英语水平已经很高了。

夏老师向有经验的老师请教，并主动找到李奇交流。夏老师了解到李奇非常喜欢外国文学。于是，夏老师找来许多最新原版英文书籍，认真阅读、思考，并利用课外时间与李奇交流心得。渐渐地，李奇也喜欢主动找夏老师交流。夏老师让李奇担任班级英语课代表，还鼓励他在班上积极分享阅读体会和学习经验。一段时间后，夏老师发现，李奇不仅在课堂上积极发言，还主动带领其他同学一起学习，整个班级学习英语的氛围越来越浓厚了。

问题：请结合材料，从教师职业道德的角度，评析夏老师的教育行为。

参考答案：

夏老师的教育行为践行了教师职业道德规范的相关要求，主要表现在：

（1）爱岗敬业。教师职业道德要求教师要忠诚于人民教育事业，勤恳敬业，甘为人梯，乐于奉献，要对工作和学生高度负责，不得敷衍塞责。材料中夏老师发现学生不认真听讲时，并不是放任不管，而是找其他老师了解情况，并主动沟通交流，赢得了学生的尊重和信任。

（2）关爱学生。教师职业道德要求教师要关心爱护全体学生，尊重学生人格，平等公正对待学生，做学生良师益友，促进学生全面、主动、健康发展。材料中夏老师并没因为学生对自己的不屑而批评责备学生，而是尊重学生、平等对待学生，所以李奇才会认可老师，配合老师，并帮助其他同学学习英语。

（3）教书育人。教师职业道德要求教师遵循教育规律，实施素质教育。循循善诱，诲人不倦，因材施教，促进学生全面发展。材料中汤老师在了解到李奇的情况后，能主动提高自身水平，并通过借助学生的兴趣点，与学生交流，让学生学会分享，帮助同学，促进了学生的全面发展。

总之，夏老师在教育教学活动中不仅认真践行教师职业道德的要求，还严格要求自己，真正促进了学生的健康发展。

知识拓展

《中小学教师违反职业道德行为处理办法》（2014 年）

第一条　为规范教师职业行为，保障教师、学生的合法权益，根据《中华人民共和国教育法》《中华人民共和国未成年人保护法》《中华人民共和国教师法》《教师资格条例》等法律法规，制定本办法。

第二条 本办法所称中小学教师是指幼儿园、特殊教育机构、普通中小学、中等职业学校、少年宫以及地方教研室、电化教育等机构的教师。

前款所称中小学教师包括民办学校教师。

第三条 本办法所称处分包括警告、记过、降低专业技术职务等级、撤销专业技术职务或者行政职务、开除或者解除聘用合同。其中，警告期限为 6 个月，记过期限为 12 个月，降低专业技术职务等级、撤销专业技术职务或者行政职务期限为 24 个月。

第四条 教师有下列行为之一的，视情节轻重分别给予相应处分：

（一）在教育教学活动中有违背党和国家方针政策言行的；

（二）在教育教学活动中遇突发事件时，不履行保护学生人身安全职责的；

（三）在教育教学活动和学生管理、评价中不公平公正对待学生，产生明显负面影响的；

（四）在招生、考试、考核评价、职务评审、教研科研中弄虚作假、营私舞弊的；

（五）体罚学生的和以侮辱、歧视等方式变相体罚学生，造成学生身心伤害的；

（六）对学生实施性骚扰或者与学生发生不正当关系的；

（七）索要或者违反规定收受家长、学生财物的；

（八）组织或者参与针对学生的经营性活动，或者强制学生订购教辅资料、报刊等谋取利益的；

（九）组织、要求学生参加校内外有偿补课，或者组织、参与校外培训机构对学生有偿补课的；

（十）其他严重违反职业道德的行为应当给予相应处分的。

第五条 学校及学校主管教育部门发现教师可能存在第四条列举行为的，应当及时组织调查，核实有关事实。作出处理决定前，应当听取教师的陈述和申辩，听取学生、其他教师、家长委员会或者家长代表意见，并告知教师有要求举行听证的权利。对于拟给予降低专业技术职务等级以上的处分，教师要求听证的，拟作出处理决定的部门应当组织听证。

第六条 给予教师处分，应当坚持公正、公平和教育与惩处相结合的原则；应当与其违反职业道德行为的性质、情节、危害程度相适应；应当事实清楚、证据确凿、定性准确、处理恰当、程序合法、手续完备。

第七条 给予教师处分按照以下权限决定：

（一）警告和记过处分，公办学校教师由所在学校提出建议，学校主管教育部门决定。民办学校教师由所在学校决定，报主管教育部门备案。

（二）降低专业技术职务等级、撤销专业技术职务或者行政职务处分，由教师所在学校提出建议，学校主管教育部门决定并报同级人事部门备案。

（三）开除处分，公办学校教师由所在学校提出建议，学校主管教育部门决定并报同级人事部门备案；民办学校教师或者未纳入人事编制管理的教师由所在学校决定并解除其聘任合同，报主管教育部门备案。

第八条 处分决定应当书面通知教师本人并载明认定的事实、理由、依据、期限及救济途径等内容。

第九条 教师有第四条列举行为受到处分的，符合《教师资格条例》第十九条规定的，由县级以上教育行政部门依法撤销其教师资格。教师受处分期间暂缓教师资格定期注册。依据《中华人民共和国教师法》第十四条规定丧失教师资格的，不能重新取得教师资格。教师受降低专业技术职务等级处分期间不能申报高一级专业技术职务。教师受撤销专业技术职务处分期间不能重新申报专业技术职务。

第十条 教师不服处分决定的，可以向学校主管教育部门申请复核。对复核结果不服的，可以向学校主管教育部门的上一级行政部门提出申诉。

第十一条 学校及主管教育部门拒不处分、拖延处分或者推诿隐瞒造成不良影响或者严重后果的，上一级行政部门应当追究有关领导责任。

第十二条 教师被依法判处刑罚的，依据《事业单位工作人员处分暂行规定》给予撤销专业技术职务或者行政职务以上处分。教师受到剥夺政治权利或者故意犯罪受到有期徒刑以上刑事处罚的，丧失教师资格。

第十三条 省级教育行政部门应当结合当地实际情况制定实施细则，并报国务院教育行政部门备案。

第十四条 本办法自发布之日起施行。

五、《中小学班主任工作规定》解读

2009 年 8 月 12 日，为了进一步加强中小学班主任工作，发挥班主任在中小学教育中的重要作用，保障班主任的合法权益，全面推进素质教育，教育部印发了《中小学班主任工作规定》（以下简称《规定》）。（注：考试大纲上的《中小学班主任工作条例》实为《中小学班主任工作规定》）

（一）制定《中小学班主任工作规定》的意义

随着我国经济社会改革的进一步深入，基础教育步入了由全面普及转向更加重视提高质量、由规模发展转向更加注重内涵发展的新时期。《规定》的出台，可谓应运而生。

1.《规定》的出台是素质教育的时代呼唤

党的十七大报告和《国家中长期教育改革和发展规划纲要》都提出要实施素质教育，而实施素质教育，首要的是解决培养什么样的人和如何培养人的问题。中小学班主任作为中小学教师队伍的重要组成部分，是班级工作的组织者、班集体建设的指导者、中小学生健康成长的引领者，是中小学思想道德教育的骨干，是加强和改进未成年人思想道德建设，全面实施素质教育的重要力量。《规定》的发布，正是国家当前和今后一个时期教育改革和发展的需要。

2.《规定》的发布是中小学班主任工作内涵发展的必然选择

随着社会和教育的发展，中小学班主任工作面临许多新问题、新挑战。经济社会的深刻变化、教育改革的不断深化、中小学生成长的新情况新特点，对中小学班主任工作提出了更高的要求，迫切需要制定更加有效的政策，保障和鼓励中小学教师愿意做班主任，努力做好班主任工作。同时，也迫切需要采取更加有力的措施，保障和鼓励班主任有更多的时间和精力了解学生、分析学生学习生活成长情况，以真挚的爱心和科学的方法教育、引导、帮助学生成长进步。《规定》的出台，正是中小学班主任工作适应时代发展的需要。

3.《规定》的制定是学生成长的现实需要

学校教育是以班级为单位来进行的，学校教育的各项工作，都跟班主任密切相关，学生的学习、身体、心理和思想状况等各方面班主任都要关心、了解和负责。《规定》的出台，对于贯彻党的教育方针，全面推进素质教育，把加强和改进未成年人思想道德建设的各项任务落到实处，促进儿童、青少年的健康成长具有重要意义。

（二）《中小学班主任工作规定》的特点

1. 明确了班主任工作量，使班主任教师有更多的时间来做班主任工作

《规定》要求："班主任工作量按当地教师标准课时工作量的一半计入教师基本工作量。各地要合理安排班主任的课时工作量，确保班主任做好班级管理工作。"明确了班主任教师应当把授课和做班主任工作都作为主业，要拿出一半的时间来做班主任工作，来关心每个学生的思想道德状况、身心健康状况及其他各方面的发展状况。

2. 提高了班主任经济待遇，使班主任有更多的热情来做班主任工作

自2009年起，国家实施义务教育学校绩效工资制度。根据国务院办公厅转发的《人力资源社会保障部财政部教育部关于义务教育学校实施绩效工资的指导意见》，这次出台的《规定》第十五条要求"将班主任津贴纳入绩效工资管理。在绩效工资分配中要向班主任倾斜。对于班主任承担超课时工作量的，以超课时补贴发放班主任津贴"。

3. 保证了班主任教育学生的权利，使班主任有更多的空间来做班主任工作

新出台的《规定》第十六条明确规定："班主任在日常教育教学管理中，有采取适当方式对学生进行批评教育的权利。"保证和维护了班主任教育学生的合法权利，使班主任在教育学生过程中，在坚持正面教育为主的同时，不再缩手缩脚，可以适当采取批评等方式教育和管理学生。

4. 强调了班主任在学校中的重要地位，使班主任有更多的信心来做班主任工作

《规定》从班主任的职业发展、职务晋升、参与学校管理、待遇保障、表彰奖励等多个方面强调了班主任在学校教育中的重要地位，充分体现了对班主任工作的尊重和认可，对广大班主任教师是一个极大的鼓舞和激励。强调班主任在学校教育中的重要地位，对于稳定班主任队伍，促进班主任专业成长，鼓励广大班主任长期、深入、细致地开展班主任工作有着积极的意义。

（三）《中小学班主任工作规定》的内容

中小学班主任工作规定

第一章 总则

第一条 为进一步推进未成年人思想道德建设，加强中小学班主任工作，充分发挥班主任在教育学生中的重要作用，制定本规定。

第二条 班主任是中小学日常思想道德教育和学生管理工作的主要实施者，是中小学生健康成长的引领者，班主任要努力成为中小学生的人生导师。

班主任是中小学的重要岗位，从事班主任工作是中小学教师的重要职责。教师担任班主任期间应将班主任工作作为主业。

第三条 加强班主任队伍建设是坚持育人为本、德育为先的重要体现。政府有关部门和学校应为班主任开展工作创造有利条件，保障其享有的待遇与权利。

第二章 配备与选聘

第四条 中小学每个班级应当配备一名班主任。

第五条 班主任由学校从班级任课教师中选聘。聘期由学校确定，担任一个班级的班主任时间一般应连续1学年以上。

第六条 教师初次担任班主任应接受岗前培训，符合选聘条件后学校方可聘用。

第七条 选聘班主任应当在教师任职条件的基础上突出考查以下条件：

（一）作风正派，心理健康，为人师表；

（二）热爱学生，善于与学生、学生家长及其他任课教师沟通；

（三）爱岗敬业，具有较强的教育引导和组织管理能力。

第三章 职责与任务

第八条 全面了解班级内每一个学生，深入分析学生思想、心理、学习、生活状况。关心爱护全体学生，平等对待每一个学生，尊重学生人格。采取多种方式与学生沟通，有针对性地进行思想道德教育，促进学生德智体美全面发展。

第九条 认真做好班级的日常管理工作，维护班级良好秩序，培养学生的规则意识、责任意识和集体荣誉感，营造民主和谐、团结互助、健康向上的集体氛围。指导班委会和团队工作。

第十条 组织、指导开展班会、团队会（日）、文体娱乐、社会实践、春（秋）游等形式多样的班级活动，注重调动学生的积极性和主动性，并做好安全防护工作。

第十一条 组织做好学生的综合素质评价工作，指导学生认真记载成长记录，实事求是地评定学生操行，向学校提出奖惩建议。

第十二条 经常与任课教师和其他教职员工沟通，主动与学生家长、学生所在社区联系，努力形成教育合力。

第四章　待遇与权利

第十三条　学校在教育管理工作中应充分发挥班主任的骨干作用，注重听取班主任意见。

第十四条　班主任工作量按当地教师标准课时工作量的一半计入教师基本工作量。各地要合理安排班主任的课时工作量，确保班主任做好班级管理工作。

第十五条　班主任津贴纳入绩效工资管理。在绩效工资分配中要向班主任倾斜。对于班主任承担超课时工作量的，以超课时补贴发放班主任津贴。

第十六条　班主任在日常教育教学管理中，有采取适当方式对学生进行批评教育的权利。

第五章　培养与培训

第十七条　教育行政部门和学校应制订班主任培养培训规划，有组织地开展班主任岗位培训。

第十八条　教师教育机构应承担班主任培训任务，教育硕士专业学位教育中应设立中小学班主任工作培养方向。

第六章　考核与奖惩

第十九条　教育行政部门建立科学的班主任工作评价体系和奖惩制度。对长期从事班主任工作或在班主任岗位上做出突出贡献的教师定期予以表彰奖励。选拔学校管理干部应优先考虑长期从事班主任工作的优秀班主任。

第二十条　学校建立班主任工作档案，定期组织对班主任的考核工作。考核结果作为教师聘任、奖励和职务晋升的重要依据。对不能履行班主任职责的，应调离班主任岗位。

第七章　附则

第二十一条　各地可根据本规定，结合当地实际情况，制定中小学班主任工作的具体实施办法。

第二十二条　本规定自发布之日起施行。

真题链接

班主任苏老师发现，承担本班数学教学任务的林老师经常让学生罚站。面对这种情况，苏老师应该（　　）。

A. 严厉批评林老师，责令其立即改正

B. 耐心与林老师交流，探讨更好的学生管理办法

C. 学习借鉴林老师的做法，提升自己的课堂管理能力

D. 尊重林老师的自主权，不干预林老师的这种课堂管理行为

答案：B。解析：首先，数学老师的做法是错误的，属于体罚学生。根据《中小学班

主任工作规定》第十二条的要求，班主任应该与数学老师进行沟通并帮助其改正错误行为，从而避免对学生产生不良的影响。但 A 选项过于严苛，不符合教师之间沟通交往的平等原则，而 C 选项肯定了数学老师的行为，故均可排除。D 选项则是班主任不作为或失职的表现。

（四）《中小学班主任工作规定》的要求

各级教育行政部门和广大中小学校要依据《规定》，把加强班主任工作作为落实科学发展观、贯彻党的教育方针、加强和改进未成年人思想道德建设、全面实施素质教育的有力抓手，结合当地实际认真抓好抓实。

要将中小学班主任培训纳入教师教育计划，有组织地开展岗前和岗位培训，定期交流班主任工作经验，组织班主任进行社会考察，提高班主任的政治素质、业务素质、心理素质和工作及研究能力。教师教育机构要承担班主任的培训任务，班主任培训所需经费在教师培训专项经费中列支。教育硕士学位教育中应设立中小学班主任工作培养方向，并优先招收在职优秀班主任。

要根据《规定》要求合理安排班主任教师的课时工作量，保障班主任教师有时间和精力来开展班主任工作。要在义务教育学校绩效工资分配中，把教师是否担任班主任、班主任工作开展得如何作为重要衡量指标。对于班主任教师超课时工作量，要发放超课时补贴。

要完善班主任的奖励制度，将优秀班主任的表彰奖励纳入教师、教育工作者的表彰奖励体系之中，定期表彰优秀班主任。应积极发展优秀班主任加入党组织，优秀班主任应列入学校党政后备干部培养范围。要树立一批班主任先进典型和重视班主任工作学校的先进典型，鼓励广大中小学校普遍重视和加强班主任队伍建设，充分发挥班主任在学校教育工作中的重要作用，使班主任成为广大教师踊跃担当的光荣而重要的岗位。

要把班主任工作作为学校教育的重要工作来抓。要制定切实可行的办法加强班主任工作，认真做好班主任的选聘工作，应从思想道德素质和业务水平较高，身心健康、乐于奉献的优秀教师中选聘班主任。要建立科学的班主任工作评价体系，规范管理，鼓励支持班主任开展工作。学校应建立班主任工作档案，定期考核班主任工作，考核结果作为班主任教师聘任、奖励、职务晋升的重要依据。对不能履行班主任职责的，应调离班主任岗位。

（五）《中小学班主任工作规定》的实施

中小学班主任工作是一项复杂、细致，需要付出爱心、耐心和责任心，对学生健康成长起着重要作用的工作，要求班主任教师具有良好的思想道德品质、较高的教育理论素养和专业知识水平，身心健康、富有人格魅力，善于做思想教育工作。要适应新时期教育工作中出现的变化，及时改进班主任工作，在学校育人工作中发挥更大的作用。

1. 要坚持育人为本，德育为先的目标导向

要把学校教育目标落实到班级日常管理工作过程中，切实把德育放在首位，注重学生正确的世界观、人生观、价值观和社会主义荣辱观的培养和形成，培养学生健全、独立的人格。引导学生培养学习兴趣，树立正确的学习目标，促使学生全面协调健康发展。

2. 要注重公平，面向班集体每一个学生

班主任要关心每一个学生，了解他们的内心世界，根据每个学生的特点，精心设计相应的教育方案，引导、帮助每一个学生健康成长，要特别注意关注学生中的弱势群体和边缘群体，为每一个学生的终身发展奠定基础。

3. 要关心学生的全面发展

坚持以人为本，以学生的全面发展为班主任工作的根本出发点，不仅要关心他们的学习，更要关心他们的思想道德、身体、心理、人格等各方面的发展状况。培养学生各方面的能力，提高学生各方面的素质，发挥学生的个性特长，充分发掘学生的潜能。

4. 要建立平等互信的师生关系

班主任要平等对待学生，建立和谐的、朋友式的新型师生关系。尊重学生，注重与学生交流沟通的方式，做学生人生路上的良师益友。

5. 遵循学生的年龄特点和身心发展规律

相信每个学生都有自己的优点，都有成才的强烈愿望，帮助每一个学生建立不断提高进步的目标；善于发现和激励学生的每一点进步，让学生始终在成功的喜悦中提高自己、发展自己。

6. 要建立完善班级管理制度

通过建立科学合理的班级日常管理规范，培养学生良好习惯的养成。从小事、细微处着手，积极开展行为规范教育。加强学生自主管理，增进学生民主意识，培养学生独立处理问题的能力。

7. 要积极进行班集体文化建设

指导班集体通过开展班会、团队会、各种主题教育活动和丰富多彩的文体活动，丰富学生的生活，弘扬爱国主义、集体主义和民族精神，形成健康向上、积极进取的班风和有特色的班级文化，营造良好的育人环境。

8. 要指导和组织学生积极参加社会实践活动

充分开发社区、学校和班级的各种教育资源，组织学生积极参加有益于身心发展和道德养成的各种社会实践活动，增强道德体验，培养学生正确的劳动观念和劳动习惯。

9. 要充分发挥纽带作用

积极主动地与其他课程任课教师、少先队、团委、政教处沟通，步调一致，形成合力，充分发挥集体教育的作用。加强与家长的沟通交流，积极建立与家长沟通和交流的有效渠道，实现学校教育和家庭教育的有机结合。加强与社会、社区的联系，善于利用各种资源让学生了解社会、参与社会、适应社会、服务社会，也让全社会都来了解教育、

关心教育、支持教育，营造良好的社会育人环境。

10. 要大胆创新工作方式

认真做好学生的综合素质评价工作，积极探索建立学生良好行为习惯的动态管理模式和综合考评制度，建立并填好学生成长档案和记录袋。在此基础上，积极探索深化教育改革背景下班主任工作的新特点、新要求，创新班级管理和建设的有效模式。

第二节

教师职业行为

教师职业行为和教师职业道德既密不可分，又互相区别。教师职业道德是教师在思想层面的认识，而在具体的教育教学实践中，教师必须以职业道德规范为指导并将其转化为实际的职业行为。我国现行的《中小学教师职业道德规范》是教师职业道德和教师职业行为的结合，是"道德"和"行为"的两面一体，其基本内容充分反映了新形势下经济、社会和教育发展对中小学教师应有的道德品质和职业行为的基本要求。但现行《中小学教师职业道德规范》对教师职业行为的要求多以限制性的语言进行表述，缺乏行为规范应有的引导性，而且它比较偏重于"道德"的规范，不能替代教师职业行为规范和其他有关要求，因此，有必要对中小学教师职业行为进行专门规范。

一、教师职业行为规范的要求

为全面贯彻落实教育部新修订的《中小学教师职业道德规范》，进一步加强中小学教师队伍建设，全面提高教师队伍的师德水平和整体素质，本着指导性要求与禁行性规定相结合的原则，对中小学教师职业行为提出了以下规范要求：

（一）爱国守法

（1）热爱祖国，热爱人民，拥护中国共产党领导，拥护社会主义。

（2）全面贯彻党和国家教育方针，自觉遵守教育法律法规。

（3）依法履行教师职责权利。

（4）不得有违背党和国家方针政策的言行，不传播、散布损害国家主权、安全和社会公共利益的言论，不传播宗教和宣传封建迷信。

（二）爱岗敬业

（1）忠诚于人民教育事业，有强烈的责任心，树立育人为本、做人民满意教师的理念，勤奋工作，尽职尽责，静心教书，潜心育人，甘为人梯，乐于奉献，自觉履行教书育人的神圣职责。

（2）正确处理个人与集体、奉献与获得之间的关系，反对拜金主义、享乐主义和极端个人主义。

（3）认真完成备课、教课、作业批改、课后辅导等环节的教学工作，并积极承担教学科研任务。

（4）做到未备课、无教案不上课，不旷课，不随意调课或私自找人代课。

（三）关爱学生

（1）坚持以学生发展为本的理念，关心爱护全体学生，尊重学生人格，平等公正对待学生。

（2）构建民主、平等、和谐的新型师生关系，同时坚持在日常教育教学管理中，采取适当方式对学生进行批评教育，促进学生全面、主动、健康发展。

（3）对学生严慈相济，做学生的良师益友。

（4）保护学生安全，关心学生健康，维护学生权益与尊严。

（5）不偏袒、歧视、讽刺、挖苦、辱骂、体罚或变相体罚学生，杜绝侮辱学生人格尊严的行为。

（四）教书育人

（1）遵循教育规律，实施素质教育。

（2）循循善诱，诲人不倦，因材施教。

（3）培养学生良好品行，激发学生创新精神，促进学生全面发展。

（4）严禁公布学生考试成绩，不以考试成绩或升学率给班级、学生排列名次；不得按考试成绩给学生安排座位、考场。

（五）为人师表

（1）坚守高尚情操，知荣明耻，严于律己，以身作则。

（2）具有良好的仪表，衣着得体，语言规范，举止文明。

（3）不在上课前饮酒，不在课堂上吸烟、使用通信工具，不在工作时间及工作场所打牌、下棋、上网聊天或玩游戏，不参与赌博活动。

（4）不得透露各类考试内容或组织、参与学生考试作弊，不得在招生、评估考核、职称评审、科研教研等工作中弄虚作假。

（5）严禁对学生有偿补课和有偿家教，不私自在校外兼课、兼职，不组织学生统一征订教辅材料。

（6）严禁利用职务之便向学生或家长谋取私利。

（六）终身学习

（1）崇尚科学精神，掌握先进教育教学方法，使用现代教育技术和手段，潜心钻研业务，积极参加继续教育及各种形式的业务培训，不断提高专业素养和教育教学水平。

（2）树立终身学习理念，拓宽知识视野，更新知识结构，不断提高教书育人的能力水平。

（3）要把"修身、敬业、爱生"作为自觉行为，通过教育叙事、师德反思、业务自传、校本研修等方式增强职业道德修养，提升职业道德水平。

（4）不得以任何手段抄袭、剽窃和侵占他人劳动成果。

 真题链接

材料分析题：刚参加工作，我就担任高一（2）班的班主任。一个月过去了，我所带的班自习课上基本上没有安静的时刻，学生肆意串桌、嬉笑打闹，纸飞机在教室内飞来飞去。我厉声斥责，摔粉笔盒，还抓过几个捣蛋头罚站，让他们写检查、打扫卫生……办法想了一个又一个，可见效甚微。隔壁杨老师班上却总是静悄悄的，我几次从他们班门前走过，都发现杨老师只是坐在讲台上看书，学生在安静学习。

我纳闷，杨老师有什么"魔法"让学生如此安静呢？我向她询问管理学生的方法，她微笑说："我其实有点'不负责任'呢，他们嬉笑的时候，我不说一句话，就在那里看书，慢慢地，他们也就安静了。"她说的风轻云淡，可我知道，事情绝没有这么简单。看到我疑惑的样子，杨老师换了一种方式和我解释："我曾看到过两幅画，都叫《安静》，一幅画的是一个湖，湖面平静如镜，湖中倒映着远山和花草；另一幅画的是激流直泻的瀑布，旁边有一棵小树，小枝丫上有一个小鸟巢，巢里一只可爱的小鸟正在酣睡，你觉得哪一幅画更好呢？"

我想了一下，回答说："后者更好，通过直泻瀑布与酣睡小鸟这一动一静的细节对比，凸显内心的静然。"

"对啊。"杨老师笑着说，"他们不是都喜欢闹吗？那我就来个动静对比，一个人安静地看书，看我安安静静的，他们怎么好意思再嬉闹呢？您知道吗？有的时候安静要比喧闹更有力量。"我豁然开朗。

问题：请结合材料，从教师职业道德的角度，评析杨老师的教育行为。

参考答案：

材料中杨老师的教育行为符合教师职业道德规范的相关要求，值得肯定。

首先，杨老师的行为体现了教书育人的道德规范。教书育人要求教师做到遵循教育规律，实施素质教育，循循善诱，诲人不倦，因材施教。材料中，杨老师针对学生管理纪律方面的做法符合学生的身心发展规律，利用动与静对比的方式更容易引起学生注意，形成学生自律的品质。所以体现了教书育人的道德规范。

其次，杨老师的行为体现了为人师表的道德规范。为人师表要求教师做到严于律己，以身作则，为学生形成良好的行为榜样。杨老师自己在热闹的课堂上安静地看书，与学生的嬉笑打闹形成鲜明对比，容易引起学生共鸣，向杨老师学习，符合为人师表的道德规范。

最后，杨老师的行为体现了关爱学生的道德规范。关爱学生，要求教师做到关心爱护全体学生，尊重学生人格，做学生良师益友。材料中，杨老师对于学生的嬉闹行为能够理解与尊重，而不是一味地采取讽刺、挖苦、歧视、体罚或变相体罚学生。这样的尊重与理解体现了关爱学生的道德规范。

综上所述，作为教师在教育教学过程中既要充分了解与研究学生，又要关爱与尊重学生，用自己的言行举止为学生树立良好的榜样，从而促进学生的全面发展。

二、教师职业行为规范的主要内容

（一）教师思想行为规范

（1）热爱社会主义祖国，拥护中国共产党的领导，认真学习和宣传马列主义、毛泽东思想，热爱教育事业。

（2）执行教育方针，遵循教育规律，尽职尽责，教书育人。

（3）正直诚实，作风正派，为人师表，遵纪守法。

（4）树立正确的人生观和价值观，发扬无私奉献精神，不做有损国格、人格的事。

（5）积极参加政治学习和宣传活动，做社会主义精神文明的建设者和传播者。

（二）教师教学行为规范

（1）端正教学态度，严肃认真地对待教学工作中的每一项内容，全心全意地做好教育教学工作。

（2）钻研业务，熟悉教材，认真备课；要善于激发学生的求知欲，组织好课堂教学，创造生动活泼的课堂气氛，尽量避免对学生进行灌输性教学。

（3）精心编排练习，认真批改作业，及时纠正错误。定时做好教学质量检查工作，及时补缺补漏。

（4）按时上课下课，不迟到、不缺课、不拖堂。

（5）上课语言文明、清晰流畅，表达准确简洁；板书整洁规范，内容简练精确。

（6）既要严格要求学生，又要尊重学生，对待学生要一视同仁；热情、耐心地回答学生提问；不能讽刺、挖苦学生。

（7）教学计划应符合教学进度的要求，不能随意删增内容、加堂或缺课，不能占用学生的课余休息时间，增加学生的学习负担。

（三）教师人际行为规范

（1）教师与学生间的交往要做到：热爱学生，关心学生，尊重学生人格和情感；严格要求，耐心教导，循循善诱，不偏不袒；客观、公正地对待和评价每名学生，关心学生的成长；不体罚和变相体罚；不以师生关系谋取私利。

（2）教师与教师间的交往要做到：互相尊重，切忌嫉妒；相互学习，取长补短；平等相待，不亢不卑；乐于助人，关心同事。

（3）教师与领导间的交往要做到：尊重领导，服从安排；顾全大局，遵守纪律；互相理解，互相支持；秉公办事，团结一致。

（4）教师与家长间的交往要做到：尊重家长，理解家长；经常家访，互通情况；密切配合，教育学生。

（四）教师仪表行为规范

（1）衣着整洁，朴实大方，服饰要符合职业特点，体现教师为人师表的良好形象。

（2）举止稳重大方、潇洒自然、彬彬有礼。切忌轻浮粗俗、拘谨呆板。

（五）教师语言行为规范

（1）科学规范，准确简明，富有示范性。

（2）言行一致，表里如一，通俗诙谐，富有幽默感。

（3）语言文明，礼貌待人，富有层次感。

（4）准确生动，严谨纯洁，富有启发性和激励性。

（5）声音洪亮清晰，抑扬顿挫，富有节奏感。

（6）文雅流畅，讲究艺术，使用普通话，富有条理性。

三、教师行为规范主要内容解读

（一）教师思想行为规范

1. 良好的思想政治素养

教师要具有正确的思想政治方向，自觉地坚持我国的四项基本原则，为实现社会主义现代化而奋斗。这是对学生进行思想政治教育的根本条件。

2. 热爱教育事业

热爱和献身教育事业是教师最基本的职业道德要求。没有对教育事业炽热的爱，便不会有对教师工作无私的奉献。因此，热爱是教育的前提。

3. 为人师表，遵纪守法

教育活动是一种特殊的实践活动，具有主体和手段的合一性，除了已设计好的教育手段和方式外，教师的学识、才能、人格和言行本身也是一种重要的教育手段，且具有强烈的示范性。因此，教师必须以身作则，为人师表。

另外，教师应该严格遵守相关法律法规和各项规章制度，依法执教。这不仅是对教师劳动示范性的要求，也是学生健康成长的法律保障。

（二）教师教学行为规范

1. 精心上好每一堂课

教师工作的第一要义就是上好每一堂课，通过课堂教学向学生传授科学文化知识。

为此，教师应该做到：（1）课前悉心准备；（2）课上尽心讲授；（3）课后倾心交流。

2. 构建合理的知识结构

教师必须掌握以下几部分知识并进行优化整合：（1）宽厚扎实的基础知识；（2）广博精深的专业知识；（3）丰富深厚的教育心理知识；（4）大容量的新知识。

3. 努力开展教育科学研究

教师除了上好课，还要开展教育科学研究，以科研促教学。而要搞好科学研究，教师必须做到以下几点：（1）分析自我，了解学生；（2）加强学习，处处留意；（3）关注过程，经常反思。

（三）教师的人际行为规范

1. 教师与学生的关系——民主平等

良好师生关系的特征为：尊师爱生，相互配合；民主平等，和谐亲密；共享共创，教学相长。

2. 教师之间的关系——团结协作

教师之间团结协作是完成育人使命的必要条件。教师之间必须团结协作，互相尊重，相互学习，平等相待，乐于助人。

真题链接

方老师工作勤奋，为人直爽，教学能力也很强，但经常和同事发生矛盾冲突，甚至和有的教师已经发展到了互不理睬的地步。方老师应该（　　）。

A. 不予理睬，只需关注教学质量　　　B. 反思自我，加强与同事的沟通

C. 无需改变，继续保持独特个性　　　D. 避免冲突，减少与同事的来往

答案：B。解析：根据《中小学教师职业道德规范》中"为人师表"中的要求和教师的人际行为规范的要求，方老师应该团结协作，尊重同事，反思自我，加强与同事的沟通。

3. 教师与教育管理者的关系——尊重支持

教师对于管理者要尊重和理解，服从安排，积极配合，协助管理者圆满完成任务，提升自身的素养。教师还要以主人公的精神积极参与管理事务。

4. 教师与学生家长的关系——尊重合作

教师与学生家长之间要保持良好的合作关系。教师要尊重和理解家长，重视家长的诉求，听取家长的建议，与家长保持联系，与家长形成教育合力。

（四）教师仪表行为规范

礼仪是指人们在社会活动和人际交往中的规范、准则、方式、形式或程度，包括礼节、礼貌、仪表、器物、服饰、标志、象征等。

基本的教师礼仪则包括个人礼仪、学校礼仪、公共礼仪。个人礼仪是指个人的仪容、举止、表情、服装和配饰等；学校礼仪则指教师应按学校礼仪常规办事、执教和育人，如着装要整洁、得体、大方，举止谈吐要文明等；公共礼仪主要有相互尊重、诚信真挚、顾全大局、不卑不亢。

教师的仪表行为规范要求教师做到：

（1）教师的仪表行为要以学生的欣赏水平为前提。服饰打扮整洁朴实、美观大方；言行举止谨慎谦和、文明礼貌；为人热情真诚、落落大方。

（2）教师的仪表行为要与自己的性格特点相得益彰。教师在自身仪表行为的塑造中，要充分考虑自己的性格特征，扬长避短，努力创造具有自身特点的鲜明个性风度。

（3）教师的仪表行为要符合自己的年龄特点。教师的仪表行为要相应地适合自己的年龄特点，展现出自己独特的神采。

（4）教师的仪表行为要与课堂教学的情调相适应。教师可以根据具体的教学内容来安排授课气氛、情调，以便更有效地调动各方面因素传情达意、相互辉映，使其能更好地与原内容保持审美情趣上的协调一致。

（五）教师语言行为规范

（1）教师要使用普通话，边远地区的教师也要通过媒体及其他途径练习普通话，力争发音标准。教师的课堂用语、语法要规范，避免方言、土语，指导学生使用正确的词语和语法。

（2）语义要明确、表达要清楚，这需要教师熟悉学科知识，思路清晰。教师要不断修炼语言能力，在有限的课堂教学中简洁明了地传授知识，解答问题。

（3）语句要完整、上下连贯、有逻辑性。课堂教学切忌教师言语断层、表达混乱、自相矛盾。教师使用规范、正确的语言可以大大提高教学效果，也可以增加教师的个人魅力。

（4）教师还要注意与时俱进、丰富语言，学会用学生熟悉、喜欢的语言表达教学内容，加强与学生的交流，拉近与学生的距离，增加亲和力，帮助教育教学取得好的效果。

四、教师在教育活动中人际关系的处理

教师在教育活动中要处理的人际关系主要包括教师与学生、教师与同事、教师与教育管理者、教师与学生家长的关系，是否按照教师职业行为规范正确处理这些关系，直接影响教育活动的质量和效率。

（一）教师与学生的关系

师生关系是教师各类人际关系中最基本、最重要的关系，而尊师爱生、民主平等、教学相长则是社会主义新型师生关系的基本特征。在具体的教育活动中处理师生关系应该做到以下几点：

1. 热爱学生

热爱学生是处理师生关系的基础和根本出发点。热爱学生也意味着把学生的成长放在第一位，全面关心学生的成长。但教师对学生的爱，是面向全体学生的爱，不是对少数人的爱，更不是有差别的爱。

2. 尊重学生

尊重学生是教师建立师生平等关系的表现。尊重是对师生平等地位的认可，以尊重为基础的爱才是真爱，才会被学生感动和接受，从而达成教育的效果。

首先，要尊重学生的人格；其次，尊重学生的个别差异；最后，要充分信任学生。

3. 了解学生

了解是教育的前提，是热爱学生的起点，也是教师公平评价学生的需要。

首先，教师要努力成为学生的朋友，这样才可能深入地了解学生。

其次，教师要克服不良心理效应的影响，不要先入为主或偏听偏信，这样才可能全面真实地了解学生，进而保证教育的公正性。

最后，教师不仅要了解全班每一个学生，更要了解每一个学生的全部，这样才可能因材施教，达成最好的教育效果。

4. 公平公正地对待学生

公平、公正是当今教育实践追求的目标和理念，而公平公正地对待学生则是树立正确师生观的核心问题。另外，在教育教学活动中只有做到公平公正，才可能使学生的受教育权利得到充分实现。

5. 严格要求学生

教师对学生既不能苛责，也不能溺爱、偏爱和放任。教师的爱是理智的爱，是一种将尊重热爱和严格要求结合起来的爱，是严中有爱，严慈相济。其中，尊重信任是基础，严格要求是体现，二者辩证统一。

教师在严格要求的过程中要做到：严而有理、严而有度、严而有恒和严而有方。

（二）教师与同事的关系

教师的工作具有集体性，一方面学生的成长离不开班主任和科任教师的通力合作；另一方面，很多教育教学活动的开展也离不开同事之间的配合协调。处理好同事之间的人际关系对于做好教育教学工作具有重要的意义。

1. 尊重

教师都是履行教育教学职责的专业人员，都担负着教书育人的神圣使命，无论是人格还是地位都是平等的，都应该互相尊重。

2. 理解

教师由于具体分工和工作任务、性质上的差异，相互之间可能出现一些矛盾和冲突，这就需要同事之间顾全大局、换位思考、相互理解。

3. 协作

教师要想在集体中实现一定的教育目的，共同达成育人的使命，就必须相互协作、相互支持。

（三）教师与教育管理者的关系

教师与教育管理者的关系是管理与被管理的关系，但二者只是分工的不同，并不意味着地位的差异或不平等。

1. 尊重

教师在教育管理者的协调下开展工作，目的是为了实现学校组织的教育教学目标。教育管理者的管理目标与教师的职业活动目标是高度一致的。所以，教师应当尊重教育管理者根据自己的管理职责所开展的教育管理活动。

2. 支持

教师的具体职责和任务在很大程度上是由学校教育管理者分配或安排的。每一位教师根据自己对职责的承诺，完成学校组织管理者分配的任务，是学校组织实现教育目标的保障。因而，教师应当在自己的职业行为上支持学校教育管理者的管理工作。

（四）教师与学生家长的关系

学生是教师工作的出发点，而家长则是孩子的第一任教师，教师和家长对孩子的教育都有着不可推卸的责任，学生的成长更离不开教师和家长的通力合作。

1. 尊重、理解和信任

尊重、理解和信任是教师和家长保持良好合作关系的重要前提。在一定意义上，教师和家长是教育伙伴，是合作关系，而且双方地位平等，只有相互尊重、彼此理解、互相信任，才可能形成教育合力，达成最佳教育效果。

2. 沟通、交流与协作

只有真诚地沟通和交流，才可能让教师和家长全面地了解学生，从而有的放矢地对学生施加教育影响。同时也只有相互配合、密切协作，才可能避免学校和教育影响相互冲突，出现"$5 < 2$"或"$5 + 2 = 0$"的现象。

五、教师职业行为规范在教育教学活动中的践行

（一）爱国守法

（1）树立爱国主义思想；

（2）树立为祖国教育事业献身的崇高理想；

（3）在教育教学实践中渗透爱国守法教育。

爱国守法是教师处理其与国家社会关系时所应该遵循的原则要求，是教师职业的基本要求。

（二）爱岗敬业

（1）珍惜和热爱自己的岗位；

（2）强烈的使命感和责任感。

爱岗敬业是教师处理其与教育事业的关系时所应该遵循的原则和要求，是教师职业的本质要求。

（三）关爱学生

（1）关心爱护全体学生；

（2）尊重学生的主体性；

（3）严慈相济；

（4）保护学生安全。

关爱学生是教师处理其与学生关系时所应该遵循的原则和要求，是师德的灵魂。

（四）教书育人

（1）对学生怀有爱心；

（2）以身立教，为人师表；

（3）刻苦钻研业务知识，不断提高教育教学的水平和能力。

教书育人是教师在处理其与职业劳动的关系时所应遵循的原则和要求，是教师的天职和道德核心。

（五）为人师表

（1）加强语言修养；

（2）规范自身行为；

（3）树立高尚的教师形象。

为人师表是教师处理其与自己的关系时所应遵循的原则和要求，是教师职业的内在要求。

（六）终身学习

（1）崇尚科学精神，树立终身学习理念，拓宽知识视野，更新知识结构；

（2）潜心钻研业务；

（3）勇于探索创新，不断提高专业素养和教育教学水平。

终身学习是教师处理其与自己发展的关系时所应遵循的原则和要求，是教师专业发展的不竭动力。

第四章

文化素养

本章考试要点

1. 了解中外历史上的重大事件。

2. 了解中外科技发展史上的代表人物及其主要成就。

3. 了解一定的科学常识，熟悉常见的科普读物，具有一定的科学素养。

4. 了解重要的中国传统文化知识。

5. 了解中外文学史上重要的作家作品。

6. 了解一定的艺术鉴赏知识。

7. 了解艺术鉴赏的一般规律，并能有效地运用于教育教学活动。

第一节

历史素养

一、中国古代史

（一）先秦

1. 原始人群

（1）元谋猿人

距今约 170 万年，发现于云南省元谋县，是中国境内最早的原始人类。

（2）蓝田猿人

距今约 115 万~70 万年，发现于陕西省蓝田县。

（3）北京猿人

距今约 70 万~20 万年，发现于北京市周口店。

（4）山顶洞人

距今约 1.8 万年，发现于北京市周口店。

2. 氏族公社

距今五六千年，氏族公社进入繁荣时期。山顶洞人已过渡到氏族公社时期。氏族公社是以血缘为纽带的人类共同体，分母系氏族公社和父系氏族公社两个阶段。

（1）河姆渡文化

河姆渡文化是中国长江流域下游地区古老而多姿的新石器时代文化，1973 年第一次被发现于浙江余姚河姆渡，因而命名。它是新石器时代母系氏族公社时期的氏族村落遗址，反映了约 7000 年前长江下游流域氏族的情况。

（2）半坡文化

半坡文化，中国原始社会新石器时代的一种文化，属黄河中游地区新石器时代的仰韶文化，位于陕西省西安半坡村，是北方农耕文化的典型代表，距今 6000 年左右。这是黄河流域规模最大、保存最完整的原始社会母系氏族村落遗址。

（3）大汶口文化

大汶口文化是新石器时代文化，因山东省泰安市大汶口遗址而得名。分布地区东至黄海之滨，西至鲁西平原东部，北达渤海南岸，南到江苏淮北一带。另外该文化类型的遗址在河南和皖北亦有发现。大汶口文化年代距今约 6300～4500 年，延续时间约 2000 年。它标志着母系氏族社会的结束，开始或已经进入了父系氏族社会。

（4）龙山文化

龙山文化泛指中国黄河中下游地区约新石器时代晚期的一类文化遗存，属铜石并用时代文化，因首次发现于山东省济南市历城县龙山镇而得名，距今约 4500～4000 年。分布于黄河中下游的山东、河南、山西、陕西等省。大汶口文化出现的快轮制陶技术在这一时期得到普遍采用，是中国制陶史上的顶峰时期。1928 年的春天，考古学家吴金鼎在山东省历城县龙山镇发现了举世闻名的城子崖遗址。根据这些发现，考古学家把这些以黑陶为主要特征的文化遗存命名为"龙山文化"。

3. 黄帝、炎帝、蚩尤的传说

黄帝、炎帝、蚩尤是我国古代神话传说中的人物，都是父系氏族公社时代部落联盟的首领，传说他们之间发生过两次比较大的战争，即涿鹿之战、阪泉之战。

4. 尧、舜、禹的时代

部落联盟采用民主推选首领的制度。尧帝将王位禅让给舜帝，开了禅让制的先河。大禹奉命治水，采用疏导的方法，终于制服了洪水，留下"三过家门而不入"的美谈。

5. 三皇五帝

三皇指燧人（燧皇）、伏羲（羲皇）、神农（农皇），五帝指黄帝、颛顼、帝喾、尧、舜。三皇五帝，并不是真正的帝王，指的是原始社会中后期出现的为人类做出卓越贡献的部落首领或部落联盟首领，后人追尊他们为"皇"或"帝"。

（二）夏商周时期

1. 夏

夏朝（约公元前 2070—公元前 1600 年），始于大禹，终于桀，共有 17 位统治者，是我国历史上第一个朝代，也是我国第一个奴隶制朝代。大禹是我国历史上"相揖逊"禅让制度的最后一位受益人。史书上记载，与大禹一起治水的皋陶之子伯益功勋卓著，理应是禹的继承人，但禹死后人们爱屋及乌，拥戴了禹的儿子启继承了王位，开始了"家天下"的历史。

2. 商

殷商一般指商朝。商朝（约公元前 1600—公元前 1046 年），是中国历史上的第二个朝代，是中国第一个有直接的同时期的文字记载的王朝。夏朝诸侯国商部落首领商汤率诸侯国于鸣条之战灭夏后在亳（今商丘）建立商朝。之后，商朝国都频繁迁移，至其后裔盘庚迁殷（今安阳）后，国都才稳定下来，所以商朝又称为"殷"或"殷商"。商朝处于奴隶制鼎盛时期，奴隶主贵族是统治阶级，形成了庞大的官僚统治机构和军队。甲骨文和金文是目前已经发现的中国最早的成系统的文字符号。在商时期的长江流域也平行存在发达的非中原文明。

3. 西周

西周（公元前 1046—公元前 771 年）是中国历史上继商朝之后的朝代。西周由周武王姬发创建，定都镐京（宗周）。

（1）武王伐纣

武王伐纣，是指大约公元前 1046 年，周武王姬发带领周与各诸侯联军起兵讨伐商王帝辛（纣），最终建周灭商的历史事件。

（2）烽火戏诸侯

西周末年，周幽王为博褒妃一笑，不顾众臣反对，竟数次无故点燃烽火，戏弄诸侯，最后导致众叛亲离，身死骊山，亡了西周。

4. 东周

公元前 770 年（周平王元年），平王东迁，定都雒邑（成周），此后周朝的这段时期称为东周。其中东周时期又称"春秋战国"，分为"春秋"及"战国"两部分。

周朝是中国第三个也是最后一个世袭奴隶制王朝，其后秦汉开始成为具有从中央到地方的统一政府的大一统国家。史书常将西周和东周合称为两周。

（1）春秋争霸

公元前 770—公元前 476 年，为春秋时期。春秋得名于孔子所著鲁国的编年史《春秋》，这部史书上起公元前 722 年，下迄公元前 481 年，与春秋时期上下限大致相同。春秋时代，为中国有史以来第一个多姿多彩的时代。王室衰微、王霸迭兴，是我国奴隶社会的瓦解时期。先后起来争霸的诸侯有齐桓公、宋襄公、晋文公、秦穆公、楚庄王，史称"春秋五霸"。

（2）退避三舍——城濮之战

公元前 632 年，晋、楚两国在城濮（一说今河南开封陈留，一说山东鄄城西南临濮集）地区进行争夺中原霸权的首次大战。晋文公兑现当年流亡楚国许下"退避三舍"的诺言，令晋军后退，避楚军锋芒。子玉不顾楚成王告诫，率军冒进，被晋军歼灭两翼，楚军大败。城濮之战是诱敌深入战术的典范。

（3）卧薪尝胆

公元前 494 年，越国被吴灭后，勾践委身吴王夫差为奴侍奉吴王，最终赢得吴王信任被放回越国。勾践回到越国后，立志报仇雪耻。他唯恐眼前的安逸消磨了志气，在吃饭的地方挂上一个苦胆，每逢吃饭的时候，就先尝一尝苦味，还自问："你忘了会稽的耻辱吗？"他还把席子撤去，用柴草当作褥子。这就是后来人传诵的"卧薪尝胆"。勾践回国后勤修内政、修缮兵甲，国力迅速上升，最终灭了吴国。

（4）战国七雄

战国七雄是历史上东周战国时期七个最强的诸侯国的统称。春秋时期无数次战争使诸侯国的数量大大减少，到战国时期实力最强的七个诸侯国分别为齐、楚、秦、燕、赵、魏和韩，这七个国家被史学家称作"战国七雄"。

真题链接

战国时代有七个强大的诸侯国争雄称霸，史称"战国七雄"。下列选项中，不属于"战国七雄"的是（　　）。

A. 齐国　　　　　　　　　　　　B. 鲁国

C. 楚国　　　　　　　　　　　　D. 秦国

答案：B。

（5）围魏救赵——桂陵之战

战国时（公元前353年）魏国大将庞涓率军围攻赵都邯郸。赵国求救于齐国。齐将田忌、孙膑率军救赵，趁魏国都城兵力空虚，引兵直攻魏国。魏军回救，齐军乘其疲惫，于桂陵大败魏军，遂解赵围。此种战略后来常为兵家所采用，称为"围魏救赵"法。

（6）商鞅变法

商鞅变法发生于公元前356年，秦孝公任用商鞅变法。其内容主要是：废井田，开阡陌，承认土地私有；奖励军功，按功授爵；建立县制；奖励耕织，禁止弃农经商。秦国经过这次地主阶级的政治改革，废除了旧制度，封建经济得到发展，秦国逐渐成为七国中实力最强的国家，为秦统一六国奠定了基础。

（7）百家争鸣

春秋战国时期，社会处于大变革时期，产生了各种思想流派，如儒、法、道、墨等。他们著书讲学，互相论战，出现了学术上的繁荣景象，后世称为"百家争鸣"。它是我国第一次思想解放运动，形成了中国的传统文化体系。其中，儒家思想孕育了我国传统文化中的政治理想和道德准则；道家学说构成了两千多年传统思想的哲学基础；法家思想中的变革精神，成为历代进步思想家、政治家改革图治的理论武器。它们共同构成了中华民族传统文化的基本精神。

（8）图穷匕见——荆轲刺秦

公元前227年，荆轲带燕督亢地图和樊於期首级，前往秦国刺杀秦王嬴政。临行前，许多人在易水边为荆轲送行，场面十分悲壮。"风萧萧兮易水寒，壮士一去兮不复还"，这是荆轲在告别时所吟唱的诗句。荆轲来到秦国后，秦王在咸阳宫召见了他。荆轲在献燕督亢地图时，图穷匕见，刺秦王不中，被杀死。

真题链接

下列历史故事，与秦始皇有关的是（　　）。

A. 图穷匕见　　　　　　　　　　B. 指鹿为马

C. 望梅止渴　　　　　　　　　　D. 三顾茅庐

答案：**A**。

（三）秦汉时期

1. 秦

（1）秦统一六国

秦王嬴政于公元前 221 年灭六国，实现统一，建立秦朝，定都咸阳，建立起我国历史上第一个统一的中央集权的封建国家。

（2）焚书坑儒

公元前 213 年，秦始皇采纳李斯的建议，下令焚烧《秦记》以外的列国史记，对不属于博士馆的私藏《诗》《书》等也限期交出烧毁；有敢谈论《诗》《书》的处死，以古非今的灭族；禁止私学，想学法令的人要以官吏为师。后将四百六十多名方士和儒生挖大坑活埋。史称"焚书坑儒"。

（3）陈胜、吴广起义

公元前 209 年，陈胜、吴广在大泽乡起义，提出了"王侯将相宁有种乎"的口号，建立张楚政权。陈胜、吴广起义是中国历史上第一次大规模的农民起义，动摇了秦王朝统治。

（4）楚汉争霸

从公元前 206 年到公元前 202 年，刘邦、项羽进行了为期四年的楚汉战争，最终以项羽至乌江（今安徽和县东北）自刎而死、刘邦胜利而结束。公元前 202 年，刘邦建立汉朝，定都长安。

2. 汉朝

汉朝，分为西汉和东汉，是继秦朝之后的大一统王朝。公元前 206 年刘邦被封为汉王，之后楚汉相争获胜建立西汉，汉文帝、汉景帝相继休养生息开创文景之治。汉武帝即位后攘夷拓土，被称为汉武盛世。至汉宣帝时期国力达到极盛，史称孝宣之治。公元 8 年，王莽篡汉，西汉灭亡，不久爆发绿林赤眉起义。公元 25 年，刘秀称帝，建立东汉，定都洛阳，统一天下后息兵养民，开创光武中兴。汉明帝、汉章帝沿袭轻徭薄赋开创明章之治，汉和帝继位后开创永元之隆，东汉国力达到极盛。中后期发生了戚宦之争和党锢之祸，于公元 184 年爆发黄巾之乱，虽剿灭民乱却导致地方拥兵自重，董卓之乱后东汉名存实亡。公元 220 年曹丕篡汉，东汉灭亡。

（1）文景之治

西汉汉文帝、汉景帝统治时期，朝廷推崇黄老治术，采取"轻徭薄赋"、"与民休息"的政策，重视"以德化民"。当时社会比较安定，百姓富裕起来，国库财政充裕，国家由贫变强，史称"文景之治"。

（2）罢黜百家，独尊儒术

"罢黜百家，独尊儒术"是董仲舒于公元前134年提出，在汉武帝时开始推行。它维护了封建统治秩序，神化了专制王权，因而受到中国古代封建统治者推崇，从而使儒学成为两千多年来中国传统文化的正统和主流思想。

（3）张骞出使西域

为了加强同西域各国的往来，汉武帝于公元前138年和公元前119年两次派张骞出使西域，开辟了通往西域的"丝绸之路"。张骞亦被誉为"中国走向世界第一人"。

（4）昭君出塞

王昭君，名嫱，为西汉南君秭归人（今属湖北），后改称"明君"或"明妃"，是齐国王襄之女。17岁时被选入宫待诏。汉元帝时，元帝答应呼韩邪单于提出的和亲要求，王昭君深明大义，主动"请行"。昭君出塞，实现了匈奴人民向往和平的愿望。呼韩邪单于封她为"宁胡阏氏（阏氏为匈奴语，王后之意）"，象征她将给匈奴带来和平、安宁和兴旺。后来呼韩邪单于在西汉的支持下控制了匈奴全境，从而使匈奴同汉朝和好达半个世纪。王昭君是古代著名的美女，"沉鱼落雁"中的落雁即为王昭君。

（四）三国、两晋和南北朝时期

1. 三国

（1）三国鼎立

220年，曹操的儿子曹丕自立为帝，定都洛阳，国号魏，建立魏国。221年，刘备在成都称帝，国号汉，史称蜀国。222年，孙权建吴国，定都建业，国号吴。三国鼎立局面形成。

（2）官渡之战

官渡之战，是东汉末年"三大战役"之一，也是中国历史上著名的以弱胜强的战役之一。建安五年（200年），曹操军与袁绍军相持于官渡（今河南中牟东北），在此展开战略决战。曹操奇袭袁军在乌巢的粮仓，继而击溃袁军主力。此战奠定了曹操统一中国北方的基础。

（3）赤壁之战

赤壁之战是中国历史上著名的以弱胜强的战争之一。公元208年曹操率领水陆大军，号称百万，发起荆州战役，然后讨伐孙权。孙权和刘备组成联军，由周瑜指挥，在长江赤壁一带大破曹军，从此奠定了三国鼎立格局。赤壁之战是第一次在长江流域进行的大规模江河作战，也是孙、曹、刘各家都派出主力参加的唯一的战事。

2. 两晋

（1）两晋的建立

晋朝（265—420年），分为西晋与东晋两个时期，西晋为中国历史上九个大一统王朝之一，两晋上承三国下启南北朝，其中东晋属于六朝之一。

265年司马炎篡魏，建立晋朝，定都洛阳，史称西晋。280年灭东吴，完成统一，后经历"八王之乱",晋愍帝迁都长安。316 年西晋灭亡,史称"五胡乱华"。317 年,晋室南渡,司马睿在建邺建立东晋,东晋曾多次北伐。383 年东晋与前秦淝水之战后得到暂时巩固。两晋时期少数民族迁至中原,加强了民族融合;北人南迁,开发了江南地区。两晋总历时 156 年。420 年,刘裕建立刘宋,东晋灭亡。

(2)淝水之战

淝水之战,发生于公元 383 年,是东晋时期北方的统一政权前秦向南方东晋发起的侵略吞并的一系列战役中的决定性战役。前秦出兵伐晋,于淝水交战,最终东晋仅以八万军力大胜八十余万前秦军,是我国历史上著名的以少胜多的战役。前秦败给了东晋,国家也因此衰败灭亡,北方各民族纷纷脱离了前秦的统治,先后建立了十余个小国。

3. 南北朝

南北朝时期(420—589 年)是中国历史上的一段大分裂时期,上承东晋十六国,下接隋朝,由 420 年刘裕代东晋建立刘宋始,至公元 589 年隋灭陈而终。

南朝(420—589 年)包含刘宋、南齐、南梁、南陈四朝;北朝(439—581 年)则包含北魏、东魏、西魏、北齐和北周五朝。南北两方虽各有朝代更迭,但长期维持对峙形式,故称为南北朝。

(五)隋唐时期

1. 隋朝

(1)开皇之治

开皇之治是隋朝隋文帝在北周的基础上在位二十多年时开创,当时社会民生富庶、人民安居乐业、政治安定。隋文帝杨坚倡导节俭,节省政府内不少开支,废除了不必要的杂税并设置谷仓储存食粮。杨坚成功地统一了历经数百年分裂的中国。

(2)三省六部制

三省六部制是西汉以后长期发展形成,至隋朝正式确立,唐朝进一步完善的一种政治制度。三省指中书省、门下省、尚书省,六部指尚书省下属的吏部、户部、礼部、兵部、刑部、工部。每部各辖四司,共为二十四司。尚书省形成于东汉;中书省和门下省形成于三国,目的在于分割和限制尚书省的权力。在发展过程中,组织形式和权力各有演变,至隋,才整齐划一为三省六部,主要掌管中央政令和政策的制定、审核与贯彻执行。

(3)科举制

为了加强中央集权,打击门阀世袭,隋文帝开始分科考试,选拔官员。隋炀帝时又加了进士科,科举制度正式形成。唐宋进一步完备,明朝进入鼎盛时期。这样,科举制从隋朝大业三年(607 年)开始实行,到清朝光绪三十一年(1905 年)举行最后一科进士考试为止,经历了 1297 年。科举制是中国历代封建王朝通过考试选拔官吏的一种制度。

2. 唐朝

唐朝(618—907 年),是中国历史上继隋朝之后的大一统王朝,共历 21 帝,享国 289 年。隋末天下群雄并起,617 年唐国公李渊发动晋阳兵变,次年在长安称帝建立唐朝,因皇室姓李，故又称为李唐。唐太宗继位后开创贞观之治，唐高宗承贞观遗风开创永徽之治，之后武则天一度以周代唐，神龙革命后恢复大唐国号。唐玄宗即位后励精图治，开创了经济繁荣、四夷宾服、万邦来朝的开元盛世。天宝末，全国人口达八千万上下。安史之乱后，藩镇割据、宦官专权导致国力渐衰，中后期又经元和中兴、会昌中兴、大中之治，国势复振。878 年爆发的黄巢起义破坏了唐朝统治根基。907 年朱温篡唐，唐朝灭亡，中国进入五代十国时期。

（1）玄武门之变

公元 626 年，唐高祖李渊的次子秦王李世民在唐王朝的首都长安城大内皇宫的北宫门——玄武门附近发动了一次流血政变。最终李世民杀死了自己的长兄皇太子李建成和四弟齐王李元吉，得立为新任皇太子，并继承皇帝位，是为唐太宗，年号贞观。

（2）贞观之治

从 627 年至 649 年，唐太宗知人善用、虚心纳谏，采取了厉行节约、休养生息、完善科举等政策，使得政治清明、社会安定，并大力平定外患，稳固边疆，最终取得天下大治的理想局面。因其时年号为"贞观"，故史称"贞观之治"。

（3）开元盛世

唐玄宗在位 44 年，在前期（开元年间，713—741 年），他起用贤臣，虚怀纳谏，政治清明，制定官吏的迁调制度，改革吏制，并大力发展经济，提倡文教，发展外交，使得天下大治，政局稳定，经济繁荣，文化昌盛，国力富强，唐朝进入全盛时期，并成为当时世界上最强盛的国家，史称"开元盛世"，前后共 29 年。

（4）安史之乱

安史之乱是中国唐代玄宗末年至代宗初年（755—763 年）由唐朝将领安禄山与史思明向唐朝发动的战争，是同唐朝争夺统治权的内战。它是唐由盛而衰的转折点，同时也促使唐代开始出现藩镇割据的局面。由于其爆发于唐玄宗天宝年间，也称天宝之乱。

（5）玄奘取经

玄奘（602—664 年），唐朝著名的三藏法师，俗姓陈，名祎，河南洛阳洛州（今河南偃师）人，世称唐三藏，意为其精于经、律、论三藏。贞观初年，玄奘从长安出发，西行前往佛教圣地求取佛经精义，从天竺带回大量佛经，并把天竺佛教、历史、地理、风土人情等完整记录下来写成《大唐西域记》，该书也成为研究中亚、印度半岛及我国新疆地区历史和佛学的重要典籍。

3. 五代十国

五代十国是中国历史上的一段大分裂时期。这一称谓出自《新五代史》，是对五代（907—960 年）与十国（902—979 年）的合称。

五代是指 907 年唐朝灭亡后依次更替的位于中原地区的五个政权，即后梁、后唐、后晋、后汉与后周。960 年，后周赵匡胤发动陈桥兵变，黄袍加身，篡后周建立北宋，五代结束。

而在唐末、五代及宋初，中原地区之外存在过许多割据政权，其中前蜀、后蜀、吴、南唐、吴越、闽、楚、南汉、南平（荆南）、北汉等十余个割据政权，被《新五代史》及后世史学家统称十国。

（六）两宋时期

两宋分为北宋（960—1127 年）和南宋（1127—1279 年）两个阶段。后周恭帝继位后，命赵匡胤为归德节度使，归德军驻扎在宋州（今河南商丘）。次年，赵匡胤在陈桥发动兵变即位，因其发迹在宋州，故国号曰"宋"，定都汴梁（今开封）。靖康年间，金兵攻陷汴京，北宋遂亡。徽宗第九子赵构在临安（今杭州）重建宋王朝，史称"南宋"。

宋朝是中国历史上经济与文化教育最繁荣的时代之一，儒学复兴，社会上弥漫尊师重教之风气，科技发展亦突飞猛进，政治也较开明廉洁。

1. 陈桥兵变

陈桥兵变，是赵匡胤发动的取代后周、建立宋朝的兵变事件，此典故又称黄袍加身。公元 960 年正月初一，传闻契丹兵将南下攻周，宰相范质等未辨真伪，急遣赵匡胤统率诸军北上御敌。周军行至陈桥驿，赵匡义和赵普等密谋策划，发动兵变，众将以黄袍加在赵匡胤身上，拥立他为皇帝。随后，赵匡胤率军回师开封，京城守将石守信、王审琦开城迎接赵匡胤入城，胁迫周恭帝禅位。赵匡胤即位后，改国号为"宋"，仍定都开封。

2. 杯酒释兵权

宋太祖赵匡胤为了加强中央集权，同时避免禁军军将也黄袍加身，篡夺自己的政权，所以通过一次酒宴，在酒宴中发表意见，威胁、利诱双管齐下，暗示高阶军官们交出兵权。"杯酒释兵权"作为一个成语，逐步引申为轻而易举地解除将领的兵权。

3. 澶渊之盟

澶渊之盟是北宋与辽在经过四十余年的战争后缔结的盟约。1004 年秋，辽萧太后与辽圣宗亲率大军南下，深入宋境。有的大臣主张避敌南逃，宋真宗也想南逃，因宰相寇准的力劝，才至澶州督战。宋军坚守辽军背后的城镇，又在澶州城下射杀辽将萧挞览。辽提出议和，宋真宗也赞同议和，遂于十二月间（1005 年 1 月）订立和约，规定宋每年送给辽岁币银 10 万两、绢 20 万匹。因澶州在宋朝亦称澶渊郡，故史称"澶渊之盟"。

4. 王安石变法

王安石变法，是在北宋宋神宗熙宁年间进行的一场社会改革运动。王安石变法以发展生产、富国强兵、挽救北宋政治危机为目的，以"理财"、"整军"为中心，涉及政治、经济、军事、社会、文化各个方面，是中国古代史上继商鞅变法之后又一次规模巨大的社会变革运动。

5. 靖康之变

靖康之变是中国历史上的一次著名事件，因发生于北宋皇帝宋钦宗靖康年间（公元1126—1127 年）而得名。靖康二年四月金军攻破东京（今河南开封），俘虏了宋徽宗、宋钦宗父子，以及赵氏皇族、后宫妃嫔与贵卿、朝臣等共三千余人北上金国，东京城中公私积蓄为之一空。靖康之变又称靖康之乱、靖康之难、靖康之祸、靖康之耻。靖康之耻导致北宋的灭亡，深深刺痛汉人的内心，南宋大将岳飞在《满江红》中提到："靖康耻，犹未雪，臣子恨，何时灭！"

（七）元、明、清时期

1. 元朝

元朝（1271—1368 年）是蒙古族建立的王朝，定都大都（今北京），传 5 世 11 帝，历时 98 年。

1206 年，成吉思汗铁木真统一漠北，建立蒙古帝国后开始对外扩张，先后攻灭西辽、西夏、花剌子模、东夏、金朝等国。1271 年，忽必烈取《易经》"大哉乾元"之意改国号为"大元"，次年迁都燕京，称大都。1279 年，元军在崖山海战灭南宋统一中国，结束了自晚唐五代以来的分裂局面。

2. 明朝

明朝（1368—1644 年）是中国历史上最后一个由汉族建立的大一统王朝，历经 12 世，共 16 位皇帝，享国 276 年。

（1）迁都北京

1424 年农历正月，明成祖朱棣把明朝都城正式迁至北京，以应天府为南京。

（2）八股取士

明朝选拔官吏沿用科举制度。明朝政府规定科举考试只许在四书五经范围内命题，考生只能根据指定的观点答题，不准发挥自己的见解。答卷的文体，必须分成八个部分，即破题、承题、起讲、入题、起股、中股、后股、束股，称为"八股文"。以后便承袭下来，格式愈益严格，文章越发空虚，直至清末光绪三十一年（1905 年）才废除。

（3）郑和下西洋

郑和下西洋是指自永乐三年（1405 年）至宣德八年（1433 年）的 28 年间，郑和率众七次远航的历史。1405 年（明永乐三年）7 月 11 日，明成祖命郑和率领庞大的 240 多艘海船、27400 名船员组成的船队远航，访问了 30 多个在西太平洋和印度洋的国家和地区，加深了中国同东南亚、东非的友好关系。

（4）戚继光抗倭

戚继光抗倭即民族英雄戚继光抗击日本海盗骚扰的斗争。14 世纪初叶，日本进入南北朝分裂时期，封建诸侯割据，互相攻战，争权夺利。在战争中失败了的一些南朝封建主，就组织武士、商人和浪人到中国沿海地区进行武装走私和抢劫烧杀的海盗活动，历史上称之为"倭寇"。戚继光率领戚家军实现了他的"封侯非我意，但愿海波平"的灭倭志向。在剿倭战争中，戚继光身先士卒，与士兵同甘共苦；严格要求士兵，不准扰害百姓，做到兵民相体；在战略战术上，攻其无备，出其不意，进攻重集中兵力打歼灭战，防御重积极主动而不是机械地死守，在防御中伺机反攻。这是戚家军屡败倭寇的重要原因，也是戚继光和戚家军留给后人的一份宝贵财富。

（5）郑成功收复台湾

1624 年，荷兰殖民主义者侵占中国台湾。明末清初，郑成功下定决心赶走侵略军。1661 年 3 月，郑成功亲率 2.5 万名将士，分乘几百艘战船，浩浩荡荡从金门出发，经澎湖直抵台湾西海岸，在台湾人民的支持下，经过 9 个月激战，击败荷兰殖民者，迫使荷兰侵略者挂起了白旗投降，被侵占了 38 年之久的台湾，终于回到了祖国的怀抱。这场战争结束了荷兰东印度公司在中国台湾的经营，开启了明郑政权对台湾的统治。

（6）李自成起义

明天启、崇祯年间，陕北连年旱荒，农民纷起暴动。李岩和李自成在 1629 年起义并且提出"均田免赋"等口号，获得广大人民的欢迎，散布"迎闯王，不纳粮"的歌谣。1643 年李自成在襄阳称新顺王。次年正月，建立大顺政权，年号永昌。不久攻克北京，推翻明王朝，致使明思宗朱由检自缢于煤山。后由于逼反吴三桂，满清入关，李自成被迫退出北京。1645 年 5 月 17 日，李自成在通城九宫山玄帝庙拜神后因劳累过度熟睡，遭山民误当贼打死。

3. 清朝

清朝是中国历史上第二个由少数民族建立的大一统王朝，也是中国最后一个封建帝制国家，对中国历史产生了深远影响。1616 年，建州女真部首领努尔哈赤建立后金。1636 年，皇太极改国号为清。1644 年入关，逐步统一全国。清朝前期，统一多民族国家得到巩固，基本上奠定了我国版图，同时君主专制发展到顶峰。1840 年鸦片战争后进入近代，多遭列强入侵，主权严重丧失。1911 年，辛亥革命爆发，清朝统治瓦解，从此结束了中国两千多年来的封建帝制。1912 年 2 月 12 日，清帝被迫退位。清朝从后金建立开始算起，共有 12 帝。自此之后，中国进入了民主时期。

二、中国近代史

（一）从鸦片战争到辛亥革命

1. 虎门销烟

虎门销烟是指 1839 年 6 月中国清政府委任钦差大臣林则徐在广东虎门集中销毁鸦片的历史事件。1839 年 6 月 3 日，林则徐下令在虎门海滩当众销毁鸦片，至 6 月 25 日结束，共历时 23 天，销毁鸦片 19187 箱和 2119 袋，总重量 2376254 斤。虎门销烟成为打击毒品的历史事件。虎门销烟开始的 6 月 3 日，民国时被定为不放假的禁烟节，而销烟结束翌日即 6 月 26 日也正好是国际禁毒日。

2. 第一次鸦片战争

第一次鸦片战争（1840 年 6 月—1842 年 8 月），是中国历史上划时代的大事。鸦片战争始于 1839 年 6 月的虎门销烟，随后英国发动侵略战争。后因战事不利，道光帝派直隶总督琦善与英国议和，签订了中国历史上第一个不平等条约《南京条约》。鸦片战争是中国军民抗击西方资本主义列强入侵的第一次战争。鸦片战争的实践表明，落后的封建军队已不能战胜初步近代化的资本主义军队。中国开始走向半殖民地半封建社会。

3. 太平天国运动

太平天国运动（1851—1864 年）是由洪秀全、杨秀清、萧朝贵、冯云山、韦昌辉、石达开等组成的领导集团从广西金田村率先发起的反对清朝封建统治和外国资本主义侵略的农民起义战争。1864 年，随着太平天国首都天京（南京）的陷落，标志着运动失败。太平天国革命是中国历史上规模最大的农民革命，从 1851 年起共坚持了 14 年，势力扩展到 17 省，有力地打击了清王朝的封建统治和外国的侵略，促进了封建社会的崩溃，阻止了中国殖民化的进程，在中国历史上留下极其重要的一页。它颁布的《天朝田亩制度》，把农民平均主义思想发展到了顶峰。

4. 第二次鸦片战争

1856 年 10 月 23 日，英军以"亚罗号事件"挑起事端开始行动，三天之内，连占虎门口内各炮台，第二次鸦片战争爆发，因其实质是鸦片战争的继续和扩大而得名，亦称英法联军之役。1860 年 10 月 18 日，北京和会中《北京条约》签署，第二次鸦片战争结束。第二次鸦片战争迫使清政府先后签订《天津条约》、《瑷珲条约》、《北京条约》等条约，中国因此而丧失了东北及西北 150 多万平方公里的领土。

5. 洋务运动

洋务运动，又称自强运动，是指 1861 年至 1894 年，清朝政府内的洋务派在全国各地掀起的改良运动，持续了近 35 年。洋务运动的最根本的指导思想是"自强"、"求富"，其分类思想就是"师夷制夷"、"中体西用"八个字。以李鸿章、曾国藩、左宗棠为代表的洋务派官员主张学习列强的工业技术和商业模式，利用官办、官督商办、官商合办等模式发展近代工业，以获得强大的军事装备、增加国库收入、增强国力，维护清廷统治。洋务运动虽然没有使中国富强起来，但它引进了西方先进的科学技术，使中国出现了第一批近代企业，在客观上为中国民族资本主义的产生和发展起到了促进作用。

6. 甲午战争

中日甲午战争（1894 年 7 月 25 日—1895 年 4 月 17 日），是大清和日本在朝鲜半岛、辽东、山东半岛及黄海等地进行的一场战争。甲午战争以 1894 年 7 月 25 日丰岛海战的爆发为开端，至 1895 年 4 月 17 日《马关条约》签字结束，以中国战败、北洋水师全军覆没告终。中国清朝政府迫于日本军国主义的军事压力，签订了丧权辱国的不平等条约——《马关条约》。甲午战争的结果给中华民族带来空前严重的民族危机，大大加深了中国社会半殖民地化的程度；另一方面则使日本国力更为强大，得以跻身列强。

7. 义和团运动

义和团运动，又称庚子事变、庚子国变、庚子拳乱，是公元 1900 年前后，在中国甲午战败后，在西方列强划分在华势力范围、华北频繁发生教案、天灾频仍、宫廷权力争斗激化的情况下，山东直隶农民、中国基督宗教教徒及传教士、清军三方之间的以"扶清灭洋"为口号，针对在华西方人及华人基督徒的保国保种的暴力运动及其引发的八国联军侵华战争。义和团原称义和拳，其参与者被称为"拳民"，贬称则为"拳匪"。义和拳本来与长期流行在山东、直隶（今河北省）一带的白莲教等传统民间秘密宗教有关。在义和团运动中，阻止了各国帝国主义列强瓜分中国的野心，促进了中国广大人民群众的觉醒。但是由于其具有笼统排外色彩和愚昧与残暴，也使得历史对义和团运动的评价较差。

8. 戊戌变法

戊戌变法，又称百日维新，是指 1898 年 6 月至 9 月 21 日，以康有为、梁启超为主要领导人物的资产阶级改良主义者通过光绪帝进行倡导学习西方，提倡科学文化，改革政治、教育制度，发展农、工、商业等的政治改良运动。但戊戌变法遭到以慈禧太后为首的守旧派的强烈抵制与反对。1898 年 9 月 21 日，慈禧太后等发动戊戌政变，光绪帝被囚至中南海瀛台，维新派的康有为、梁启超分别逃往法国、日本，谭嗣同、康广仁、林旭、杨深秀、杨锐、刘光第共 6 人被杀，历时 103 天的变法失败，因此戊戌变法也叫百日维新。

戊戌变法是中国近代史上一次重要的政治改革，也是一次思想启蒙运动，促进了思想解放，对中国近代社会的进步和思想文化的发展起了重要的推动作用。

9. 八国联军侵华

八国联军侵华是指 1900 年（清光绪二十六年）5 月 28 日，以当时的大英帝国、美利坚合众国、法兰西第三共和国、德意志帝国、俄罗斯帝国、大日本帝国、奥匈帝国、意大利王国为首的八个主要国家组成的对中国的武装侵略战争。1900 年春，义和团运动成为了八国联军侵华战争的导火索，以此为借口，八国联军以镇压义和团之名行瓜分和掠夺中国之实。1900 年 8 月 14 日，北京城彻底沦陷，慈禧、光绪等一干人逃亡至陕西西安。1901 年 9 月 7 日，以《辛丑条约》的签订为标志，中国自此彻底沦为半殖民地半封建社会，给当时的国家和人民带来了空前沉痛的灾难。八国联军到处杀人放火、奸淫抢掠。著名的万园之园"圆明园"继英法联军之后再遭劫掠，终成废墟。紫禁城、中南海、颐和园中被偷窃和抢掠的珍宝更是不计其数。

10. 辛亥革命

辛亥革命，是指发生于中国农历辛亥年（清宣统三年），即公元 1911 年至 1912 年初，旨在推翻清朝专制帝制、建立共和政体的全国性革命。狭义的辛亥革命，指的是自 1911 年 10 月 10 日（农历八月十九）夜武昌起义爆发，至 1912 年元旦孙文就职中华民国临时大总统前后这一段时间中国所发生的革命事件。广义上辛亥革命指自 19 世纪末（一般从 1894 年兴中会成立开始，但也有学者认为从 1905 年同盟会成立算起）迄辛亥年成功推翻清朝统治在中国出现的连场革命运动。

（二）从五四运动到中华人民共和国成立

1. 新文化运动

新文化运动是五四运动爆发前后由胡适、陈独秀、鲁迅、钱玄同、李大钊等一些受过西方教育（当时称为新式教育）的人发起的一次"反传统、反孔教、反文言"的思想文化革新、文学革命运动。1915 年，陈独秀在其主编的《新青年》（原名《青年杂志》）刊载文章，提倡民主与科学（旧称"德先生"与"赛先生"）。这次运动沉重打击了统治中国 2000 多年的传统礼教，启发了人们的民主觉悟，推动了现代科学在中国的发展，为马克思主义在中国的传播和五四爱国运动的爆发奠定了思想基础。

2. 马克思主义在中国的传播

李大钊是我国历史上第一个马克思主义者和中国共产主义的先驱者。1919 年 5 月，李大钊在《新青年》第六卷第五期"马克思主义专号"上发表了全面系统地介绍马克思主义的专著《我的马克思主义观》。1920 年 3 月，李大钊在北京发起了中国最早的一个学习和研究马克思主义的团体——马克思学说研究会。马克思主义的传播打破了封建专制制度一统天下的沉闷气息，让思想冲破牢笼，民族精神获得极大振奋。

3. 五四运动

五四运动是 1919 年 5 月 4 日发生在北京的一场以青年学生为主，广大群众、市民、工商人士等中下阶层共同参与的，通过示威游行、请愿、罢工、暴力对抗政府等多种形式进行的爱国运动，是中国人民彻底的反对帝国主义、封建主义的爱国运动，又称"五四风雷"。当时最著名的口号之一是"外争国权，内除国贼"。五四运动促进了马克思主义在中国的传播及其与中国工人运动的结合，从而在思想上和干部上为中国共产党的建立准备了条件。

4. 中国共产党的诞生

1921 年 7 月 1 日，中共一大召开，宣告中国共产党成立。1922 年，中共二大召开，第一次提出了明确的反帝反封建的民主革命纲领，为中国革命指明了方向。

5. 北伐战争

北伐战争，是由中国国民党领导下的国民政府以国民革命军为主力、蒋介石为总司令于 1926 年至 1928 年间发动的统一战争。1926 年 7 月 9 日，国民政府成立国民革命军从广东起兵，连克长沙、武汉、南京、上海等地。1928 年攻克北京，致使北洋奉系的张作霖撤往东北并被日军刺杀于皇姑屯，其子张学良宣布东北易帜。至此北伐完成，中国实现了形式上的统一。

6. 南昌起义

八一南昌起义指的是 1927 年 8 月 1 日由中国共产党在江西南昌发起的针对中国国民党反共政策的武装起义。起义由周恩来、贺龙、叶挺、朱德、刘伯承、谭平山领导。南昌起义揭开了中国共产党独立领导武装斗争和创建革命军队的序幕。8 月 1 日后来成为中国工农红军和中国人民解放军的建军纪念日。

7. 秋收起义

秋收起义，又称秋收暴动，是 1927 年 9 月 9 日，由毛泽东、彭公达在湖南东部和江西西部领导的工农革命军（即红军）举行的一次武装起义，是继南昌起义之后，中国共产党领导的又一次著名的武装起义，是中共党史军史上的三大起义之一（另一个是广州起义）。

8. 九一八事变

九一八事变，又称沈阳事变、奉天事变、盛京事变、满洲事变、柳条湖事件等，是指 1931 年 9 月 18 日在中国东北爆发的一次军事冲突和政治事件。冲突双方是中国东北军和日本关东军，日本军队以中国军队炸毁日本修筑的南满铁路为借口而占领沈阳。板垣征四郎、石原莞尔、土肥原贤二，是九一八事变的直接策划者和实施者。九一八事变是日本在中国东北蓄意制造并发动的一场侵华战争，是日本帝国主义侵华的开端，也是中华民族进行全面抗战的开始。

9. 遵义会议

遵义会议是指 1935 年 1 月 15 日至 17 日，中共中央政治局在贵州遵义召开的独立自主地解决中国革命问题的一次极其重要的扩大会议，是在红军第五次反围剿失败和长征初期严重受挫的情况下，为了纠正博古"左"倾领导在军事指挥上的错误而召开的。这次会议开始确立实际以毛泽东为代表的马克思主义的正确路线在中共中央的领导地位，挽救了党、挽救了红军、挽救了中国革命，是中国共产党历史上一个生死攸关的转折点，标志着中国共产党从幼稚走向成熟。

10. 西安事变

西安事变，又称"双十二事变"，是 1936 年 12 月 12 日张学良和杨虎城为了达到劝谏蒋介石改变"攘外必先安内"的既定国策，停止内战，一致抗日的目的，在西安发动"兵谏"的历史事件。1936 年 12 月 25 日，在中共中央和周恩来主导下，以蒋介石接受"停止内战，联共抗日"的主张而和平解决。西安事变的和平解决为抗日民族统一战线的建立准备了必要的前提，成为由国内战争走向抗日民族战争的转折点。

11. 七七事变

1937 年 7 月 7 日夜，日军在北平西南卢沟桥附近演习时，借口一名士兵"失踪"，要求进入宛平县城搜查，遭到中国守军第 29 军严词拒绝。日军遂向中国守军开枪射击，又炮轰宛平城。第 29 军奋起抗战。这就是震惊中外的七七事变，又称卢沟桥事变。七七事变是日本帝国主义全面侵华战争的开始，也是中华民族进行全面抗战的起点。

12. 南京大屠杀

1937 年 12 月 13 日南京沦陷后，日军在南京及附近地区进行了长达四十多天的大规模屠杀，死亡人数超过 30 万。南京大屠杀是侵华日军公然违反国际条约和人类基本道德准则，在侵华战争期间无数暴行中最突出、最有代表性的一例之一。

13. 抗日战争胜利

1945 年 8 月 15 日，日本天皇裕仁以广播"终战诏书"形式向公众宣布无条件投降。9 月 2 日，在东京湾美国的"密苏里"号巡洋舰上，举行了日本正式投降的签字仪式。至此，中国人民抗日战争暨世界反法西斯战争胜利结束。9 月 3 日成为中国人民抗日战争胜利纪念日。

14. 重庆谈判

重庆谈判，是抗日战争胜利之际，中国共产党和中国国民党两党就中国未来的发展前途、建设大计在重庆进行的一次历史性会谈。从 1945 年 8 月 29 日至 10 月 10 日，经过 43 天谈判，国共双方达成《政府与中共代表会谈纪要》，即《双十协定》。

15. 解放战争

为推翻国民党反动统治，中国共产党于 1945 年 8 月至 1949 年 10 月进行了人民解放战争，粉碎了国民党反动派的全面进攻和重点进攻，到 1948 年 8 月进入战争进攻阶段。解放军连续发动辽沈、淮海、平津三大战役，奠定了解放战争胜利的基础。1949 年底，全国大陆基本解放。1949 年 10 月 1 日，新中国成立。

三、中国现代史

（一）1949—1956 年——新民主主义向社会主义过渡时期

1. 开国大典

1949 年 10 月 1 日，北京 30 万军民聚集天安门广场举行开国大典。毛泽东主席向全世界庄严宣告："中华人民共和国中央人民政府今天成立了！"在《义勇军进行曲》的雄壮旋律中，毛泽东按动电钮，新中国第一面鲜艳的五星红旗冉冉升起。毛主席向全世界宣读了《中华人民共和国中央人民政府公告》，接着举行盛大阅兵式，之后是群众游行。此后，中华人民共和国政府定 10 月 1 日为国庆节。

2. 抗美援朝

抗美援朝是 20 世纪 50 年代初，中国人民支援朝鲜人民抗击美国侵略的群众性运动。1950 年 7 月 10 日，"中国人民反对美国侵略台湾朝鲜运动委员会"成立，抗美援朝运动自此开始。10 月，中国人民志愿军赴朝作战，拉开了抗美援朝战争的序幕。1953 年 7 月，双方签订《朝鲜停战协定》，从此抗美援朝胜利结束。1958 年，志愿军全部撤回中国。10 月 25 日为抗美援朝纪念日。

3. 土地改革运动

新中国成立后，按照《中国人民政治协商会议共同纲领》的规定，国家要"有步骤地将封建半封建的土地所有制改变为农民的土地所有制"。1950 年 6 月 30 日，中央人民政府委员会通过和颁布实施《中华人民共和国土地改革法》，规定"废除地主阶级封建剥削的土地所有制，实行农民的土地所有制，借以解放农村生产力，发展农业生产，为新中国的工业化开辟道路"。从 1950 年冬季开始，一场大规模的土地改革运动在华东、中南、西南、西北等广大新解放区广泛展开。土地改革的胜利，彻底消灭了封建土地所有制，解放了农业生产力，进一步巩固了工农联盟，为国民经济的恢复和发展，为国家社会主义工业化和对农业社会主义改造创造了条件。

（二）1956—1966 年——全面建设社会主义十年

1. 三大改造

1953 年开始，中国共产党领导全国人民开始对农业、手工业和资本主义工商业三个行业进行社会主义改造。1956 年，改造基本完成，社会主义公有制形式在国民经济中占据主导地位。从此，社会主义制度在我国基本建立起来，我国开始进入社会主义初级阶段。

2. "大跃进"和"人民公社化"运动

"大跃进"运动是指 1958 年至 1960 年间，中国共产党在全国范围内开展的极"左"路线的运动，是在中共八届三中全会及其以后不断地错误批判 1956 年反冒进的基础上发动起来的，是"左"倾冒进的产物。

农村"人民公社化"运动是我们党在五十年代后期全面开展社会主义建设中，为探索中国社会主义建设道路所作的一项重大决策。由于在合作化运动的后期已出现了过急过猛的问题，所以人民公社化运动也出现了急于向共产主义过渡的情况，刮起了"一平二调三收款"的"共产风"。

（三）1966—1976 年——"文化大革命"十年

"文化大革命"全称"无产阶级文化大革命"，是一场由毛泽东发动，被反革命集团利用，给党、国家和各族人民带来严重灾难的内乱。1966 年 5 月至 1976 年 10 月的"文化大革命"，使党、国家和人民遭到新中国成立以来最严重的挫折和损失。

（四）1978 年 12 月至今——社会主义现代化建设新时期（即改革开放时期）

1. 十一届三中全会

1978 年 12 月 18 日至 22 日，中国共产党第十一届三中全会在北京举行。这次会议的中心议题是讨论把全党工作重点转移到社会主义现代化建设上来。十一届三中全会是新中国成立以来党的历史上具有深远意义的重要会议，它从根本上冲破了长期"左"倾错误和"两个凡是"的束缚，重新确立了党的马克思主义的路线。它拨乱反正，提出改革任务，确定了"解放思想，开动脑筋，实事求是，团结一致向前看"的指导方针，从此将中共中央的指导思想由阶级斗争转移到经济建设上。

2. 香港回归

香港回归是指中华人民共和国政府决定在 1997 年 7 月 1 日对香港恢复行使主权，英国政府于 1997 年 7 月 1 日将香港交还给中华人民共和国的历史事件。1982 年 9 月，英国政府与中华人民共和国政府开始就香港前途问题展开谈判。中英双方经过两年多达 22 轮的谈判，最终在 1984 年 12 月 19 日正式签署了《中英联合声明》，决定从 1997 年 7 月 1 日起，中国在香港成立特别行政区，开始对香港岛、界限街以南的九龙半岛、新界等土地重新行使主权和治权。

3. 澳门回归

澳门回归是指澳门政权于 1999 年 12 月 20 日由葡萄牙移交至中华人民共和国，结束占领澳门之时期一事。澳门政权移交是澳门的历史大事，标志着澳门回归中国。由于政权顺利交接和一国两制成功落实，澳门特别行政区政府、立法会和司法机关均按基本法之规定实施。

4. 神舟五号

神舟五号载人飞船是"神舟号"系列飞船之一，简称"神五"，是中国载人航天工程发射的第五艘飞船，也是中华人民共和国发射的第一艘载人航天飞船。飞船搭载航天员杨利伟于北京时间 2003 年 10 月 15 日在酒泉卫星发射中心发射，次日返回，降落于四子王旗着陆场。它的成功发射与返回标志着中国成为世界上第三个把人送入太空的国家。

5. 中国加入世贸组织

世界贸易组织（简称 WTO）成立于 1995 年 1 月 1 日，总部设在日内瓦。1995 年 7 月 11 日，世贸组织总理事会会议决定接纳中国为该组织的观察员。中国自 1986 年申请重返关贸总协定以来，为复关和加入世界贸易组织已进行了长达 15 年的努力。2001 年 12 月 11 日，中国正式加入世界贸易组织，成为其第 143 个成员。

6. 2008 奥运会

2008 年 8 月 8 日第 29 届夏季奥林匹克运动会在中华人民共和国首都北京举行，又称北京奥运会，2008 年 8 月 24 日闭幕。这是中国第一次举行国际性的盛会。参赛国家及地区 204 个，参赛运动员 11438 人，设 302 项（28 种运动），共有 6 万多名运动员、教练员和官员参加北京奥运会。中国以 51 枚金牌居奖牌榜首名，是奥运历史上首个登上金牌榜榜首的亚洲国家。

四、世界历史

（一）世界古代史

1. 四大文明古国

四大文明古国是指古代文明的发源地古中国、古印度、古埃及和古巴比伦。

古中国文明：集中表现在火药、指南针、印刷术和造纸术四大发明。

古印度文明：古印度是世界三大宗教之一的佛教诞生地；文学方面创作了不朽史诗《摩诃婆罗多》和《罗摩衍那》；哲学方面创立了"因明学"，相当于今天的逻辑学；自然科学方面最杰出的贡献是发明了 16 世纪到 21 世纪世界通用的计数法，创造了包括"0"在内的 10 个数字符号。

古埃及文明：举世闻名的金字塔、狮身人面像、木乃伊是埃及的象征。此外，还有象形文字、十进位制的计算方法和制定世界上最早的太阳历等。

古巴比伦文明：主要表现在制定世界上第一部比较完备的成文法典《汉谟拉比法典》、楔形文字以及被列为古代世界七大奇迹之一的巴比伦"空中花园"。

2. 地理大发现

地理大发现又名探索时代或大航海时代，指从15世纪到17世纪欧洲的船队出现在世界各处的海洋上，寻找着新的贸易路线和贸易伙伴，以发展欧洲新生的资本主义。欧洲人发现了许多当时在欧洲不为人知的国家与地区，同时涌现出了许多著名的航海家，有哥伦布、达伽马、卡布拉尔、迪亚士、德莱昂、麦哲伦等。伴随着新航路的开辟，东西方之间的文化、贸易交流开始大量增加，殖民主义与自由贸易主义也开始出现。欧洲这个时期的快速发展奠定了其超过亚洲繁荣的基础，对世界各大洲在数百年后的发展也产生了久远的影响。

3. 文艺复兴

文艺复兴是指14世纪中叶在意大利各城市兴起，以后扩展到西欧各国，于16世纪在欧洲盛行的一场思想文化运动。人文主义思想是这一时期社会思潮的核心思想，主要代表人物有但丁、达·芬奇和莎士比亚等。当时，拉斐尔、米开朗基罗和达·芬奇被称为"美术三杰"，而但丁、彼特拉克和薄伽丘则被誉为"文学三杰"。文艺复兴揭开了近代欧洲历史的序幕，被认为是中古时代和近代的分界。

（二）世界近代史

1. 英国资产阶级革命

英国资产阶级革命是从1640年查理一世召开新议会的事件开始，到1688年詹姆斯二世退位的事件结束，以新贵族阶级为代表推翻封建统治建立起英国资本主义制度的社会革命。英国资产阶级革命确立了"议会制君主立宪制"和"内阁制"，颁布了《权利法案》，以法律形式对国王的权力进行制约，社会开始由专制转向民主，由人治转向法治。

2. 启蒙运动

启蒙运动是发生在17~18世纪欧洲的一场反封建、反教会的资产阶级思想文化解放运动。启蒙运动的中心在法国，法国启蒙运动的领袖则是伏尔泰。该运动相信理性发展知识可以解决人类实存的基本问题，覆盖了各个知识领域，如伦理学、政治学、文学、教育学等。人类历史从此展开在思潮、知识及媒体上的"启蒙"，开启了现代化和现代性的发展历程。启蒙运动为资产阶级革命做了思想准备和舆论宣传，是继文艺复兴运动之后欧洲近代第三次思想解放运动。

3. 美国独立战争

美国独立战争是大英帝国和其北美十三州殖民地的革命者，以及几个欧洲强国之间的一场战争。这场战争始于1775年4月的莱克星顿枪声，终于1783年英军在法国签订

《巴黎和约》。1776 年 7 月 4 日大陆会议通过了由托马斯·杰斐逊执笔起草的《独立宣言》，宣告了美利坚合众国的诞生。

4. 法国资产阶级革命

1789 年 7 月 14 日，巴黎人民举行起义，起义者冲向巴士底狱——专制统治的象征，揭开了法国资产阶级革命的序幕。1789 年 8 月 26 日，法国制宪会议通过了《人权宣言》，它是 18 世纪法国资产阶级革命的纲领性文件。1799 年的雾月政变标志革命的终结。法国在这段时期经历着一个史诗式的转变：过往的贵族、封建和宗教特权不断受到自由主义政治组织及上街抗议的民众的冲击，旧的观念逐渐被全新的天赋人权、三权分立等的民主思想所取代。法国大革命推翻了法国的君主专制政体，并为以后的革命扫清了道路。

5. 第一次工业革命

第一次工业革命是 18 世纪从英国发起的技术革命，也是技术发展史上的一次巨大革命，它开创了以机器代替手工工具的时代。这场革命是以工作机的诞生开始的，以蒸汽机作为动力机被广泛使用为标志的。这一次技术革命和与之相关的社会关系的变革，被称为第一次工业革命或者产业革命。第一次工业革命大大密切和加强了世界各地之间的联系，改变了世界的面貌，最终确立了资产阶级对世界的统治地位，率先完成了工业革命的英国，很快成为世界霸主。

6. 美国南北战争

南北战争（1861 年 4 月 12 日—1865 年 4 月 9 日），又称美国内战，是美国历史上唯一的大规模内战，参战双方为北方的美利坚联邦和南方的美利坚联盟国。战争最终以联邦获胜结束。南北战争是美国历史上的第二次资产阶级革命，它维护了国家统一，废除了奴隶制度，进一步扫除了资本主义发展的障碍，使美国迅速成为工业化强国，但并没有彻底消除种族歧视，黑人仍然受到不平等的待遇。此战不但改变了当时美国的政经情势，导致奴隶制度在美国南方被最终废除，也对日后美国的民间社会产生了巨大的影响。

7. 明治维新

明治维新，是指 19 世纪 60 年代日本在受到西方资本主义工业文明冲击下所进行的，由上而下、具有资本主义性质的全面西化与现代化改革运动。这次改革始于 1868 年明治天皇建立新政府，日本政府进行近代化政治改革，建立君主立宪政体，经济上推行"殖产兴业"，学习欧美技术，进行工业化浪潮，并且提倡"文明开化"、社会生活欧洲化，大力发展教育等。这次改革使日本成为亚洲第一个走上工业化道路的国家，跻身于世界强国之列，是日本近代化的开端。

8. 第二次工业革命

第二次工业革命起于 19 世纪 70 年代，主要标志是电力的广泛应用（即电气时代）。1870 年以后，科学技术的发展突飞猛进，各种新技术、新发明层出不穷，并被迅速应用于工业生产，大大促进了经济的发展。这就是第二次工业革命。当时，科学技术的突出发展主要表现在四个方面，即电力的广泛应用、内燃机和新交通工具的创制、新通信手段的发明和化学工业的建立。控制论创始人维纳提出的概念是第二次工业革命典型特征为自动化。

9. 第一次世界大战

第一次世界大战简称"一战"（1914 年 7 月—1918 年 11 月），是一场主要发生在欧洲但波及全世界的战争。当时世界上大多数国家都卷入了这场战争，是欧洲历史上破坏性最强的战争之一，是帝国主义列强争霸世界的标志。战争过程主要是以德国为首的同盟国和以英法为首的协约国之间的战斗，中国北洋政府 1917 年 8 月 14 日对德、奥宣战。第一次世界大战以协约国的胜利而告终，并导致了奥斯曼帝国、德意志帝国、俄罗斯帝国和奥匈帝国四大帝国土崩瓦解，并促成国际联盟的成立。第一次世界大战是一场非正义的、帝国主义争霸性质的掠夺战争。

10. 十月革命

十月革命（又称布尔什维克革命、俄国共产革命等），是 1917 年俄国革命经历了二月革命后的第二个阶段。1917 年 11 月 7 日（俄历十月二十五日），列宁领导的布尔什维克武装力量向资产阶级临时政府所在地圣彼得堡冬宫发起总攻，推翻了临时政府，建立了苏维埃政权。由此，世界上第一个社会主义国家宣告诞生。这次革命导致了 1918 年至 1920 年的俄国内战和 1922 年苏维埃社会主义共和国联盟（苏联）的成立。

11. 第二次世界大战

第二次世界大战，简称"二战"，是以德国、意大利、日本法西斯等轴心国及保加利亚、匈牙利、罗马尼亚等仆从国为一方，以中国、美国、英国、苏联等反法西斯同盟和全世界反法西斯力量为同盟国进行的第二次全球规模战争。1939 年 9 月 1 日德国入侵波兰，随即大英帝国与法国向德国宣战，二战全面爆发。1945 年 5 月 8 日，苏联和波兰部队攻克柏林，德国宣布无条件投降，并签署投降书，欧洲战区战争宣告结束。随后，美国分别在日本的广岛（8 月 6 日）和长崎（8 月 9 日）投下了两颗原子弹。1945 年 8 月 15 日日本帝国正式宣布投降，并于 9 月 2 日签署投降书，二战正式结束。第二次世界大战最终以美国、苏联、中国、英国、法国等反法西斯国家和世界人民战胜法西斯侵略者赢得世界和平而告终。

12. 珍珠港事件

珍珠港事件又称珍珠港事变。1941 年 12 月 7 日，日本军队在 2 个小时内出动 350 余架飞机偷袭美国在太平洋夏威夷群岛上的重要的海军基地珍珠港，炸沉、炸伤美军舰艇 40 余艘，炸毁飞机 200 多架，美军伤亡 4000 多人，美军主力战舰"亚利桑那"号被炸弹击中沉没，舰上 1177 名将士全部殉难。次日美国正式对日宣战，太平洋战争爆发。

13. 联合国成立

联合国是 1945 年第二次世界大战后成立的国际组织，是一个由主权国家组成的国际组织。1945 年 10 月 24 日，在美国旧金山签订生效的《联合国宪章》，标志着联合国正式成立。联合国致力于促进各国在国际法、国际安全、经济发展、社会进步、人权及实现世界和平方面的合作，现在共有 193 个成员，总部设立在美国纽约、瑞士日内瓦、奥地利维也纳、肯尼亚内罗毕等地。联合国的行政首长是联合国秘书长。联合国内的五大常任理事国有：中华人民共和国、美利坚合众国、俄罗斯联邦、大不列颠及北爱尔兰联合王国和法兰西共和国。

14. 万隆会议

万隆会议（又称第一次亚非会议）召开于 1955 年 4 月 18 日—4 月 24 日，是部分亚洲和非洲的第三世界国家在印度尼西亚万隆召开的国际会议，也是有史以来亚非国家第一次在没有殖民国家参加的情况下讨论亚非事务的大型国际会议。周恩来提出"求同存异"的方针。在中国和大多数与会国努力下，会议一致通过了包括经济合作、文化合作、人权和自决、附属地人民问题和关于促进世界和平和合作宣言等部分的《亚非会议最后公报》，确定了指导国际关系的十项原则，其核心内容便是一年前由中国首先倡导的"互相尊重主权和领土完整、互不侵犯、互不干涉内政、平等互利、和平共处"五项原则。

15. 苏联解体和东欧剧变

苏联解体：1991 年 12 月 25 日，苏联最高领导人戈尔巴乔夫宣布辞职，将国家权力移交给俄罗斯总统叶利钦。当晚，苏联国旗从克里姆林宫上空缓缓降下，苏联宣告解体，国际共产主义运动遭受重大挫折，标志着冷战、两极格局结束。至此苏联共产党和苏联最高苏维埃自我解散，苏联从现实和法律上不再存在。在政治斗争中获胜的叶利钦所领导的俄罗斯联邦继承苏联主要综合国力和国际地位。苏联解体后，分裂出 15 个国家。

东欧剧变：指从 20 世纪 80 年代末到 90 年代初，东欧各个社会主义集权国家的政治经济制度发生根本性的改变，是斯大林模式的社会主义制度最终演变为西方欧美资本主义自由民主制度的剧烈动荡。东西德经历 45 年分裂后重新统一，南斯拉夫亦一分为五（后一分为七），而捷克斯洛伐克则分裂解体为捷克及斯洛伐克，最后苏联亦于 1991 年 12 月 25 日解体，分裂解体为 15 个独立主权国家，部分加入独联体。

16. "9·11"事件

2001 年 9 月 11 日，恐怖分子劫持了美国 4 架民航客机，其中两架撞塌了纽约世贸中心"双子大厦"，一架撞毁华盛顿五角大楼的一角，另一架坠毁。这一系列袭击导致 3201 人死亡，并造成数千亿美元的直接和间接经济损失。

第二节

科学素养

一、我国科技成就

（一）我国古代科技成就

1. 四大发明

四大发明是指中国古代对世界具有很大影响的四种发明，即造纸术、指南针、火药、活字印刷术。此一说法最早由英国汉学家李约瑟提出并为后来许多中国的历史学家所继承，普遍认为这四种发明对中国古代的政治、经济、文化的发展产生了巨大的推动作用，且这些发明经由各种途径传至西方，对世界文明发展史也产生了很大的影响。

（1）指南针

指南针是用以判别方位的一种简单仪器。指南针的前身是中国古代四大发明之一的司南，主要组成部分是一根装在轴上可以自由转动的磁针。磁针在地磁场作用下能保持在磁子午线的切线方向上，磁针的北极指向地理的南极，利用这一性能可以辨别方向。常用于航海、大地测量、旅行及军事等方面。11 世纪末或 12 世纪初，中国船舶开始使用指南针导航。

（2）造纸术

中国是世界上最早发明纸的国家。根据考古发现，西汉时期我国已经有了麻质纤维纸。公元 105 年，蔡伦在陕西汉中地区总结前人经验，改进了造纸术，以树皮、麻头、破布、旧渔网等为原料造纸，大大提高了纸张的质量和生产效率，扩大了纸的原料来源，降低了纸的成本，为纸张取代竹帛开辟了前景，为文化的传播创造了有利的条件。

（3）火药

火药，主要是指一种由硝酸钾、木炭和硫黄机械混合而成的黑色或棕色炸药。火药的研究始于古代道家炼丹术。中国于隋唐时期发明火药，距今已有一千多年的历史。唐朝末年，火药试用于军事，火箭是最早利用火药的武器。宋元时期，火药武器广泛用于战争。

（4）活字印刷术

活字印刷的发明是印刷史上一次伟大的技术革命，是一种印刷方法，通过使用可以移动的金属或胶泥字块，来取代传统的抄写，或是无法重复使用的印刷版。它开始于隋唐的雕版印刷，经北宋时毕昇的发展、完善，产生了活字印刷。活字印刷发明后，向东传入朝鲜、日本，向西传入埃及和欧洲。

2. 天文学成就

（1）夏朝

《夏小正》是我国古代流传下来的一部古老的文献典籍，是中国现存最早的星象物候历，其内容涵盖天文、历法、星象、物候、农事、政事等诸多方面，是研究先秦时期社会发展及农业生产状况和天文历法及物候状况的重要史料。

（2）商朝

干支纪日法是商朝历法最大的成就。商朝甲骨文保留了我国最早的日食、月食和新星记录。

（3）春秋

《春秋》留下世界公认的第一次关于哈雷彗星的确切记录，比欧洲早 670 多年。

（4）战国

《甘石星经》是世界上最早的天文学著作。

（5）西汉

汉武帝时制定了中国第一部比较完整的历书"太初历"。公元前 28 年出现了世界上最早的关于太阳黑子的记录。

（6）东汉

张衡发明了浑天仪和地动仪，比欧洲早 1700 多年。

（7）隋唐

隋朝刘焯编制的《皇极历》创立用三次差内插法来计算日月视差运动速度，推算出五星位置和日、月食的起运时刻，是中国历法史上的重大突破。

唐朝僧一行制定的《大衍历》，比较准确地反映了太阳运行的规律，他是世界上第一次用科学方法对子午线进行实测的天文学家。中国科技史专家李约瑟就曾评价一行组织的子午线长度测量是"科学史上划时代的创举"。

（8）元朝

郭守敬主持编订《授时历》，一年的周期与现行公历基本相同，但问世比现行公历早300 年。

3. 数学成就

（1）《算经十书》

《算经十书》是指汉、唐一千多年间的十部著名数学著作，他们曾经是隋唐时代国子监算学教科书。十部书的名称是：《周髀算经》、《九章算术》、《孙子算经》、《五曹算经》、《夏侯阳算经》、《张丘建算经》、《海岛算经》、《五经算术》、《缀术》、《缉古算经》。

（2）《周髀算经》

《周髀算经》原名《周髀》，是《算经十书》之一，中国最古老的天文学和数学著作，约成书于公元前 1 世纪，主要阐明当时的盖天说和四分历法。《周髀算经》在数学上的主要成就是介绍了勾股定理。

（3）《九章算术》

中国古代第一部数学专著，是《算经十书》中最重要的一种，成于公元 1 世纪左右。《九章算术》最早提到分数问题，在世界数学史上首次阐述了负数及其加减运算法则。它是当时世界上最简练有效的应用数学。

（4）其他

三国时刘徽提出割圆术计算圆周率的正确方法。

南朝祖冲之精确算出圆周率是在 3.1415926～3.1415927 之间，这一成果比欧洲早一千年。他的《缀术》对数学发展有杰出贡献。

明代数学家程大位编著的《算法统宗》，奠定了后世珠算法的基础。

4. 医学成就

（1）战国

扁鹊奠定了中医学的切脉诊断方法，即望、闻、问、切四诊法，开了中医学的先河，被后世医学家奉为"脉学之宗"；著有著名的中医典籍《难经》。

（2）西汉

《黄帝内经》，成书于战国至秦汉时期，是我国现存医书中最早的典籍之一，开创了中医学独特的理论体系。

（3）东汉

《神农本草经》，约成书于秦汉时期，是现存最早的中药学专著。书内记载药物 365 种，分上品、中品和下品三品。

张仲景被人称为"医圣"，其所著的《伤寒杂病论》是后世中医的重要经典。

华佗被誉为"神医"，擅长外科手术，《三国演义》中就有华佗为关羽刮骨疗毒的描写。他发明的"麻沸散"比西方早 1600 多年。另外，他独创的"五禽戏"是中国现存最早的体育保健体操。

 真题链接

下列名医中，与"刮骨疗伤"这一故事有关的是（　　）。

A. 张仲景　　　　　　　　　　B. 李时珍

C. 华佗　　　　　　　　　　　D. 扁鹊

答案：C。

（4）隋唐

孙思邈，唐朝杰出的医学家，中医医德规范制定人，被人尊为"药王"，其所著的《千金方》是中国古代中医学经典著作之一，被誉为中国最早的临床百科全书。

唐高宗时编修的《唐本草》是世界上最早的由国家颁发的药典。

（5）明朝

李时珍编著的《本草纲目》共有52卷，载有药物1892种，收集药方11096个，书中还绘制了1160幅精美的插图，约190万字，分为16部、60类，是对16世纪以前中医药学的系统总结，被誉为"东方药物巨典"，对人类近代科学影响最大。

5. 地理学成就

（1）《周易》一书最早提出了"地理"的名称。

（2）战国时期的《山海经》反映了那个时期人们对中外地理的认识。

（3）北魏地理学家郦道元所著的《水经注》是一部综合性地理著作。

（4）明代徐霞客的《徐霞客游记》是一部地理学巨著，书中对石灰岩溶蚀地貌的观察和记述，早于欧洲的两个世纪。

6. 建筑学成就

（1）鲁班

鲁班是我国古代的一位出色的发明家，我国的土木工匠们都尊称他为祖师。据传说，今天木工师傅们用的手工工具，如锯、钻、刨子、铲子、曲尺、画线用的墨斗都是鲁班发明的。

（2）万里长城

长城建筑于两千多年前的春秋战国时代，现存的长城遗迹主要为建于14世纪的明长城。它与罗马斗兽场、比萨斜塔等被列为中古世界七大奇迹之一。

（3）都江堰

都江堰是中国古代建设并使用至今的大型水利工程，由秦国蜀郡太守李冰及其子率众于公元前256年左右修建，是全世界迄今为止，年代最久、唯一留存、以无坝引水为特征的宏大水利工程，被誉为"世界水利文化的鼻祖"。

（4）赵州桥

赵州桥又称安济桥，因桥体全部用石料建成，俗称"大石桥"。建于隋朝年间公元595—605年，由著名匠师李春设计建造，是当今世界上现存最早、保存最完整的古代敞肩石拱桥。

7. 农业和手工业著作

（1）《齐民要术》，北魏贾思勰著，是现存最早、最完整的一部综合性农学著作。

（2）《梦溪笔谈》，北宋科学家、政治家沈括撰，是一部笔记本百科全书式著作，被世人称为"中国科学史上里程碑"。

（3）《农政全书》，明末徐光启著，论述了农学理论，介绍了欧洲的水利方法，是我国优秀的农学著作。

（4）《天工开物》，明朝科学家宋应星著，是中国古代一部综合性的科学技术著作，有人称它是一部百科全书式的著作，外国学者称它为"中国17世纪的工艺百科全书"。

（二）我国近现代科技成就

1. 詹天佑

詹天佑，中国近代铁路工程专家，1905—1909年指挥修建我国自建的第一条铁路——京张铁路。他创造"竖井施工法"和"人"字形线路，震惊中外，有"中国铁路之父"、"中国近代工程之父"之称。

2. 冯如

冯如，中国第一位飞机设计师。他是中国最早从事飞机研制、设计、制造的人，被美国报纸赞誉为"东方莱特"。

3. "两弹一星"

"两弹一星"是对核弹、导弹和人造卫星的简称，最初是指原子弹、氢弹和人造卫星。"两弹"中的原子弹和氢弹后来合称核弹，另一弹指导弹；"一星"则是人造卫星。

（1）1960年11月5日，中国仿制的第一枚导弹发射成功。

（2）1964年10月16日，中国第一颗原子弹爆炸成功，使中国成为第五个有原子弹的国家。

（3）1967年6月17日，中国第一颗氢弹空爆试验成功。

（4）1970年4月24日，中国第一颗人造卫星发射成功，使中国成为第五个发射人造卫星的国家。

（5）"两弹一星"元勋：1999年9月18日，在庆祝中华人民共和国成立50周年之际，党中央、国务院、中央军委决定，对当年为研制"两弹一星"做出突出贡献的23位科技专家予以表彰，并授予于敏、王大珩、王希季、朱光亚、孙家栋、任新民、吴自良、陈芳允、陈能宽、杨嘉墀、周光召、钱学森、屠守锷、黄纬禄、程开甲、彭桓武"两弹一星功勋奖章"，追授王淦昌、邓稼先、赵九章、姚桐斌、钱骥、钱三强、郭永怀"两弹一星功勋奖章"。

4. 人工合成结晶牛胰岛素

1965年9月中国科学家人工合成结晶牛胰岛素。这是世界上第一个人工合成的蛋白质，为人类认识生命、揭开生命奥秘迈出了可喜的一步。

5. 杂交水稻

1973年，袁隆平第一个开发出可以广泛种植的杂交水稻，为我国的水稻种植带来革命性的变化，水稻产量也得以大幅度提高。袁隆平被称为中国的"杂交水稻之父"。

6. 成功提取青蒿素

屠呦呦1971年首先从黄花蒿中发现抗疟有效提取物，1972年又分离出新型结构的抗疟有效成分青蒿素，1979年获国家发明奖二等奖，2011年9月获得拉斯克临床医学奖，2015年10月获得诺贝尔生理学或医学奖，她是第一位获得诺贝尔科学奖项的中国本土科学家、第一位获得诺贝尔生理医学奖的华人科学家。2017年1月，屠呦呦获2016年度国家最高科学技术奖。

7. 巨型和超级计算机

（1）银河-Ⅰ。1983年12月22日，中国第一台每秒钟运算达1亿次以上的计算机——"银河"在长沙研制成功。中国成了继美、日等国之后，能够独立设计和制造巨型机的国家。

（2）银河-Ⅱ。1992年11月19日，由国防科技大学研制的"银河-Ⅱ"10亿次巨型计算机在长沙通过国家鉴定，其运算速度每秒10亿次。

（3）银河-Ⅲ。1997年6月19日，由国防科技大学研制的"银河-Ⅲ"并行巨型计算机在京通过国家鉴定，其运算速度每秒130亿次。

（4）银河-Ⅳ。2000年银河-Ⅳ超级计算机问世，其运算速度每秒1万亿次。

（5）天河一号。2011年全球超级计算机500强排行榜在美国公布，中国"天河一号"超级计算机以每秒2570万亿次的实测运算速度，成为世界上运算最快的超级计算机，也是中国第一台千万亿次超级计算机。

（6）天河二号。2014年11月17日公布的全球超级计算机500强排行榜单中，中国"天河二号"以比第二名美国"泰坦"快近一倍的速度获得冠军。

（7）2016年11月14日，全球超级计算机500强榜单在美国公布，中国"神威·太湖之光"以绝对优势轻松蝉联冠军，再次问鼎世界。它是全球首台运行速度超10亿亿次的超级计算机，其峰值性能、持续性能均居世界第一。

（8）2017年6月19日，全球超级计算机500强榜单公布，中国"神威·太湖之光"超级计算机以每秒12.5亿亿次的峰值计算能力以及每秒9.3亿亿次的持续计算能力，再次蝉联第一名，实现三连冠。"天河二号"位居第二名。

8. 航天技术

（1）1999年11月20日，"神舟一号"飞船在酒泉卫星发射基地顺利升空。

（2）2003年10月15日，我国第一艘载人飞船"神舟五号"成功发射。中国首位航天员杨利伟成为浩瀚太空的第一位中国访客，标志着中国已成为世界上继俄罗斯和美国之后第三个能够独立开展载人航天活动的国家。

（3）2005年10月12日，我国第二艘载人飞船"神舟六号"成功发射，航天员费俊龙、聂海胜被顺利送上太空。

（4）2008年9月25日，我国第三艘载人飞船"神舟七号"成功发射，三名航天员翟志刚、刘伯明、景海鹏顺利升空。翟志刚在刘伯明的辅助下，进行了 19 分 35 秒的出舱活动，中国随之成为世界上第三个掌握空间出舱活动技术的国家。

（5）2011 年下半年，我国发射"神舟八号"飞船，实施中国首次空间飞行器无人交会对接飞行试验。

（6）2012 年 6 月 16 日，"神舟九号"飞船成功发射。"神舟九号"载人飞船与"天宫一号"对接成功，这是中国实施的首次载人空间交会对接。中国航天员景海鹏、刘旺、刘洋第一次入住"天宫"，33 岁的刘洋也成为中国第一个飞向太空的女性。

（7）2013 年 6 月 11 日，"神舟十号"载人飞船发射升空。中国航天员聂海胜、张晓光、王亚平搭乘"神舟十号"飞船出征太空。

（8）2016 年 10 月 17 日，搭载着景海鹏、陈冬两名航天员的"神舟十一号"发射成功。

9. 其他成就

1966 年 5 月，中国科学家陈景润取得哥德巴赫猜想证明世界领先成果，成为哥德巴赫猜想研究上的里程碑。

1970 年 12 月 26 日，中国第一艘核潜艇下水。

1978 年 8 月，王选等研制计算机激光汉字编辑排版系统成功，该系统是首个能用大屏幕整页编排组版中文报纸的系统。

1984 年 11 月，中国南极科考队首次乘中国自行制造的远洋考察船——"向阳号 10 号"向南极进发。

1985 年中国台湾出生第一例试管婴儿，1986 年香港也出生一例。大陆首例试管婴儿于 1988 年 3 月 10 日出生。

1988 年 10 月 16 日，中国首座高能加速器北京正负电子对撞机对撞成功。

1991 年 12 月 15 日，中国大陆第一座核电站秦山核电站并网发电。

2006 年 7 月 1 日，青藏铁路全线建成通车。

2007 年 4 月 14 日，中国成功发射了第一颗北斗导航卫星。

2007 年 10 月 24 日，中国第一颗自主研制的月球探测卫星"嫦娥一号"发射升空。

2011 年 1 月 11 日，歼 20 在成都首飞成功。

2012 年 6 月 27 日，蛟龙号在马里亚纳海沟创造了下潜 7062 米的中国载人深潜纪录，也是世界同类作业型潜水器最大下潜深度纪录。

2013 年 12 月 2 日，长征三号乙运载火箭载着"嫦娥三号"月球探测器在西昌升空。12 月 15 日，"嫦娥三号"携带的"玉兔"月球车在月球考试工作，标志着中国首次地外天体软着陆成功。

2015 年 11 月 2 日，中国商飞在上海举行中国大飞机首次下线仪式，正式宣告中国可以自主生产大型客机。2017 年 5 月 5 日，国产大飞机 C919 在浦东机场成功首飞。

2017 年 4 月 26 日，我国第一艘国产航空母舰在大连建成下水。

二、外国科技成就

（一）外国古代科技成就

1. 古埃及的科技成就

古埃及人按照尼罗河水的涨落和农作物的生长规律，制定了人类历史上第一部太阳历，我们今天通用的公历，都源于这种历法。

古埃及创造的象形文字对后来腓尼基字母的影响很大，而希腊字母是在腓尼基字母的基础上创建的。

金字塔、亚历山大灯塔、阿蒙神庙等建筑体现了埃及人高超的建筑技术和数学知识。古埃及人很早就采用了 10 进制记数法。他们建立了计算圆面积的方法，还能计算矩形、三角形和梯形的面积以及立方体、长方体、柱体和锥体的体积。

2. 古印度的科技成就

发明了世界通用的计数法，创造了包括"0"在内的 10 个数字符号。所谓阿拉伯数字实际上起源于印度，只是通过阿拉伯人传播到西方而已。

3. 古巴比伦的科技成就

古巴比伦时代的科学以数学和天文最为发达，计数法采用十进位和六十进位法。六十进位法应用于计算周天的度数和计时，至今为全世界所沿袭。在代数领域，古巴比伦人可解含有三个未知数的方程式。

在天文学方面，则已知如何区别恒星与行星，还将已知的星体命名。当时的历法为太阴历，将一年分为 12 个月，一昼夜分为 12 时，一年分为 354 日。为适应地球公转的差数，已经知道设置闰月。古巴比伦人推算出一年是 365 天 6 时 15 分 41 秒，比近代的计算只多了 26 分 55 秒。

4. 古希腊的科技成就

古希腊人在文学、戏剧、雕塑、建筑、哲学等诸多方面有很深的造诣，在科学，特别在理论科学方面成就斐然。

在天文学方面能算出日食和月食，也了解月亮反射太阳的光。

阿基米德提出了"杠杆原理"和"力矩"的概念等，被称为"力学之父"。

毕达哥拉斯提出毕达哥拉斯定律（勾股定律）。

欧几里得著有《几何原本》，奠定了欧洲数学的基础，被称为"几何之父"。

（二）外国近现代科技代表人物及其成就

1. 哥白尼

波兰天文学家，1543 年发表了天文学著作《天体运行论》，确立了日心说，引起了一场巨大的、持久的、深刻的学术思想革命，动摇了神学基础，是近代自然科学的创始人。

2. 开普勒

德国天文学家，他发现了行星运动的三大定律，分别是轨道定律、面积定律和周期定律，这三大定律最终使他赢得了"天空立法者"的美名。他为哥白尼的日心说提供了最可靠的证据，同时他对光学、数学也做出了重要的贡献，是现代实验光学的奠基人。

3. 伽利略

意大利物理学家和天文学家，被称为"近代科学之父"。1590 年，伽利略在比萨斜塔上做了"两个铁球同时落地"的著名实验，从此推翻了亚里士多德"物体下落速度和重量成比例"的学说，纠正了这个持续了 1900 年之久的错误结论。1609 年，伽利略创制了天文望远镜（后被称为伽利略望远镜）。1610 年 1 月 7 日，伽利略发现了木星的四颗卫星，为哥白尼学说找到了确凿的证据，标志着哥白尼学说开始走向胜利。

4. 培根

英国唯物主义哲学家，实验科学和近代归纳法的创始人。培根被马克思誉为"英国唯物主义和整个近代实验科学的真正始祖"，是"实验哲学之父"。主要著作有《新工具》、《论科学的增进》以及《学术的伟大复兴》等。

5. 牛顿

英国物理学家、天文学家和数学家，著有《自然哲学的数学原理》、《光学》。他在 1687 年发表的论文《自然定律》里，对万有引力和三大运动定律进行了描述。这些描述奠定了此后三个世纪里物理世界的科学观点，并成为了现代工程学的基础。在力学上，牛顿阐明了动量和角动量守恒的原理，提出牛顿运动定律；在光学上，创制了反射望远镜；在数学上，证明了广义二项式定理。

6. 哈维

英国生理学家，血液循环理论的提出者，是近代生理学、解剖学和胚胎学的奠基人之一。1628 年发表的《动物心血运动解剖论》被称为全部生理学史上最重要的著作。

7. 波义耳

英国科学家，其著作《怀疑派化学家》出版的 1661 年被化学史家当作近代化学的开始年代，马克思和恩格斯也誉称"波义耳把化学确立为科学"。

8. 惠更斯

荷兰物理学家、天文学家、数学家和发明家，机械钟（他发明的摆钟属于机械钟）的发明者。他建立向心力定律，提出动量守恒原理，并改进了计时器。代表作有《全集》、《摆钟论》、《光论》等。

9. 笛卡儿

法国著名的哲学家、数学家、物理学家。他对现代数学的发展做出了重要的贡献，因将几何坐标体系公式化而被认为是解析几何之父。他是二元论唯心主义者的代表，提出了"普遍怀疑"的主张，是西方现代哲学思想的奠基人。黑格尔称笛卡儿为"现代哲学之父"。笛卡儿被誉为"近代科学的始祖"，代表作品有《方法论》、《几何》、《屈光学》等。

10. 莱布尼茨

德国哲学家、数学家，和牛顿先后独立发明了微积分。他所涉及的领域包括法学、力学、光学、语言学等 40 多个范畴，被誉为 17 世纪的亚里士多德。

11. 库仑

法国工程师、物理学家，1773 年发表有关材料强度的论文，所提出的计算物体上应力和应变分布情况的方法被沿用到今，是结构工程的理论基础。1785 年，库仑用自己发明的扭秤建立了静电学中著名的库仑定律。

12. 瓦特

英国著名的发明家。1776 年制造出第一台有实用价值的蒸汽机。他开辟了人类利用能源的新时代，标志着工业革命的开始。后人为了纪念这位伟大的发明家，把功率的单位定为"瓦特"。

13. 富尔顿

美国著名工程师，世界上第一艘蒸汽机轮船的制造者。

14. 道尔顿

英国化学家、物理学家，近代化学之父，提出原子论和原子学说，最先从事测定原子量工作，并发表第一张原子量表；提出气体分压定律，即混合气体的总压力等于各组分气体的分压之和。主要著作有《化学哲学的新体系》两册。

15. 史蒂芬孙

英国工程师，1814 年发明了世界上第一台蒸汽机车，并在英国建造了世界上首条使用蒸汽机车的铁路，被称为"铁路之父"。

16. 安培

法国化学家，在电磁作用方面的研究成就卓著，对数学和物理也有贡献。首先推导出了电动力学的基本公式，建立了电动力学的基本理论。电流的国际单位安培以其姓氏命名。

17. 胡克

英国物理学家、天文学家。1676 年他公布了著名的弹性定律。

18. 高斯

德国著名数学家、物理学家、天文学家、大地测量学家，并拥有"数学王子"的美誉。独立发现了二项式定理的一般形式、数论上的"二次互反律"、素数定理及算术－几何平均数。1796 年，他得到了一个数学史上非常重要的结果，即《正十七边形尺规作图之理论与方法》。

19. 富兰克林

美国著名的科学家、发明家、政治家、外交家。他领导美国独立战争，参加起草《独立宣言》和宪法，发明取暖炉、避雷针、玻璃琴、双光眼镜、电轮等。著作有《电的实验与观测》等。

20. 拉瓦锡

法国著名化学家，近代化学的奠基人之一，"燃烧的氧学说"的提出者。拉瓦锡与他人合作制定出化学物种命名原则，创立了化学物种分类新体系。拉瓦锡根据化学实验的经验，用清晰的语言阐明了质量守恒定律和它在化学中的运用，被后人誉为"近代化学之父"。

21. 罗蒙诺索夫

俄国百科全书式的科学家、语言学家、哲学家和诗人，被誉为俄国科学史上的彼得大帝。他第一个记录了水银的凝结现象。他在观测金星凌日时第一个发现了金星上存在着大气。罗蒙诺索夫推翻了施塔尔提出的"燃素"学说，用实验证明："参加反应的全部物质的重量，等于全部反应产物的重量。"这就是今天我们所熟知的，作为化学科学基石的质量守恒定律。1748 年他创建了俄国第一个化学实验室，1755 年创办了俄国第一所大学——莫斯科大学。

22. 伏特

意大利物理学家，1800 年发明伏特电池。为纪念他，电压单位被取名伏特。

23. 欧姆

德国物理学家，提出了经典电磁理论著名的欧姆定律，为纪念其重要贡献，人们将其名字作为电阻单位。欧姆的名字也被用于其他物理及相关技术内容中，比如"欧姆接触"、"欧姆杀菌"、"欧姆表"等。

24. 法拉第

英国物理学家、化学家。1831 年 10 月 17 日，法拉第首次发现电磁感应现象，从而奠定了电磁学的基础，是麦克斯韦的先导。其在在电磁学及电化学领域做出很多重要贡献，其中主要的贡献为电磁感应、抗磁性、电解。为了纪念法拉第，在国际单位制里，电容的单位是法拉。

25. 焦耳

英国物理学家。由于他在热学、热力学和电方面的贡献，皇家学会授予他最高荣誉的科普利奖章。后人为了纪念他，把能量或功的单位命名为"焦耳"，简称"焦"。

26. 开尔文

英国物理学家，热力学的主要奠基人之一。他在 1848 年提出、1854 年修改的绝对热力学温标，是现代科学上的标准温标。

27. 舍勒

瑞典著名化学家，氧气的发现人之一，同时对氯化氢、一氧化碳、二氧化碳、二氧化氮等多种气体，都有深入的研究。

28. 琴纳

英国医学家，免疫学之父，天花疫苗接种的先驱。

29. 达盖尔

法国发明家、艺术家和化学家。首次成功地发明了实用摄影术（达盖尔银版法，又称达盖尔摄影法）。

30. 施莱登

德国植物学家，细胞学说的创始人之一。

31. 维勒

德国化学家。他因人工合成了尿素，打破了有机化合物的生命力学说而闻名。

32. 达尔文

英国生物学家，进化论的奠基人，出版《物种起源》这一划时代的著作，提出了生物进化论学说，从而摧毁了各种唯心的神造论和物种不变论。除了生物学外，他的理论对人类学、心理学、哲学的发展都有不容忽视的影响。

33. 孟德尔

奥地利人，"现代遗传学之父"，是遗传学的奠基人。1865 年他通过豌豆实验，发现了遗传规律、分离规律及自由组合规律。

34. 巴斯德

法国微生物学家、化学家、微生物学的奠基人之一。以否定自然发生说（自生说）及倡导疾病细菌学说（胚种学说）和发明预防接种方法而闻名，为第一个创造狂犬病和炭疽的疫苗的科学家。被世人称颂为"进入科学王国的最完美无缺的人"。他和费迪南德·科恩以及罗伯特·科赫一起开创了细菌学，被认为是微生物学的奠基者之一，常被成为"细菌学之父"。

35. 麦克斯韦

英国人，是继法拉第之后集电磁学大成的伟大科学家。1873 年出版了电磁场理论的经典巨著《电磁学通论》。

36. 诺贝尔

瑞典化学家、工程师、发明家、军工装备制造商和炸药的发明者。诺贝尔一生拥有 355 项专利发明。在他逝世的前一年，立嘱将其遗产的大部分作为基金，将每年所得利息分为 5 份，设立物理、化学、生理或医学、文学及和平 5 种奖金（即诺贝尔奖），授予世界各国在这些领域对人类做出重大贡献的人。人造元素锘（Nobelium）就是以诺贝尔命名的。

真题链接

诺贝尔奖是根据化学家诺贝尔遗嘱设立的，包括自然科学和人文科学的综合性、国际性和永久性系列奖项，为国际最高荣誉奖项。诺贝尔的国籍是（   ）。

A. 瑞士   B. 德国

C. 英国　　　　　　　　　　　　　　D. 瑞典

答案：D。

37. 门捷列夫

俄国化学家，发现了元素周期律，并就此发表了世界上第一份元素周期表。其名著《化学原理》，在 19 世纪后期和 20 世纪初，被国际化学界公认为标准著作。

38. 伦琴

德国物理学家。1895 年 11 月 8 日发现了 X 射线，为开创医疗影像技术铺平了道路，1901 年被授予首次诺贝尔物理学奖。为了纪念伦琴的成就，X 射线在许多国家都被称为伦琴射线，另外第 111 号化学元素 Rg 也以伦琴命名。

39. 本茨

现代汽车工业的先驱者之一，人称"汽车之父"。他研制成单缸汽油发动机，并于 1886 年 1 月 29 日获得世界上第一个"汽车制造专利权"，这一天被公认为世界首辆汽车诞生日。

40. 贝尔

美国发明家和企业家。他获得了世界上第一台可用的电话机的专利权（发明者为意大利人安东尼奥·梅乌奇），创建了贝尔电话公司，被世界誉为"电话之父"。

41. 爱迪生

美国发明家、企业家。他发明的留声机、电影摄影机、电灯对世界有极大影响。他一生的发明共有两千多项，拥有专利一千多项。

42. 路易·卢米埃尔

法国电影发明家，导演。1895 年，他与其兄获电影放映机的发明专利。1895 年 12 月 28 日，他在巴黎大咖啡馆的印度厅第一次在公众场合放映了自己拍摄的影片《工厂大门》、《火车到站》等，这一天被认为是电影的诞生日。

从 1896 年起，他培训了大批放映员在世界各地巡回放映，使电影迅速流传全世界。他的影片是早期电影的经典之作，运用了特写（《婴儿午餐》）和景深镜头（《火车到站》）；他还拍摄了最早的喜剧片（《水浇园丁》）。

43. 巴甫洛夫

俄国生理学家、心理学家、医师，高级神经活动学说的创始人，高级神经活动生理学的奠基人，条件反射理论的建构者，也是传统心理学领域之外而对心理学发展影响最大的人物之一，曾荣获诺贝尔奖。

44. 弗洛伊德

奥地利精神病医生、心理学家，精神分析学派的创始人。著有《性学三论》、《梦的释义》、《图腾与禁忌》、《日常生活的心理病理学》、《精神分析引论》、《精神分析引论新编》等。

45. 普朗克

德国物理学家，量子力学的创始人，因发现能量量子而对物理学的进展做出了重要的贡献。

46. 摩尔根

美国进化生物学家，遗传学家和胚胎学家。他发现了染色体的遗传机制，创立染色体遗传理论，是现代实验生物学奠基人。他于 1933 年由于发现染色体在遗传中的作用，赢得了诺贝尔生理学或医学奖。

47. 弗莱明

苏格兰生物学家、药学家、植物学家。他于 1923 年发现溶菌酶，1928 年发现青霉素（又名盘尼西林）。1945 年，他与弗洛里和钱恩因为对青霉素的研究成果获诺贝尔医学奖。

48. 赫兹

德国物理学家，于 1887 年首先用实验证实了电磁波的存在，并于 1888 年发表了论文。他对电磁学有很大的贡献，故频率的国际单位制单位赫兹以他的名字命名。

49. 居里夫人

波兰裔法国籍女物理学家、放射化学家。她开创了放射性理论，发明了分离放射性同位素的技术，以及发现两种新元素钋（Po）和镭（Ra）。她是获得两次诺贝尔奖的第一人。

50. 莱特兄弟

美国发明家。他们首创让固定翼飞机能受控飞行的飞行控制系统，1903 年驾驶自行研制的固定翼飞机，实现了人类史上首次重于空气的航空器持续而且受控的动力飞行，被广泛誉为现代飞机的发明者。

51. 爱因斯坦

德国犹太裔理论物理学家、思想家及哲学家，因为"对理论物理的贡献，特别是发现了光电效应"而获得 1921 年诺贝尔物理学奖，是现代物理学的开创者、奠基人，相对论——"质能关系"的创立者，"决定论量子力学诠释"的捍卫者。他创立了代表现代科学的相对论，为核能开发奠定了理论基础，被公认为是自伽利略、牛顿以来最伟大的科学家、物理学家。1999 年他被美国《时代周刊》评选为"世纪伟人"。

52. 魏格纳

德国气象学家、地球物理学家。1912 年 6 月他在法兰克福地质协会上提出了大陆漂移假说理论。1915 年出版《海陆的起源》，被称为"大陆漂移学说之父"。

53. 玻尔

丹麦物理学家，原子结构学说之父，1922 年获得诺贝尔物理学奖。他通过引入量子化条件，提出了氢原子模型来解释氢原子光谱，提出互补原理和哥本哈根诠释来解释量子力学，对 20 世纪物理学的发展有深远的影响。

54. 哈勃

美国著名天文学家。哈勃证实了银河系外其他星系的存在，并发现了大多数星系都存在红移的现象，建立了哈勃定律，是宇宙膨胀的有力证据。哈勃是公认的星系天文学创始人和观测宇宙学的开拓者，并被天文学界尊称为星系天文学之父。为纪念哈勃的贡献，小行星 2069、月球上的哈勃环形山以及哈勃太空望远镜均以他的名字来命名。代表作品有《星云世界》、《用观测手段探索宇宙学问题》。

55. 海森堡

德国著名物理学家，量子力学的创立人。他于 20 世纪 20 年代创立的量子力学，开辟了 20 世纪物理时代的新纪元。1932 年，他获得诺贝尔物理奖。

56. 冯·布劳恩

德国航天工程师，在火箭技术和太空探测等方面都有光辉的成就。他先后为著名的 V - 1、V - 2 火箭的诞生和美国第一颗卫星的发射成功，以及第一艘载人飞船"阿波罗 11 号"登上月球做出突出贡献，而美国航天飞机的研制也是自他手中发端。因此他被誉为"现代航天之父"。

57. 沃森

美国生物学家，被称为"DNA 之父"，1953 年提出 DNA 双螺旋结构模型。

58. 霍金

英国物理学家、宇宙学家、数学家，是继爱因斯坦之后最杰出的理论物理学家和当代最伟大的科学家，人类历史上最伟大的人物之一，被誉为"宇宙之王"。他的代表作品有《时间简史》、《果壳中的宇宙》、《大设计》等。

59. 蒂姆·伯纳斯·李

英国计算机科学家，万维网的发明者，互联网之父。在 2012 年夏季奥林匹克运动会开幕典礼上，他获得了"万维网发明者"的美誉。2017 年 4 月 4 日，蒂姆·伯纳斯·李获得 2016 年 ACM"图灵奖"。

三、科学常识

（一）天文常识

1. 宇宙大爆炸

宇宙学家通常所指的大爆炸观点为：宇宙是在过去有限的时间之前，由一个密度极大且温度极高的太初状态演变而来的，并经过不断的膨胀与繁衍到达今天的状态。学术界影响较大的"大爆炸宇宙论"是 1927 年由比利时数学家勒梅特提出的，他认为最初宇宙的物质集中在一个超原子的"宇宙蛋"里，在一次无与伦比的大爆炸中分裂成无数碎片，形成了今天的宇宙。1948 年，俄裔美籍物理学家伽莫夫等人，又详细勾画出宇宙由一个致密炽热的奇点于 140 亿年前一次大爆炸后，经一系列元素演化到最后形成星球、星系的整个膨胀演化过程的图像。

2. 银河系

银河系（古称银河、天河、星河、天汉、银汉等），是太阳系所在的星系，又称天河或天汉，属于棒旋星系，包括 1000 亿到 4000 亿颗恒星和大量的星团、星云，还有各种类型的星际气体和星际尘埃。

3. 太阳系

由太阳和围绕它运动的天体构成的体系及其所占有的空间区域。由太阳、行星及其卫星与环系、小行星、彗星、流星体和行星际物质所构成的天体系统及其所占有的空间区域。

4. 太阳

太阳或日是位于太阳系中心的恒星，它几乎是热等离子体与磁场交织着的一个理想球体。其直径大约是 1392000（1.392×10^6）千米，相当于地球直径的 10^9 倍；质量大约是 2×10^{30} 千克（地球的 330000 倍），约占太阳系总质量的 99.86%。

5. 恒星

恒星是由非固态、液态、气态的第四态等离子体组成的，是能自己发光的球状或类球状天体。太阳就是最接近地球的恒星。

6. 行星

通常指自身不发光，环绕着恒星的天体。

7. 地球

太阳系八大行星之一（2006 年冥王星被划为矮行星，因为其运动轨迹与其他八大行星不同），按离太阳由近及远的次序排为第三颗。它有一个天然卫星——月球，二者组成一个天体系统——地月系统。地球是宇宙中已知存在生命的唯一天体。地球平均半径约为 6371 千米，赤道周长大约为 40076 千米。地球上 71% 为海洋，29% 为陆地。地球由地壳、地幔以及地核组成。地球并不是一个完整的球体，其实它是一个椭圆体。

8. 光年

计量天体间时空距离的单位，一般被用于衡量天体间的时空距离，其字面意思是指光在宇宙真空中沿直线传播了一年时间的距离，为 9 460 730 472 580.8 千米，是由时间和光速计算出来的。

9. 日食

日食，又叫做日蚀，是月球运动到太阳和地球中间，如果三者正好处在一条直线时，月球就会挡住太阳射向地球的光，月球身后的黑影正好落到地球上，这时发生日食现象。在民间传说中，称此现象为天狗食日。日食只在朔，即月球与太阳呈现合的状态时发生。日食分为日偏食、日全食、日环食、全环食。

10. 月食

月食是一种特殊的天文现象，指当月球运行至地球的阴影部分时，原本可被太阳光照亮的部分，有部分或全部不能被直射阳光照亮，使得位于地球的观测者无法看到普通的月相的天文现象。发生月食时，太阳、地球、月球恰好（或几乎）在同一条直线上。月食可以分为月偏食、月全食和半影月食三种。

11. 流星雨

指在夜空中有许多的流星从天空中一个所谓的辐射点发射出来的天文现象。

12. 潮汐现象

指海水在天体（主要是月球和太阳）引潮力作用下所产生的周期性运动，习惯上把海面垂直方向涨落称为潮汐，而海水在水平方向的流动称为潮流。

13. 极光

出现于星球的高磁纬地区上空，是一种绚丽多彩的发光现象。地球的极光常常出现于纬度靠近地磁极地区上空，一般呈带状、弧状、幕状、放射状。在南极称为南极光，在北极称为北极光。极光产生的条件有三个：大气、磁场、高能带电粒子。

14. 大气层

又叫大气圈或者大气，是星球表面上的空气，因为星球引力影响，在星球表面积蓄而成的一圈气体。大气层的厚度大约在 1000 千米以上，但没有明显的界线。整个大气层随高度不同表现出不同的特点，分为对流层、平流层、中间层、暖层和散逸层，再上面就是星际空间了。

15. 黑洞

黑洞就是中心的一个密度无限大、时空曲率无限高、体积无限小的奇点和周围一部分空空如也的天区，这个天区范围之内不可见。它是现代广义相对论中，宇宙空间内存在的一种天体。1916 年，德国天文学家卡尔·史瓦西通过计算得到了爱因斯坦引力场方程的一个真空解，这个解表明，如果将大量物质集中于空间一点，其周围会产生奇异的现象，即在质点周围存在一个界面——"视界"，一旦进入这个界面，即使光也无法逃脱。这种"不可思议的天体"被美国物理学家约翰·阿奇博尔德·惠勒命名为"黑洞"。

（二）地理常识

1. 地震

地壳快速释放能量过程中造成的震动，其间会产生地震波。地震可由地震仪所测量，地震的震级是用作表示由震源释放出来的能量，通常以"里氏地震规模"来表示；烈度则透过"修订麦加利地震烈度表"来表示。

2. 全球气候变暖

是一种自然现象。由于人们焚烧化石燃料，如石油、煤炭等，或砍伐森林并将其焚烧时会产生大量的二氧化碳，即温室气体，这些温室气体对来自太阳辐射的可见光具有高度透过性，而对地球发射出来的长波辐射具有高度吸收性，能强烈吸收地面辐射中的红外线，导致地球温度上升，即温室效应。而当温室效应不断积累，导致地气系统吸收与发射的能量不平衡，能量不断在地气系统累积，从而导致温度上升，造成全球气候变暖这一现象。全球变暖会使全球降水量重新分配、冰川和冻土消融、海平面上升等，不仅危害自然生态系统的平衡，还威胁人类的生存。

3. 厄尔尼诺现象

又称厄尔尼诺海流，是太平洋赤道带大范围内海洋和大气相互作用后失去平衡而产生的一种气候现象。厄尔尼诺一词源自西班牙文 El Niño，原意是"圣婴"，用来表示在南美洲西海岸（秘鲁和厄瓜多尔附近）向西延伸，经赤道太平洋至日期变更线附近的海面温度异常增暖的现象。厄尔尼诺又分为厄尔尼诺现象和厄尔尼诺事件。厄尔尼诺现象要维持 3 个月以上，才能被认定是真正发生了厄尔尼诺事件。

4. 赤潮

赤潮又名红潮，是一种水华现象。它是海洋灾害的一种，是指是在特定的环境条件下，海水中某些浮游植物、原生动物或细菌爆发性增殖或高度聚集而引起水体变色的一种有害生态现象。

5. 国际日期变更线

为了避免日期上的混乱，1884 年国际经度会议规定了一条国际日期变更线。这条变更线位于太平洋中的 180°经线上，作为地球上今天和昨天的分界线，因此称为国际日期变更线。它北起北极，通过白令海峡、太平洋，直到南极。

6. 区时

区时，是一种按全球统一的时区系统计量的时间。人为规定，在日界线西侧的东十二区在任何时刻，总是比日界线东侧的西十二区早 24 小时。所以，自西向东过日界线，日期要减一天；反之，自东向西过日界线，日期要加一天。

7. 季风洋流

印度洋北部特有的洋流。洋流随印度洋季风的更替而有季节性的流向转变。冬季盛行东北风，季风洋流向西流，环流系统由季风洋流、索马里暖流和赤道逆流组成。夏季盛行西南风，季风洋流向东流，此时索马里暖流和赤道逆流消失，索马里沿岸受上升流的影响，形成与冬季风相反的索马里寒流。整个环流系统由季风洋流、索马里寒流和南赤道暖流组成，呈夏季沿顺时针方向、冬季沿逆时针方向流动。

8. 板块构造学说

又称板块构造假说、板块构造论或板块构造学，是为了解释大陆漂移现象而发展出的一种地质学理论。该理论认为，地球的岩石圈是由板块拼合而成；全球分为六大板块（1968 年法国勒皮雄划分），海洋和陆地的位置是不断变化的。根据这种理论，地球内部构造的最外层分为两部分：外层的岩石圈和内层的软流圈。这种理论基于两种独立的地质观测结果：海底扩张和大陆漂移。

9. 喀斯特地貌

是具有溶蚀力的水对可溶性岩石进行溶蚀等作用所形成的地表和地下形态的总称，又称岩溶地貌。水对可溶性岩石所进行的作用，统称为大喀斯特作用。这种作用及其产生的现象统称为喀斯特。喀斯特是南斯拉夫西北部伊斯特拉半岛碳酸盐岩高原的地名，当地称为 Kras，意为岩石裸奔的地方。喀斯特地貌分布在世界各地的可溶性岩石地区。

10. 丹霞地貌

定义为"有陡崖的陆相红层地貌"，1928 年冯景兰等在广东省仁化县丹霞山考察时首先命名。形成丹霞地貌的是一种沉积在内陆盆地的红色岩层，这种岩层在千百万年的地质变化过程中，被水切割侵蚀，形成了红色山块群。丹霞地貌主要分布在中国、美国西部、中欧和澳大利亚等地，以中国分布最广。

11. 冰川地貌

是由冰川作用塑造的地貌，属于气候地貌范畴。地球陆地表面有 11% 的面积为现代冰川覆盖，主要分布在极地、中低纬的高山和高原地区。

12. 大陆架

又叫"陆棚"或"大陆浅滩"，是大陆向海洋的自然延伸，通常被认为是陆地的一部分。在《国际法》上是指邻接一国海岸但在领海以外的一定区域的海床和底土。沿岸国有权为勘探和开发自然资源的目的对其大陆架行使主权权利。

13. 堰塞湖

是指山崩、土石流或熔岩堵塞河谷或河床，储水到一定程度便形成的湖泊，通常为地震、风灾、火山爆发等自然原因所造成，也有人为因素所造就出的堰塞湖，例如：炸药击发、工程挖掘等。

14. 七大洲

七大洲即地球陆地分成的七大板块，分别为亚洲、欧洲、北美洲、南美洲、非洲、大洋洲、南极洲。亚洲是七大洲中最大的板块，大洋洲是最小的板块，南极洲是最冷的板块。

15. 四大洋

四大洋是地球上四片海洋（太平洋、大西洋、印度洋、北冰洋）的总称，也泛指地球上所有的海洋。由于海洋学上发现南冰洋有重要的不同洋流，于是国际水文地理组织于 2000 年确定其为一个独立的大洋，成为五大洋中的第四大洋。但在学术界依旧有人不承认南极洋这一称谓。五大洋中太平洋最大，北冰洋最小。

16. 海

海又称为"大海"，是指与"大洋"相连接的大面积咸水区域，即大洋的边缘部分。通常大型内陆盐湖、没有与海洋连通的大型咸水湖泊如里海、加利利海是"海"。海分为边缘海、内海、内陆海（广大的淡水水系，如五大湖）和陆间海。

最咸的海——红海；最淡的海——波罗的海；沿岸国最多的海——加勒比海。

17. 海沟

海沟（trench）是海底最深的地方，最大水深可达到一万多米（马里亚纳海沟深11034 米）。多分布在大洋边缘，而且与大陆边缘相对平行。

18. 河流

通常是指陆地河流，由一定区域内地表水和地下水补给，经常或间歇地沿着狭长凹地流动的水流。

尼罗河是世界上最长的河流，全长 6670 公里；亚马孙河是世界上流域面积最大的河流，流域面积达 705 万平方千米；多瑙河是流经国家最多的河流，流经 10 个国家。

19. 运河

运河是用以沟通地区或水域间水运的人工水道，通常与自然水道或其他运河相连。

胥河是中国现有记载的最早的运河；京杭大运河是世界上最长的运河，也是世界上开凿最早、规模最大的运河。世界著名的运河还有巴拿马运河、苏伊士运河等。

20. 湖泊

湖泊是陆地表面洼地积水形成的比较宽广的水域。现代地质学定义：陆地上洼地积水形成的、水域比较宽广、换流缓慢的水体。汉语定义：湖与泊共为陆地水域，但湖指水面有芦苇等水草的水域，泊指水面无芦苇等水草的水域。

世界最深的湖泊为贝加尔湖，海拔最低的湖泊为死海，最大的湖泊为里海，最大的淡水湖为苏必利尔湖。

21. 海峡

海峡通常位于两个大陆或大陆与邻近的沿岸岛屿以及岛屿与岛屿之间。其中有的沟通两海，有的沟通两洋，有的沟通海和洋。全世界有上千个海峡，其中著名的约 50 个。

船只通过量居首位的海峡是连接北海和大西洋的英吉利海峡和多佛尔海峡；世界最长的海峡是沟通南、北印度洋的莫桑比克海峡，最宽的海峡是沟通南太平洋和南大西洋的德雷克海峡；深度最大的海峡也是德雷克海峡。直布罗陀海峡是地中海通向大西洋的唯一出口，被人们称为"西方世界的生命线"。

中国的主要海峡有 3 个：沟通东海和南海的台湾海峡，沟通渤海和黄海的渤海海峡，沟通南海和北部湾的琼州海峡。

22. 峡谷

峡谷是深度大于宽度、谷坡陡峻的谷地，V 形谷的一种。中国的雅鲁藏布大峡谷是世界第一大峡谷，通常也被认为是地球上最深的峡谷。

23. 盆地

盆地特征为其四周地形的水平高度要比盆地自身高，在中间形成一个低地，常为一地形（平原、高原）被山所围绕，因此盆地是地形分支的一种。

地球上最大的盆地是刚果盆地。中国有 5 个十分有名的盆地，分别为四川、塔里木、吐鲁番、准噶尔、柴达木盆地。盆地是世界五大基本陆地地形之一。

24. 高原

高原海拔高度一般在 1000 米以上，面积广大，地形开阔，周边以明显的陡坡为界，比较完整的大面积隆起地区称为高原。

世界最高的高原为青藏高原，最大的高原为巴西高原。

中国的四大高原是青藏高原、云贵高原、黄土高原和内蒙古高原。

25. 平原

平原是世界五大陆地基本地形之一，海拔一般在 0 到 50 米，地面平坦或起伏较小，主要分布在大河两岸和濒临海洋的地区。

世界面积最大的平原是亚马孙平原。

中国的三大平原是东北平原、华北平原、长江中下游平原。其中，东北平原是中国最大的平原。

26. 山脉

相连山体的统称，是沿一定方向延伸，包括若干条山岭和山谷组成的山体。一般由于板块相互挤压使得地壳隆起，形成山脉，这类山脉称为褶皱山脉。山脉依高度可分低海拔山脉、中海拔山脉、高海拔山脉三种类型。

陆地上最长的山脉是安第斯山脉，世界海拔最高、最雄伟的山脉是喜马拉雅山脉。

27. 岛屿

岛屿是指四面环水并在高潮时高于水面的自然形成的陆地区域。全球岛屿总数达 5 万个以上，总面积约为 997 万平方千米，约占全球陆地总面积的 1/15。

世界最大的岛屿是格陵兰岛，最大的群岛是马来群岛。

28. 沙漠

亦作砂漠，全称沙质荒漠。地球陆地的三分之一是沙漠。沙漠一般是风成地貌。

世界最大的沙漠是撒哈拉沙漠。

中国四大沙漠为塔克拉玛干沙漠、古尔班通古特沙漠、巴丹吉林沙漠和腾格里沙漠。其中塔克拉玛干沙漠是中国最大的沙漠，也是世界第二大流动沙漠。

（三）物理常识

1. 万有引力定律

万有引力定律是解释物体之间相互作用的引力的定律。该定律由艾萨克·牛顿在1687 年于《自然哲学的数学原理》上发表。定律内容为任意两个质点通过连心线方向上的力相互吸引。该引力的大小与它们的质量乘积成正比，与它们距离的平方成反比，与两物体的化学本质或物理状态以及中介物质无关。

2. 能量守恒定律

能量守恒定律即热力学第一定律，是指在一个封闭（孤立）系统的总能量保持不变。其中总能量一般说来已不再只是动能与势能之和，而是静止能量（固有能量）、动能、势能三者的总量。

能量守恒定律可以表述为：一个系统的总能量的改变只能等于传入或者传出该系统的能量的多少。总能量为系统的机械能、热能及除热能以外的任何内能形式的总和。

3. 光

光是能量的一种传播方式。光源之所以发出光，是因为光源中原子、分子的运动，主要有三种方式：热运动、跃迁辐射（包括自发辐射和受激辐射）以及物质内部带电粒子加速运动时所产生的光辐射。

4. 激光

激光是 20 世纪以来，继原子能、计算机、半导体之后，人类的又一重大发明，被称为"最快的刀"、"最准的尺"、"最亮的光"和"奇异的激光"。激光的原理早在 1916 年已被爱因斯坦发现，但直到 1960 年激光才被首次成功制造。

激光应用很广泛，主要有激光打标、光纤通信、激光光谱、激光测距、激光雷达、激光切割、激光武器、激光唱片、激光指示器、激光矫视、激光美容、激光扫描、激光灭蚊器等。2013 年 1 月，科学家已经成功研制出可用于医学检测的牵引光束。

5. 电磁

物理概念之一，是物质所表现的电性和磁性的统称，如电磁感应、电磁波等。电磁是法拉第发现的，电磁现象产生的原因在于电荷运动产生波动，形成磁场，因此所有的电磁现象都离不开磁场。

6. 物态变化

在物理学中，把物质从一种状态变化到另一种状态的过程，叫做物态变化。物态一般有三种：固态、液态和气态。物态变化有六种：熔化、凝固、汽化、液化、升华、凝华。

7. 紫外线

紫外线是波长比可见光短，但比 X 射线长的电磁辐射，波长范围在 10 纳米至 400 纳米，能量从 3 电子伏特至 124 电子伏特之间。它的名称是因为在光谱中电磁波频率比肉眼可见的紫色还要高而得名，又俗称紫外光。

8. 红外线

红外线是波长介乎微波与可见光之间的电磁波，波长在 760 纳米至 1 毫米之间，比红光长的非可见光。高于绝对零度（-273.15 ℃）的物质都可以产生红外线。现代物理学称之为热射线。

9. 杠杆原理

阿基米德在《论平面图形的平衡》一书中最早提出了杠杆原理。即"二重物平衡时，它们离支点的距离与重量成反比"。要使杠杆平衡，作用在杠杆上的两个力矩（力与力臂的乘积）大小必须相等。即：动力×动力臂＝阻力×阻力臂，用代数式表示为 $F_1 \cdot L_1 = F_2 \cdot L_2$。式中，$F_1$ 表示动力，L_1 表示动力臂，F_2 表示阻力，L_2 表示阻力臂。

10. 阿基米德定律

又称阿基米德原理、浮力原理，是物理学中力学的一条基本原理。浸在液体（或气体）里的物体受到竖直向上的浮力作用，浮力的大小等于被该物体排开的液体的重力。

11. 压强

物体所受的压力与受力面积之比叫做压强，压强用来比较压力产生的效果，压强越大，压力的作用效果越明显。压强的计算公式是：$p = F/S$，压强的单位是帕斯卡，符号是 Pa。

12. 电压

也称作电势差或电位差，是衡量单位电荷在静电场中由于电势不同所产生的能量差的物理量。电压的国际单位制为伏特（V），常用的单位还有毫伏（mV）、微伏（μV）、千伏（kV）等。

13. 电流

科学上把单位时间里通过导体任一横截面的电量叫做电流强度，简称电流。通常用字母 I 表示，它的单位是安培，简称"安"，符号"A"，也是指电荷在导体中的定向移动。

14. 电阻

电阻是一个物理量，在物理学中表示导体对电流阻碍作用的大小，它的英文名称为 resistance，通常缩写为 R，它是导体的一种基本性质，与导体的尺寸、材料、温度有关。电阻的基本单位是欧姆，用希腊字母"Ω"来表示。欧姆定律指出电压、电流和电阻三者之间的关系为 $I = U/R$，亦即 $R = U/I$。

（四）化学常识

1. 无机物

即无机化合物，与机体无关的化合物（少数与机体有关的化合物也是无机化合物，如水），与有机化合物对应，通常指不含碳元素的化合物，但包括碳的氧化物、碳酸盐、氰化物等，简称无机物。绝大多数的无机物可以归入氧化物、酸、碱和盐 4 大类。

2. 有机物

即有机化合物，是含碳化合物（一氧化碳、二氧化碳、碳酸、碳酸盐、碳酸氢盐、金属碳化物、氰化物、硫氰化物等氧化物除外）或碳氢化合物及其衍生物的总称。有机物是生命产生的物质基础。

3. 原子

原子指化学反应不可再分的基本微粒，在化学反应中不可分割，但在物理状态中可以分割，原子由原子核和绕核运动的电子组成。原子构成一般物质的最小单位，称为元素。已知的元素有 118 种。

4. 分子

是构成物质的一种基本粒子的名称。分子是物质中能够独立存在的相对稳定并保持该物质物理化学特性的最小单元。分子由原子构成，原子通过一定的作用力，以一定的次序和排列方式结合成分子。

5. 元素

即化学元素，指自然界中一百多种基本的金属和非金属物质，它们只由一种原子组成，其原子中的每一核子具有同样数量的质子，用一般的化学方法不能使之分解，并且能构成一切物质。到 2012 年为止，总共有 118 种元素被发现，其中 94 种是存在于地球上。

6. 化学反应

化学反应为相互接触的分子间发生原子或电子的转换或转移，生成新的分子并伴有能量的变化的过程。化学变化实质是旧键的断裂和新键的生成。在化学变化过程中通常有发光、放热或吸热现象等。

7. 酸

电离时生成的阳离子全部是氢离子（H^+）的化合物叫做酸，与碱相对。

8. 碱

碱是指有别于工业用碱的纯碱（碳酸钠）和小苏打（碳酸氢钠）。小苏打是由纯碱的溶液或结晶吸收二氧化碳之后的制成品，二者本质上没有区别。食用碱呈固体状态，圆形，色洁白，易溶于水。

9. 氧化物

氧化物是负价氧和另外一个化学元素组成的二元化合物，例如氧化铁（Fe_2O_3）或氧化铝（Al_2O_3），通常经由氧化反应产生。

10. 石油

又称原油，是从地下深处开采的棕黑色可燃黏稠液体。主要是各种烷烃、环烷烃、芳香烃的混合物。它是古代海洋或湖泊中的生物经过漫长的演化形成的混合物，与煤一样属于化石燃料。石油主要被用来作为燃油和汽油。石油也是许多化学工业产品如溶液、化肥、杀虫剂和塑料等的原料。

11. 天然气

是一种主要由甲烷组成的气态化石燃料。它主要存在于油田和天然气田，也有少量出于煤层。天然气主要用途是作燃料，可制造炭黑、化学药品和液化石油气，由天然气生产的丙烷、丁烷是现代工业的重要原料。天然气主要由气态低分子烃和非烃气体混合组成。

12. 可燃冰

即天然气水合物，是分布于深海沉积物或陆域的永久冻土中，由天然气与水在高压低温条件下形成的类冰状的结晶物质。因其外观像冰一样而且遇火即可燃烧，所以又被称作"可燃冰"或者"固体瓦斯"和"气冰"，其实是一个固态块状物。

（五）生物常识

1. 微生物

是指一切肉眼看不到或看不清楚，因而需要借助显微镜观察的微小生物，包括细菌、病毒、真菌以及一些小型的原生动物等在内的一大类生物群体。中国大陆地区的教科书把微生物划分为以下 8 大类：细菌、病毒、真菌、放线菌、立克次体、支原体、衣原体、螺旋体。

2. 新陈代谢

是生物体内全部有序化学变化的总称，其中的化学变化一般都是在酶的催化作用下进行的。它包括物质代谢和能量代谢两个方面。生物体与外界环境之间的物质和能量交换以及生物体内物质和能量的转变过程叫做新陈代谢。

3. 细菌

是微生物的主要类群之一，属于细菌域。广义的细菌即为原核生物是指一大类细胞核无核膜包裹，只存在称作拟核区（或拟核）的裸露 DNA 的原始单细胞生物，包括真细菌和古生菌两大类群。人们通常所说的为狭义的细菌，属原核微生物，是一类形状细短、结构简单，多以二分裂方式进行繁殖的原核生物，是在自然界分布最广、个体数量最多的有机体，是大自然物质循环的主要参与者。

4. 蛋白质

是以氨基酸为基本单位构成的生物大分子，由 C（碳）、H（氢）、O（氧）、N（氮）组成，一般蛋白质可能还会含有 P、S、Fe（铁）、Zn（锌）、Cu（铜）、B（硼）、Mn（锰）、I（碘）、Mo（钼）等。蛋白质是生命的物质基础，没有蛋白质就没有生命。蛋白质占人体重量的 16%～20%。人体内蛋白质的种类很多，性质、功能各异，但都是由 20 多种氨基酸按不同比例组合而成的，并在体内不断进行代谢与更新。

5. 杂交水稻

指选用两个在遗传上有一定差异，同时它们的优良性状又能互补的水稻品种，进行杂交，生产具有杂种优势的第一代杂交种，用于生产，这就是杂交水稻。杂种优势是生物界普遍现象，利用杂种优势提高农作物产量和品质是现代农业科学的主要成就之一。

6. 基因

指携带有遗传信息的 DNA 序列，是控制性状的基本遗传单位，亦即一段具有功能性的 DNA 序列。基因通过指导蛋白质的合成来表达自己所携带的遗传信息，从而控制生物个体的性状表现。人类约有两万至两万五千个基因。

7. 染色体

是细胞内具有遗传性质的物体，易被碱性染料染成深色，所以叫染色体（染色质）。染色体在显微镜下呈圆柱状或杆状，主要由脱氧核糖核酸和蛋白质组成。

在无性繁殖物种中，生物体内所有细胞的染色体数目都一样；而在有性繁殖大部分物种中，生物体的体细胞染色体成对分布，含有两个染色体组，称为二倍体。

哺乳动物雄性个体细胞的性染色体对为 XY，雌性则为 XX。鸟类、两栖类、爬行类和某些昆虫的性染色体与哺乳动物不同：雄性个体的是 ZZ，雌性个体为 ZW。

8. 遗传

一般是指亲子之间以及子代个体之间性状存在相似性，表明性状可以从亲代传递给子代，这种现象称为遗传。但在遗传学上，指遗传物质从上代传给后代的现象。目前已知地球上现存的生命主要是以 DNA 作为遗传物质。

9. 变异

是生物繁衍后代的自然现象，是遗传的结果。亲子之间以及子代个体之间性状表现存在差异的现象称为变异。可分为基因重组、基因突变与染色体畸变。

10. 转基因

转基因技术就是将人工分离和修饰过的基因导入到目的生物体的基因组中，从而达到改造生物的目的。常用的方法包括显微注射、基因枪、电破法、脂质体等。转基因最初用于研究基因的功能，即把外源基因导入受体生物体基因组内（一般为模式生物，如拟南芥或斑马鱼等），观察生物体表现出的性状，达到揭示基因功能的目的。后来人们造出转基因食品，但其安全性一直存在争议。

（七）高新科技常识

1. 微电子技术

微电子技术是随着集成电路，尤其是超大型规模集成电路而发展起来的一门新的技术，是建立在以集成电路为核心的各种半导体器件基础上的高新电子技术，包括系统电路设计、器件物理、工艺技术、材料制备、自动测试以及封装、组装等一系列专门的技术，为微电子学中的各项工艺技术的总和。微电子技术对信息时代具有巨大的影响，是当今社会科技领域的重要支柱。

2. 计算机病毒

是指编制或者在计算机程序中插入的破坏计算机功能或者破坏数据，影响计算机使用并且能够自我复制的一组计算机指令或者程序代码，具有破坏性、复制性和传染性。

3. 蓝牙技术

是一种无线技术标准，可实现固定设备、移动设备和楼宇个人域网之间的短距离数据交换（使用 $2.4\sim2.485GHz$ 的 ISM 波段的 UHF 无线电波）。蓝牙技术最初由电信巨头爱立信公司于 1994 年创制。如今蓝牙由蓝牙技术联盟（简称 SIG）管理。蓝牙技术联盟在全球拥有超过 25000 家成员公司，它们分布在电信、计算机、网络和消费电子等多重领域。IEEE 将蓝牙技术列为 IEEE 802.15.1，但如今已不再维持该标准。蓝牙技术联盟负责监督蓝牙规范的开发，管理认证项目，并维护商标权益。

4. 光纤通信

光纤通信技术，简称光纤通信，由纤芯、包层和涂层组成。内芯一般为几十微米或几微米，中间层称为包层，通过纤芯和包层的折射率不同，从而实现光信号在纤芯内的全反射也就是光信号的传输；涂层的作用就是增加光纤的韧性，保护光纤。

5. 全球卫星定位系统

通常简称 GPS，是一种结合卫星及通信发展的技术，利用导航卫星进行测时和测距。全球卫星定位系统是美国从 20 世纪 70 年代开始研制，历时 20 余年，耗资 200 亿美元，于 1994 年全面建成，具有海陆空全方位实时三维导航与定位能力。

中国北斗卫星导航系统是中国自行研制的全球卫星导航系统，是继美国全球定位系统（GPS）、俄罗斯格洛纳斯卫星导航系统（GLONASS）之后第三个成熟的卫星导航系统。

6. 万维网

亦作"Web"、"WWW"、"W3"，英文全称为"World Wide Web"，是一个由许多互相链接的超文本组成的系统，通过互联网访问。在这个系统中，每个有用的事物，称为一样"资源"，并且由一个全局"统一资源标识符"（URI）标识；这些资源通过超文本传输协议传送给用户，而后者通过点击链接来获得资源。万维网联盟（简称 W3C），又称W3C 理事会，1994 年 10 月在麻省理工学院计算机科学实验室成立。万维网联盟的创建者是万维网的发明者蒂姆·伯纳斯·李。

7. 信息高速公路

人们把信息的快速传输比喻为"高速公路"。所谓"信息高速公路"，就是一个高速度、大容量、多媒体的信息传输网络。其速度之快，比目前网络的传输速度高 1 万倍；其容量之大，一条信道就能传输大约 500 个电视频道或 50 万路电话。此外，信息来源、内容和形式也是多种多样的。网络用户可以在任何时间、任何地点以声音、数据、图像或影像等多媒体方式相互传递信息。

8. 量子通信

是指利用量子纠缠效应进行信息传递的一种新型的通信方式。量子通信是近二十年发展起来的新型交叉学科，是量子论和信息论相结合的新的研究领域。量子通信主要涉及量子密码通信、量子远程传态和量子密集编码等，近来这门学科已逐步从理论走向实验，并向实用化发展。

9. 人工智能

是研究、开发用于模拟、延伸和扩展人的智能的理论、方法、技术及应用系统的一门新的技术科学。人工智能是计算机科学的一个分支，它企图了解智能的实质，并生产出一种新的能以人类智能相似的方式做出反应的智能机器。该领域的研究包括机器人、语言识别、图像识别、自然语言处理和专家系统等。可以设想，未来人工智能带来的科技产品，将会是人类智慧的"容器"，也可能超过人的智能。

四、科普读物

（一）中国

1.《十万个为什么》

上海少年儿童出版社在 20 世纪 60 年代初编辑出版的一套青少年科普读物，其名称是借用了苏联伊林的科普读物《十万个为什么》。它在传播知识、普及科学方面发挥了积极的作用，影响几代青少年走上了科学的道路，已经成为中国原创科普图书的第一品牌。2013 年 8 月 13 日，第六版《十万个为什么》首发，以全新面貌再次走进读者视野。

2.《不知道的世界》

这是一套由科学家和科普作家们写给青少年的书，面世后广受欢迎，并获得国家图书奖、"五个一"工程奖、全国优秀少儿读物一等奖等 7 个奖项。新版内容更加丰富充实，读来通俗而令人着迷。

3.《当代博物馆丛书》

《当代博物馆丛书》共分 10 册，包括《天文博物馆》、《地理博物馆》、《植物博物馆》、《动物博物馆》、《海洋博物馆》、《航空航天博物馆》、《水陆交通博物馆》、《艺术博物馆》、《社会历史博物馆》、《体育博物馆》。这套书以精美真实的彩色图片为主，配以丰富生动的文字，科学系统地介绍自然、社会与艺术知识，展示当代的科学技术成果和艺术珍品，描绘科学技术与社会发展的历史进程，讲述著名科学家、艺术大师及其他著名历史人物的生平轶事。

4.《变幻多彩的地球》

本书收录了我国地质专家陶世龙先生关于地质学方面的科普作品多篇，这些作品通俗易懂，娓娓道来，向读者讲述了我们这个变幻多彩的地球所经历的风风雨雨，提醒人们要爱护、保护我们赖以生存的地球。全书集科学性、知识性、趣味性于一体，是一本颇值得一读的优秀科普作品集。

5.《地质旅行》

作者夏树芳。本书不仅重视对科学知识的阐述，而且注重弘扬科学精神，宣传科学思想和科学方法。全书通俗易懂，引人入胜，做到了科学性、可读性、趣味性的统一。

6.《和平的梦》

作者顾均正。作品讲述了美国特工潜入并破坏了一个神秘的电台，最终让美国人民摆脱了该电台发射的特殊催眠电波的影响，团结起来与"极东国"血战到底的故事。

7.《花鸟虫鱼及其他》

作者周建人。本书主要收录了周建人早年撰写的花鸟虫鱼等科学小品，也适当地选了一些晚年写的有关普及科学和思想革命的小品文，以窥周老科学思想之一斑。

8.《科学发现纵横谈》

作者王梓坤。作者纵览古今，横观中外，从自然科学发展的历史长河中，挑选出不少有意义的发现和事实，努力用辩证唯物主义和历史唯物主义的观点，加以分析总结，阐明有关科学发现的一些基本规律，并探求作为一个自然科学工作者，应该力求具备一些怎样的品质。

9.《科学的历程》

作者吴国盛。本书气势恢宏、通俗生动，是一部以宽广的人文视角审视科学发展历程史的佳作。

10. 《**故事中的科学**》

作者吕宁、王玮。科学早已渗入我们的日常生活，并无时无刻不在影响和改变着我们的生活。无论是仰望星空、俯视大地，还是近观我们周遭咫尺器物，处处都可以发现科学原理蕴于其中。

11. 《**数学之美**》

作者吴军。本书能让你领略数学之美，架起从数学到应用的桥梁，教会你如何化繁为简、如何用数学解决工程问题、如何打破思维定势不断思考创新。

12. 《**上帝掷骰子吗**》

作者曹天元。本书是关于量子论的故事。量子论是一个极为奇妙的理论：从物理角度来说，它在科学家中间引起了最为激烈的争议和关注；从现实角度来说，它给我们的社会带来了无与伦比的变化和进步；从科学史角度来说，也几乎没有哪段历史比量子论的创立得到了更为彻底的研究。然而不可思议的是，它的基本观点和假说至今没有渗透到大众的意识中去，这无疑又给它增添了一道神秘的光环。

13. 《**时间的形状**》

作者汪洁。这真是一本很有趣的书，跟随作者，你可以进入爱因斯坦的梦境，坐在牛顿老师的课堂，来到星光实验的现场……最近距离接触科学的真相。

14. 《**3D 打印，打印未来**》

中国机械工程学会编著。本书主要说明了 3D 打印技术的由来、技术特点、工艺原理、发展现状、未来发展趋势等内容，并系统地整理了 100 个典型应用案例，以期用通俗易懂的语言，直观形象的精美图片，使得该技术能够全面、生动地展现在读者面前，也为推动我国增材制造技术发展和产业应用贡献一份力量。

（二）外国

1. 《**时间简史**》

《时间简史：从大爆炸到黑洞》是英国物理学家史蒂芬·威廉·霍金于 1988 年编写的一部将高深的理论物理通俗化的科普范本。讲述关于宇宙的起源和命运，主要介绍了什么是宇宙、宇宙发展的最新状况和关于宇宙本性的最前沿知识，解释了黑洞和大爆炸等天文物理学理论。

2. 《**从一到无穷大**》

作者乔治·伽莫夫。本书以生动的语言介绍了 20 世纪以来科学中的一些重大进展。书中先漫谈一些基本的数学知识，然后用一些有趣的比喻阐述了爱因斯坦的相对论和四维时空结构，并讨论了人类在认识微观世界（如基本粒子、基因）和宏观世界（如太阳系、星系等）方面的成就。

3. 《**超越时空**》

作者加来道雄。当代物理学中一些非常重要而又艰深的思想，往往因为难以形象浅显地解说而不易为公众了解。本书作者用很生动的方式向读者展示了现代物理前沿之一——超空间理论，分别描述了超空间的研究历史，超空间理论通往爱因斯坦梦寐以求的"物理学圣杯"统一场论的可能性，通过超空间穿越时空可能性的理论探讨，以及何时方能实际利用超空间理论所具有的潜在威力。

4. 《昆虫记》

也叫《昆虫物语》、《昆虫学札记》和《昆虫世界》，是法国杰出昆虫学家法布尔的传世佳作。《昆虫记》不仅是一部研究昆虫的科学巨著，同时也是一部讴歌生命的宏伟诗篇，法布尔也由此获得了"科学诗人"、"昆虫荷马"、"昆虫世界的维吉尔"等桂冠。

5. 《可怕的科学》

原著尼克·阿诺德。全套丛书共60册，包括经典科学、科学新知、自然探秘、经典数学和体验课堂，内容涉及科学、数学、地理、体育、人文、历史等各个领域，为《激发孩子阅读兴趣的300个百科揭秘》系列丛书之一。

6. 《大英儿童百科全书》

此书科学与人文完美交融，为孩子呈现浮动书纸上的斑斓大世界："生活·文化"描绘与我们生活或相关或遥远的一切；"城市·交通"讲述各样交通工具发明、发展历史以及我们世界繁华交通如何运作；"家庭·社会"为我们深入说明社会如何联结，其中的关系有哪些；"天文·地理"用第一人称视角，带领我们游历世界各地令人赞叹不已的名胜古迹；"神话故事"数十个经典传说与童话，穿插点缀各个知识点中，可读性极强。

7. 《麦田圈密码》

作者弗雷迪·席尔瓦。作者以第一手研究资料，带领读者揭开图案背后的神秘知识与力量，包括麦田圈与大地能量以及地脉的关联，几何图案与古代神秘符号的惊人相似性，如五角星和六角星、达·芬奇的维特鲁威人图像、埃及金字塔与印度曼荼罗等，也谈到麦田圈与维生之水、与音乐和声音、与带来光明的能量甚至与电磁场之间的关联。

8. 《自然图鉴》

作者松冈达英、下田智美。这套书不仅教给孩子们知识，更传授给孩子们亲近大自然、享受大自然的秘诀，让他们去看、去听、去闻、去辨别、去动手。

9. 《How&Why 美国经典少儿百科知识全书》

本套丛书根据儿童的阅读特点，用绘制精美的图片和通俗易懂的语言，分别从动物、植物、地球、宇宙、人体、艺术、世界人文地理等方面进行精彩介绍，特别适合7~10岁的孩子自主阅读和父母与4~7岁的孩子亲子阅读。

10. 《植物知道生命的答案》

走进你不知道的植物世界，思考生命真实的存在！捕蝇草是怎样知道闭拢叶子的时机的？它真的能感觉到昆虫微小、细长的腿吗？樱花树又是怎样知道何时应该开花的？它们真的能记住天气吗？几个世纪以来，我们不断惊异于植物的多样性和形态。

11. 《拉鲁斯趣味科学馆》

全套图书涵盖七大主题：科学、动物、自然、历史、世界、英雄、职业。该套书有利于孩子通过阅读树立正确的人生观、世界观和价值观。

12.《趣味代数学》

作者别莱利曼。这是一本浅显易懂的代数初级课本，目的在于纠正、复原、巩固读者支离破碎或掌握得不够扎实的知识，但是最主要的还在于培养读者学习代数的兴趣，激励他们自觉地去填补自己知识的空白。它的读者应该具备一些代数方面的知识。

13.《趣味几何学》

俄罗斯著名科普作家别莱利曼百余部作品之一。这本书不仅是为爱好数学的人而写的，也是为那些还没有发现数学上许多引人入胜的东西的读者写的。

14.《大师的智慧》

作者萨沙。书中介绍了15位一流的计算机科学家，这些科学家们讲述了他们自己早期的想法和影响、对计算机科学的贡献和对未来的看法。《大师的智慧》包揽了计算机科学中的所有领域，还向读者提出了一些这些科学家目前正在研究但尚未解决的问题。

15.《剑桥少儿百科全书》

作者卡沃迪恩等。专为成长中的少年儿童精心绘制，内容丰富，逻辑缜密，语言生动，主题式编目独具匠心，精美的英国皇家手绘图案，把欣赏艺术和学习知识融为一体。该书适合家长与孩子共同阅读。

16.《写给小学生看的相对论》

作者福江纯、北原莱里子。爱因斯坦是著名的物理学家，关于时间和空间的相对论就是他创立的。连大人理解起来都很困难的相对论，书中的这两个小学生却敢于正面挑战，你要不要和他们一起去"相对论"这个令人不可思议的世界里旅行呢？

第三节

传统文化素养

一、天文历法

（一）二十八宿

中国古代天文学家把天空中可见的星分成二十八组，分东、南、西、北四方各七宿，叫二十八宿。东方苍龙七宿是角、亢、氐、房、心、尾、箕，北方玄武七宿是斗、牛、女、虚、危、室、壁，西方白虎七宿是奎、娄、胃、昴、毕、觜、参，南方朱雀七宿是井、鬼、柳、星、张、翼、轸。在印度、波斯、阿拉伯国家古代也有类似中国二十八宿的说法。

（二）四象

古代汉族人民把东、西、南、北四方每一方的七宿想象为四种动物形象，叫作四象。四象在中国传统文化中指青龙、白虎、朱雀、玄武，分别代表东、西、南、北四个方向，源于中国古代的星宿信仰。四象在春秋易传的天文阴阳学说中，是指四季天然气象。在《周易》中，四象是指从两仪（阳仪和阴仪）衍生出来的太阳、少阴、少阳、太阴。四象又衍生出来了八卦（干、兑、离、震、巽、坎、艮、坤）。

（三）流火

流，下行；火，指大火星，即东官苍龙七宿中的心宿。《诗经·七月》："七月流火，九月授衣。"七月相当于公历的八月，流火是说大火星的位置已由中天逐渐西降，表明暑气已退，天气转凉。

（四）北斗七星

北斗是由天枢、天璇、天玑、天权、玉衡、开阳、摇光七星组成的。北斗星在不同的季节和夜晚不同的时间，出现于天空不同的方位，所以古人就根据初昏时斗柄所指的方向来决定季节：斗柄指东，天下皆春；斗柄指南，天下皆夏；斗柄指西，天下皆秋；斗柄指北，天下皆冬。古人把这七星联系起来想象成为古代舀酒的斗形。天枢、天璇、天玑、天权组成为斗身，古曰魁；玉衡、开阳、摇光组成斗柄，古曰杓。

（五）农历

中国目前与格里高利历（即公历）并行使用的一种历法，人们习称"阴历"，但其实是阴阳历的一种，即夏历，并非真正的"阴历"。人们因为二十四节气对于农业生产有重要意义，因而常把夏历称为"农历"。至今几乎全世界所有华人及朝鲜、韩国和越南及早期的日本等国家，仍使用农历来推算传统节日，如春节、中秋节、端午节等。

（六）二十四节气

中国古代订立的一种用来指导农事的补充历法，是根据太阳在黄道（即地球绕太阳公转的轨道）上的位置来划分的。古时把节气称"气"，每月有两个气：前一个气叫"节气"，后一个气叫"中气"。

二十四节气的名称和顺序为：立春、雨水、惊蛰、春分、清明、谷雨、立夏、小满、芒种、夏至、小暑、大暑、立秋、处暑、白露、秋分、寒露、霜降、立冬、小雪、大雪、冬至、小寒、大寒。为了便于记忆，人们编出了二十四节气歌："春雨惊春清谷天，夏满芒夏暑相连，秋处露秋寒霜降，冬雪雪冬小大寒。上半年是六廿一，下半年是八廿三。每月两节日期定，最多只差一两天。"

2016 年 11 月 30 日，"二十四节气——中国人通过观察太阳周年运动而形成的时间知识体系及其实践"列入联合国教科文组织人类非物质文化遗产代表作名录。

（七）干支

天干地支，简称"干支"。是夏历中用来编排年号和日期用的。在中国古代的历法中，甲、乙、丙、丁、戊、己、庚、辛、壬、癸被称为"十天干"，子、丑、寅、卯、辰、巳、午、未、申、酉、戌、亥叫作"十二地支"。十干和十二支依次相配，组成六十个基本单位，两者按固定的顺序互相配合，组成了干支纪法。从殷墟出土的甲骨文来看，天干地支在我国古代主要用于纪日，此外还曾用来纪月、纪年、纪时等。

（八）纪年法

纪年是人们给年代起名的方法。我国古代纪年法主要有四种：

（1）王公即位年次纪年法。以王公在位年数来纪年。

（2）年号纪年法。汉武帝起开始有年号。此后每个皇帝即位都要改元，并以年号纪年。

（3）干支纪年法。近世还常用干支纪年来表示重大历史事件，如"甲午战争"、"戊戌变法"、"辛亥革命"等。

（4）年号干支兼用法。纪年时皇帝年号置前，干支列后。

（九）五更

我国古代把夜晚分成五个时段，用鼓打更报时，所以叫作五更、五鼓，或称五夜。黄昏、一更、一鼓、甲夜，19～21 点。人定、二更、二鼓、乙夜，21～23 点。夜半、三更、三鼓、丙夜，23～1 点。鸡鸣、四更、四鼓、丁夜，1～3 点。平旦、五更、五鼓、戊夜，3～5 点。

（十）四时

指春夏秋冬四季。农历以正月、二月、三月为春季，分别称作孟春、仲春、季春；以四月、五月、六月为夏季，分别称作孟夏、仲夏、季夏；秋季、冬季依此类推。

（十一）银河

在中国古代又称天河、银汉、星河、星汉、云汉，是横跨星空的一条乳白色亮带，由一千亿颗以上的恒星组成，位于北半天球。

（十二）文曲星

星宿名之一。中国神话传说中，文曲星是主管文运的星宿，文章写得好而被朝廷录用为大官的人是文曲星下凡。文曲星属癸水，是北斗星，主科甲功名。文曲与文昌同属为吉星，代表有文艺方面的才能或者爱好文学及艺术。

（十三）北极星

北极星是天空北部的一颗亮星，离北天极很近，差不多正对着地轴，从地球北半球上看，它的位置几乎不变，可以靠它来辨别方向。但由于岁差，北极星并不是位置永远不变的某一颗星。正因为北极星的位置相对稳定，不易变化，所以给人的感觉是忠诚，有着自己的立场。

（十四）白虹贯日

指白色长虹穿日而过，一种罕见的日晕天象。古人认为人间有非常之事发生，就会出现这种天象变化。白虹贯日也比喻眼睛多白，出自于《史记·鲁仲连邹阳列传》："昔者荆轲慕燕丹之义，白虹贯日，太子畏之。"

二、风俗礼仪

（一）节日风俗

1. 春节

汉字文化圈传统上的农历新年，俗称"年节"，传统名称为新年、大年、新岁，但口头上又称度岁、庆新岁、过年，是中华民族最隆重的传统佳节。在春节期间，中国的汉族和一些少数民族都要举行各种庆祝活动。这些活动均以祭祀祖神、祭奠祖先、除旧布新、迎禧接福、祈求丰年为主要内容，形式丰富多彩，如扫尘、守岁、拜年、贴春联、挂年画、燃爆竹、发压岁钱、耍龙灯、舞狮子等，带有浓郁的各民族特色。

2. 元宵节

农历正月十五元宵节，又称为上元节、上元佳节、小正月、元夕或灯节，是春节之后的第一个重要节日，是中国亦是汉字文化圈的地区和海外华人的传统节日之一。正月是农历的元月，古人称夜为"宵"，所以把一年中第一个月圆之夜正月十五称为元宵节。中国古俗中，上元节（元宵节）、中元节（盂兰盆节）、下元节（水官节）合称三元。元宵节始于2000多年前的秦朝。汉文帝时下令将正月十五定为元宵节。元宵节的习俗除了吃元宵外，还有赏灯、猜灯谜、舞龙、舞狮、跑旱船、踩高跷、扭秧歌等。

3. 二月二（龙抬头）

又被称为"春耕节"、"农事节"、"春龙节"，是中国民间传统节日。龙抬头是每年农历二月初二，传说是龙抬头的日子。庆祝"龙头节"，以示敬龙祈雨，让老天保佑丰收。二月二，传说是尧王的诞辰。北方地区在节日期间有吃猪头肉、理发（剪"龙头"）的习俗。

4. 三月三

汉族及多个少数民族的传统节日，时在农历三月初三。古称上巳节，是一个纪念黄帝的节日。相传三月三是黄帝的诞辰，中国自古有"二月二，龙抬头；三月三，生轩辕"的说法。农历三月三日，也是道教神仙真武大帝的寿诞。三月三也是壮族人民的传统节日，壮族人称"窝埠坡"或"窝坡"，原意为到峒外、田间去唱歌，所以也称"歌圩节"。汉族在节日期间有吃蒿子粑粑、荠菜（地菜）煮鸡蛋的习俗。

5. 寒食节

亦称"禁烟节"、"冷节"、"百五节"，在夏历冬至后一百零五日，清明节前一二日。

是日初为节时，禁烟火，只吃冷食，在后世的发展中逐渐增加了祭扫、踏青、秋千、蹴鞠、牵勾、斗鸡等风俗。

6. 清明节

清明，农历二十四节气之一。每年 4 月 5 日前后太阳到达黄经 15°时开始。清明节是一个祭祀祖先的节日，传统活动为扫墓（俗称上坟）。

7. 端午节

端午节，每年农历五月初五，又称端阳节、午日节、五月节等。"端午节"为中国国家法定节假日之一，并已被列入世界非物质文化遗产名录。端午节起源于中国，最初是中国人民祛病防疫的节日，吴越之地春秋之前有在农历五月初五以龙舟竞渡形式举行部落图腾祭祀的习俗。后因诗人屈原在这一天死去，便成了中国人民纪念屈原的传统节日。部分地区也有纪念伍子胥、曹娥等说法。

8. 七夕节

七夕节，又名乞巧节、七巧节或七姐诞，发源于中国，是华人地区以及部分受汉族文化影响的东亚国家传统节日。农历七月七日夜或七月六日夜妇女在庭院向织女星乞求智巧，故称为"乞巧"。其起源于对自然的崇拜及妇女穿针乞巧，后被赋予了牛郎织女的传说，使其成为象征爱情的节日。现被认为是"中国情人节"。

9. 中秋节

又称月夕、秋节、仲秋节、八月节、八月会、追月节、玩月节、拜月节、女儿节或团圆节，是流行于中国众多民族与汉字文化圈诸国的传统文化节日，时在农历八月十五，因其恰值三秋之半，故名。中秋节自古便有祭月、赏月、拜月、吃月饼、赏桂花、饮桂花酒等习俗。

10. 重阳节

每年的农历九月初九日，又称重九节、"踏秋"，汉族传统节日。庆祝重阳节一般会包括出游赏景、登高远眺、观赏菊花、遍插茱萸、吃重阳糕、饮菊花酒等活动。1989 年，农历九月九日被我国定为老人节，倡导全社会树立尊老、敬老、爱老、助老的风气。

11. 腊八节

腊八节，俗称"腊八"，汉族传统节日，民间流传着吃腊八粥、泡腊八蒜（有的地方是"腊八饭"）的风俗。腊八节是用来祭祀祖先和神灵、祈求丰收和吉祥的节日。

12. 除夕

农历每年末最后一天的晚上，即大年初一前夜，是汉族最重要的传统节日之一。年的最后一天叫"岁除"，那天晚上叫"除夕"。除夕人们往往通宵不眠，叫守岁。除夕的习俗有吃团圆饭、贴春联、贴福字、贴年画、挂灯笼、祭祖、守岁、发压岁钱等。

（二）礼仪习俗

1. 十二生肖

中国及东亚地区的一些民族用来代表年份的十二种动物。它是由十一种源于自然界的动物以及神话传说中的动物龙所组成，用于记年，顺序排列为子鼠、丑牛、寅虎、卯兔、辰龙、巳蛇、午马、未羊、申猴、酉鸡、戌狗、亥猪。每个人都以其出生年的象征动物作为生肖，所以中国民间常以生肖计算年龄。

2. 生辰八字

简称八字，是指一个人出生时的干支历日期。年月日时共四柱干支，每柱两字，合共八个字，故称。生辰八字在汉族民俗信仰中占有重要地位，古代汉族星相家据此推算人的命运的好坏。

3. 秦晋之好

亦作"秦晋之匹"、"秦晋之偶"、"秦晋之盟"、"秦晋之约"。汉语成语，意为春秋时秦晋两国世为婚姻，后来称两姓联姻为"秦晋之好"。语出《三国演义》第十六回："胤到徐州见布，称说：'主公仰慕将军，欲求令爱为儿妇，永结秦晋之好。'"近义词有秦晋之缘、天作之合、秦晋之盟等。

4. 举案齐眉

指送饭时把托盘举得跟眉毛一样高。后形容夫妻互相尊敬、十分恩爱。出自《后汉书·梁鸿传》："为人赁春，每归，妻为具食，不敢于鸿前仰视，举案齐眉。"举案齐眉是赞美夫妻美满婚姻的专用词。

5. 孝悌

孝，指对父母还报的爱；悌，指兄弟姊妹的友爱。孔子非常重视孝悌，认为孝悌是做人、做学问的根本。简言之：孝敬父母、友爱兄弟。

6. 顿首

跪而头叩地为顿首。"顿"是稍停的意思。行礼时，头碰地即起，因其头接触地面时间短暂，故称顿首。通常用于下对上及平辈间的敬礼。如官僚间的拜迎、拜送，民间的拜贺、拜望、拜别等。也常用于书信的开头或末尾。

7. 稽首

古代跪拜礼。稽是"停留，拖延"的意思，稽首的意思就是头触碰在地上且停留一会儿。

行礼时，施礼者屈膝跪地，左手按右手（掌心向内），拱手于地，头也缓缓至于地。头至地须停留一段时间，手在膝前，头在手后。这是九拜中最隆重的拜礼，常为臣子拜见君王时所用。后来，子拜父，拜天、拜神，新婚夫妇拜天地、父母，拜祖、拜庙、拜师、拜墓等，也都用此大礼。

8. 九拜

古代汉族祭祀时的九种礼拜形式，即稽首、顿首、空首、振动、吉拜、凶拜、奇拜、褒拜、肃拜。中国古代特有的向对方表示崇高敬意的跪拜礼。这是不同等级、不同身份的社会成员，在不同场合所使用的规定礼仪。

9. 牺牲

古指祭祀或祭拜用品。供祭祀用的纯色全体牲畜，色纯为"牺"，体全为"牲"。

10. 五礼

古代的五种礼制。即吉礼、凶礼、军礼、宾礼、嘉礼。

11. 六礼

汉族婚姻仪礼。指从议婚至完婚过程中的六种礼节，即：纳采、问名、纳吉、纳征、请期、亲迎。纳采即男方家请媒人去女方家提亲，女方家答应议婚后，男方家备礼前去求婚。问名，即男方家请媒人问女方的名字和出生年月日。纳吉，即男方将女子的名字、八字取回后，在祖庙进行占卜。纳征，亦称纳币，即男方家以聘礼送给女方家。请期，男家择定婚期，备礼告知女方家，求其同意。亲迎，即新郎亲至女家迎娶。

12. 冠笄之礼

冠礼，是指男子的成年礼仪。男子加冠后就被承认为成年男子，从此有执干戈以卫社稷等义务，同时也就有了娶妻生子等成年男子所拥有的权利。行冠礼的年龄，一般为20岁。加冠在古代是人生一件大事，一般在宗庙里举行，由父或兄主持。

笄礼，古代女子在15岁许嫁时举行的成人礼仪叫"笄礼"。笄礼由女性家长主持，负责加笄的是女宾。女宾将笄者头发挽成发髻，盘在头顶，然后著髻。加笄后也要取字。女子到了20岁，即便仍未许嫁，也要举行笄礼。

13. 虚左

古代座次以左为尊，空着左边的位置以待宾客称"虚左"。

14. 斋戒

一种宗教活动形式，主要用于祭祀、行大礼等严肃庄重的场合，以示虔诚庄敬。斋戒包含斋、戒两个方面，斋来源于齐，主要是整齐，如沐浴更衣、不饮酒，不吃荤；戒主要是指戒游乐，比如不与妻妾同寝，减少娱乐活动，后世指称相似的宗教礼仪。

(三) 特殊称谓

1. 尊（敬）称

尊称，也叫敬称，是对对方表示尊敬的称呼。针对不同的对象，称呼可有多种，用的敬辞亦有所不同，如：

（1）"令"：用在名词或形容词前表示对别人亲属的尊敬，有"美好"的意思。如：令尊、令堂，对别人父母的尊称；令兄、令妹，对别人兄妹的敬称；令郎、令爱，对别人儿女的敬称。

（2）"高"：敬辞，称别人的事物。如：高足，尊称别人的学生；高寿，用于问老人的年纪；高就，指人离开原来的职位就任较高的职位。

（3）"华"：敬辞，称跟对方有关的事物。如：华翰，称别人的书信；华诞，别人的生日；华厦，别人的房屋。

（4）"贤"：称呼对方，多用于平辈或晚辈。如贤弟、贤侄等。

2. 讳称

（1）天子、太后、公卿王侯之死称：薨、崩、百岁、千秋、晏驾、山陵崩等。

（2）父母之死称：见背、孤露、弃养等。

（3）佛道徒之死称：涅槃、圆寂、坐化、羽化、仙游、仙逝等。"仙逝"现也用于称被人尊敬的人物的死。

（4）一般人的死称：亡故、长眠、长逝、过世、谢世、寿终、殒命、捐生、就木、溘逝、老、故、逝、终等。

3. 别称

父母称高堂、椿萱、双亲。

妻父俗称丈人，雅称岳父、泰山。

兄弟称昆仲、棠棣、手足。

老师称先生、夫子、恩师。

学生称门生、受业。

学堂称寒窗、鸡窗，同学为同窗。

女婿称东床、东坦、娇客。

父母死后称呼上加"先"字，父死后称先父、先严、先考，母死后称先母、先慈、先妣。

同辈人死后加"亡"字，如亡妻、亡兄、亡妹。夫妻一方亡故叫丧偶，夫死称妻为寡、孀，妻死称夫为鳏。

4. 谦称

谦称是表示谦虚的自称。古代君主自称孤、朕、寡人、不谷。一般人自称臣、仆、愚、蒙、区区、不佞、不敏、不肖、不才、在下、下走、下官、鄙人、小人、小可、后生、晚生、侍生等。女子自称一般用妾、奴等。对他人称自己的妻子一般为拙荆、贱内、内人、山荆、荆屋、山妻，称自己的儿子为小儿、犬子、息男，称女儿为息女、小女等，主要用于口语，常见于戏剧。

在表示谦称时经常会用到一些谦辞，如孤、寡、愚、鄙、敝、卑、臣、仆、小生、晚生、晚学、不才、不佞、不肖、家、舍、妾、小子、老朽、老夫、老汉、老衲等。

5. 年龄称谓

襁褓：指未满周岁的婴儿。

孩提：指两三岁的幼儿。

龆龀：（tiáo chèn）：儿童换齿年龄。即指七八岁的儿童。

垂髫：三四岁到八九岁的儿童。古时童子未冠者头发下垂，因此以垂髫指儿童或童年。

幼学：十岁左右。

总角：八九岁到十三四岁的少年儿童。郑玄注："总角，收发结之。"

金钗之年：女子十二岁。即指古代女子十二岁开始戴钗梳妆。

豆蔻：本是植物名，代指十三四岁的少女。后称女子十三四岁为"豆蔻年华"。

舞勺之年：男孩子十三到十五岁期间。勺，一种乐舞，古未成童者习之。

及笄：女子十五岁。古代女子满十五岁结发，用笄贯之，因称女子满十五岁为及笄。

志学之年：十五岁。语出《论语·为政》："子曰：'吾十有五而志于学。'"

束发：男子十五岁。古代男孩成童时束发为髻，因以为成童的代称。

破瓜：旧时文人拆"瓜"字为二八以纪年，谓十六岁。诗文中多用于女子。

加冠：古代男子二十岁行加冠礼，表示成年。

弱冠：行冠礼，即戴上表示已经成人的帽子，以示成年，但体犹未壮，还比较年少，故称"弱"。后也泛指男子二十左右的年纪，不用于女子。

其他：三十而立，四十不惑，五十知天命，六十耳顺，人生七十古来稀，八十中寿，八九十耄耋之年，一百岁期颐之年。

三、文化教育

（一）思想文化

1. 诸子百家

是对春秋、战国、秦汉时期各种学术派别的总称，据《汉书·艺文志》的记载，数得上名字的一共有189家，4324篇著作。其后的《隋书·经籍志》、《四库全书总目》等书则记载"诸子百家"实有上千家。但流传较广、影响较大、最为著名的不过几十家而已。归纳而言只有10家被发展成学派。诸子百家之流传最为广泛的是法家、道家、墨家、儒家、阴阳家、名家、杂家、农家、小说家、纵横家。

2. 儒家

先秦诸子百家之一，其创始人为孔子，代表人物有孔子、孟子、荀子等。代表作有《四书》、《五经》、《十三经》。儒家崇尚等级制度和用三纲五常来维护统治，主张"德治""仁政"，重视伦常关系，提倡"忠恕"、"中庸"之道。西汉以后，逐渐成为我国封建社会占统治地位的学派。

3. 墨家

墨家是中国古代主要哲学派别之一，创始人为墨翟。墨家主张人与人之间平等的相爱（兼爱），反对侵略战争（非攻）；重视文化传承（明鬼），掌握自然规律（天志）。

4. 道家

先秦时期以老庄学说为中心的学术派别。代表人物有老子、列子、庄子、杨朱等。代表作有《道德经》、《庄子》。道家以道、无、自然、天性为核心理念，并以"道"为最高哲学范畴，认为"道"是世界的最高实体和宇宙万物的本原，是宇宙万物赖以生存的依据。该学派用"道"来探究自然、社会、人生之间的关系，主张天道无为、道法自然，以雌守雄、以柔克刚等，具有朴素的辩证法思想。

5. 法家

法家是中国历史上提倡以法制为核心思想的重要学派，以富国强兵为己任。代表人物为李悝、商鞅、申不害、韩非、李斯等。春秋、战国亦称之为刑名之学，经过管仲、士匄、子产、李悝、吴起、商鞅、慎到、申不害、乐毅、剧辛等人予以大力发展，遂成为一个学派。战国末期韩非对他们的学说加以总结、综合，集法家之大成，主张"刑过不避大臣，赏善不遗匹夫"、"不别亲疏，不殊贵贱，一断于法"，注重"势（权势）、术（策略和手段）、法（法制）"相结合等，这些以法治国的主张和观念对后世有着深远的影响。法家代表作有《韩非子》、《商君书》。

6. 玄学

玄学又称新道家，是对《老子》、《庄子》和《周易》的研究和解说，产生于魏晋。玄学是中国魏晋时期到宋朝中叶之间出现的一种崇尚老庄的思潮。其思潮持续时间自汉末起至宋朝中叶结束。玄学即"玄远之学"，它以"祖述老庄"立论，把《老子》、《庄子》、《周易》称作"三玄"。它讨论的中心问题是"本末有无"，并因此形成玄学的贵无与崇有两派。道家玄学也是除了儒学外唯一被定为官学的学问。主要代表人物有何晏、王弼、嵇康、阮籍、向秀、郭象等。

7. 宋明理学

宋明理学亦称"道学"，是一种既贯通宇宙自然（道教）和人生命运（佛教），又继承孔孟正宗（根本），并能治理国家（目的）的新儒学，是宋明时代占主导地位的儒家哲学思想体系。汉儒治经重名物训诂，至宋儒则以阐释义理、兼谈性命为主，因有此称。理学的代表人物有北宋五子（周敦颐、张载、程颢、程颐、邵雍）、朱熹、陆九渊、王守仁。就主导思潮而言，理学官方代表人物可概括为"程朱陆王"。他们哲学的中心观念是"理"，把"理"说成是产生世界万物的精神的东西。

宋明理学体系大致分为四派："气学"（张载为代表）、"数学"（邵雍为代表）、"理学"（程朱为代表）、"心学"（陆王为代表）。

（二）古代教育

1. 国学与乡学

先秦学校分两大类：国学和乡学。国学最初是指东周设于王城及诸侯国都的学校，是天子或诸侯所设，包括太学和小学两种。后世的国学为京师官学的通称，主要指太学和国子学。乡学是与国学相对而言，泛指地方所设立的学校。

2. 官学与私学

官学是指中国封建朝廷直接举办和管辖，以及历代官府按照行政区划在地方所办的学校系统。包括中央官学和地方官学，共同构成了中国古代最主要的官学教育制度。

私学是中国古代私人办理的学校，与官学相对而言。私学产生于春秋时期，孔子虽非私学的首创者，但以孔子私学规模最大，影响最深。

3. 书院

宋代的地方教育组织。藏书、供祭和讲学是书院的"三大事业"。书院之名始见于唐代，但发展于宋代。书院最初为民办的学馆，后来逐步变为半民半官性质的地方教育组织。著名的书院有江西庐山的白鹿洞书院、湖南长沙的岳麓书院、河南商丘的应天书院、湖南衡阳石鼓山的石鼓书院、河南登封太室山的嵩阳书院等。

4. 太学与国子监

太学和国子监是中国封建国家的最高学府，是封建王朝培养人才的主要场所。

太学是中国古代的一种大学，始设于汉代。上古的大学，称为成均、上庠。至于夏商周，大学在夏为东序，在殷为右学，在周有东胶，而周朝又曾设五大学：东为东序，西为瞽宗，南为成均，北为上庠，中为辟雍。到了汉代，在京师设太学，为中央官学、最高学府。隋代以后改为国子监，而国子监内同时也设太学。

国子监是中国隋代以后的中央官学，为中国古代教育体系中的最高学府，又称国子学或国子寺。同时作为当时国家教育的主管机构，隶属礼部。

5. 察举

察举制是中国古代选拔官吏的一种制度，它的确立时间是汉武帝元光元年（公元前134年）。其主要特征是由地方长官在辖区内随时考察、选取人才并推荐给上级或中央，经过试用考核再任命官职。

6. 孝廉

孝廉是汉武帝时设立的察举考试，以任用官员的一种科目，孝廉是"孝顺亲长、廉能正直"的意思。后代，"孝廉"这个称呼，也变成明朝、清朝对举人的雅称。

7. 科举制度

（1）科举

科举是一种官员、尤其是文官的选拔制度，因以分科考试选举官员，故名"科举"。科举打破了中国自古在选拔官员时对出身的束缚，它是中国，乃至世界第一种面向全国大多数人民的公平的官员选拔制度。科举制从隋朝大业元年（605年）开始实行，到清朝光绪三十一年（1905年）举行最后一科进士考试为止，历经一千三百多年。

（2）乡试、会试、殿试

乡试是古代科举考试中的地方考试，又称为"大比"，唐宋时称"乡贡"、"解试"。由各地州、府主持考试本地人，一般在八月举行，故又称"秋闱"。试《四书》、《五经》、策问、八股文等，各朝所试科目有所不同。中式称为"举人"，第一名称"解元"。

会试是金元明清四代科举考试名目之一。会试的主考官称总裁。会试分三场举行，三日一场，三场所试项目为四书文、五言八韵诗、五经文以及策问，与乡试同。应考者为各省的举人，录取者称为"贡士"，第一名称为"会元"。

殿试是宋（金）、元、明、清时期科举考试之一，又称"御试"、"廷试"、"廷对"。会试中选者始得参与。殿试为科举考试中的最高一段，由唐高宗创制，宋代始为常制。

明清殿试后分为三甲：一甲三名赐进士及第，通称状元、榜眼、探花；二甲赐进士出身，第一名通称传胪；三甲赐同进士出身。

（3）及第

科举考试应试中选，因榜上题名有甲乙次第，故名。隋唐只用于考中进士，明清殿试之一甲三名称赐进士及第，亦省称及第，另外也分别有状元及第、榜眼及第、探花及第的称谓。

（4）进士

中国古代科举制度中，通过最后一级考试者，称为进士。是古代科举殿试及第者之称，意为可以进授爵位之人。民间又称考中进士为"金榜题名"。

（5）状元

亦称鼎元、殿元，是科举制度中的最高荣誉，是在最后一关考试（殿试）中，得到进士第一名的名称，类似今天高考的榜首。文科的是文状元，武举中的第一名称为武状元。

（6）鼎元

科举制度中状元的别称之一，因居鼎甲之首而得名。所谓鼎甲，即一甲中状元、榜眼、探花的总称，鼎有三足，一甲共三名（起于元顺帝时），故有此称。

（7）金榜题名

古代科举制度殿试后录取进士，揭晓名次的布告，因用黄纸书写，故而称金榜。考中进士就称金榜题名。中国传统文化中讲"四喜"，有"久旱逢甘霖，他乡遇故知，洞房花烛夜，金榜题名时"，指称人生最大的四件喜事。

（8）连中三元

科举制度称乡试、会试、殿试的第一名为解元、会元、状元，合称"三元"。接连在乡试、会试、殿试中考中了第一名，称"连中三元"。

四、地理、人文及其他

（一）九州

中国古代典籍中所记载的夏、商、周时代的地域区划，后成为中国的代称。根据《尚书·禹贡》的记载，九州分别是：徐州、冀州、兖州、青州、扬州、荆州、梁州、雍州和豫州。

（二）山水阴阳

山南水北谓之阳，山北水南谓之阴。《愚公移山》："指通豫南，达于汉阴。""汉阴"指汉水南面。

（三）三山五岳

泛指名山或各地。五岳指泰山、华山、衡山、嵩山、恒山。三山指传说中的蓬莱、瀛洲、方丈三山。另以游旅胜地闻名的雁荡山、庐山、黄山也有被合称为三山之说。

（四）五大名窑

宋代五大名窑分别为：钧窑（河南禹州）、汝窑（河南宝丰）、官窑（江西景德镇）、定窑（河北曲阳）、哥窑（地址不详）。

（五）四大名楼

是一种泛称，一般是指江南三大名楼（湖北武汉黄鹤楼、湖南岳阳岳阳楼、江西南昌滕王阁）以及山东烟台蓬莱阁或山西永济鹳雀楼等。

（六）岁寒三友

岁寒三友，指松、竹、梅三种植物。因这三种植物在寒冬时节仍可保持顽强的生命力而得名，是中国传统文化中高尚人格的象征。

（七）文房四宝

中国汉族传统文化中的文书工具，即笔、墨、纸、砚。自宋朝以来"文房四宝"则特指湖笔（浙江省湖州）、徽墨（徽州，现安徽歙县）、宣纸（现安徽省泾县）、洮砚（现甘肃省卓尼县）、端砚（现广东省肇庆）、歙砚（现安徽歙县）。宣城市是全国唯一的"文房四宝之乡"，主产宣纸（泾县）、宣笔（泾县/旌德）、徽墨（绩溪/旌德）、宣砚（旌德）。

（八）三教九流

宗教或学术上的各种流派，也泛指社会上各行各业的人。"三教"指：儒教、道教、佛教。"九流"是指：儒家、道家、阴阳家、法家、名家、墨家、纵横家、杂家、农家。

（九）四君子

梅、兰、竹、菊四种植物的统称。共同特点是自强不息，清华其外，淡泊其中，不作媚世之态。品质分别是傲、幽、坚、淡，常被视为君子的象征。

（十）四大民间传说

在中国民间以口头、文稿等形式流传最为宽广、影响最大的四个神话传说。这四个传说全部是爱情故事，也从一个侧面反映了人们对真挚感情的认可。四大民间传说为《牛郎织女》、《孟姜女哭长城》、《梁山伯与祝英台》、《白蛇传》。

（十一）五谷

古代所指的五种谷物。关于"五谷"，古代有多种不同说法，最主要的有两种：一种指稻、黍、稷、麦、菽，另一种指麻、黍、稷、麦、菽。

（十二）五音

五音即五声音阶。五声音阶的意思就是按五度的相生顺序，从宫音开始到羽音，依次为：宫—商—角—徵—羽；如按音高顺序排列，即为：1 2 3 5 6（宫 商 角 徵 羽）。

（十三）五行

五行，即木、火、水、金、土。五行是中国古代的一种物质观，多用于哲学、中医学和占卜方面。五行与方位的关系为：东方木，南方火，中央土，西方金，北方水。

（十四）四大名绣

在中国传统刺绣工艺品当中，湖南的"湘绣"、四川的"蜀绣"、广东的"粤绣"和江苏的"苏绣"合称为中国"四大名绣"。

第四节

文学素养

一、中国文学常识

（一）中国古代著名作家作品

1. 先秦作家作品

（1）《诗经》

作者佚名，中国最早的一部诗歌总集，共305篇，另有6篇笙诗。诗经在内容上分为《风》、《雅》、《颂》三个部分。《风》是周代各地的歌谣；《雅》是周人的正声雅乐，又分《小雅》和《大雅》；《颂》是周王庭和贵族宗庙祭祀的乐歌，又分为《周颂》、《鲁颂》和《商颂》。

 真题链接

"四书五经"是古代典籍中的经典。下列选项中，含有《周颂》的典籍是（　　）。

A.《春秋》　　　　　　　　　　　B.《诗经》

C.《周礼》　　　　　　　　　　　D.《易经》

答案：B。

（2）历史散文

《尚书》：又称《书》、《书经》，是中国第一部古典文集和最早的历史文献。

《春秋》：中国现存最早的一部编年体史书。

《左传》：春秋末年鲁国的左丘明为《春秋》做注解的一部史书，与《公羊传》、《谷梁传》合称"春秋三传"。也是中国第一部叙事详细的编年体史书。

《战国策》：刘向编著，是一部国别体史书。也是我国古代记载战国时期政治斗争的一部最完整的著作。

（3）诸子散文

《论语》：由孔子的弟子及再传弟子编集而成，是记载孔子言行的重要儒家经典。

《墨子》：由墨子和各代门徒逐渐增补而成，其内容广博，包括了政治、军事、哲学、伦理、逻辑、科技等方面，是研究墨子及其后学的重要史料。

《老子》：又称《道德经》，老子（即李耳）所著，是除了《圣经》以外被译成外国文字发布量最多的文化名著。《老子》语言精辟、讲究修辞，体现了中国文字的音韵之美。

《孟子》：孟子及其弟子所著。主要记录了孟子的语言和政治观点，是儒家的经典之作。其文章气势充沛，说理畅达，并长于论辩。

《荀子》：战国末年唯物主义思想家荀况所著。该书旨在总结当时学术界的百家争鸣和自己的学术思想，反映唯物主义自然观、认识论思想以及荀况的伦理、政治和经济思想。

《庄子》：庄周和他的门人以及后学者所著。《庄子》在哲学、文学上都有较高研究价值。名篇有《逍遥游》、《齐物论》、《养生主》等。

《韩非子》：战国时期著名思想家、法家韩非的著作总集。《韩非子》中的文章风格严峻峭刻，干脆犀利，里面保存了丰富的寓言故事，在先秦诸子散文中独树一帜。《韩非子》为历代帝王必学之书，主讲为君驭下之道。

（4）屈原和楚辞

屈原：出生于楚国丹阳，名平，字原，通常称为屈原。中国最伟大的浪漫主义诗人之一，也是我国已知最早的著名诗人，世界文化名人。他创立了"楚辞"这种文体，也开创了"香草美人"的传统。代表作品有《离骚》、《九歌》、《九章》、《天问》等。

楚辞：又称"楚词"，是战国时代的伟大诗人屈原创造的一种诗体。作品运用楚地（今两湖一带）的文学样式、方言声韵，叙写楚地的山川人物、历史风情，具有浓厚的地方特色。西汉末年，刘向将屈原、宋玉的作品以及汉代淮南小山、东方朔、王褒、刘向等人承袭模仿屈原、宋玉的作品共16篇辑录成集，定名为《楚辞》。楚辞成为继《诗经》以后，对我国文学具有深远影响的一部诗歌总集，并且是中国汉族文学史上第一部浪漫主义诗歌总集。

　真题链接

下列名句中，不是出自屈原《离骚》的是（　　　）。

A. 路漫漫其修远兮，吾将上下而求索　　　　B. 亦余心之所善兮，虽九死其犹未悔

C. 悼良会之永诀兮，哀一逝而异乡　　　　　D. 惟草木之零落兮，恐美人之迟暮

答案：C。解析：出自《洛神赋》，作者曹植。

2. 两汉作家作品

（1）贾谊

洛阳（今河南省洛阳市东）人，西汉初年著名的政论家、文学家。其著作主要有散文和辞赋两类。散文如《过秦论》、《论积贮疏》、《陈政事疏》等都很有名。辞赋以《吊屈原赋》、《鵩鸟赋》最著名。

（2）司马迁

字子长，夏阳龙门（今陕西韩城南）人，是我国西汉伟大的史学家、文学家、思想家。所著《史记》是中国第一部纪传体通史，鲁迅称之为"史家之绝唱，无韵之离骚"。

（3）刘向

原名更生，字子政，祖籍沛郡（今属江苏徐州）。刘向是著名经学家、目录学家、文学家，其整理编辑的《战国策》对后世的影响很大。曾校阅皇家藏书，撰成中国最早的目录学著作《别录》。另外著有《新序》、《说苑》、《列女传》等。

（4）班固

字孟坚，扶风安陵（今陕西咸阳东北）人，东汉史学家、文学家。所著《汉书》，开创了"包举一代"的断代史体例，为后世"正史"之楷模。

（5）乐府诗

是继《诗经》《楚辞》而起的一种新诗体。"乐府"是汉武帝时设立的一个官署，它的职责是采集民间歌谣或文人的诗来配乐，以备朝廷祭祀或宴会时演奏之用。它搜集整理的诗歌，后世就叫"乐府诗"，或简称"乐府"。

《陌上桑》和《孔雀东南飞》都是汉乐府民歌，后者是我国古代最长的叙事诗。《孔雀东南飞》与《木兰诗》合称"乐府双璧"。汉代《孔雀东南飞》、北朝《木兰诗》和唐代韦庄《秦妇吟》并称"乐府三绝"。此外，《长歌行》中的"少壮不努力，老大徒伤悲"也是千古流传的名句。

（6）汉赋

汉赋是在汉朝涌现出的一种有韵的散文，它的特点是散韵结合，专事铺叙。汉赋分为骚体赋、大赋、小赋。从赋的形式上看，在于"铺采摛文"；从赋的内容上说，侧重"体物写志"。赋是汉代最流行的文体，后世往往把它看成是汉代文学的代表。

3. 魏晋南北朝作家作品

（1）建安文学与建安七子

建安文学是指汉献帝建安（年号）前几年至魏明帝最后一年（239年）这段时间的文学，它吸收了汉乐府民歌之长，情词并茂，具有慷慨悲凉的艺术风格，比较真实地反映了汉末的社会现实以及文人们的思想情操。建安文学的代表人物是"三曹"（曹操、曹丕、曹植）和"七子"（孔融、陈琳、王粲、徐干、阮瑀、应瑒、刘桢），而以三曹为

核心。

（2）曹操

字孟德，小字阿瞒，沛国谯（现安徽亳州市）人，东汉末年著名政治家、军事家、文学家、诗人。代表作品有《观沧海》、《龟虽寿》、《短歌行》等。

（3）曹丕

字子桓，三国时期著名的政治家、文学家，沛国谯人。代表作品有《典论》、《燕歌行》。

（4）曹植

字子建，沛国谯人，三国时期曹魏著名文学家，建安文学的代表人物。其代表作有《洛神赋》、《白马篇》、《七哀诗》、《飞龙篇》等。

（5）陈寿

字承祚，巴西安汉（现在四川南充）人，西晋史学家。代表作为《三国志》。

（6）陶渊明

名潜，字元亮，自号五柳先生，私谥"靖节先生"，浔阳柴桑（今在江西九江西南）人，东晋田园诗人、辞赋家。被后世称为"田园诗派第一人"、"千古隐逸之宗"。作品有《饮酒》、《归园田居》、《桃花源记》、《五柳先生传》、《归去来兮辞》等。

（7）郦道元

字善长，范阳涿州（今河北涿州）人，地理学家。其代表作《水经注》文笔隽永，描写生动，既是一部内容丰富多彩的地理著作，也是一部优美的山水散文汇集，可称为我国游记文学的开创者。

（8）刘勰

字彦和，生于京口（今镇江），祖籍山东莒县，南北朝的文学理论家、文学批评家。一部《文心雕龙》奠定了他在中国文学史上和文学批评史上的地位。

（9）竹林七贤

魏正始年间（240—249），嵇康、阮籍、山涛、向秀、刘伶、王戎及阮咸七人常聚在当时的山阳县（今河南辉县、修武一带）竹林之下，肆意酣畅，世谓竹林七贤。在文章创作上，以阮籍、嵇康为代表。代表作有阮籍的《咏怀》、嵇康的《与山巨源绝交书》等。

（10）范晔

字蔚宗，南朝宋史学家，顺阳（今河南淅川东）人。主要作品有《后汉书》、《狱中与诸甥侄书》。

（11）刘义庆

字季伯，彭城（今江苏徐州）人，南朝文学家。著作有《世说新语》、《幽明录》等。

（12）干宝

字令升，新蔡（今属河南）人，东晋时期的史学家、文学家，志怪小说的创始人。其作品《搜神记》被称作中国志怪小说的鼻祖。

4. 隋唐五代作家作品

（1）初唐四杰

中国唐代初年，文学家王勃、杨炯、卢照邻、骆宾王的合称。简称"王杨卢骆"。

（2）王勃

唐代诗人，字子安，绛州龙门（今山西河津）人，"初唐四杰"之冠。代表作有《滕王阁序》、《送杜少府之任蜀州》等。

 真题链接

名句"落霞与孤鹜齐飞，秋水共长天一色"出自《滕王阁序》，其作者是（　　　）。

A. 王勃 　　　　　　　　　　B. 范仲淹

C. 苏轼 　　　　　　　　　　D. 陶渊明

答案：**A**。

（3）骆宾王

婺州义乌（今浙江义乌）人，唐朝初期的诗人，初唐四杰之一，又与富嘉谟并称"富骆"。主要作品有《为徐敬业讨武曌檄》、《帝京篇》、《畴昔篇》、《在狱咏蝉并序》等。

（4）贺知章

字季真，晚年自号四明狂客，唐朝越州永兴（今浙江省萧山市）人，盛唐前期诗人，著名书法家。代表作有《咏柳》、《回乡偶书》等。

（5）王之涣

盛唐时期著名的诗人，字季凌，又字季真，祖籍晋阳并州（今山西太原），代表作有《登鹳雀楼》、《凉州词》等。"白日依山尽，黄河入海流。欲穷千里目，更上一层楼"更是千古绝唱。

（6）孟浩然

名浩，字浩然，号鹿门处士，唐代襄州襄阳（今湖北襄阳）人，盛唐著名诗人。孟浩然的诗与王维齐名，并称"王孟"。代表作有《夏日南亭怀辛大》、《过故人庄》、《春晓》、《宿建德江》等。

（7）王维

字摩诘，祖籍山西祁县，盛唐诗人的代表，创造了水墨出水画派，有"诗佛"之称，与孟浩然合称"王孟"。代表作有《九月九日忆山东兄弟》、《王摩诘文集》。

（8）王昌龄

字少伯，河东晋阳（今山西太原）人或京兆长安人（今西安）人，盛唐著名边塞诗人，被后人誉为"七绝圣手"。代表作品有《出塞》、《从军行》、《芙蓉楼送辛渐》等。

（9）李白

字太白，号青莲居士，又号"谪仙人"，是唐代伟大的浪漫主义诗人，被后人誉为

"诗仙"，与杜甫并称为"李杜"。代表作有《望庐山瀑布》、《行路难》、《蜀道难》、《将进酒》、《早发白帝城》、《静夜思》、《梦游天姥吟留别》等。

（10）杜甫

字子美，唐朝河南巩县（今河南郑州巩义市）人，自号少陵野老，唐代伟大的现实主义诗人，被后人称为"诗圣"，与李白合称"李杜"。杜甫的诗被称为"诗史"。主要作品为《杜工部集》，其中很多是传颂千古的名篇，如"三吏"为《石壕吏》、《新安吏》和《潼关吏》，"三别"为《新婚别》、《无家别》和《垂老别》。

（11）高适

字达夫、仲武，唐朝渤海郡（今河北景县）人，唐代著名的边塞诗人。代表作有《燕歌行》、《别董大》等。高适与岑参并称"高岑"，后人又把高适、岑参、王昌龄、王之涣合称"边塞四诗人"。

（12）韩愈

字退之，河阳（今河南省孟州市）人，唐代杰出的文学家、思想家，古文运动的领袖。苏轼称他"文起八代之衰"，明人推他为"唐宋八大家"之首，与柳宗元并称"韩柳"，有"文章巨公"和"百代文宗"之名。代表作有《论佛骨表》、《师说》、《进学解》等。

（13）柳宗元

字子厚，河东郡（今山西运城永济）人，世人称之为"柳河东"、"河东先生"，唐朝著名的文学家、哲学家、散文家和思想家，"唐宋八大家"之一。主要作品有《永州八记》、《江雪》、《黔之驴》、《捕蛇者说》、《种树郭橐驼传》、《柳河东集》等。

真题链接

诗句"孤舟蓑笠翁，独钓寒江雪"出自《江雪》，其作者是（　　　）。

A. 王维　　　　　　　　　　　B. 韩愈

C. 柳宗元　　　　　　　　　　D. 李商隐

答案：C。

（14）刘禹锡

字梦得，洛阳（今属河南）人，唐代中晚期著名诗人，有"诗豪"之称。代表作有《陋室铭》、《乌衣巷》、《石头城》、《登长安楼遥赠乐天》等。

（15）白居易

字乐天，号香山居士，又号醉吟先生。太原（今属山西）人。唐代著名现实主义诗人，唐代三大诗人之一。有"诗魔"和"诗王"之称。代表诗作有《长恨歌》、《卖炭翁》、《琵琶行》等。

（16）李贺

字长吉，河南福昌（今河南洛阳宜阳县）人，世称"鬼才"、"诗鬼"等，与李白、李商隐三人并称唐代"三李"。代表作品有《李凭箜篌引》、《雁门太守行》、《金铜仙人辞汉歌》、《秋来》等，留下了"黑云压城城欲摧"、"雄鸡一声天下白"、"天若有情天亦老"等千古佳句。

（17）岑参

南阳人，唐代边塞诗代表人物，与高适并称"高岑"。代表作是《白雪歌送武判官归京》。

（18）杜牧

字牧之，号樊川居士，晚唐杰出诗人、散文家，与李商隐并称"小李杜"。代表作有《阿房宫赋》、《遣怀》、《樊川文集》。

（19）李商隐

字义山，号玉谿生，又号樊南生，唐代著名诗人，与杜牧合称"小李杜"。代表作有《月下与君共饮》、《锦瑟》、《夜雨寄北》、《重过圣女祠》等。

（20）温庭筠

本名岐，艺名庭筠，字飞卿，太原祁（今天山西省祁县）人，唐代诗人、词人，与李商隐齐名，时称"温李"。被尊为"花间词派"之鼻祖。代表作品有《商山早行》、《过陈琳墓》等。

（21）李煜

字重光，号钟隐、莲峰居士，南唐彭城（今江苏徐州）人，史称李后主，后被称为"千古词帝"。代表作有《望江南》、《子夜歌》、《虞美人》、《相见欢》、《破阵子》等。

5. 宋元作家作品

（1）柳永

字耆卿，字景庄，后改名永，福建崇安（今福建省武夷山市）人，北宋著名词人，婉约派创始人物。主要代表作有《雨霖铃》、《蝶恋花·伫倚危楼风细细》、《少年游》、《望海潮》、《八声甘州》、《定风波》等。

（2）范仲淹

字希文，祖籍邠州（今陕西省彬县），北宋著名的政治家、思想家、军事家和文学家。代表作有《岳阳楼记》、《明堂赋》、《上执政书》，留下了"先天下之忧而忧，后天下之乐而乐"的精神财富。

（3）欧阳修

字永叔，号醉翁、六一居士，吉州永丰（今江西省吉安市永丰县）人，北宋政治家、文学家。代表作有《醉翁亭记》、《秋声赋》。

（4）苏洵

字明允，四州眉山人，北宋散文家，与其子苏轼、苏辙合称"三苏"，均被列入"唐宋八大家"。代表作有《权书》、《衡论》、《嘉祐集》。

（5）苏轼

字子瞻，又字和仲，号东坡居士，世称苏东坡、苏仙，眉州眉山（今属四川省眉山市）人，北宋著名文学家、书法家、画家。苏轼是宋代文学最高成就的代表，为"唐宋八大家"之一。著有《东坡七集》、《东坡易传》、《东坡乐府》等。

（6）司马光

字君实，号迂叟，陕州夏县涑水乡（今山西运城安邑镇东北）人，北宋时期著名政治家、史学家、散文家。代表作有《通鉴举要历》、《稽古录》。

（7）王安石

字介甫，号半山，抚州临川（今抚州市临川区）人，北宋杰出的政治家、思想家、学者、诗人、文学家、改革家，"唐宋八大家"之一。代表作有《王临川集》、《临川集拾遗》。其《泊船瓜洲》中的"春风又绿江南岸，明月何时照我还"一直被千古传诵。

（8）曾巩

字子固，建昌南丰（今属江西）人，世称"南丰先生"，北宋政治家、散文家，"唐宋八大家"之一。主要作品有《元丰类稿》、《隆平集》。

（9）李清照

号易安居士，济南章丘（今属山东济南）人，宋代（两宋之交）女词人。代表作有《声声慢·寻寻觅觅》、《一剪梅·红藕香残玉簟秋》、《夏日绝句》等。

（10）陆游

字务观，号放翁，越州山阴（今浙江绍兴）人，南宋诗人、词人。诗与尤袤、杨万里、范成大齐名，称南宋四大家。代表作有《放翁词》、《渭南词》、《南唐书》、《老学庵笔记》等。诗作《关山月》、《十一月四日风雨大作》、《游山西村》、《书愤》、《示儿》、《诉衷情》等为世传诵。其词《钗头凤》和《诉衷情》亦颇具艺术特色。

（11）周敦颐

又名周元皓，字茂叔，谥号元公，道州营道楼田堡（今湖南省道县）人，世称濂溪先生。北宋文学家、哲学家，是宋朝儒家理学思想的开山鼻祖，著有《周元公集》、《爱莲说》、《太极图说》、《通书》。

（12）朱熹

字元晦，号晦庵，出生于南剑州尤溪（今属福建省尤溪县），宋朝著名的理学家、思想家、哲学家、教育家、诗人，闽学派的代表人物，儒学集大成者，世尊称为朱子。著有《四书章句集注》、《太极图说解》、《通书解说》、《周易读本》、《楚辞集注》，后人辑有《朱子大全》、《朱子集语象》等。其中《四书章句集注》成为钦定的教科书和科举考试的标准。

（13）辛弃疾

字幼安，号稼轩，济南府历城县（今济南市历城区）人，南宋词人，与苏轼合称

"苏辛"，与李清照并称"济南二安"。代表作有《水龙吟·登建康赏心亭》、《永遇乐·京口北固亭怀古》等。

（14）文天祥

字履善，自号文山，吉州庐陵（今江西吉安县）人，南宋文学家、民族英雄。著有《过零丁洋》、《文山诗集》、《指南录》、《指南后录》、《正气歌》等。

（15）关汉卿

号己斋、己斋叟，祁州（今河北省安国市）人，元代杂剧作家。与马致远、郑光祖、白朴并称为"元曲四大家"，被称为"元杂剧的鼻祖"和"东方的莎士比亚"。代表作有《窦娥冤》、《救风尘》、《望江亭》、《拜月亭》。

真题链接

下列明清作家与其戏曲作品，对应不正确的是（　　）。

A. 李渔——《窦娥冤》　　　　　　B. 孔尚任——《桃花扇》

C. 洪昇——《长生殿》　　　　　　D. 汤显祖——《牡丹亭》

答案：A。

（16）马致远

字千里，号东篱，大都（今北京）人，元代著名戏剧家、散曲家，"元曲四大家"之一，被尊称为"曲状元"。代表作有《天净沙·秋思》、《汉宫秋》、《东篱乐府》。

（17）王实甫

字德信，定兴（今河北定兴县）人，元杂剧作家。代表作有《西厢记》、《丽春堂》、《破窑记》。

（18）唐宋八大家

唐宋时期八大散文作家的合称，即唐代的韩愈、柳宗元和宋代的苏轼、苏洵、苏辙、欧阳修、王安石、曾巩。明初朱右最初将他们的散文作品编选在《八先生文集》，明朝中叶茅坤加以整理和编选，取名《八大家文钞》。"唐宋八大家"因此得名。

（19）元曲四大家

元曲四大家指关汉卿、郑光祖、马致远和白朴。四者代表了元代不同时期不同流派杂剧创作的成就，因此被称为"元曲四大家"。但历史上还有部分人认为元曲四大家是关汉卿、王实甫、马致远和白朴。

（20）元代四大爱情剧

元代四大爱情剧是关汉卿的《拜月亭》、王实甫的《西厢记》、白朴的《墙头马上》和郑光祖的《倩女离魂》。

（21）元杂剧四大悲剧

元杂剧的四大悲剧是指关汉卿的《窦娥冤》、马致远的《汉宫秋》、白朴的《梧桐雨》以及纪君祥的《赵氏孤儿》。

6. 明清作家作品

（1）施耐庵

字肇瑞，号子安，别号耐庵，泰州兴化人，元末明初小说家。代表作是《水浒传》。

（2）罗贯中

名本，字贯中，号湖海散人，山东东原（今山东东平县）人，元末明初著名小说家、戏曲家，中国章回小说的鼻祖。代表作是《三国演义》。

（3）兰陵笑笑生

兰陵即今山东省临沂市苍山县，作者可能是山东人（有待考证），"第一奇书"《金瓶梅》是其代表作。

（4）吴伟业

字骏公，号梅村，江苏太仓人，明末清初著名诗人。代表作有《永和宫词》、《洛阳行》、《萧史青门曲》、《圆圆曲》等。

（5）吴承恩

字汝忠，别号射阳山人，淮安山阳（今江苏淮安）人，明代小说家。代表作有《西游记》、《射阳集》、《春秋列传序》。

（6）"三言二拍"

中国古代成就最大的两个白话短篇小说集。"三言"是明代冯梦龙编辑、加工的三部短篇小说集：《喻世明言》、《警世通言》、《醒世恒言》。"二拍"是明代凌濛初在"三言"的直接影响下写成的两部短篇小说集：《初刻拍案惊奇》、《二刻拍案惊奇》。

（7）"四大奇书"

又称"明代四大长篇小说"，是指：《三国演义》（作者：罗贯中）、《水浒传》（作者：施耐庵）、《西游记》（作者：吴承恩）、《金瓶梅》（作者：兰陵笑笑生）。

（8）"临川四梦"

又称玉茗堂四梦，指明代剧作家汤显祖的《牡丹亭》、《紫钗记》、《邯郸记》、《南柯记》四剧的合称。或许"四剧"皆有梦境，才有"临川四梦"之说，或许"四剧"本身就是其毕生心血凝聚成的人生之梦。

（9）蒲松龄

字留仙，世称聊斋先生，现山东省淄博市淄川区洪山镇蒲家庄人，清朝文学家。代表作是著名的文言文短篇小说集《聊斋志异》。

（10）吴敬梓

字敏轩，号粒民，安徽全椒人，汉族，清代小说家。著有《文木山房诗文集》、《文木山房诗说》、小说《儒林外史》。

（11）曹雪芹

名沾，字梦阮，雪芹是其号，祖籍辽阳，清代著名小说家。代表作是《红楼梦》。

（12）龚自珍

字璱人，号定庵，仁和（今浙江杭州）人，清代思想家、诗人、文学家和改良主义的先驱者。著有《定庵文集》，代表作有《病梅馆记》等。

（13）李宝嘉

又名宝凯，字伯元，江苏常州人，晚清作家。代表作是《官场现形记》。

（14）曾扑

字孟朴，号铭珊，江苏常熟人，清末民初小说家，出版家。代表作是《孽海花》。

（15）刘鹗

名鹗，字铁云，号老残，江苏丹徒（今镇江市）人，清末小说家。代表作有《老残游记》、《老残游记》续集等。

（16）吴趼人

字趼人，广东南海（广州）人，清末（近代）小说家。代表作有《二十年目睹之怪现状》、《痛史》、《九命奇冤》等。

（二）中国现当代著名作家作品

1. 鲁迅

原名周樟寿，后改名周树人，字豫才、豫亭，浙江绍兴人，笔名鲁迅（Lution）源于革命（revolution），伟大的无产阶级文学家、思想家、革命家。代表作有《呐喊》、《彷徨》、《狂人日记》、《朝花夕拾》等。《狂人日记》是中国现代文学史上第一篇白话小说，奠定了新文学的基石。

2. 郭沫若

原名郭开贞，字鼎堂，号尚武，笔名沫若，出生于四川乐山，现代文学家、历史学家、新诗奠基人之一。代表作有《郭沫若全集》、《甲骨文字研究》、《中国史稿》等，其诗歌《女神》、历史剧《屈原》颇负盛名。

3. 茅盾

原名沈德鸿，字雁冰，浙江嘉兴桐乡人，中国现代著名作家、文学评论家、文化活动家以及社会活动家。代表作有《子夜》、《霜叶红似二月花》、《春蚕》、《白杨礼赞》等。另有小说蚀三部曲（《幻灭》、《追求》、《动摇》）、农村三部曲（《春蚕》、《秋收》《残冬》）以及散文名篇《风景谈》等。

4. 叶圣陶

原名叶绍钧，字秉臣、圣陶，江苏苏州人，现代作家、教育家、文学出版家和社会活动家，有"优秀的语言艺术家"之称。代表作有《隔膜》、《线下》、《倪焕之》、《脚步集》、《西川集》、《稻草人》等。其短篇小说《多收了三五斗》、《夜》影响较大。

5. 徐志摩

原名章垿，字槱森，留英时改名志摩，浙江省海宁市人，著名新月派现代诗人、散文家。代表作有《再别康桥》、《翡冷翠的一夜》等。

6. 朱自清

原名自华，字佩弦，号秋实，原籍浙江绍兴，现代诗人、散文作家。主要作品有《雪朝》、《踪迹》、《背影》、《匆匆》、《荷塘月色》、《绿》、《春》、《威尼斯》等。

7. 戴望舒

原名戴梦鸥，浙江杭县（今杭州市余杭区）人，现代派象征主义诗人。代表作有《雨巷》，并因此作被称为雨巷诗人。此外还有《寻梦者》、《单恋者》、《烦忧》、诗集《望舒草》、《灾难的岁月》等。

8. 老舍

本名舒庆春，字舍予，北京满族正红旗人，现代著名小说家、文学家、戏剧家。代表作有《茶馆》、《骆驼祥子》、《四世同堂》、《龙须沟》等。

9. 夏衍

原名沈乃熙，字端先，浙江省余杭县（今浙江杭州）人，新文化运动的先驱者之一，著名文学、电影、戏剧作家，文艺评论家、文学艺术家、翻译家、社会活动家。主要作品有：《狂流》、《脂粉市场》、《上海二十四小时》、《青春之歌》、《春蚕》、《自由神》、《时代的儿女》、《林家铺子》、《祝福》、《赛金花》、《女儿经》、《法西斯细菌》、《聂耳》、《包身工》、《上海屋檐下》。

10. 冰心

原名谢婉莹，福建长乐人，诗人、作家、翻译家、儿童文学作家、社会活动家、散文家。代表作有《寄小读者》、《繁星·春水》、《往事》、《小桔灯》、《樱花赞》等。

11. 巴金

原名李尧棠，字芾甘，四川成都人，现代文学家、出版家、翻译家。代表作有激流三部曲（《家》、《春》、《秋》）、爱情三部曲（《雾》、《雨》、《电》）、抗战三部曲（《火》、《冯文淑》、《田惠世》）、人间三部曲（《憩园》、《第四病房》、《寒夜》）。另有散文集《海行杂记》、《生之忏悔》、《梦与醉》、《静夜的悲剧》等。

12. 闻一多

本名闻家骅，字友三，生于湖北黄冈浠水，诗人、学者。代表作有新诗集《红烛》、《死水》、《七子之歌》等。

14. 周作人

原名栅寿，字星杓，浙江绍兴人，鲁迅二弟，现代散文家、诗人、文学翻译家。主要著作有散文集《自己的园地》、《雨天的书》、《泽泻集》等，诗集《过去的生命》，小说集《孤儿记》等。

15. 丁玲

原名蒋伟，字冰之，丁玲是常用的笔名，湖南临澧人，作家、社会活动家。代表作有《太阳照在桑干河上》（1951 年获斯大林文学奖二等奖）、《莎菲女士的日记》等。

17. 贺敬之

山东省枣庄人，当代诗人、剧作家。代表作有歌剧《白毛女》、抒情短诗《回延安》和《毛泽东诗词鉴赏》。《白毛女》获 1951 年斯大林文学奖。

18. 周立波

原名周绍义，字凤翔，湖南益阳人，现代著名作家。代表作有《暴风骤雨》、《山乡巨变》、《铁水奔流》、《湘江之夜》等，其中《暴风骤雨》荣获斯大林文学奖。

19. 臧克家

山东诸城人，现代诗人、作家、编辑家。代表作有《难民》、《老马》、《烙印》、《有的人》。

20. 赵树理

原名赵树礼，山西晋城市沁水县人，现代小说家、人民艺术家，山药蛋派创始人。代表作有《小二黑结婚》、《灵泉洞》、《三里湾》等。

21. 孙犁

原名孙树勋，河北省衡水市安平人，现当代著名小说家、散文家，"荷花淀派"的创始人。代表作有《荷花淀》、《芦花荡》、《度春荒》、《风云初记》、《铁木前传》、《村歌》、《白洋淀纪事》等。

22. 峻青

原名孙俊卿，山东省海阳市人，当代作家、画家。代表作有《黎明的河边》、《海燕》、《最后的报告》等。

23. 郭小川

原名郭恩大，河北省丰宁县人，著名诗人。主要著作有《平原老人》、《投入火热的斗争》、《致青年公民》、《鹏程万里》、《将军三部曲》、《甘蔗林——青纱帐》、《昆仑行》等。

24. 张天翼

原名元定，字汉弟，号一之，祖籍湖南湘乡东山，中国著名作家。代表作有《华威先生》、《大林和小林》、《宝葫芦的秘密》等。

26. 碧野

原名黄潮洋，祖籍广东省大埔县，现代作家，散文家。代表作有《阳光灿烂照天山》、《在哈萨克牧场》、《情满青山》、《月亮湖》、《天山景物记》等。

27. 秦牧

原名林阿书，广东澄海人，著名作家。代表作有《土地》《长河浪花集》等。

28. 杨朔

原名杨毓晋，字莹叔，山东蓬莱人，著名作家、散文家。代表作有《月黑夜》和《三千里江山》。

29. 沈从文

原名沈岳焕，字崇文，湖南凤凰县人，现代著名作家、历史文物研究家、京派小说代表人物。代表作有《边城》、《中国丝绸图案》、《唐宋铜镜》、《龙凤艺术》、《中国古代服饰研究》等。

30. 钱钟书

原名仰先，字哲良，号槐聚，现代著名作家、文学研究家。代表作有《围城》、《管锥编》、《谈艺录》、《写在人生边上》、《人·兽·鬼》等。

31. 魏巍

原名魏鸿杰，河南郑州人，当代诗人，著名散文作家、小说家。代表作是《谁是最可爱的人》。

32. 莫言

本名管谟业，山东省高密市人，当代作家。代表作有《红高粱》、《檀香刑》、《蛙》、《丰乳肥臀》、《生死疲劳》、《酒国》等。2012 年获得诺贝尔文学奖。

33. 王蒙

河北南皮人，当代作家。代表作有《青春万岁》、《组织部来了个年轻人》等。作品《这边风景》获第九届茅盾文学奖。

34. 刘心武

四川成都人，当代作家。代表作有《班主任》、《钟鼓楼》、《刘心武揭秘红楼梦》等。以短篇小说《班主任》成名，该作被视为伤痕文学的代表作。长篇小说《钟鼓楼》曾获得茅盾文学奖。

35. 李准

河南洛阳人，当代作家。代表作有《李双双小传》、《不能走那条路》、《老兵新传》等。长篇小说《黄河东流去》获第二届茅盾文学奖。

36. 余华

浙江海盐县人，当代作家。代表作有《十八岁出门远行》、《鲜血梅花》、《世事如烟》、《活着》、《许三观卖血记》等。

37. 路遥

原名王卫国，陕西榆林人，当代作家。代表作有《平凡的世界》、《人生》等。《平凡的世界》获得第三届茅盾文学奖。

38. 陈忠实

陕西西安人，当代作家。代表作有《白鹿原》、《生命之雨》、《告别白鸽》等。长篇小说《白鹿原》获第四届茅盾文学奖。作品《青海高原一株柳》已被编入苏教版六年级上册第十五课。

39. 贾平凹

原名贾平娃，陕西省商洛市丹凤县人，当代著名作家。代表作有《商州》、《浮躁》、

《废都》、《白夜》、《秦腔》、《古炉》等。其中，《浮躁》获得美孚飞马文学奖铜奖，《废都》获法国费米娜文学奖，《秦腔》获第七届茅盾文学奖。

40. 古华

湖南嘉禾人，电影编剧、作家。代表作《芙蓉镇》荣获首届茅盾文学奖。

41. 张贤亮

江苏盱眙县人。当代作家、收藏家、书法家。代表作有《绿化树》、《男人的一半是女人》和《灵与肉》等。

42. 冯骥才

天津人，作家、文学家、艺术家。创作了大量优秀散文、小说和绘画作品，并有多篇文章入选中小学、大学课本，如《珍珠鸟》、《好嘴杨巴》、《刷子李》、《维也纳生活圆舞曲》、《挑山工》、《泥人张》、《花脸》、《维也纳森林的故事》、《日历》等。冯骥才是"伤痕文学运动"的代表作家。

43. 舒婷

原名龚佩瑜，出生于福建龙海石码镇，当代诗人，朦胧诗派的代表人物。她和同代人北岛、顾城、梁小斌等以迥异于前人的诗风，在中国诗坛上掀起了一股"朦胧诗"大潮。主要作品有诗集《双桅船》、《会唱歌的鸢尾花》、《始祖鸟》，散文集《心烟》、《秋天的情绪》、《硬骨凌霄》、《露珠里的"诗想"》、《舒婷文集》（3卷）等。

44. 北岛

原名赵振开，生于北京，当代诗人，朦胧诗代表人物之一。曾多次获得诺贝尔文学奖提名，且先后获瑞典笔会文学奖、美国西部笔会中心自由写作奖、古根海姆奖学金等，并被选为美国艺术文学院终身荣誉院士。代表作有《回答》、《结局或开始》、《一切》等。

45. 顾城

出生于北京诗人之家，朦胧诗代表人物，被称为当代的唯灵浪漫主义诗人。代表作有《一代人》、《英儿》、《白昼的月亮》、《黑眼睛》等。

46. 海子

原名查海生，出生于安徽怀宁，中国当代诗人。主要作品有长诗《但是水，水》、《土地》，话剧《弑》及约200首抒情短诗等。其被流传最广的诗句是"我有一所房子，面朝大海，春暖花开"。

47. 王小波

生于北京，当代著名学者、作家。主要作品有：《黄金时代》、《白银时代》和《青铜时代》（时代三部曲），《一只特立独行的猪》，《我的精神家园》，《沉默的大多数》等。

48. 金庸

原名查良镛，浙江海宁人。华人最知名的武侠小说作家，新闻学家、企业家、政治评论家和社会活动家。金庸与古龙、梁羽生并称为中国武侠小说三大宗师。著有"飞雪连天射白鹿，笑书神侠倚碧鸳"及《越女剑》等 15 部武侠小说，作品脍炙人口。代表作有《倚天屠龙记》、《碧血剑》、《射雕英雄传》、《天龙八部》、《笑傲江湖》、《鹿鼎记》等。

49. 梁羽生

本名陈文统，生于广西蒙山，与金庸、古龙并称为中国武侠小说三大宗师，被誉为新派武侠小说的开山祖师。他将侠行建立在正义、尊严、爱民的基础上，提出了"以侠胜武"的理念。代表作有《萍踪侠影录》、《女帝奇英传》、《云海玉弓缘》、《七剑下天山》、《白发魔女传》等。

50. 古龙

原名熊耀华，出生于香港。著名武侠小说家，新派武侠小说泰斗和宗师，与金庸、梁羽生并称为中国武侠小说三大宗师。他的武侠小说创作理念是"求新求变"，为"武侠美学"理念的形成与"武侠文化"的推广做出了巨大贡献。代表作有《小李飞刀》、《楚留香传奇》、《陆小凤传奇》、《绝代双骄》、《萧十一郎》、《七种武器》等。

51. 席慕蓉

祖籍内蒙古察哈尔盟明安旗，台湾著名诗人、散文家、画家。代表作有《七里香》、《有一首歌》、《记忆广场》、《成长的痕迹》、《心灵的探索》等。

52. 柏杨

生于开封，台湾著名作家、学者。代表作有《中国人史纲》、《丑陋的中国人》、《玉雕集》、《倚梦闲话》等。其中《丑陋的中国人》在当代华人世界中流传最为广泛。

53. 余光中

生于江苏南京，台湾著名诗人、散文家、批评家、翻译家。主要作品有《蓝色的羽毛》、《钟乳石》、《莲的联想》、《五陵少年》、《天国夜市》、《敲打乐》、《在冷战的年代》、《白玉苦瓜》、《与永恒拔河》、《隔水观音》等。其诗作《乡愁》、《当我死时》、《等你，在雨中》、《白玉苦瓜》等均传诵一时。

54. 琼瑶

原名陈喆，笔名琼瑶，祖籍湖南衡阳，出生于四川成都，当代著名作家、编剧、影视制作人。代表作有《婉君表妹》、《烟雨濛濛》、《一帘幽梦》、《在水一方》、《梅花三弄》、《还珠格格》等。

55. 三毛

原名陈懋平，后改名为陈平，出生于重庆，当代著名作家。代表作有《梦里花落知多少》、《撒哈拉的故事》、《滚滚红尘》等。

 知识拓展

历届茅盾文学奖得主及其获奖作品

第一届（1982 年）：魏巍《东方》、周克芹《许茂和他的女儿们》、姚雪垠《李自

成》、莫应丰《将军吟》、李国文《冬天里的春天》、古华《芙蓉镇》。

第二届（1985年）：张洁《沉重的翅膀》、刘心武《钟鼓楼》、李准《黄河东流去》。

第三届（1988年）：路遥《平凡的世界》、凌力《少年天子》、孙力与余小惠《都市风流》、刘白羽《第二个太阳》、霍达《穆斯林的葬礼》。

第四届（1998年）：陈忠实《白鹿原》、王火《战争和人》、刘斯奋《白门柳》、刘玉民《骚动之秋》。

第五届（2000年）：阿来《尘埃落定》、王安忆《长恨歌》、张平《抉择》、王旭烽《茶人三部曲》。

第六届（2005年）：熊召政《张居正》、张洁《无字》、徐贵祥《历史的天空》、柳建伟《英雄时代》、宗璞《东藏记》。

第七届（2008年）：贾平凹《秦腔》、迟子建《额尔古纳河右岸》、麦家《暗算》、周大新《湖光山色》。

第八届（2011年）：张炜《你在高原》、刘醒龙《天行者》、毕飞宇《推拿》、莫言《蛙》、刘震云《一句顶一万句》。

二、外国文学常识

（一）外国古代著名作家作品

1. 古希腊、罗马及东方古国作家作品

（1）《伊索寓言》

原书名为《埃索波斯故事集成》，相传为公元前6世纪古希腊被释奴隶伊索所编，搜集有古希腊民间故事，并加入印度、阿拉伯及基督教故事，共三百五十余篇。《伊索寓言》是一部世界上最早的寓言故事集。

（2）《荷马史诗》

由古希腊盲诗人荷马创作的两部长篇史诗《伊利亚特》和《奥德赛》的统称。

（3）希腊神话

即一切有关古希腊人的神、英雄、自然和宇宙历史的神话。分为神的故事和英雄传说两部分。如宙斯——众神之主，天空、雷电、乌云之神；赫拉——天后、妇女的保护神；波塞冬——大海之神和大地的震撼者；哈迪斯——冥王；雅典娜——智慧女神，战争、和平、法律、秩序、科学技术、劳动女神；赫利俄斯——太阳神；阿波罗——人类的保护神、光明之神、预言之神、迁徙和航海者的保护神、医神以及消灾弥难之神；阿尔忒弥斯——妇女之神、狩猎女神、月亮女神；阿芙洛狄忒——爱与美的女神，以"维纳斯"著称；赫尔墨斯——商业、市场、旅游、交通之神、盗窃之神；阿瑞斯——战神，力量、勇武之神；赫菲斯托斯——火神，锻造、工艺之神，铁匠守护神；狄俄尼索斯——葡萄酒神，戏剧之神；赫斯提亚——炉火女神，家宅女神；德墨忒尔——农业丰

产的女神等。

（4）三大悲剧家

埃斯库罗斯，史称"悲剧之父"，对后世影响较大的是《被缚的普罗米修斯》和《俄瑞斯忒亚》三部曲。

索福克勒斯，代表作是《俄狄浦斯王》——古希腊最典型的命运悲剧。

欧里庇得斯，代表作是《美狄亚》。

（5）柏拉图

著名的古希腊哲学家，苏格拉底的学生，亚里士多德的老师。代表作有《理想国》、《法律篇》等。

（6）亚里士多德

世界古代史上最伟大的哲学家、科学家和教育家之一。马克思曾称亚里士多德是古希腊哲学家中最博学的人物，恩格斯称他是古代的黑格尔。代表作有《工具论》、《物理学》、《形而上学》、《伦理学》、《政治学》等。

（7）阿里斯托芬

古希腊早期喜剧代表作家，有"喜剧之父"之称。主要作品有《阿卡奈人》、《骑士》、《和平》、《鸟》、《蛙》等。

（8）普劳图斯

罗马第一个有完整作品传世的喜剧作家，也是罗马最重要的一位戏剧作家。代表作有《孪生兄弟》、《一坛黄金》和《撒谎者》等。

（9）泰伦斯

古罗马著名的戏剧家，代表作有《婆母》、《两兄弟》等。

（10）维吉尔

古罗马伟大的史诗诗人。主要作品有《牧歌》、《农事诗》、史诗《埃涅阿斯纪》等。

（11）贺拉斯

古罗马诗人、批评家。主要作品有《讽刺诗集》、《长短句集》、《歌集》、《世纪之歌》、《诗艺》等，《诗艺》是其代表作。他在美学史上第一次提出了"寓教于乐"的主张，把艺术的教育作用和审美娱乐作用结合起来。

（12）奥维德

古罗马诗人，与贺拉斯、卡图卢斯和维吉尔齐名。代表作有《变形记》、《爱的艺术》和《爱情三论》。

（13）古埃及《亡灵书》

古埃及帝王死后放在陵墓和石棺供"死者"阅读的书，是人类所遗留下来最著名的文献及最早的文学作品之一。内容多是对于神的颂歌和对于魔的咒语，同时也保存了丰富而生动的古埃及神话和民间歌谣。现存的《死者之书》大多是从金字塔和古代陵墓中发掘出来的。

（14）古巴比伦《吉尔伽美什》

人类历史上最古老的叙事史诗。

（15）古印度《摩诃婆罗多》与《罗摩衍那》

《摩诃婆罗多》和《罗摩衍那》并列为印度的两大史诗。其中，《摩诃婆罗多》有"二十万行长诗"之称，在《格萨尔王》被发现之前，是世界上最长的史诗。

（16）《旧约》

旧约是基督教对《圣经》前一部分的常用称呼，后一部分称为新约。《旧约圣经》通常被分类为摩西五经（梅瑟五经，又称律法书）、历史书、诗歌智慧书和先知书四部分。旧约圣经全在耶稣诞生之前已写成及被辑录成书，在基督教看来与耶稣诞生后成书的《新约圣经》相承。

2. 中世纪与文艺复兴时期作家作品

（1）但丁

意大利诗人，现代意大利语的奠基者，欧洲文艺复兴时代的开拓人物之一，以长诗《神曲》留名后世。恩格斯评价说："他是中世纪的最后一位诗人，同时又是新时代的最初一位诗人。"

（2）乔万尼·薄伽丘

意大利文艺复兴运动的杰出代表，作家、诗人。《十日谈》是其代表作。

（3）彼特拉克

意大利学者、诗人，被认为是人文主义之父，后世人尊他为"诗圣"。他与但丁、薄伽丘齐名，文学史上称他们为"三颗巨星"。代表作是《歌集》。

（4）杰佛雷·乔叟

诗人、哲学家、天文学家，被称为英国文学之父，是中世纪被公认为最伟大的英国诗人。创作了《公爵夫人之书》、《声誉之宫》、《贤妇传奇》、《托爱乐斯与克莱西达》等作品，其中最为著名的是《坎伯雷故事集》。

（5）托马斯·莫尔

英国空想社会主义者，作家。代表作是《乌托邦》。

（6）莎士比亚

文艺复兴时期最重要的作家，英国杰出的戏剧家和诗人，被喻为"人类文学奥林匹克山上的宙斯"。他跟古希腊三大悲剧家埃斯库罗斯、索福克里斯及欧里庇得斯合称戏剧史上四大悲剧家。代表作有《威尼斯商人》、《哈姆雷特》、《李尔王》、《罗密欧与朱丽叶》等。

（7）塞万提斯

文艺复兴时期西班牙小说家、剧作家、诗人，曾被誉为西班牙文学世界里最伟大的作家。代表作是《堂·吉诃德》。

（8）拉伯雷

文艺复兴时期法国最杰出的人文主义作家之一。代表作是长篇小说《巨人传》。《巨人传》出版后风靡一时，两个月内的销售数额超过了《圣经》九年销售数的总和。

16世纪法国作家拉伯雷的一部小说，风靡一时，两个月内的销量，就超过了《圣经》九年的销量，这一部赞颂人文主义的伟大杰作是（　　）。

A.《神曲》   B.《十日谈》

C.《巨人传》   D.《堂·吉诃德》

答案：C。

（9）培根

英国文艺复兴时期最重要的散文家、唯物主义哲学家、实验科学的创始人，被马克思誉为"英国唯物主义和整个近代实验科学的真正始祖"，是"实验哲学之父"。主要著作有《新工具》、《论科学的增进》以及《学术的伟大复兴》等。

3. 17世纪作家作品

（1）高乃依

17世纪上半叶法国古典主义悲剧的代表作家，一向被称为法国古典主义戏剧的奠基人。主要作品有喜剧《梅丽特》，悲剧《梅德》、《熙德》、《贺拉斯》、《西拿》、《波里厄克特》、《苏莱拿》等。

（2）莫里哀

法国17世纪古典主义文学最重要的作家、演员、戏剧活动家，法国芭蕾舞喜剧的创始人。代表作有《无病呻吟》、《伪君子》、《悭吝人》等。

（3）弥尔顿

英国诗人、政论家、民主斗士，英国文学史上最伟大的六大诗人之一。他的作品《失乐园》与荷马的《荷马史诗》、阿利盖利·但丁的《神曲》并称为西方三大诗歌。代表作有《利达斯》（英国三大哀歌之一）、《复乐园》、《力士参孙》等。

（4）卡尔德隆

西班牙作家，代表作是《人生如梦》。

4. 启蒙运动时期作家作品

（1）丹尼尔·笛福

英国启蒙时期现实主义小说的奠基人，被誉为英国和欧洲的"小说之父"。代表作是《鲁滨孙漂流记》。

（2）乔纳森·斯威夫特

英国作家、政论家、讽刺文学大师。代表作有《格列佛游记》、《一只桶的故事》、

《书的战争》等。

（3）塞缪尔·理查逊

英国著名小说家。代表作有《查尔斯·葛兰底森爵士》、《克拉丽莎·哈娄》、《帕米拉》等。

（4）亨利·菲尔丁

18 世纪最杰出的英国小说家，戏剧家，被沃尔特·司各特称为"英国小说之父"。菲尔丁和丹尼尔·笛福、塞缪尔·理查逊并称为英国现代小说的三大奠基人。代表作有《汤姆·琼斯》、《大伟人乔纳森·菲尔德传》、《艾米莉亚》等。

（5）奥利弗·哥德史密斯

18 世纪著名的英国剧作家。代表作有《善性之人》、《屈身求爱》。

（6）托马斯·格雷

英国 18 世纪重要诗人，"墓畔派"的代表人物。《墓畔哀歌》是其代表作。

（7）伏尔泰

法国启蒙思想家、文学家、哲学家、史学家，18 世纪法国资产阶级启蒙运动的旗手，被誉为"法兰西思想之王"、"法兰西最优秀的诗人"、"欧洲的良心"。代表作有《哲学通信》、《形而上学论》、《路易十四时代》、《老实人》等。

（8）孟德斯鸠

法国启蒙时期思想家、社会学家，西方国家学说和法学理论的奠基人。代表作有《波斯人信札》、《论法的精神》、《罗马盛衰原因论》等。

（9）狄德罗

18 世纪法国唯物主义哲学家、美学家、文学家，百科全书派代表人物，第一部法国《百科全书》主编。还著有《对自然的解释》、《达朗贝和狄德罗的谈话》、《关于物质和运动的原理》等。

（10）卢梭

法国伟大的启蒙思想家、哲学家、教育家、文学家。著有《论人类不平等的起源和基础》、《爱弥儿》、《忏悔录》、《新爱洛漪丝》、《植物学通信》等多部作品。代表作有《社会契约论》、《论科学与艺术》。

（11）歌德

德国戏剧家、诗人、文艺理论家。代表作有《少年维特的烦恼》、《浮士德》等。《浮士德》与《荷马史诗》、《神曲》、《哈姆雷特》并列为欧洲文学的四大古典名著。

（12）席勒

德国 18 世纪著名诗人、作家、哲学家、历史学家和剧作家，德国文学史上著名的"狂飙突进运动"的代表人物。主要作品有《强盗》、《阴谋与爱情》、《欢乐颂》、《唐·卡洛斯》、《华伦斯坦三部曲》、《玛丽亚·斯图亚特》、《奥尔良的姑娘》、《墨西拿的新娘》、《威廉·退尔》等。

（二）外国近代著名作家作品

1. 浪漫主义文学

（1）拜伦

英国浪漫主义文学的杰出代表。代表作有《恰尔德·哈罗德游记》、《唐璜》等。

（2）雪莱

英国浪漫主义民主诗人、小说家、哲学家。代表作有《麦布女王》、《伊斯兰的起义》、《致英国人民》、《解放了的普罗米修斯》、《云》、《致云雀》、《西风颂》等。

（3）罗伯特·彭斯

苏格兰农民诗人。代表作有《两只狗》、《一朵红红的玫瑰》、《友谊天长地久》等。

（4）威廉·布莱克

英国第一位重要的浪漫主义诗人、版画家。代表作有《纯真之歌》、《经验之歌》等。

（5）威廉·华兹华斯

英国诗人，与柯勒律治、骚塞同被称为"湖畔派"诗人。代表作有《抒情歌谣集》、《丁登寺旁》、《序曲》等。

（6）维克多·雨果

19 世纪浪漫主义文学运动领袖，人道主义的代表人物，被人们称为"法兰西的莎士比亚"。代表作有《巴黎圣母院》、《悲惨世界》、《笑面人》等。

（7）缪塞

法国浪漫主义作家。主要作品有《一个世纪儿的忏悔》、《埃梅林》、《弗烈特立克和贝尔纳莱特》、《提善的儿子》、《反复无常的人》等。

（8）亚历山大·大仲马

19 世纪法国浪漫主义作家。代表作有《基督山伯爵》、《三个火枪手》等。

（9）亚历山大·小仲马

法国小说家、剧作家。代表作是《茶花女》。

（10）普希金

19 世纪俄国浪漫主义文学的主要代表人物，也是现代俄国文学的奠基人。主要作品有《自由颂》、《致大海》、《假如生活欺骗了你》、《致恰达耶夫》、《叶甫盖尼·奥涅金》、《黑桃皇后》、《上尉的女儿》等。普希金被高尔基誉为"一切开端的开端"。

（11）裴多菲

匈牙利爱国诗人和英雄，自由主义革命者。代表作有《民族之歌》、《反对国王》、《自由与爱情》、《我愿意是急流》等。

（12）梭罗

美国作家、哲学家。代表作有《瓦尔登湖》、《公民不服从》。

（13）沃尔特·惠特曼

美国诗人、散文家、新闻工作者及人文主义者。《草叶集》是其代表作。

2. 批判现实主义文学

（1）司汤达

19 世纪法国杰出的批判现实主义作家。代表作有《红与黑》、《巴马修道院》等。

（2）巴尔扎克

19 世纪法国伟大的批判现实主义作家，欧洲批判现实主义文学的奠基人和杰出代表，被称为现代法国小说之父。一生创作 96 部长、中、短篇小说和随笔，总名为《人间喜剧》。其中代表作为《欧也妮·葛朗台》、《高老头》。

（3）福楼拜

19 世纪法国现实主义小说家，被誉为"自然主义文学的鼻祖"和"西方现代小说的奠基者"。代表作有《包法利夫人》、《情感教育》、《圣安东尼的诱惑》、《萨朗波》、《布瓦尔和佩库歇》等。

（4）普罗斯佩·梅里美

法国现实主义作家、剧作家、历史学家。主要作品有《克拉拉·加苏尔戏剧集》、《雅克团》、《查理九世的轶事》、《马特奥·法尔哥内》、《攻占棱堡》、《塔曼果》、《高龙巴》、《卡门》、《伊尔的美神》等。

（5）莫泊桑

19 世纪后半叶法国优秀的批判现实主义作家，人称"短篇小说巨匠"，被誉为"短篇小说之王"。代表作有《漂亮朋友》、《羊脂球》、《项链》等。

（6）狄更斯

英国 19 世纪伟大的批判现实主义作家。代表作有《匹克威克外传》、《双城记》、《大卫·科波菲尔》等。

（7）萨克雷

英国小说家。代表作是《名利场》。

（8）夏洛蒂·勃朗特

19 世纪英国著名作家、诗人。《简·爱》是其代表作。

（9）果戈理

19 世纪上半叶俄国现实主义文学的奠基人和代表作家。车尔尼雪夫斯基称他为"俄国散文之父"。代表作有《钦差大臣》、《死魂灵》等。

（10）列夫·托尔斯泰

19 世纪俄国伟大的批判现实主义作家，他被称颂为具有"最清醒的现实主义"的"天才艺术家"。代表作有《战争与和平》、《安娜·卡列尼娜》、《复活》等。

（11）陀思妥耶夫斯基

俄国 19 世纪杰出的作家。代表作有《罪与罚》、《白痴》、《卡拉马佐夫兄弟》等。

（12）契诃夫

俄国小说家、戏剧家，19 世纪末期俄国批判现实主义作家，短篇小说艺术大师。代表作有《变色龙》、《胖子和瘦子》、《凡卡》、《套中人》、《小公务员之死》等。

（13）马克·吐温

美国小说家、作家。代表作有《竞选州长》、《哥尔斯密的朋友再度出洋》、《百万英镑》、《镀金时代》、《汤姆·索亚历险记》、《王子与贫儿》等。《哈克贝利·费恩历险记》是他最优秀的作品，曾被美国小说家海明威誉为是"第一部"真正的"美国文学"。

（14）欧·亨利

美国批判现实主义作家，被誉为曼哈顿桂冠散文作家和美国现代短篇小说之父。代表作有《白菜与国王》、《四百万》、《命运之路》、《爱的牺牲》、《警察与赞美诗》、《带家具出租的房间》、《麦琪的礼物》、《最后一片藤叶》等。

（15）斯托夫人

美国作家。著名小说《汤姆叔叔的小屋》是其代表作。

（16）杰克·伦敦

美国著名的现实主义作家。代表作有《马丁·伊登》、《野性的呼唤》、《白牙》、《热爱生命》、《海狼》、《铁蹄》等。

（三）外国现代著名作家作品

1. 欧仁·鲍狄埃

法国革命家、工人诗人，《国际歌》的词作者。代表作有《革命歌集》、《鲍狄埃全集》。

2. 高尔基

苏联作家，社会主义、现实主义文学奠基人。列宁称他为"无产阶级艺术最杰出的代表"。主要作品有《母亲》、《童年》、《在人间》、《我的大学》、《海燕》等。

3. 奥斯特洛夫斯基

苏联著名的无产阶级作家。代表作有《钢铁是怎样炼成的》、《暴风雨所诞生的》等。

4. 马雅可夫斯基

俄国著名诗人。代表作有《穿裤子的云》、《列宁》、《宗教滑稽剧》等。

5. 阿·托尔斯泰

俄国著名作家。《苦难的历程》是其代表作。

6. 法捷耶夫

苏联作家。代表作有《逆流》、《毁灭》、《最后一个乌兑格人》、《黑色冶金业》、《青年近卫军》等。

7. 米哈伊尔·肖洛霍夫

苏联作家。代表作是《静静的顿河》。

8. 瓦西里耶夫

苏联当代著名作家。代表作是《这里的黎明静悄悄》。

9. 劳伦斯

20 世纪英国著名的小说家和诗人。代表作有《儿子与情人》、《查泰莱夫人的情人》、《虹》、《恋爱中的女人》等。

10. 毛姆

英国小说家、剧作家。代表作是《人性的枷锁》。

11. 罗曼·罗兰

20 世纪法国著名的思想家、文学家、批判现实主义作家、音乐评论家、社会活动家。代表作是《约翰·克里斯多夫》。

12. 雷马克

德国小说家。代表作是《西线无战事》。

13. 斯蒂芬·茨威格

奥地利作家。代表作有《一个陌生女人的来信》、《伟大的悲剧》、《成功的秘诀》等。

14. 西奥多·德莱塞

美国现实主义作家。代表作有《嘉莉妹妹》、《珍妮姑娘》、《金融家》等。

15. 海明威

美国小说家。代表作有《老人与海》、《太阳照样升起》、《永别了，武器》、《丧钟为谁而鸣》等。

16. 泰戈尔

印度著名诗人、文学家、社会活动家、哲学家和印度民族主义者。代表作有《吉檀迦利》、《飞鸟集》、《眼中沙》、《四个人》、《家庭与世界》、《园丁集》、《新月集》、《最后的诗篇》、《戈拉》、《文明的危机》等。

17. 卡夫卡

奥地利小说家。代表作有《审判》、《变形记》、《城堡》等。

18. 艾略特

原籍美国，后加入英国国籍，西方现代主义文学最有影响的诗人和评论家。主要作品有《荒原》、《烧毁的诺顿》、《四首四重奏》、《神圣的树林》、《家庭聚会》等。

19. 约瑟夫·海勒

美国当代最著名的小说家之一。代表作有《第二十二条军规》、《出了毛病》等。

20. 塞缪尔·贝克特

爱尔兰、法国作家。代表作有《等待戈多》、《普鲁斯特》。

21. 伍尔芙

英国女作家，意识流文学代表人物，被誉为 20 世纪现代主义与女性主义的先锋。代表作有《达洛维夫人》、《到灯塔去》、《雅各的房间》、《墙上的斑点》等。

22. 普鲁斯特

法国意识流作家。代表作是《追忆逝水年华》。

23. 叶芝

爱尔兰诗人、剧作家。代表作有《钟楼》、《盘旋的楼梯》、《驶向拜占庭》等。

24. 庞德

美国诗人、评论家。主要作品有《面具》、《反击》、《献祭》、《休·西尔文·毛伯莱》、《诗章》等。最著名的作品为意象派名作《地铁车站》。

25. 乔伊斯

爱尔兰作家、诗人,后现代文学的奠基者之一。代表作有《尤利西斯》、《芬尼根的守灵夜》等。

26. 福克纳

意识流文学在美国的代表人物。代表作有《喧哗与骚动》、《我弥留之际》等。

27. 萨特

法国哲学家、作家,存在主义哲学大师。代表作有《论想象》、《自我的超越性》、《存在与虚无》、《呕吐》等。

28. 马尔克斯

哥伦比亚作家、记者和社会活动家,拉丁美洲魔幻现实主义文学的代表人物。代表作有《百年孤独》、《霍乱时期的爱情》、《苦妓追忆录》等。

29. 小林多喜二

日本最杰出的无产阶级作家。代表作是《蟹工船》。

30. 川端康成

日本新感觉派作家,著名小说家。代表作有《伊豆的舞女》、《雪国》、《千只鹤》、《水晶幻想》等。

31. 村上春树

日本现代著名小说家。代表作有《挪威的森林》、《世界尽头与冷酷仙境》、《1Q84》。

第五节

艺术素养

一、中国艺术成就

（一）文字和书法

1. 汉字的演变

（1）甲骨文

又称"契文"、"甲骨卜辞"、殷墟文字或"龟甲兽骨文"，盛行于殷商时期，主要被王室用于占卜吉凶记事。甲骨文已经是一种相当成熟的文字，是中国已知最早的成体系的文字形式，被称为"最早的汉字"。甲骨文于清末 1899 年被古董商、金石学家王懿荣所发现，截至 2012 年，发现有大约 15 万片甲骨，4500 多个单字。从甲骨文已识别的约 2500 个单字来看，它已具备了"象形、会意、形声、指事、转注、假借"的造字方法，展现了中国文字的独特魅力。

（2）金文

金文是指铸刻在殷周青铜器上的铭文，也叫钟鼎文。商周是青铜器的时代，青铜器的礼器以鼎为代表，乐器以钟为代表，"钟鼎"是青铜器的代名词。所谓青铜，就是铜和锡的合金，因为周以前把铜也叫金，所以铜器上的铭文就叫作"金文"或"吉金文字"，又因为这类铜器以钟鼎上的字数最多，所以过去又叫作"钟鼎文"。金文的字数，据容庚《金文编》记载，共计 3722 个，其中可以识别的字有 2420 个。金文可略分为四种，即殷金文、西周金文、东周金文和秦汉金文。

（3）大篆

西周时期普遍采用的汉字字体，相传为夏朝伯益所创。广义的大篆指小篆之前的文字，包括金文（或称"钟鼎文"）与籀文（金文之繁化），而当代汉字学家推算秦朝应尚有甲骨文，所以现在也包括其中。狭义则仅指籀文，由于小篆是以此为简化，因此古文记载的大篆通常指籀文。

（4）小篆

秦始皇统一中国后，推行"书同文，车同轨"，由宰相李斯负责，在秦国原来使用的大篆籀文的基础上，进行简化，创制了统一文字的汉字书写形式，因此小篆又被称为"秦篆"。中国文字发展到小篆阶段，逐渐开始定型（轮廓、笔画、结构定型），象形意味削弱，使文字更加符号化。

（5）隶书

有秦隶、汉隶等，一般认为由篆书发展而来，字形多呈宽扁，横画长而竖画短，讲究"蚕头雁尾"、"一波三折"。根据出土简牍，隶书起源于战国。传说程邈作隶，汉隶在东汉时期达到顶峰，对后世书法有不可小觑的影响，书法界有"汉隶唐楷"之称。

（6）草书

汉字的一种字体，特点是存字之梗概，损隶之规矩，纵任奔逸，赴速急就，因草创之意，谓之草书，形成于汉代，是为了书写简便而在隶书基础上演变出来的。草书分为章草和今草，而今草又分大草（也称狂草）和小草。章草的代表作如三国皇象《急就章》的松江本，今草的代表作如晋代王羲之的《初月》、《得示》等帖，狂草的代表作如唐代张旭的《肚痛》等帖和怀素的《自叙帖》，都是现存的珍品。

（7）行书

行书是一种统称，分为行楷和行草两种。它发展起源于楷书，介于楷书和草书之间，是为了弥补楷书的书写速度太慢和草书的难于辨认而产生的。"行"是"行走"的意思，因此它不像草书那样潦草，也不像楷书那样端正。实质上它是楷书的草化或草书的楷化，楷法多于草法的叫"行楷"，草法多于楷法的叫"行草"。行书实用性和艺术性皆高，而楷书是实用性高而艺术性相对不足。相比较而言，草书则是艺术性高，但是实用性显得相对不足。

（8）楷书

又称正楷、楷体、正书或真书。《辞海》解释说楷书"形体方正，笔画平直，可作楷模"，故名楷书。楷书始于汉末，通行至今，是我国封建社会最为流行的一种书体。楷书仍是现代汉字手写体的参考标准，也发展出另一种手写体——钢笔字。

2. 书法名家

（1）王羲之

字逸少，号澹斋，祖籍琅琊临沂（今属山东），东晋书法家，有书圣之称。曾为会稽内史，领右将军，人称"王右军"、"王会稽"。其子王献之书法亦佳，世人合称为"二王"。王羲之《兰亭序》被后人称为"天下第一行书"。代表作有《黄庭经》、《乐毅论》、《兰亭序》、《快雪时晴帖》、《十七帖》、《初月帖》等。

（2）颜真卿

字清臣，琅琊临沂（今山东临沂）人，唐代著名政治家、书法家，人称"颜平原"、"颜鲁公"。颜真卿创立"颜体"楷书，与赵孟頫、柳公权、欧阳询并称为"楷书四大家"。又与柳公权并称"颜柳"。代表作有《多宝塔碑》、《劝学诗》、《颜勤礼碑》、《祭侄文稿》、《争座位帖》等。

（3）柳公权

字诚悬，京兆华原（今陕西耀县）人，唐朝著名书法家。官至太子少师，世称"柳少师"，后封河东郡公，亦称"柳河东"。柳公权是颜真卿的后继者，但惟悬瘦笔法，自成一格，后世以"颜柳"并称，并有"颜筋柳骨"的美誉，成为历代书法楷模。代表作有《金刚经碑》、《玄秘塔碑》、《神策军纪圣德碑》等。

（4）宋四家

北宋时期的四位书法家，是苏轼、黄庭坚、米芾和蔡襄的合称。这四个人大致可以代表宋代的书法风格，而且成就最高，故称"宋四家"。

苏轼长于行书、楷书，笔法肉丰骨劲，跌宕自然。代表作《黄州寒食诗帖》被称为"天下第三行书"（《黄州寒食诗帖》与王羲之的《兰亭序》、颜真卿的《祭侄稿》合称为"天下三大行书"）。

黄庭坚行书凝练有力，结构奇特，草书单字结构奇险，章法富有创造性，是为北宋书坛杰出的代表。代表作有《婴香方》、《王长者墓志稿》、《苏轼黄州寒食诗卷跋》、《松风阁诗》、《李白忆旧游诗卷》、《诸上座帖》等。

米芾篆隶楷行草皆善，尤其以行草书擅长。代表作有《论草书帖》、《苕溪诗卷》、《蜀素帖》、《珊瑚帖》、《拜中岳命诗》、《虹县诗帖》等。

蔡襄书法浑厚端庄，淳淡婉美，自成一体，工正、行、草、隶书，又能飞白书，尝以散笔作草书，称为"散草"或"飞草"。世人评蔡襄行书第一，小楷第二，草书第三。代表作有《谢赐御书诗表》、《澄心堂纸帖》、《自书诗》、《精茶帖》、《笔精帖》等。

（5）楷书四大家

亦称四大楷书、楷书四体，是对中国书法史上以楷书著称的四位书法家的合称，即唐朝欧阳询（欧体）、唐朝颜真卿（颜体）、唐朝柳公权（柳体）、元朝赵孟頫（赵体）。

欧阳询代表作楷书有《九成宫醴泉铭》、《皇甫诞碑》、《化度寺碑》、《兰亭记》等。

颜真卿楷书代表作有《多宝塔碑》、《麻姑仙坛记》等。

柳公权楷书代表作有《金刚经刻石》、《玄秘塔碑》、《神策军碑》等。

赵孟頫楷书代表作有《胆巴碑》、《玄妙观重修三门记》、《千字文》等。

（二）绘画

1. 顾恺之

字长康，无锡（今江苏无锡）人，东晋时代画家，被称为"才绝、画绝、痴绝"。著有《论画》、《魏晋胜流画赞（摹拓妙法）》和《画云台山记》三本绘画理论书籍。其与曹不兴、陆探微、张僧繇合称"六朝四大家"。顾恺之的作品无真迹传世，流传至今的《女史箴图》、《洛神赋图》、《列女仁智图》等均为唐宋摹本。

2. 张僧繇

南朝吴（今苏州）人，画家。代表作有《十八宿神形图》、《梁武帝像》、《汉武射蛟图》、《吴王格武图》、《行道天王图》、《清谿宫水怪图》、《摩纳仙人图》等。成语"画龙点睛"的故事即出自于有关他的传说。

3. 阎立本

雍州万年（今陕西临潼）人，唐代著名画家。代表作有《步辇图》、《历代帝王像》、《职贡图》、《萧翼赚兰亭图》等。

4. 吴道子

字道子，阳翟（今河南禹县）人，唐代著名画家，被称为"百代画圣"，画史尊称"吴生"，是中国山水画之祖师。代表作有《明皇教授箓图》、《十指钟馗图》、《金桥图》、《朱云析槛图》等。

5. 张择端

字正道，琅琊东武（今山东诸城）人，北宋画家。代表作有《清明上河图》、《金明池争标图》等。

6. 米芾

字元章，自号鹿门居士，祖籍太原，北宋著名书法家、书画理论家、鉴定家、收藏家。因其衣着行为以及迷恋书画珍石的态度皆被当世视为癫狂，故有"米颠"之称。绘画擅长枯木竹石，尤工水墨山水，人称米氏云山，但无绘画作品传世，其书画理论见于所著《书史》、《画史》、《宝章待访录》等书中。

7. 元四家

或元四大家，是指元代山水画的四个代表画家。有两个说法：一说为赵孟頫、吴镇、黄公望、王蒙四人，另一说则为黄公望、王蒙、倪瓒、吴镇四人。他们都是以擅画山水画而闻名，对中国山水画发展有重要影响。

赵孟頫代表作有《秋郊饮马图》、《秀石疏林图》等。

吴镇代表作有《渔父图》、《双松平远图》、《洞庭渔隐图》等。

王蒙代表作有《青卞隐居图》、《夏日高隐图》、《丹山瀛海图》等。

黄公望代表作有《富春山居图》、《九峰雪霁图》、《丹崖玉树图》、《天池石壁图》。其中《富春山居图》名气最大，被称为"中国十大传世名画"之一。明朝末年此画被毁损烧成一大一小两段，前段称《剩山图》，现藏浙江省博物馆，后段较长称《无用师卷》，现藏台北故宫博物院。2011 年 5 月 18 日，《剩山图》点交仪式在京举办，于 6 月 1 日在台北故宫与《无用师卷》合展。

倪瓒代表作有《松林亭子图》、《渔庄秋霁图》、《怪石丛篁图》、《容膝斋图》等。

8. 明四家

指沈周、文征明、唐寅和仇英四位著名的明代画家。由于他们活跃于苏州（别称"吴门"）地区，所以又称为"吴门四杰"或"天门四杰"。其中唐寅号称"江南第一才子"。

沈周代表作有《庐山高图》、《沧州趣图》、《烟江叠嶂图》等。

文征明代表作有《真赏斋图》、《绿荫草堂图》等。

唐寅代表作有《骑驴思归图》、《山路松声图》、《事茗图》等。

仇英代表作有《竹林品古》、《汉宫春晓图》、《供职图》等。

9. 扬州八怪

扬州八怪是中国清代中期活动于扬州地区一批风格相近的书画家总称，或称扬州画派。李玉棻《瓯钵罗室书画过目考》中的"八怪"为罗聘、李方膺、李鱓、金农、黄慎、郑燮、高翔和汪士慎。此外，各书列名"八怪"的，尚有高凤翰、华喦、闵贞、边寿民等，今人取"八"之数，多从李玉棻说。

八怪之首当为郑燮（郑板桥），其诗书画，世称"三绝"。他一生只画兰、竹、石，自称"四时不谢之兰，百节长青之竹，万古不败之石，千秋不变之人"。代表作有《清光留照图》、《兰竹芳馨图》、《甘谷菊泉图》、《丛兰荆棘图》、《墨兰图》等。

10. 齐白石

湖南湘潭人，近现代中国绘画大师。代表作有《蛙声十里出山泉》、《墨虾》、《牧牛图》等。

11. 张大千

四川内江人，山水画大家、国画大师，与齐白石有"南张北齐"之誉。代表作有《爱痕湖》、《长江万里图》、《四屏大荷花》、《八屏西园雅集》、《来人吴中三隐》、《石涛山水》、《梅清山水》、《巨然茂林叠嶂图》等。

12. 黄宾虹

祖籍安徽歙县，山水画画家。著有《黄山画家源流考》、《虹庐画谈》、《画法要旨》等。代表作有《山居烟雨》、《溪山垂钓》、《雁宕纪游》、《新安江舟中作》等。

13. 徐悲鸿

江苏宜兴人，中国现代画家、美术教育家，中国现代美术的奠基者，与张书旂、柳子谷三人被称为画坛的"金陵三杰"。代表作有《愚公移山图》、《八骏图》、《负伤之狮》、《田横五百士》等。

14. 傅抱石

江西新余人，现代画家。著有《中国古代绘画之研究》、《中国绘画变迁史纲》等。代表作有《观瀑图》、《待细把江山图画》、《屈原》、《湘夫人》等。

15. 李可染

江苏徐州人，杰出画家、诗人。代表作有《江山无尽图》、《万山红遍》、《漓江胜境图》、《井冈山》、《爱晚亭》等。

16. 李自健

湖南邵阳人，著名旅美画家，国际和平特别贡献奖章及欧洲拜占庭"圣·约翰骑士勋章"获得者。代表作有《山妹》、《孕》、《生之梦》、《龙的传人》、《1937·南京大屠杀》

等。2000 年，其代表作《南京大屠杀》被侵华日军南京大屠杀遇难同胞纪念馆永久收藏。

（三）音乐

1. 伯牙

姓伯，名牙，又作伯雅，春秋战国时期晋国著名的琴师，楚国郢都（今湖北荆州）人，擅弹古琴，技艺高超，既是弹琴能手，又是作曲家，被人尊为"琴仙"。据《列子·汤问》记载："伯牙善鼓琴，钟子期善听。伯牙鼓琴，志在高山，钟子期曰：'善哉，峨峨兮若泰山！'志在流水，钟子期曰：'善哉，洋洋兮若江河！'伯牙所思，钟子期必得之。子期死，伯牙谓世再无知音，乃破琴绝弦，终身不复鼓。"琴曲《高山》、《流水》和《水仙操》都是传说中伯牙的作品。

2. 师旷

字子野，山西洪洞人，春秋时著名乐师。他生而无目，故自称盲臣、瞑臣。博学多才，尤精音乐，善弹琴，辨音力极强，以"师旷之聪"闻名于后世。《阳春》、《白雪》、《玄默》据说为师旷所作。

3. 李延年

中山人（今河北省定州市），西汉音乐家，代表作是《佳人曲》："北方有佳人，绝世而独立。一顾倾人城，再顾倾人国。宁不知倾城与倾国？佳人难再得！"

4. 嵇康

字叔夜，谯国铚县（今安徽亳州市涡阳县）人，著名的文学家、思想家、音乐家，魏晋时期"竹林七贤"之一，与阮籍齐名。代表作有《广陵散》、《养生论》等。

5. 李龟年

唐朝中期音乐家，代表作是《渭川曲》。后世有诸多名人大家以其为题材创作诗歌，如杜甫的《江南逢李龟年》一诗，李端的《赠李龟年》一诗等。

6. 董庭兰

陇西（今甘肃省）人，唐代著名琴师，以善弹《胡笳十八拍》的两种传谱著称。今存《大胡笳》、《小胡笳》、《颐真》等琴曲相传为他的作品。董庭兰在唐代享有很高的声誉，如高适的《别董大》就写道："莫愁前路无知己，天下谁人不识君。"

7. 姜夔

字尧章，号白石道人，鄱阳（今属江西）人，南宋文学家、音乐家。代表作有《暗香》、《疏影》、《扬州慢》等。另有《白石道人诗集》、《白石道人歌曲》、《续书谱》、《绛帖平》等书传世。

8. 朱权

出生于金陵（今南京），明代戏曲理论家、剧作家和古琴家。代表作有《神奇秘谱》、《太和正音谱》（中国现存最早杂剧曲谱，是中国戏曲史上重要的理论著作）。

9. 朱载堉

字伯勤，号句曲山人，生于怀庆府河内县（今河南省沁阳市），明代著名的律学家、历学家、音乐家，被中外学者尊崇为"东方文艺复兴式的圣人"。主要著作有《乐律全书》、《律吕正论》、《律吕质疑辨惑》、《嘉量算经》、《律吕精义》、《律历融通》、《算学新说》、《瑟谱》等。

10. 王玉峰

清末民间盲艺人，创"三弦弹戏"，能在弦上模仿谭鑫培、龚云甫等京剧名演员唱腔知名。

11. 华彦钧

小名阿炳，江苏无锡东亭人，现代民间音乐家，人称"瞎子阿炳"。所作《听松》、《二泉映月》、《寒春风曲》等二胡曲最为曼妙。留存下来的还有琵琶曲《大浪淘沙》、《昭君出塞》、《龙船》等。

12. 刘天华

江苏省江阴县人，著名作曲家、民族乐器演奏家、音乐教育家，是文学家刘半农之弟。所作《良宵》、《光明行》、《空山鸟语》等二胡曲，发展了二胡的表现手法。

13. 聂耳

原名聂守信，字子义，云南玉溪人，音乐家、作曲家，中国无产阶级革命音乐先驱，国歌《义勇军进行曲》的作曲者。聂耳的代表作还有《毕业歌》、《前进歌》、《大路歌》、《开路先锋》、《码头工人歌》、《新女性》、《飞花歌》、《塞外村女》、《铁蹄下的歌女》、《告别南洋》、《梅娘曲》、《卖报歌》，歌剧《扬子江暴风雨》及民族器乐曲《翠湖春晓》、《金蛇狂舞》等。

14. 冼星海

广东番禺人，现代作曲家、钢琴家、人民音乐家。代表作有《生产运动大合唱》、《黄河大合唱》等。主要作品还有《到敌人后方去》、《在太行山上》、《民族解放》、《神圣之战》、《满江红》等。

15. 张曙

安徽歙县人，现代作曲家。代表作有《保卫国土》、《丈夫去当兵》、《壮丁前线》、《日落西山》、《洪波曲》等。

16. 麦新

原名孙培元，别名默心、铁克，原籍常熟，生于上海，现代作曲家。其作品《大刀进行曲》、《游击队歌》在群众中广泛流传。

17. 贺绿汀

名楷，号抱真，湖南省邵东县人，中国作曲家、音乐理论家、音乐教育家。代表作有《牧童短笛》、《摇篮曲》、《往日思》等。

中国民族乐器

一、吹管乐器

典型乐器：笛子、箫、排箫、埙、笙、芦笙、巴乌、管子、唢呐。

我国吹管乐器的发音体大多为竹制或木制。根据其振动方法不同，可分为三类：第一类，以气流吹入吹口激起管柱振动的有箫、笛（曲笛和梆笛）等。第二类，气流通过哨片吹入使管柱振动的有唢呐、管子、双管等。

第三类，气流通过簧片引起管柱振动的有笙、排箫、巴乌等。

二、弹拨乐器

典型乐器：柳琴、琵琶、阮、月琴、古琴、筝、扬琴、三弦、冬不拉、热瓦甫。

我国的弹拨乐器分横式与竖式两类。横式，如：筝（古筝和转调筝）、古琴、扬琴和独弦琴等；竖式，如：琵琶、阮、月琴、三弦、柳琴、冬不拉等。弹奏乐器音色明亮、清脆。右手有戴假指甲与拨子两种弹奏方法。

三、打击乐器

典型乐器：堂鼓（大鼓）、碰铃、定音缸鼓、铜鼓、大小锣、小鼓、排鼓、大钹。

我国民族打击乐器品种多，技巧丰富，具有鲜明的民族风格。

根据其发音不同可分为：响铜，如：大/小锣、云锣、大/小钹、碰铃等；响木，如：板、梆子、木鱼等；皮革，如：大小鼓、板鼓、排鼓等。

我国打击乐器不仅是节奏性乐器，而且每组打击乐群都能独立演奏，对衬托音乐内容、戏剧情节和加重音乐的表现力具有重要的作用。

民族打击乐可分为有固定音高和无固定音高的两种。无固定音高的如：大/小鼓、大/小锣、大/小钹、板、梆、铃等。有固定音高的如：定音缸鼓、排鼓、云锣等。

四、拉弦乐器

典型乐器：二胡、板胡、革胡、马头琴、京胡、中胡、高胡。

拉弦乐器主要指胡琴类乐器。拉弦乐器被广泛使用于独奏、重奏、合奏与伴奏。

（四）戏曲

1. 京剧

又称平剧、京戏，中国五大戏曲剧种之一，中国戏曲三鼎甲（京剧、豫剧和越剧）"榜首"，有"国剧"之称。清代乾隆五十五年起，原在南方演出的三庆、四喜、春台、和春四大徽班陆续进入北京，他们与来自湖北的汉调艺人合作，同时接受了昆曲、秦腔的部分剧目、曲调和表演方法，又吸收了一些地方民间曲调，通过不断的交流、融合，最终形成京剧。京剧是中国国粹，2010年11月17日被列入"人类非物质文化遗产代表作名录"。

京剧表演的四种艺术手法为唱、念、做、打，也是京剧表演的四项基本功。京剧的腔调以西皮和二黄为主，主要用胡琴和锣鼓等伴奏。京剧角色的行当为生、旦、净、丑四大行。代表人物为梅兰芳、谭鑫培、程长庚和杨小楼。

2. 豫剧

中国戏曲三鼎甲"榜眼"，原称"河南梆子"，也叫"河南高调"，是在河南梆子的基础上发展起来的，因河南简称"豫"，故称豫剧。豫剧在安徽北部地区称梆剧，山东、江苏的部分地区仍称梆子戏。豫剧的流行区域主要在黄河、淮河流域，是中国最大的地方剧种。2006 年，豫剧被国务院列入第一批国家级非物质文化遗产名录。豫剧的角色行当，由"生旦净丑"组成。代表人物有常香玉、陈素真、崔兰田、马金凤、阎立品、桑振君等"豫剧六大名旦"。

3. 越剧

别称"绍兴戏"，清末时起源于浙江嵊县，即古越国所在地而得名。由当地的民间歌曲发展而形成的，汇集了昆曲、话剧、绍剧等剧的特色，有"中国第二大剧种"之称，是第一批国家非物质文化遗产。主要流行于浙江、上海、江苏、福建等江南地区，在海外亦有很高的声誉和广泛的群众基础，为流传最广的地方剧种。

越剧代表性人物有"越剧十姐妹"，即袁雪芬、尹桂芳、筱丹桂、范瑞娟、傅全香、徐玉兰、竺水招、张桂凤、徐天红、吴小楼，因 1947 年同台演出《山河恋》而得名。代表剧目有《梁山伯与祝英台》、《西厢记》、《红楼梦》和《祥林嫂》等。

4. 评剧

1909 年左右形成于唐山，习称"蹦蹦戏"或"落子戏"，又有"平腔梆子戏"、"唐山落子"、"奉天落子"、"平戏"、"评戏"等称谓。1935 年改称"评剧"。代表人物有白玉霜、喜彩莲、小白玉霜、新凤霞等，代表剧目有《花为媒》、《秦香莲》、《杨三姐告状》等。

5. 黄梅戏

旧称黄梅调或采茶戏，源于湖北、安徽、江西三省交界处黄梅一带的采茶调，是中国五大戏曲剧种之一，也是与庐剧、徽剧、泗州戏并列的安徽四大优秀剧种之一。2006年 5 月 20 日，黄梅戏经国务院批准列入第一批国家级非物质文化遗产名录。代表人物有严凤英、王少舫、吴琼、马兰等。代表剧目有《天仙配》、《女驸马》、《打猪草》等。

6. 昆曲

原名"昆山腔"、"昆腔"，苏州昆山的曲唱艺术体系，清代以来被称为"昆曲"，现又被称为"昆剧"。昆曲是明朝中叶至清代中叶戏曲中影响最大的声腔剧种，很多剧种都是在昆剧的基础上发展起来的，被称为"百戏之祖，百戏之师"，有"中国戏曲之母"的雅称。昆曲在 2001 年被联合国教科文组织列为"人类口述和非物质遗产代表作"。

7. 粤剧

又称"广东大戏"或者"广府戏"，源自南戏，自明朝嘉靖年间开始在广东、广西出现，是广东省最大的地方戏曲剧种，随着粤语华人的移民及其对粤剧的喜爱和传唱，被传播到美国、加拿大、英国、东南亚等广府华侨聚集地，如新加坡素有"粤剧第二故乡"之称。其名列于 2006 年 5 月 20 日公布的第一批 518 项国家级非物质文化遗产名录之内。2009 年 9 月 30 日，粤剧获联合国教科文组织肯定，列入人类非物质文化遗产名录。

（五）建筑

中国建筑体系是以木结构为特色的独立的建筑艺术，在城市规划、建筑组群、单体建筑以及材料、结构等方面的艺术处理均取得辉煌的成就。传统建筑中的各种屋顶造型、飞檐翼角、斗拱彩画、朱柱金顶、内外装修门及园林景物等，充分体现出中国建筑艺术的纯熟和感染力。

7000 年前河姆渡文化中即有榫卯和企口做法。半坡村已有前堂后室之分。商殷时已出现高大宫室。西周时已使用砖瓦并有四合院布局。春秋战国时期更有建筑图传世。京邑台榭宫室内外梁柱、斗拱上均作装饰，墙壁上饰以壁画。秦汉时期木构建筑日趋成熟，建筑宏伟壮观，装饰丰富，舒展优美，出现了阿房宫、未央宫等庞大的建筑组群。魏晋、南北朝时期佛寺、佛塔迅速发展，形式多样，屋脊出现了鸱吻饰件。隋唐时期建筑采用琉璃瓦，更是富丽堂皇，当时所建的南禅寺大殿、佛光寺大殿迄今犹存，举世瞩目。五代、两宋都市建筑兴盛，商业繁荣，豪华的酒楼、商店各有飞阁栏槛，风格秀丽。明清时代的宫殿苑囿和私家园林保存至今者尚多，建筑亦较宋代华丽繁琐、威严自在。近现代中国建筑艺术则在继承优秀传统和吸收当今世上建筑艺术长处的实践中，不断发展，有所创新。

中国著名古建筑有：（1）皇家建筑：故宫、天坛、颐和园、承德避暑山庄、沈阳故宫。（2）帝王陵寝：秦始皇陵和兵马俑、乾陵。（3）明清皇陵：清东陵、清西陵、明十三陵、南京明孝陵。（4）宗教建筑：嵩山古建筑群、武当山古建筑群、五台山古建筑群、布达拉宫。（5）防御工事：长城、藏羌碉楼。（6）最为古老的木建筑：唐朝仅存的木结构建筑——五台山古刹佛光寺和南禅寺；千年木塔——山西应县木塔（辽代）；古老的砖石建筑——河北赵州桥、西安大雁塔、大理崇圣寺三塔、开封铁塔。

（六）雕塑

中国雕塑具有鲜明的民族特色，其主要内容为陵墓雕塑、宗教雕塑、民俗性及其他内容的雕塑。发展高峰为秦汉、南北朝及隋唐时期。

1. 原始社会时期

我国已知最早的雕塑作品是 1977—1978 年发现于河南省密县莪沟北岗遗址的一件小型人头陶像，属距今 7000 余年前的裴李岗文化遗物。新石器时代的雕塑作品主要是人和各类动物形象，材质以陶塑居多，也有少量石、玉、牙、骨等材料的雕刻，大型泥塑作品则发现于红山文化遗址。

2. 商、西周、春秋、战国时期

此期雕塑作品主要是具有雕塑性质的青铜礼器，以人和动物或神异动物形象铸为器形。湖北随县曾侯乙墓所出的6个钟铜人，均作武士装束，有彩绘，为战国时期人物雕塑的代表性作品。商周时期的大型雕塑作品，有四川广汉县三星堆遗址的青铜人物立像和数十具青铜人头像、人面像，为古代巴蜀文化的遗存。

3. 秦汉时期

秦汉时期雕塑艺术空前兴盛。秦统一六国以后，曾收缴天下兵器，销毁后铸成12个钟金人，为见于记载的最早的大型金属雕塑。1974年在陕西临潼秦始皇陵以东发现的兵马俑雕塑群，则以巨大的体量和数量、群体的组合、气宇轩昂的形象，造成震撼人心的艺术感染力。西汉大型雕刻的代表作是霍去病墓的16件动物石刻。

4. 三国两晋南北朝时期

随着佛教的兴盛，这一时期出现了大规模的营造石窟寺的活动，中国几个最大的石窟群如敦煌石窟、云冈石窟、龙门石窟、麦积山石窟等，均开凿于此一时期。

5. 隋唐时期

隋唐是中国雕塑史上的鼎盛期。唐代代表性作品为龙门石窟奉先寺石刻造像。唐代陵墓石刻群的主要部分集中于陕西关中地区。唐代盛期还曾在都城建造过纪念性雕刻，如武则天在洛阳以铜铁材料铸造的天枢纪念柱。唐代著名雕塑家杨惠之，以长于塑造具体人物达到传神地步而著称。

6. 五代、宋、辽、金时期

五代比较重要的雕塑有山西平遥镇国寺一组彩塑佛教造像，前蜀王建墓的王建像和刻有浮雕伎乐、抬棺神将的石棺等。宋代比较重要的雕塑有重庆大足石刻、河北正定隆兴寺大悲菩萨铜像、四川峨眉山万年寺普贤菩萨金铜像及河南登封中岳庙镇库铁人等。辽代比较重要的雕塑有蓟县独乐寺观音像及辽宁义县奉国寺、山西大同下华严寺的菩萨。北宋陵墓石刻的主要部分在河南巩县，在规模与艺术水平上均逊于唐代。

7. 元、明、清时期

元代以后雕塑艺术成就突出地表现在宫廷、皇家园林的环境雕塑方面。元代存世的重要作品有居庸关云台浮雕护法天王、十方佛、千佛、券门上的"六具"等石刻，元代著名的雕塑家有生于尼泊尔的阿尼哥和他的学生刘元。

明、清两代建筑雕刻的精华荟萃于故宫建筑群和天坛、北海、颐和园、圆明园等皇家坛庙、园林。明清陵墓石刻主要有南京明孝陵石刻、北京明十三陵石刻群、河北遵化的清东陵、易县清西陵多组石刻群。明朝时期玉、石、竹、木、陶瓷、金属、牙、骨等材料制作的工艺美术品和民间建筑、器用装饰中有很多非常优秀的雕塑作品，如福建德化的瓷塑观音等。清末天津张明山的民俗题材和肖像泥塑达到很高的写实水平。

8. 近现代

在中华人民共和国建立前，各地曾兴建了一些孙中山纪念像和纪念民主革命家、抗日战争烈士的纪念碑。新中国成立后，比较大的雕塑创作活动是 1958 年建成的人民英雄纪念碑，碑座上有刘开渠等雕塑家创作的 10 块大型石刻浮雕。

（七）影视

1. 电影大事记

中国第一部电影是戏曲片京剧《定军山》，1905 年由北京丰泰照相馆摄制，谭鑫培主演，无声片，长约半小时。

中国第一部故事片是《难夫难妻》，1913 年在上海拍摄，无声片，郑正秋编剧，郑正秋和张石川联合导演。

中国第一部有声电影是《歌女红牡丹》，明星影片公司 1931 年摄制。

中国第一部获得国际大奖的影片是 20 世纪 30 年代由蔡楚生导演的《渔光曲》，它在 1935 年莫斯科国际电影节上获"荣誉奖"。

中国第一部彩色电影是 1948 年拍摄于上海的戏曲片《生死恨》，由华艺影片公司出品。费穆导演，主演梅兰芳，著名摄影师黄绍芬为摄影指导，李生伟任摄影师。

新中国成立后第一部故事片是《桥》，编剧于敏，导演王滨，东北电影制片厂 1949 年摄制。

中国第一部彩色故事片是 1956 年拍的《祝福》（鲁迅著，夏衍改编，桑弧导演），北京电影制片厂摄制。

中国第一部彩色宽银幕故事片是 1959 年拍的《老兵新传》，编剧李准，导演沈浮，上海海燕电影制片厂摄制。

中国第一部彩色立体宽银幕故事片是 1962 年拍的《魔术师的奇遇》，编剧王炼、陈恭敏、桑弧，导演桑弧，上海天马电影制片厂摄制。

中国第一部彩色舞台纪录片是 1953 年拍的《梁山伯与祝英台》，编剧徐进、桑弧，导演桑弧、黄沙，上海电影制片厂摄制。

中国第一部遮幅式宽银幕故事片是 1977 年拍的《青春》，李云官、王炼编剧，谢晋导演。

新中国成立后第一部译制片是《团的儿子》，原译名《小英雄》，杨范、陈涓翻译，周彦译制导演，上海电影制片厂 1950 年译制。

中国与外国合拍的第一部彩色故事片是 1958 年由北京电影制片厂与法国加朗斯公司合摄的《风筝》，导演王家乙、罗歇·比果。

中国第一部获得德国柏林国际电影节最高奖项"金熊奖"的电影是《红高粱》，导演张艺谋。

中国第一部获得意大利威尼斯国际电影节最高奖项"金狮奖"的电影是《悲情城市》，导演侯孝贤。

中国第一部获得法国戛纳国际电影节最高奖项"金棕榈奖"的电影是《霸王别姬》，导演陈凯歌。

中国第一次提名奥斯卡最佳外语片的电影是《菊豆》，导演张艺谋。

中国第一次获得奥斯卡最佳外语片的电影是《卧虎藏龙》，导演李安。

2. 影视节及相关奖项

（1）上海国际电影节

中国唯一一个国际 A 类电影节，最高奖名称为"金爵奖"。

（2）中国电影四大奖

中国电影金鸡奖、大众电影百花奖、中国电影华表奖、中国电影童牛奖（前三项又统称为中国电影三大奖）。

（3）华语电影最高成就三大奖

中国电影金鸡奖、香港电影金像奖、台湾电影金马奖。

（4）中国电视剧飞天奖

原名"全国优秀电视剧奖"，1992 年改为现名，是中国电视剧最高"政府奖"。

二、外国艺术成就

（一）绘画

1. 达·芬奇

意大利文艺复兴艺术三杰之一，欧洲文艺复兴时期最完美的代表，画家、寓言家、雕塑家、发明家、哲学家、音乐家、医学家、生物学家、地理学家、工程师。代表作有《蒙娜丽莎》、《岩间圣母》、《最后的晚餐》等。

2. 米开朗基罗

意大利文艺复兴艺术三杰之一，雕塑家、建筑师、画家和诗人。代表作有《大卫》、《摩西》、《奴隶》、《创世纪》等。

3. 拉斐尔

意大利文艺复兴艺术三杰之一，画家、建筑师。代表作有《西斯廷圣母》、《雅典学派》。

 **真题链接**

《西斯廷圣母》（图 2）是意大利文艺复兴时期极负盛名的油画，塑造了端庄、娴静、温婉的圣母形象，体现了画家的美学追求。该油画的作者是（　　　）。

图 2

A. 伦勃朗   B. 毕加索

C. 安格尔   D. 拉斐尔

答案：D。

4. 罗丹

法国雕塑艺术家。代表作有《思想者》、《加莱义民》、《青铜时代》、《手》、《地狱之门》、《巴尔扎克》、《雨果》等。

5. 列宾

俄罗斯画家。代表作有《伏尔加河上的纤夫》、《宣传者被捕》、《意外归来》、《查波罗什人复信土耳其苏丹》、《托尔斯泰》等。

6. 雷诺阿

法国印象画派著名画家、雕刻家。代表作有《煎饼磨坊的舞会》、《船上的午宴》、《包厢》、《罗曼·拉柯小姐》等。

7. 伦勃朗

荷兰历史上最伟大的画家，被称为"文明的先知"。代表作有《杜尔博士的解剖学课》、《夜巡》、《加利利海风暴》等。

8. 大卫

又译达维特，法国画家，新古典主义画派的奠基人和杰出代表。代表作有《荷拉斯兄弟之誓》、《马拉之死》、《萨宾妇女》等。

9. 安格尔

法国新古典主义画派的杰出代表。代表作有《泉》、《大宫女》、《土耳其浴女》等。

10. 米勒

19 世纪法国杰出现实主义画家。代表作有《播种者》、《牧羊少女》、《拾穗者》、《晚钟》、《扶锄的男子》、《喂食》、《嫁接树木的农夫》、《沐浴的放鹅少女》、《晚祷》等。

11. 莫奈

法国画家，印象派代表人物和创始人之一。代表作有《印象·日出》、《卢昂大教堂》、《维特尼附近的罂粟花田》等。

12. 凡·高

荷兰后印象派画家。代表作有《星夜》、《有乌鸦的麦田》、《向日葵》系列、自画像系列等。

13. 塞尚

法国著名画家，被称为"现代艺术之父"或"现代绘画之父"。代表作有《圣维克多山》、《法黎耶肖像》、静物系列等。

14. 高更

法国后印象派画家、雕塑家、陶艺家及版画家，与塞尚、凡·高合称后印象派三杰。代表作有《讲道以后的幻景》、《裸体习作》、《布列塔尼的猪倌》等。

15. 毕加索

西班牙画家、雕塑家，现代艺术的创始人，西方现代派绘画的主要代表。代表作有《斗牛士》、《格尔尼卡》、《和平鸽》、《梦》、《亚威农少女》等。

（二）音乐

1. 巴赫

巴洛克时期的德国作曲家，杰出的管风琴、小提琴、大键琴演奏家，被尊称为"西方近代音乐之父"。代表作有《勃兰登堡协奏曲》、《马太受难曲》、《b小调弥撒曲》、《D大调奏鸣曲》等。

 真题链接

巴赫是17世纪杰出的作曲家、管风琴家，其创作广泛吸取16世纪以来意大利、法国等国音乐的成功经验，成就很高，对后世音乐发展有深远影响。他的国籍是（　　）。

A. 德国   B. 法国

C. 英国   D. 俄国

答案：A。

2. 海顿

奥地利艺术家、作曲家，维也纳古典乐派的奠基人，被誉为"交响乐之父"和"弦乐四重奏之父"。代表作有《惊愕交响曲》、《午别交响曲》、《时钟交响曲》、《吉卜赛回旋曲》、清唱剧《创世纪》和《皇帝四重奏》等。

3. 莫扎特

奥地利古典主义音乐作曲家。代表作有《安魂曲》和《牧人王》等。

4. 贝多芬

德国作曲家和音乐家，维也纳古典乐派代表人物之一。代表作有《致爱丽丝》、《英雄交响曲》、《命运交响曲》、《田园交响曲》、《欢乐颂》、《月光》、《春天》等。

5. 舒伯特

奥地利作曲家，早期浪漫主义音乐的代表人物，更被认为是古典主义音乐的最后一位巨匠。代表作有《魔王》、《野玫瑰》、《鳟鱼》、《流浪者》、《小夜曲》、《摇篮曲》、《圣母颂》、《第八交响曲》等。

6. 施特劳斯

一般指 19 世纪奥地利著名音乐世家——施特劳斯家族，即老约翰·施特劳斯和他的三个儿子——小约翰·施特劳斯、约瑟夫·施特劳斯和爱德华·施特劳斯。其中小约翰·施特劳斯被称作"圆舞曲之王"，其最著名的圆舞曲是《蓝色多瑙河》，作品给人安详之感。代表作还有《维也纳森林的故事》、《艺术家的生活》、《春之声》等。

7. 格林卡

俄罗斯作曲家，被认为是俄罗斯民族乐派的创始人和在俄国以外得到承认的第一位俄罗斯作曲家。代表作是两部歌剧《伊凡·苏萨宁》（《献给沙皇》）和《鲁斯兰与柳德米拉》。

8. 柴可夫斯基

19 世纪伟大的俄罗斯作曲家、音乐教育家，被誉为伟大的俄罗斯音乐大师。主要音乐作品有歌剧《叶甫根尼·奥涅金》、《黑桃皇后》，芭蕾舞剧《天鹅湖》、《胡桃夹子》、《睡美人》及六部交响曲，三部钢琴协奏曲，小提琴协奏曲，幻想序曲《罗密欧与朱丽叶》，音乐会序曲《1812》等。

9. 李斯特

著名的匈牙利作曲家、钢琴家、指挥家，伟大的浪漫主义大师，是浪漫主义前期最杰出的代表人物之一。李斯特在钢琴上创造了管弦乐的效果，还首创了背谱演奏法，有"钢琴之王"的美称。代表作有《浮士德》、《但丁》、《匈牙利狂想曲》等。

10. 肖邦

19 世纪波兰著名作曲家、钢琴家，欧洲 19 世纪浪漫主义音乐的代表人物，被誉为"浪漫主义钢琴诗人"。代表作有《钢琴协奏曲》、《叙事曲》、《夜曲》、《革命练习曲》。

11. 威尔第

19 世纪意大利歌剧复兴时期最具代表性的歌剧作曲家。代表作有《茶花女》、《弄臣》、《阿依达》、《奥塞罗》等。

12. 柏辽兹

法国作曲家，浪漫乐派的主要代表人物，与文学大师雨果和浪漫派画家德拉克洛瓦并称法国浪漫主义三杰。代表作有《幻想交响曲》、《葬礼与凯旋交响曲》、管弦乐《罗马狂欢节序曲》、《李尔王序曲》、《海盗序曲》、歌剧《本维努托·切里尼》、《阿尔瑟斯特》、《特洛伊人》、传奇剧《浮士德的沉沦》等。所著《配器法》被世人推崇为近代作曲技术理论的典范。

13. 狄盖特

法国共产主义者，工人作曲家。1888 年 6 月为巴黎公社伟大诗人欧仁·鲍狄埃的诗篇《国际歌》成功谱曲。代表作还有《前进！工人阶级》、《巴黎公社》、《起义者》、《共产党之歌》、《儿童支部》、《红色圣女》等。

（三）建筑

1. 西方建筑风格

（1）哥特式建筑

哥特式建筑是 11 世纪下半叶起源于法国，13—15 世纪流行于欧洲的一种建筑风格。主要见于天主教堂，也影响到世俗建筑。哥特式建筑以其高超的技术和艺术成就，在建筑史上占有重要地位。哥特式建筑最明显的建筑风格就是高耸入云的尖顶及窗户上巨大斑斓的玻璃画。最负盛名的哥特式建筑有俄罗斯圣母大教堂、意大利米兰大教堂、德国科隆大教堂、英国威斯敏斯特大教堂、法国巴黎圣母院等。

（2）巴洛克建筑

巴洛克建筑起源于 19 世纪的意大利，将原本罗马人文主义的文艺复兴建筑，添上新的华丽、夸张及雕刻风气，彰显出国家与教会的专制主义的丰功伟业。其特点是外形自由，追求动态，喜好富丽的装饰和雕刻、强烈的色彩，常用穿插的曲面和椭圆形空间。它能用直观的感召力给教堂、府邸的使用者以震撼，而这正是天主教教会的用意（让更多的异教徒皈依）。巴洛克风格的代表作有罗马的耶稣会教堂、圣卡罗教堂等。

（3）洛可可建筑

别称为"路易十五式"，18 世纪 20 年代产生于法国，是在巴洛克建筑的基础上发展起来的。洛可可本身倒不像是建筑风格，而更像是一种室内装饰艺术。它把巴洛克装饰推向了极致，为的是能够创造出一种超越真实的、梦幻般的空间而服务。其主要特点是纤弱娇媚、华丽精巧、甜腻温柔、纷繁琐细，可以说，洛可可就像是奶油般甜得发腻的巴洛克艺术。这种风格的代表作是巴黎苏俾士府邸公主沙龙和凡尔赛宫的镜厅。

（4）古典主义建筑

广义的古典主义建筑指在古希腊建筑和古罗马建筑的基础上发展起来的意大利文艺复兴建筑、巴洛克建筑和古典复兴建筑，其共同特点是采用古典柱式。狭义的古典主义建筑指"纯正"的古希腊罗马建筑和意大利文艺复兴建筑样式与古典柱式的建筑，主要是法国古典主义建筑，以及其他地区受它的影响的建筑。古典主义建筑通常是指狭义而言的。古典主义者在建筑设计中以古典柱式为构图基础，突出轴线，强调对称，注重比例，讲究主从关系。巴黎卢浮宫的东立面、凡尔赛宫都是古典主义的代表作。

（5）木条式建筑

木条式建筑风格是一种纯美洲民居风格，主要特点是水平式、木架骨的结构。纯美洲民居之所以以木条式建筑为主，主要是由他们居住的环境所决定的。美洲的森林资源丰富，森林覆盖率居各大洲之首。木条式建筑在视觉上会让人感觉宁静、安逸、整齐、有条理。

（6）概念式建筑

20世纪90年代开始在国际上流行，其实是一种模型建筑。它更多的来自于人的想象，力求摆脱对建筑本身的限制和约束，而创造出一种个性化色彩很强的建筑风格。

2. 外国著名建筑

（1）埃及：金字塔、狮身人面像、卡纳克神庙、拉美西斯神庙。

（2）希腊：雅典卫城、帕提农神庙。

（3）意大利：比萨斜塔、古罗马斗兽场、米兰大教堂。

（4）法国：巴黎圣母院、凯旋门、凡尔赛宫、卢浮宫、埃菲尔铁塔。

（5）英国：大本钟。

（6）德国：新天鹅城堡（迪士尼的原型）、科隆大教堂、勃兰登堡门。

（7）梵蒂冈：圣彼得大教堂。

（8）俄罗斯：红场、克里姆林宫、冬宫、莫斯科圣巴西利亚大教堂。

（9）美国：白宫、金门大桥、自由女神像、林肯大教堂。

（10）印度：泰姬陵。

（11）柬埔寨：吴哥窟。

（12）泰国：曼谷大王宫。

（13）土耳其：圣索菲亚大教堂、阿尔忒弥斯神庙。

（14）印尼：婆罗浮屠塔。

（15）澳大利亚：悉尼歌剧院。

（16）缅甸：仰光大金塔。

（17）日本：桂离宫。

（四）影视

1. 欧洲三大国际电影节

全球国际A类电影节中最著名的三个电影节，它们分别为：意大利的威尼斯国际电影节、法国的戛纳国际电影节和德国的柏林国际电影节。这三大电影节特色各异，但都坚持以艺术性作为最高指标，被誉为"艺术家的避难所"。奥斯卡金像奖与欧洲三大国际电影节被视为世界影坛最重要的四大电影奖。

（1）威尼斯国际电影节

创办于 1932 年，是世界上第一个国际电影节，故被称为"国际电影节之父"。威尼斯国际电影节于每年 8 月至 9 月间于意大利威尼斯丽都岛举行，最高奖是"金狮奖"，宗旨是"电影为严肃的艺术服务"，每年都提出不同的口号。在 20 世纪 30 年代至 60 年代之间，威尼斯电影节是诸多世界电影大师的摇篮。

（2）戛纳国际电影节

亦译为康城或坎城国际电影节，创立于 1939 年，最初是为对抗当时受意大利法西斯政权控制的威尼斯国际电影节而创办，最高奖是"金棕榈奖"。法国戛纳电影节因大海（Sea）、美女（Sex）和阳光（Sun）而被称为 3S 电影节。戛纳电影节于每年 5 月中旬举办，为期 12 天左右，通常于星期三开幕、隔周星期天闭幕。其间除影片竞赛外，市场展亦同时进行。电影节分为六个单元："主竞赛"、"导演双周"、"一种关注"、"影评人周"、"法国电影新貌"和"会外市场展"。

（3）柏林国际电影节

原名西柏林国际电影节，20 世纪 50 年代初由阿尔弗莱德·鲍尔发起筹划，1951 年 6 月在西柏林举行第一届，最高奖是"金熊奖"。当前柏林电影节于每年 2 月间举行，为期两周。其目的在于加强世界各国电影工作者的交流，促进电影艺术水平的提高。柏林电影节把自己定位为国际电影生产的一面镜子，使电影节在东西方之间的汇合与调停中扮演了更重要的文化和政治角色。

2. 美国奥斯卡金像奖

每年由美国电影艺术与科学学院组织与颁发，旨在鼓励优秀电影的创作与发展的奖项。出席奥斯卡颁奖典礼须得到邀请，因此能参加奥斯卡颁奖典礼本身就是一种电影界身份的象征。奥斯卡奖自 1929 年设立以来每年都在加州洛杉矶举行颁奖典礼，而自 2002 年第 75 届开始，洛杉矶好莱坞的杜比剧院成为颁奖典礼永久举行地。奥斯卡金像奖与欧洲三大国际电影节被视为世界影坛最重要的四大电影奖。

第 五 章

教师基本能力

本章考试要点

1. 信息处理能力

具有运用工具书检索信息、资料的能力。

具有运用网络检索、交流信息的能力。

具有对信息进行筛选、分类、管理和应用的能力。

具有运用教育测量知识进行数据分析与处理的能力。

具有根据教育教学的需要，设计、制作课件的能力。

2. 逻辑思维能力

了解一定的逻辑知识，熟悉分析、综合、概括的一般方法。

掌握比较、演绎、归纳的基本方法，准确判断、分析各种事物之间的关系。

准确而有条理地进行推理、论证。

3. 阅读理解能力

理解阅读材料中重要概念的含义。

理解阅读材料中重要句子的含义。

筛选并整合图表、文字、视频等阅读材料的主要信息及重要细节。

分析文章结构，把握文章思路。

归纳内容要点，概括中心意思。

分析概括作者在文中的观点态度。

根据上下文合理推断阅读材料中的隐含信息。

4. 写作能力

掌握文体知识，能根据需要按照选定的文体写作。

能够根据文章中心组织、剪裁材料。

具有布局谋篇，安排文章结构的能力。

语言表达准确、鲜明、生动，能够运用多种修辞手法增强表达效果。

第一节

信息处理能力

一、常用工具书

（一）字典和词典

字典和词典是指汇集各种字词及短语，分别给予拼写、发音和词义解释等项信息，并按字顺组织起来方便读者随时查检特定词语信息的语言工具书。如《新华字典》、《现代汉语词典》、《古代语常用字字典》、《辞海》、《同义词反义词对照词典》、《成语词典》、《牛津简明英语词典》等。

（二）百科全书

百科全书是指一种知识密集型、汇集了大范围百科知识的参考工具书。如《中国大百科全书》、《不列颠百科全书》等。

（三）年鉴

年鉴一般是指每年出版的，提供相应年份内各行现行资料的工具书。如《中国统计年鉴》、《中国人口年鉴》、《中国教育统计年鉴》、《世界知识年鉴》等。

（四）手册

手册是指以简明扼要方式提供专门领域内基本的既定知识和实用资料的工具书。如《化学物理手册》、《英语常用人名地名手册》等。

（五）传记资料

传记资料包括传记词典、人名录、传记索引和姓名译名手册等。如《世界名人录》、《科学家的故事》等。

（六）地理资料

地理资料包括地名词典、地名录、地名译名手册、地图及地图集、旅游指南等。如《世界地名词典》、《中国公路与旅游地图册》、《中国世界自然与文化遗产旅游》等。

（七）类书和政书

类书和政书是指中国古代编纂的工具书。如《永乐大典》、《通典》、《唐会要》、《太平广记》等。

（八）书目、索引和文摘

书目、索引和文摘同属检索性工具书，又称为"二次文献"。书目是图书或报刊目录的简称，常用书目如《四库全书总目》、《全国总书目》、《全国新书目》。索引是查找图书、期刊或其他文献中的语词、概念、篇目、人物等资料的检索工具，常用索引如《全国报刊索引》。文摘是将文献的内容编成摘要，按一定方法编排的检索、报道性出版物，一般以期刊或报纸的形式出现。如《中国电子科技文摘》、《教育文摘周报》等。

二、网络检索与网络信息交流

（一）网络检索

网络搜索是指利用搜索引擎对互联网上的信息进行搜索。用户输入关键词进行检索，搜索引擎从索引数据库中找到匹配该关键词的网页；为了用户便于判断，除了网页标题和URL 外，还会提供一段来自网页的摘要以及其他信息。目前，常用的搜索引擎有百度和谷歌。

1. 百度

百度是全球最大的中文搜索引擎公司，一直致力于让网民更平等的获取信息，找到所求。百度是用户获取信息的最主要入口，随着移动互联网的发展，百度网页搜索完成了由 PC 向移动的转型，由连接人与信息扩展到连接人与服务，用户可以在 PC、Pad、手机上访问百度主页，通过文字、语音、图像多种交互方式瞬间找到所需要的信息和服务。

2. 谷歌（Google）

谷歌是一家位于美国的跨国科技企业，业务包括互联网搜索、云计算、广告技术等，同时开发并提供大量基于互联网的产品与服务，被公认为是全球最大的搜索引擎。

（二）网络信息交流

网络信息交流是指利用网络进行即时或延时的信息沟通和交换。

1. QQ

QQ 是腾讯公司开发的一款基于 Internet 的即时通信（IM）软件。腾讯 QQ 支持在线聊天、视频通话、点对点断点续传文件、共享文件、网络硬盘、自定义面板、QQ 邮箱等多种功能，并可与多种通信终端相连。

2. 微信

微信（WeChat）是腾讯公司推出的一个为智能终端提供即时通信服务的免费应用程序。微信支持跨通信运营商、跨操作系统平台通过网络快速发送免费（需消耗少量网络流量）语音短信、视频、图片和文字，同时，也可以使用通过共享流媒体内容的资料。

3. 电子邮件

电子邮件是一种用电子手段提供信息交换的通信方式，是互联网应用最广的服务。

通过网络的电子邮件系统，用户可以以非常低廉的价格（流量费）、非常快速的方式，与世界上任何一个角落的网络用户联系。电子邮件可以是文字、图像、声音等多种形式，它还可以大量保存，便于随时查阅。

4. 博客

博客是一种通常由个人管理、不定期张贴新的文章的网站。许多博客专注在特定的课题上提供评论或新闻，其形式一般有文字、图片、视频、音乐、播客等。博客可以让读者以互动的方式留下意见、评论，便于和读者交流。

5. 微博

微博即微型博客的简称，它是一种通过关注机制，分享简短实时信息的广播式的社交网络平台。微博作为一种分享和交流平台，更注重信息的时效性和随意性，表达出每时每刻的思想和最新动态。

三、Word 文字处理

Microsoft Office Word 是微软公司的一个文字处理器应用程序。Word 给用户提供了用于创建专业而优雅的文档的工具，帮助用户节省时间，并得到优雅美观的结果。一直以来，它都是最流行的文字处理程序。教师应掌握 Word 的主要功能，如文字输入、文字处理、表格制作、画图、文档编辑、图片编辑等。

真题链接

在 Word 中，单击"插入"选项卡下的"表格"按钮，然后选择"插入表格"命令，如下图，则（　　）。

插入表格

田 插入表格(I)…
划 绘制表格(D)

A. 只能选择行数　　　　　　　　　　B. 可以选择行数和列数

C. 只能选择列数　　　　　　　　　　D. 只能使用表格设定的默认值

答案：B。解析：在 Word 中，单击"插入"选项卡下的"表格"按钮，然后选择"插入表格"命令，可以选择行数和列数。

四、Excel 电子表格

Microsoft Excel 是微软公司的办公软件 Microsoft Office 的组件之一，它可以进行各种数据的处理、统计分析和辅助决策操作，广泛地应用于管理、统计财经、金融等众多领域。教师需要掌握 Excel 的启动、工作簿与工作表的操作、工作表的编辑、格式化工作表、图表操作等内容。

在 Excel 中，数据筛选是广泛使用的统计工具。下列有关其功能的表述，正确的是（　　）。

A. 将满足条件的记录显示，而删除不满足条件的数据

B. 将满足条件的记录显示，而隐藏不满足条件的数据

C. 将不满足条件的记录显示，而删除满足条件的数据

D. 将不满足条件的记录显示，而隐藏满足条件的数据

答案：B。解析：在 Excel 中，数据筛选是显示满足条件的内容，将不满足条件的数据隐藏。

五、PowerPoint 演示文稿

Microsoft Office PowerPoint 是微软公司的演示文稿软件。用户可以在投影仪或者计算机上进行演示，也可以将演示文稿打印出来，作纸质文稿使用。演示文稿俗称幻灯片，就是在做演讲的时候放给观众看的一种图文并茂的图片。它可以帮助演讲者更加直接、直观地阐述自己的观点，也使听众更容易理解所讲授的内容。PowerPoint 文稿后缀名一般为 ppt、pptx，也可以保存为 pdf、图片格式等。教师应掌握 PowerPoint 文稿的制作与演示，并以最佳的演示效果辅助于课堂教学。

关于 PowerPoint 设计模板，下列说法正确的是（　　）。

A. 只限定了模板类型，版式不受限定

B. 既限定了模板类型，也限定了版式

C. 既不限定模板类型，也不限定版式

D. 不限定模板类型，但限定了其版式

答案：C。解析：在 PowerPoint 设计模板中，既不限定模板类型，也不限定版式。

六、Photoshop 图像编辑

Adobe Photoshop，简称"PS"，是一款非常流行的图像处理软件。使用其众多的编修与绘图工具，可以有效地进行图片编辑工作。Photoshop 有很多功能，在图像、图形、文字、视频、出版等各方面都有涉及。

七、Flash 动画制作

Flash 是一款集动画创作与应用程序开发于一身的创作软件，它开发的作品包含丰富的视频、声音、图形和动画。除了应用于网页、幻灯片的动画制作，还可以应用于交互式软件开发中。

第二节

逻辑思维能力

逻辑思维能力是指正确、合理思考的能力。即对事物进行观察、比较、分析、综合、抽象、概括、判断、推理的能力，采用科学的逻辑方法，准确而有条理地表达自己思维过程的能力。

一、概念

（一）概念的含义

概念是反映事物本质属性的思维形式，它有两个基本特征：内涵和外延。概念的内涵就是指这个概念的含义，即该概念所反映的事物对象所特有的属性；概念的外延就是指这个概念所反映的事物对象的范围，即具有概念所反映的属性的事物或对象。概念的内涵和外延具有反比关系，即一个概念的内涵越多，外延就越小；反之亦然。

（二）不同概念之间的关系

不同概念之间的关系主要是指不同概念外延之间的关系。根据各个概念所指范围的不同，它们之间的关系可以分为四种：

1. 同一关系

两个概念的外延完全重合，则这两个概念之间的关系是同一关系。例如"《静夜思》的作者"和"李白"。

2. 属种关系

一个概念的外延完全包含在另一个概念的外延之中，而且仅仅成为另一个概念外延的一部分，则这两个概念之间的关系是属种关系。例如"签字笔"和"笔"。

3. 交叉关系

两个概念的外延有且只有一部分重合，则这两个概念之间的关系是交叉关系。例如"共青团员"和"中学生"。

4. 全异关系

两个概念的外延没有任何交叉，则这两个概念之间的关系是全异关系。例如"大学生"和"小学生"。

二、命题

（一）直言命题

直言命题也称为简单命题，它是断定事物具有或不具有某种性质的命题。它可以分为六种类型：

1. 全称肯定命题

所有的 S 都是 P。例如"所有的同学都到校了"。

2. 全称否定命题

所有的 S 都不是 P。例如"所有的同学都没有迟到"。

3. 特称肯定命题

有的 S 是 P。例如"有的同学带了手机"。

4. 特称否定命题

有的 S 不是 P。例如"有的同学没带书包"。

5. 单称肯定命题

这个 S 是 P。例如"小强同学带了手机"。

6. 单称否定命题

这个 S 不是 P。例如"小刚同学没带书包"。

（二）复言命题

复言命题是指由两个或两个以上的简单命题通过一定的逻辑关系结合而成的命题。它可以分为四种类型：

1. 联言命题

联言命题是指由几个肢命题构成的复言命题，一般形式是"p 且 q"，常用的连接词有"……和……"、"不但……而且……"、"虽然……但是……"、"不是……而是……"。例如：

联言命题：李白和杜甫都是诗人。

肢命题一：李白是诗人。

肢命题二：杜甫是诗人。

联言命题的真假判断：

①全部肢命题为真，则联言命题为真；

②联言命题为真，则其中任一肢命题为真。

2. 选言命题

选言命题是判定在几种情况中至少有一种情况存在的复言命题，它分为相容选言命题和不相容选言命题。

（1）相容选言命题

相容选言命题是指几个肢命题可以同时存在，一般形式是"p 或者 q"，常用的连接词有"……或……"、"或……或……"、"可能……也可能……"、"也许……也许……"。例如：

相容选言命题：小华学习成绩不好，可能是因为习惯原因，也可能是因为身体原因。

肢命题一：可能是因为习惯原因。

肢命题二：也可能是因为身体原因。

相容选言命题的真假判断：

①肯定一部分肢命题，不能否定其余肢命题；

②否定一部分肢命题，可以肯定其余肢命题。

（2）不相容选言命题

不相容选言命题是指几个肢命题中有且只有一个肢命题可以存在，一般形式是"要么 p，要么 q"，常用的连接词有"要么……要么……"、"或……或……"，二者不可得兼。例如：

不相容选言命题：你的书包里，要么有书，要么没书。

肢命题一：要么有书。

肢命题二：要么没书。

不相容选言命题的真假判断：

①肯定一个肢命题，就否定其余肢命题；

②否定一个肢命题以外的其他肢命题，就可以肯定未被否定的那个肢命题。

3. 假言命题

假言命题是判定事物之间条件关系的复言命题，条件关系又可以分为充分条件、必要条件和充分且必要条件。

（1）充分条件的假言命题

一般形式是"如果 p，那么 q"，其中 p 称为前件，q 称为后件，常用的连接词有"如果……那么……"、"只要……就……"、"一……就……"、"若……则……"、"因为……所以……"。例如：如果天上下雨，那么地上就湿。

充分条件假言命题的真假判断：

①肯定前件就能肯定后件，否定后件就能否定前件；

②否定前件不能否定后件，肯定后件不能肯定前件。

 **真题链接**

"我要是谈了我朋友的隐私，他准会大发脾气；我朋友没有大发脾气"，由此可以推出的结论是(　　)。

A. 我朋友是个温和的人　　　　　B. 我朋友为人倒是挺不错

C. 我谈了我朋友的隐私　　　　　D. 我没有谈我朋友的隐私

答案：D。解析：该命题是充分条件假言命题，可以理解为"如果我谈了朋友的隐私，那么他会大发脾气"。其前件是"我谈了朋友的隐私"，后件是"他会大发脾气"。根据"否定后件就能否定前件"的规则，题干说"我朋友没有大发脾气"，相当于否定后件，从而可以推论出否定前件为真，即"我没有谈我朋友的隐私"。

（2）必要条件的假言命题

一般形式是"只有 p，才 q"，其中 p 称为前件，q 称为后件，常用的连接词有"只有……才……"、"不……不……"、"除非……，否则不……"、"没有……，就没有……"。例如：只有刻苦学习，才能取得好成绩。

必要条件假言命题的真假判断：

①否定前件就能否定后件，肯定后件就能肯定前件；

②肯定前件不能肯定后件，否定后件不能否定前件。

 真题链接

俗话说，"舍不得孩子套不住狼"。下列各项中，对此句理解不正确的是(　　)。

A. 要想套得住狼，就要舍得孩子　　　B. 只要舍得孩子，就能套得住狼

C. 舍得孩子，也许能套得住狼　　　　D. 只有舍得孩子，才能套得住狼

答案：B。解析：该命题是必要条件假言命题，可以理解为"只有舍得孩子，才能套得住狼"。D 完全符合题意，故排除。A 属于"肯定后件就能肯定前件"，也排除。B 中"只要……就……"属于充分条件假言命题，不合题意。C 属于"肯定前件不能肯定后件"，也排除。因此，不合题意的是 B。

（3）充分必要条件的假言命题

一般形式是"p 当且仅当 q"，其中 p 称为前件，q 称为后件，常用的连接词有"只要而且只有……才……"、"当且仅当……则……"。例如：只要且只有你来时，我才发放

通行证。

充分必要条件假言命题的真假判断：

①肯定前件就能肯定后件，否定前件就能否定后件；

②肯定后件就能肯定前件，否定后件就能否定前件。

4. 负言命题

负言命题是否定一个原命题而构成的一个新命题。一般形式是"并非 p"，常用的连接词有"并非"、"并不是"。例如：并非所有的学生都带有手机，与其意思相同的是"有的学生没有带手机"。

真题链接

下列选项中，与"植物不可能都是多年生的"意思相同的是( )。

A. 植物可能都不是多年生的 B. 有的植物有可能是多年生的

C. 有的植物必然是多年生的 D. 有的植物必然不是多年生的

答案：D。解析：该命题可以理解为"植物并非都是多年生的"，属于负言命题。它要强调的是"有些植物不是多年生的"，而不是"所有植物都是多年生的"或"有些植物是多年生的"。故选 B。

三、思维的基本规律和三段论

（一）思维的基本规律

1. 矛盾律

矛盾律是指在同一思维过程中，两个互相否定的思想不能同真，必有一假。例如：(1) 小强是中学生；(2) 小强不是中学生。这两个命题中，必有一个是假的，不可能两个都为真。

2. 排中律

排中律是指在同一思维过程中，两个互相矛盾的思想不能都假，必有一真。例如：(1) 盒子里有乒乓球；(2) 盒子里没有乒乓球。这两个命题中，必有一个是真的，不可能两个都为假。

3. 同一律

同一律是指在同一思维过程中，每一思想与自身具有同一性。在同一思维过程中，必须保持概念的统一，否则，就会犯"混淆概念"或"偷换概念"的错误；还必须保持论题自身的统一，否则，就会犯"转移论题"或"偷换论题"的错误。

（二）三段论

三段论是一种简单的推理判断，它包含一个一般性的原则（大前提），一个附属于前面大前提的特殊化陈述（小前提），以及由此引申出的特殊化陈述符合一般性原则的结论。例如：

学生都应该努力学习；　　　　　　　　　　（大前提）

小强是学生；　　　　　　　　　　　　　　（小前提）

小强应该努力学习。　　　　　　　　　　　（结论）

从思维过程来看，任何三段论都必须具有大、小前提和结论，缺少任何一部分就无法构成三段论推理。但在具体的语言表述中，无论是说话还是写文章，常常把三段论中的某些部分省去不说。省去不说的部分或是大前提，或是小前提，或是结论。

三段论的一般使用规则：（1）在一个三段论中，有且只能有三个不同的项；（2）两个前提不能都是特称命题，且只要前提有一个为特称，则结论应该为特称；（3）两个前提不能都是否定命题，且只要前提有一个为否定，则结论应该为否定。

四、推理

（一）复合推理

复合推理是指综合运用各种命题所提供的条件和要求，遵循思维基本规律和三段论的规则，得出一定结论的推理方式。

　**真题链接**

1. "医生都穿白衣服，所以，有些穿白衣服的人留长头发。"下列选项中，这一陈述的必要前提是(　　)。

A. 有些医生留长头发　　　　　　B. 有些医生不留长头发

C. 穿白衣服的人不留长头发　　　　D. 穿白衣服的人都是医生

答案：A。解析：题干中的命题需要增加一个前提才能成立，根据结论是肯定的，可知前提应该是肯定的，故排除 B、C。如果选 D，根本不能得出"留长头发"的结论，也排除 D。选 A 作为前提，符合题意。

2. 国庆黄金周，小白和朋友们商量去外地旅游的事，小米说："如果不去绍兴，就去杭州吧。"小黄说："如果不去杭州，就不去绍兴了。"小刘说："咱们只去其中一处吧。"小白据此提出的大家都能接受的意见是(　　)。

A. 另去他处　　　　　　　　　　B. 两处都去

C. 只去绍兴　　　　　　　　　　D. 只去杭州

答案：D。解析：根据小白"提出大家都能接受"和小刘"只去其中一处"的意见可知，只能在绍兴和杭州两者之间选择。如果去绍兴，不去杭州，违背了小黄的意见；如果去杭州，不去绍兴，符合小米的意见，且不违背小黄，故选 D。

（二）类比推理

类比推理是指根据一组词（词组）之间的逻辑关系推出另一组与它持相似关系的词（词组）。其逻辑关系一般分为概念之间的集合关系、事物之间的条件关系以及事物之间的因果关系。其中，集合关系是考试的重点。

 真题链接

1. 下列选项中，与"重庆—直辖市"逻辑关系相同的是（　　）。

A. 法国—法兰西　　　　　　　　B. 华盛顿—纽约

C. 英国—联合国　　　　　　　　D. 北京—首都

答案：D。解析："直辖市"是对"重庆"性质、地位的说明，与此相同逻辑关系的是"北京—首都"。

2. 下列选项中，与"中国—香港"的逻辑关系相同的是（　　）。

A. 北京—承德　　　　　　　　　B. 宁夏—银川

C. 新疆—西藏　　　　　　　　　D. 太原—山西

答案：B。解析："香港"属于"中国"，与此相同逻辑关系的是"宁夏—银川"。"太原—山西"虽然也是包含关系，但两个词的位置关系不符合，应该是前者包含后者。

（三）数字推理

数字推理是指根据一组数列之间的逻辑关系推出另一组与它持相似关系的数字或数列。数字推理的关键是找到已有数列的逻辑关系。

 真题链接

1. 找规律填数字是一项很有趣的游戏，特别锻炼观察和思考能力。按照"$2+5+7→144935$""$3+5+6→184830$""$4+4+9→367236$"的规律，下列选项中正确的是（　　）。

A. $7+6+4→285224$　　　　　　B. $7+6+4→284270$

C. $7+6+4→422452$　　　　　　D. $7+6+4→422824$

答案：A。解析：根据"$2+5+7→144935$"可知，$2*7=14$，$5*7=35$，后面的两组数列也符合这个规律。由此判断，只有 A 符合。

2. 找规律填数字是一项很有趣的游戏，特别锻炼观察和思考能力。下列各组数字，填入数列"1、3、7、13、23、□、□、107"空缺处，正确的是（　　）。

A. 28、57　　　　　　　　　　　B. 29、61

C. 37、59　　　　　　　　　　　D. 39、65

答案：D。解析：这个数列前后数字的差分别是2、4、6、10，其规律是2＋4＝6，4＋6＝10，由此可以推出第一个空格与23的差是6＋10＝16，那第一空格的数应该是39。依此类推，第二空格的数是65。根据最后一个给出的数107，还可以进行检验。

（四）图形推理

图形推理是指根据已有图形的规律推出下一个图形。图形推理关键是找到已有图形的内在规律。

下列选项中，最适合填在问号处，从而能够使图形序列呈现一定规律性的是（　　　）。

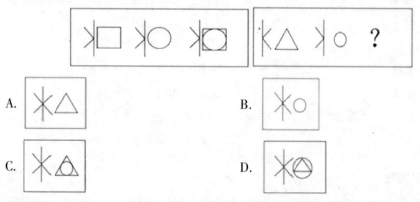

答案：C。解析：已给出图形的规律是第一个图与第二个图叠加，得到第三个图。由此推论出应该选C。

第三节

阅读理解能力

一、阅读理解能力的本质

（一）阅读理解能力是教师重要的职业素养

阅读是教师职业活动的重要任务。阅读过程中有多种能力因素发挥作用，因此阅读能力是一种综合能力。提高阅读理解能力，一是要掌握常用的字、词、句、段、篇的基本知识。阅读的困难，往往是由不识字词、不懂其含义所致的。因此在阅读中有意识地丰富自己的语言知识和提高语言感知能力非常重要。二是需要积累不同学科的相关科学知识。熟练掌握自然科学和社会科学的基本概念和基础知识，可以扩大阅读视野、补充背景知识、增加考试信心、提高自身实力。多积累一些各学科的专业知识有助于更快、更精确地解读晦涩难懂的长难文章，提高解答阅读理解题的速度和准确度。阅读理解题的素材包罗万象，有现代艺术、洞穴探险、昆虫习性、梦的本质、蝴蝶效应、地震过程等篇章，涉及美术、生物、地理、化学、物理、历史、哲学等多学科，可见，要想在现代化社会里提高阅读能力，必须尽快掌握基础系统的科学文化知识。三是要学会文献检索和使用工具书。在阅读时难免遇到生僻的字词不认识，还有一些语段意思不能很好理解的情况，需要借助《新华字典》、《现代汉语词典》、《汉语成语词典》、《古代汉语词典》等工具书答疑解惑，同时通过文献检索，查阅他人的研究成果，参考专家学者的解读，可以及时扫除阅读中的障碍，从而以此方式促进对语言的阅读欣赏、分析理解能力。

（二）阅读理解能力的含义和内容

阅读理解能力，是指为了达到通过阅读获得信息的目的，运用自己所具备的语法、词汇、生活经验等方面的知识，准确无误地理解文章内容，进行正确的认知、分析、综合、理解、判断、推理，从而领会文章的深层含义及作者的观点和意图的能力。

教师应具备的阅读理解能力主要包括以下几种：

1. 认读语言的能力

认读语言的能力，就是对文字符号的感知能力，即对阅读材料中的单字、词语、句子的认识能力。它是最基本的阅读能力，是整个阅读过程的基础，也是阅读的最起码要求。

2. 理解语言的能力

理解语言的能力是在认读的基础上，对阅读信息进行消化、加工的能力，它是阅读能力的核心，衡量阅读能力最主要的是看理解能力。

3. 评价语言的能力

评价语言的能力指对阅读材料的体验和评价能力，包括从材料的思想内容到表现形式、语言文字、写作风格等进行评价，能够从评价的角度进行阅读。

4. 应用语言的能力

应用语言的能力指经过阅读后，将获取的种种信息加以灵活使用，以获得一种新的知识的能力。应用语言的能力的最大特征是由此及彼、举一反三。这是一种较高的思维活动，需要掌握精读、速读、浏览、质疑、比较等方法，具有独立性和研究性。

（三）阅读理解能力的命题形式

本节知识在历年考试中均以材料分析题形式出现。阅读材料一般是从期刊、报纸或者名人名家的作品中选取一篇或节选 600～700 字左右的散文、议论文（学术论文）、科普说明文等片段形成题干的材料部分，考题一般按照两个角度设置两个小题目，一小题侧重考核对文中重要概念或句子含义的理解，一小题主要考查对文中观点和态度的理解。

真题链接

材料分析题：

读孙犁的文章，如读《石门铭》的书帖，其一笔一画，令人舒服，也能想见到书家书时的自在，是没有任何疾病的自在。好文章好在不觉得它是文章，所以在孙犁那里难寻着技巧，也无法看到才华横溢处。《爨宝子》虽然也好，郑燮的"六分半"也好，但都好在奇与怪上，失之于清正。

而世上最难得的就是清正。孙犁一生有野心，不在官场，也不往热闹地去，却没有仙风道骨气，还是一个儒，一个大儒。这样的一个人物，出现在时下的中国，尤其天津大码头上，真是不可思议。

数十年的文坛，题材在决定着作品的高低，过去是，现在变个法儿仍是，以此走红过许多人。孙犁的文章从来是能发表了就好，不在乎什么报刊和报刊的什么位置，他是什么都能写得，写出来的又都是文学。一生中凡是白纸上写出的黑字都敢堂而皇之地收在文集里，既不损其人亦不损其文，国中几个能如此？作品起码能活半个世纪的作家，才可以谈得上有创造，孙犁虽然未大红大紫过，作品却始终被人学习，且活到老，写到老，笔力未曾丝毫减弱，可见他创造的能量多大！

评论界素有"荷花淀派"之说，其实哪里有派而流？孙犁只是一个孙犁，孙犁是孤家寡人。他的模仿者纵然万千，但模仿者只看到他的风格，看不到他的风格是他生命的外化；只看到他的语言，看不到他的语言有他情操的内涵，便把清误认为了浅，把简误认为了少。因此，模仿他的人要么易成名而不成功，为一株未长大就结穗的麦子，麦穗只能有蝇头大，要么望洋生叹，半途改弦。天下的好文章不是谁要怎么就可以怎么的，除了有天才，有凤命，还得有深厚的修养，佛是修出来的，不是练出来的。常常有这样的情形，初学者都喜欢涌集孙门，学到一定水平了，就背弃其师，甚至生轻看之心，待最后有了一定成就，又不得不再来尊他。孙犁是最易让模仿者上当的作家，孙犁也是易被社会误解的作家。

孙犁不是个写史诗的人（文坛上常常把史诗作家看得过重，那怎么还有史学家呢），但他的作品直逼心灵。到了晚年，他的文章越发老辣得没有几人能够匹敌。举一个例子，舞台上有人演诸葛，演得惟妙惟肖，可以称得"活诸葛"，但"活诸葛"毕竟不是真正的诸葛。明白了要做"活诸葛"和诸葛本身就是诸葛的含义，也就明白了孙犁的道行和价值所在。

（摘编自《当代作家评论》）

问题：

（1）文章最后一段中"活诸葛"的含义是什么？请简要概括。

（2）本文对孙犁的作品有怎样的评价？

参考答案：

（1）"活诸葛"指孙犁的模仿者，只得其形没有领悟内在神韵。

模仿者，只得其形，没有抓住内在神韵（"老辣""直逼心灵"），换言之，只能模仿其外在，不能领会孙犁作品内在精神。

（2）孙犁的文章写得自在，读孙犁的文章如同"书家书时"的自在，是没有任何疾病的自在；孙犁创作题材广，他什么都能写，写出来的又都是文学；孙犁的文章有深厚的修养，天下的好文章不是谁要怎么就可以怎么的，需要有深厚的修养，孙犁的语言有他情操的内涵；孙犁的作品直逼心灵，晚年的文章越发老辣，没有几个人能够匹敌。

二、理解材料中重要概念和句子

（一）理解材料中重要概念的含义

概念是反映客观事物本质属性的思维形式。"重要概念"指的是那些与文段的整体内容或要传达的主要信息密切相关的"概念性"词语。对重要概念的理解是掌握整个文段内容的基础。而"重要词语"则相对比较宽泛，包括与文章的核心内容密切相关的词语、表达功能特别强烈的词语、理解上容易发生偏差的词语等。

文中的重要概念包括三种类型：其一，与写作对象或文段主旨密切相关的概念；其二，在文中被临时赋予特殊含义或深层意义的概念；其三，反映具体语境的概念。

（二）理解材料中重要概念的方法

1. 结合具体的语言环境，理解概念的隐含意义

文章中每个概念的表述，都与作者所要表达的思想、论证的道理、说明的事物密不可分。所以阅读时，必须通过概念的表面意义，结合作者的论证思路、说明逻辑等具体的语言环境，深刻体味、理解作者的用意。

2. 理解概念基本意义，辨别不同义项

概念是通过词语表现出来的，每个词语都有基本意义。考生要注意从整体出发，将词语放在特定的语言环境中去分析，在明确词语所在的语句的句意、所在段落的含义、所在段落前后关系的基础上理解词语。尤其要注意词语本身具有的含义，准确理解比喻义、引申义、双关义、象征义、反语义、色彩义等。

3. 理解概念间的关系

对概念的理解要以准确判断概念的本质属性为基础，通过筛选文中有关重要信息，弄清客观事物之间存在的关系（大体上有同一、种属、交叉、矛盾、反对等关系），解释概念的特征，然后用顺畅的语言对其进行表述。

4. 准确把握指代词的含义

一般代词替代的内容，应从以下几个方面去把握：

（1）了解代词的用法。如"这"、"这个"、"这些"是近指，"那"、"那个"、"那些"是远指，"某"、"某类"是不定指，等等。

（2）在具体的语境中，理解代词指代的具体内容，然后进行分析、概括。

（3）将找出的指代内容代入原文，看是否合适。

材料分析题：

没有任何借口

在西点，长官曾问我："你为什么不把鞋擦亮？"我说："我太忙，没时间擦。"这样的回答得到的只能是一顿训斥，正确的回答只能是"报告长官，没有任何借口"。

"没有任何借口"是西点军校奉行的最重要的行为准则，它强化的是每一个学员想尽办法去完成任何一项任务，而不是为没有完成任务去寻找任何借口，哪怕看似合理的借口。其目的是为了让学员学会适应压力，培养他们不达目的不罢休的毅力。它让每一个学员懂得：工作中是没有任何借口的，失败是没有任何借口的，人生也没有任何借口。

"没有任何借口"看起来似乎很绝对、很不公平，但是人生并不是永远公平的。西点就是要让学员明白，无论遭遇什么样的环境，都必须学会对自己的一切行为负责！学员在校时只是年轻的军校学生，但是日后肩负的却是自己和其他人的生死存亡乃至整个国家的安全。在生死关头，你还能到哪里去找借口？哪怕最后找到了失败的借口又能如何？"没有任何借口"的训练，让西点学员养成了毫无畏惧的决心、坚强的毅力、完美的执行力，以及在限定的时间内把握每一分每一秒去完成任何一项任务的信心和信念。

但是，不幸的是，在生活和工作中，我们经常会听到这样或那样的借口。借口在我们的耳畔窃窃私语，告诉我们不能做某事或做不好某事的理由，它们好像是"理智的声音"、"合情合理的解释"，冠冕而堂皇。上班迟到了，会有"路上堵车"、"手表停了"、"今天家里事太多"等等借口；业务拓展不开、工作无业绩，会有"制度不行"、"政策不好"、"我已经尽力了"等等借口；事情做砸了有借口，任务没完成有借口。只要有心去找，借口无处不在。做不好一件事情，完不成一项任务，有成千上万条借口在那儿响应你、声援你、支持你，抱怨、推诿、迁怒、愤世嫉俗成了最好的解脱。借口就是一张敷衍别人、原谅自己的"挡箭牌"，就是一副掩饰弱点、推卸责任的"万能器"。有多少人把宝贵的时间和精力放在了如何寻找一个合适的借口上，而忘记了自己的职责和责任啊！

（摘编自［美］费拉尔·凯普《没有任何借口》）

问题："没有任何借口"中的"借口"在文中的意思是什么？

参考答案：

文章的借口指的是告诉我们不能做某事或做不好某事的理由，他们好像是"理智的声音""合情合理的解释"，冠冕堂皇。借口就是一张敷衍别人、原谅自己的"挡箭牌"，就是一个掩饰弱点、推卸责任的"万能器"。

（三）理解材料中重要句子

1. 理解材料中重要句子的含义

所谓"重要句子"，是指对文意表达起重要作用的关键性语句。文中的重要句子包括以下几种类型：

（1）文眼句：是既能揭示文章中心思想，又能提挈全文的句子。它是文脉的焦点，不仅可以使文章在外部结构形式上交织在一起，而且能使文章贯通流畅。

（2）主旨句：表明作者的写作目的，揭示文章的中心思想，是全文的核心，文章的灵魂，具有极强的概括力。文学性文章的主旨句在文末居多，议论性文章则在开头居多。

（3）衔接句（过渡句）：有的语段（文章）有几层意思，衔接句既能起到结构上的起承转合作用，又归纳和提示了上下文内容。

（4）深化句：在语段中能起画龙点睛的作用，其位置躲在语段末，表达方式多为议论。

（5）警策句：文字简练，内涵丰富，含意深刻。它是思想感情高度浓缩的结晶，可以起到发人深省、动人心魄、催人奋进的作用。

（6）含蓄句：多用比喻、借代等修辞方法，含蓄地表达含义。对于这类语句，不仅要理解它的表层含义，更重要的是理解它隐含的信息。

（7）总结句：语段中的尾句或概括总结上文，或留下余地让人思索，或饱蘸笔墨抒发感情。这类句子是对文章内容和情感的收束。

2. 理解材料中重要句子的方法

（1）联系上下文推断材料中句子的准确含义。一个句子的准确含义是这个句子本身表现出来的含义和上下文语境为其固定的深层含义的结合。理解材料中句子的含义，既要着眼于句子本身，又要着眼于全文。

（2）根据不同文体特点理解重要句子。穿插在记叙文中精彩的议论、抒情的语句，常是画龙点睛之笔；议论文中重要的语句常用来提出观点、得出结论；说明文中的重要语句常用来揭示事物的本质特征。

（3）运用逻辑知识来判断理解正确的句子。逻辑判断能力是辨别正确选项的基本能力。对句子含义的准确理解，一定要注意不可偷换概念、扩大概念外延、颠倒句子前后逻辑关系。

（4）分析特殊句式及修辞句。特殊句式是指相对主动句来说的被动句、相对长句来说的短句、相对肯定句来说的否定句、相对常式句来说的变式句，修辞句指设问句、反问句、排比句、对偶句、比喻句等。对修辞句的理解有三点要求：第一，能够在原文中识别出为何种修辞的语句；第二，能够分析原文中修辞句的表达效果；第三，比喻句表达的内容比较含蓄，要求能指出比喻句在原文中比喻的本体内容。

（5）从分析句子的结构和句中关键词的含义入手来理解句意。对比较复杂的单句首先要抓主干，找准主、谓、宾，明确陈述对象；其次要留心句子的修饰限制成分。对于复句要分清主次，可找准第一层，然后辨明分句间的关系，从而准确把握表达的中心思想。对句子的理解，要善于抓住句中的关键词语，结合上下文段，挖掘其语境意义。

（6）结合背景材料理解句子。结合文章写作的时代背景，联系句子所在段落甚至整篇文章的语境来理解其含义。

真题链接

材料分析题：

影视产品挤压纸媒读物是当下一个明显趋势，正推动文化生态的剧烈演变。前者传播快、受众广、声色并茂，具有文字所缺乏的诸多优越，不能不使写作者们疑惑：文学是否已成为夕阳？

没错，如果文字只是用来记录实情、实景、实物、实事，这样的文学确实已遭遇强大对手，落入螳臂挡车之势，出局似乎是迟早的事。不过，再想一想就会发现，文学从不限于实录，并非某种分镜头脚本，优秀的文学实中寓虚，虚实相济，虚实相生，常有镜头够不着的地方。钱钟书先生早就说过：任何比喻都是画不出来的。说少年被"爱神之箭"射中，你怎么画？画一只血淋淋的箭穿透心脏？令人同样可以质疑：说恋爱者在"放电"，你怎么画？画一堆变压器、线圈、插头？

画不出来，就是拍摄不出来，就是意识的非图景化。其实，不仅比喻，文学中任何精彩的修辞，任何超现实的个人感觉，表现于节奏、色彩、韵味、品相的相机把握，引导出缺略、跳跃、拼接置换的变化多端，使一棵树也可能有上千种表达，总是令拍摄者为难，没法用镜头来精确地追踪。在另一方面，文字的感觉化之外还有文字的思辨化。钱先生未提到的是：人是高智能动物，对事物总是有智性理解，有抽象认知，有归纳、演绎、辩证、玄思等各种精神高蹈。所谓"白马非马"，具体的白马黑马或可入图，抽象的"马"却不可入图；即便拿出一万个万马图，但"动物""生命""物质""有"等更高等级的相关概念，精神远行的诸多妙门，还是很难图示和图解，只能交付文字来管理。若没有文字，脑子里仅剩一堆乱糟糟的影像，人类的意识活动岂不会滑入幼儿化、白痴化？

可见有了这两条，写作者大可放下心来，即便撞上屏幕上的声色爆炸，汉语写作的坚守、发展、实验也并非多余。恰恰相反，文字与图像互为隐形推手，一种强旺的文学成长，在这个意义上倒是优质影视生产不可或缺的重要条件。

（摘编自韩少功《镜头够不着的地方》）

问题：

（1）文中画线处"镜头够不着的地方"指的是什么？请简要概括。

（2）如何理解文中认为"文学与图像互为隐形推手"？请结合文本具体分析。

参考答案：

（1）文字的感觉承担；文字的思辨负载。

（2）"文字与图像互为隐形推手"是指文字和图像互为基因，二者取长补短，强旺的文学成长是优质影视生产的重要条件。影视产品传播快、受众广、声色并茂、还原如真，具有文字所缺乏的诸多优势。文字不仅可以用来记录实情、实景、实物、实事，而且还能做到实外有虚，实中寓虚，虚实相济，虚实相生。文字具有感觉化和思辨化，是影视产品达不到的。没有文字，脑子仅剩乱糟糟的影像；没有影像的记录，文字就显得苍白不生动。因此，文学不会成为夕阳，文字和图像是互为表里，相辅相成。

（四）技巧点拨

词句是构成文章的基本单位，正确理解文中词句的含义，尤其是重要词语、句子的含义，是把握文章旨意的前提。

1. 作答流程

（1）巧用信息，整体把握

词句理解型题目中，文段提供了很多重要信息，比如文章的作者、写作时间和文后注释等内容。特别是要关注后面的题目，从题目的要求中揣度文章的大概主旨。明确作者的出题意图后，再整体把握材料，就可以形成正确的解题思路。

（2）确定区域，圈点勾画

阅读大段材料，主要用精读的方法，需逐字逐句推敲揣摩。可以先看题目涉及文中哪些段落或区域，确定某一答题区域后，再仔细阅读每一句的意思，进而理清段落之间的关系，了解行文思路。阅读时要反复琢磨题干，圈画与之相关的内容。这样，答题时就不需要再从头至尾搜寻，可节省不少宝贵时间。

（3）尊重原文，摘取信息

词句理解型题目的答案通常就在原文中，不需要凭空想象。离开了原材料，会出现答不准、答不全的情况。在原文中找答案是准确解答题目最重要、最有效的方法，大多数题目的答案是可以从文中概括提炼的。但应注意，找出的语句不一定能够直接使用，必须根据题目要求进行加工，或摘取词语，或压缩主干，或抽取要点，或重新组织。

（4）先拟草稿，再写全写顺

作答词句理解型题目有两个基本要求：一是"踩点"给分，二是文通字顺。根据阅卷规则，多写一般不扣分，在不限定字数的情况下可在答题时尽可能地陈述自己的见解。同时要保证字迹清晰、条理清楚。阅读理解题与作文一样，十分注重语言表达的基本功，为了确保答题质量、提高得分率，作答时应该先拟草稿再反复修改。

2. 答题技巧

准确快速作答阅读理解题，可以采用语境分析法、修辞提示法、层次划分法，具体来讲：

（1）语境分析法

①联系上下文

在题目中，所考查的词语或句子的含义常常是对其本身的含义进行引申，或是临时被赋予更为深刻的含义，这时必须将词语或句子放至整个文段中，联系上下文的内容来进行分析。

☞ **示例**

我们今天所依循的谈论中国古代绘画的文字全都出自中国文人之手，也正因为如此，中国文人已长期主宰了绘画讨论的空间。他们已惯于从自己的着眼点出发，选择对于文人艺术家有利的观点。而如今——或许早该如此——已是我们对他们提出抗衡的时候了，并且也应该质疑他们眼中所谓的好画家或好作品。许多优秀的非文人艺术家都因为文人的偏见而未能获得应有的认可，因此，我们应该一一重新给予他们客观的评价和应有的地位。

问题：为什么说"重新给予优秀的非文人艺术家客观的评价和应有的地位"？

解析：文段第一句指出，"中国文人已长期主宰了绘画讨论的空间"。第二句提出观点，我们应该对中国文人提出抗衡和质疑他们眼中所谓的好画家或好作品。第三句，指出质疑的原因是许多优秀的非文人艺术家都因为文人的偏见而未能获得应有的认可，我们应该重新给予他们客观的评价和应有的地位。可见，本段的核心意思为：中国文人长期主宰绘画讨论空间，导致非文人艺术家未获得应有认可。联系上下文的意思可以推出"重新给予优秀的非文人艺术家客观的评价和应有的地位"是因为文人在中国绘画理论领域长期居于强势地位，非文人艺术家都因为文人的偏见而未能获得应有的认可。

②联想文段背景

每一个文段都有自己的写作背景，因此在解答词句理解型题目时，可结合相关背景知识来判断词语或句子的含义，也就是所谓的"由事及义的联想"。"事"是与词句理解相关的种种事实，了解这些事实有助于理解重要词句的含义。

③把握标点提示

在题目中，有些标点本身具有一定的提示作用，能够指引我们在文段中找到词语或句子的准确含义。冒号、破折号在句中一般起注释作用，其后的内容则起到解释说明的作用。因此，若在所考查的词句后面出现了冒号、破折号等标点符号，要加以重视。

☞ **示例**

我们不能简单地认为词典的编纂者不对，他们对词汇的用法做出改动不会是随意的，想必经过了认真的研究推敲。不过，词典编纂者不能忽视一个基本事实以及由此衍生的基本要求：语言文字是广大人民群众共同使用的，具有极为广泛的社会性，因此语言文字的规范工作不能在象牙塔里进行，而一定要走群众路线。

问题：这段话的"基本要求"指的是什么？

解析：通读文段可知，冒号后面的内容是对"基本要求"的具体解释、重点说明，因此，"基本要求"指的就是语言文字的规范工作一定要走群众路线。

（2）修辞提示法

词句理解型题目中，有些句子会运用修辞手法，这时在理解词句含义时结合修辞手法的特点来分析，对解题助益良多。常用的修辞方法有"喻象反双借与对"，即比喻、象征、反语、双关、借代与对比。为了方便记忆与理解，修辞提示法的使用规则总结为：

词句理解六辞格，喻象反双借与对。

比喻关键找本体，象征则要看对象。

如果理解反语意，褒贬互换要记牢。

双关你要想一想，到底它双的是啥？

借代种类有很多，抽象意义最常考。

对比要比比变化，还可已知推未知。

对词语、句子比喻义的理解要从分析喻体与本体的相似性入手，寻找比喻的本体是正确解题的关键。理解词句的象征义，就要寻找词句的象征对象。理解词句的双关义要注意它是谐音双关还是语意双关。借代的种类有很多，包括以部分代整体（如"两岸青山相对出，孤帆一片日边来"中用船的一部分"帆"代船），特征代本体（如"旌旗十万斩阎罗"中借"旌旗"代军队），具体代抽象（如"南国烽烟正十年"，烽烟，原是古代边境用以报警的烟火，这里代指战争，把战争这个抽象的概念具体化、形象化了）等，其中具体代抽象考查得最多。因此在做词句理解型题目时，对可表示抽象意义的概念，可首先从借代义的角度来考虑。运用了对比辞格的，可从两个方面考虑：一是对比结果，看对比双方前后有无发生变化；二是根据一方的特征推断另一方的特征。

☞ **示例**

李广是西汉名将，号称飞将军。关于他射石一事见于《史记》，现抄录如下："广出猎，见草中石，以为虎而射之，中石没镞。视之，石也。因复更射之，终不能复入石矣。"虽然都是全力而为，结果却大不一样，这其中的道理不难理解。李广开始误把石头当成老虎，由于关系到生死，体内的潜能全部被激发出来，所以他能把箭射入石头中，待到他弄清那只是一块石头而不是老虎后，心态已经发生变化，所以不管他再如何用力，射出的箭"终不能复入石矣"。

问题："虽然都是全力而为结果却大不一样，这其中的道理不难理解。"这句话中的"道理"的意思是什么？

解析：针对李广射石，文段进行了前（以为是虎）后（知道是石头）两种不同情况的对比，通过这种对比强调潜能激发前后的不同效果。所以，"道理"指的是激发潜能有利于取得更大的成就。

（3）层次划分法

层次划分法主要包含两层意思：一是从句子结构入手分析，要抓句子主干，即主谓宾。二是从句子与句子之间逻辑关系入手分析。句子之间的关系一般为并列关系、承接关系、递进关系、转折关系、因果关系。

三、筛选并整合材料中的信息

（一）筛选并整合材料中信息的含义

"筛选"就是强调获取信息的过程，即准确感知负载信息的语言材料，并迅速挑选出与自己阅读目的相关的主要内容，排除与阅读相关性小或无相关的内容。"整合"就是将已筛选的信息，通过联想、想象、判断、推理等思维活动，完成对所反映的事物的内在联系与本质意义的加工。"信息"则是指通过阅读而得到的知识、消息、情报或代表某些信息的词语、符号和数据等。

"筛选并整合材料中的信息"主要是指文章或语段中的如下信息：

1. 材料中的基本概念和最新知识

这是一篇文章的主要价值所在，也是阅读中首先要关注的地方。在阅读中，略过那些无关的信息，辨别、筛选并整合对某一概念的准确解释和阐述，就是捕捉信息的能力的反映。

2. 对重要概念、知识进行阐释的语句和相关材料（资料）

重要概念和知识是阅读的难点所在。因此，在阅读中一定要把握关键，具体辨别，认真筛选，抓住主要信息，把握本质特征。

3. 表现文章主旨和能有力地表明作者观点的句子

这方面的信息一般隐含在文章的材料及作者相关的评说中，做题时一定要准确把握作者的基本观点，把握文章的主体内容与思想倾向，并要具备一定的抽象分析和归纳概括能力。

☞ **示例**

材料：

第一流的教育家

陶行知

我们常见的教育家有三种：一种是政客的教育家，他只会运动，把持，说官话；一种是书生的教育家，他只会读书，教书，做文章；一种是经验的教育家，他只会盲行，盲动，闷起头来，办……办……办。第一种不必说了，第二、第三两种也都不是最高尚的。依我看来，今日的教育家，必定要在下列两种要素当中得了一种，方才可以算为第一流的人物。

（一）敢探未发明的新理

我们在教育界做事的人，胆量太小，对于一切新理，大惊小怪。如同小孩子见生人，怕和他接近。又如同小孩子遇了黑房，怕走进去。究其结果，他的一举一动，不是乞灵古人，就是仿效外国。也如同一个小孩子吃饭、穿衣，都要母亲帮助，走几步路，也要人扶着，真是可怜。我们在教育界任事的人，如果想自立，想进步，就须胆量放大，将试验精神，向那未发明的新理贯射过去；不怕辛苦，不怕疲倦，不怕障碍，不怕失败，一心要把那教育的奥妙新理，一个个地发现出来。这是何等的魄力，教育界有这种魄力的人，不愧受我们崇拜！

（二）敢入未开化的边疆

从前的秀才以为"不出门能知天下事"，久而久之，"不出门"就变做"不敢出门"了。我们现在的学子，还没有解脱这种风气，试将各学校的《同学录》拿来一看，毕业生多半是在本地服务，那在外省服务的，已经不可多得，边疆更不必说了。一般有志办学的人，也专门在有学校的地方凑热闹，把那边疆和内地的教育，都置之度外。推其缘故，只有一个病根，这病根就是怕。怕难，怕苦，怕孤，怕死，就好好地埋没了一生。我们还要进一步看，这些地方的教育究竟是谁的责任？我们要晓得国家有一块未开化的土地，有一个未受教育的人民，都是由于我们没尽到责任。责任明白了，就放大胆量，单身匹马，大刀阔斧，做个边疆教育的先锋，把那边疆的门户，一扇一扇地都给它打开。这又是何等的魄力！有这种魄力的人，也不愧受我们崇拜。

敢探未发明的新理，即是创造精神；敢入未开化的边疆，即是开辟精神。创造时，目光要深；开辟时，目光要远。总起来说，创造、开辟都要有胆量。在教育界，有胆量创造的人，即是创造的教育家，有胆量开辟的人，即是开辟的教育家，都是第一流的人物。大丈夫不能舍身试验室，亦当埋骨边疆尘，岂宜随便过去！但是这种人才，究竟要到什么时候才能出现？究竟要由什么学校造就？究竟要用什么方法养成？可算是我们现在最关心的问题。

问题：根据文章内容，阐释什么是"第一流的教育家"。

解析："第一流的教育家"是具有创造精神或开辟精神的教育家。具有创造精神的教育家，敢于探索未发明的新理，放大胆量，以试验的精神探索未知的奥秘新理。具有开辟精神的教育家，敢入未开化的边疆。因此，能明确责任，放大胆量，能舍身试验室，埋骨边境尘，做边疆教育的先锋。

（二）筛选并整合材料中信息的方法

1. 把握信息筛选的标准

在现代文阅读中，明确筛选标准具有至关重要的作用。筛选信息的标准，就是阅读的要求，这种要求在考试中主要是通过题干表达出来。对于筛选的要求，考生应该在阅读作答之前做到认真准确地领会。

2. 确认筛选信息的区间

筛选信息的要求，有的可能涉及文中的几句话，有的可能涉及几段乃至整篇文章。所以明确筛选和整合的目的要求，就要确定筛选整合的范围，在确定的范围内进行取舍。

3. 归纳、整合筛选范围内的内容材料，发掘其隐含信息

有些信息，直接在筛选范围中摘录即可获取，但有的信息不是直接传递的，而需对该确定范围内的内容进行归纳、整合后才能获得。归纳、整合筛选范围内的内容应从该确定范围内的关键句意、层意入手，进而发掘出其隐含信息。

4. 根据阅读试题的要求，对筛选整理的信息一一辨识

对筛选整理的信息进行辨别时，考生要找准对应点，从语意重点，修饰限制语的范围、程度等角度去认真辨析。

5. 借助概括中心思想筛选信息

概括中心思想，分析作者在文中的观点和态度，对于筛选并整合材料中的信息是至关重要的。

真题链接

材料分析题：

传统戏曲表现为两种形态，一种存在于民间，称为民间戏曲。另一种是文人在民间戏曲的基础上，不断丰富其表现手段，具有了较高的审美性和审美价值而形成的戏曲艺术。而戏曲现代化，更多的是指戏曲艺术的现代化。

在戏曲现代化的过程中，人们把注意力过多地集中在戏曲现代题材和思想内容的表现上，而忽视了戏曲艺术作为一种艺术样式所具有的本质特征。现代生活题材当然是现代戏曲艺术应该表现的内容之一，甚至是重要的内容之一，但通过古代生活题材同样也可以反映当代人的思想意识和精神生活。戏剧理论家张庚先生对此有明确的认识，认为戏曲现代化的重心就是如何"以中国人的审美标准和方式，表现现代生活与现代意识"，"在历史剧中贯穿着作者当时的时代精神"，所以"也不一定只有描写当代生活的戏才配称为现代化的戏曲，现代人写的历史剧一样也能成为很好的现代戏"。而另一方面，戏曲艺术之所以成为戏曲艺术，在于它独特的戏曲表达形式，也就是说，不在于其表达的思想内容是什么，而在于其如何表达这些思想内容。戏曲艺术的审美价值就在于其可以反复欣赏的独特的形式美，是形势与内容两者和谐、有机的统一。作为一种古老的传统艺

术，戏曲的形式尤其重要，而时下的戏曲现代化虽在"形式美"上做了一些尝试，但力度显见不足，也缺乏系统性，而且过度强调对现代生活的反映，这正是戏曲艺术现代化的主要困境所在。

戏曲是一种大众艺术，它的根脉在民间，戏曲艺术的每次发展、繁荣，民间大众都发挥了积极作用。然而，反观当代有一种越来越不尊重和漠视民间的趋势，当然，民间戏曲绝不会因为我们忽视她而自动消亡，因为它与民间的生活息息相关。人们会发现，某些方面民间戏曲在追求其现代转型的道路上走得更远更稳，在一些地区，它甚至已经融进了人们的现代精神文化生活，成为他们文化生活中不可或缺的一部分。我们有充分的理由相信，这也会是实现传统戏曲现代转型的一把密匙。

（摘编自刘祯、毛忠《中国戏曲的现代转型与本质回归》）

问题：

（1）戏曲现代化过程中应重点关注哪两个方面？请结合文本，简要说明。

（2）文章认为应如何走出戏曲艺术现代化的困境？请简要分析。

参考答案：

（1）戏曲现代化过程中，应重点关注戏曲艺术的本质特征与戏曲独特的表达形式两个方面。从戏曲艺术的本质特征来说，戏曲现代化应"以中国人的审美标准和方式"来表现现代生活与现代意识，在戏曲作品中贯穿时代精神，而不仅仅只依靠现代生活题材或是描写当代生活，为"写当代生活"，为"现代化"而刻意现代化。从戏曲独特的表达形式来说，戏曲现代化应关注戏曲艺术独特的形式美，揣摩恰到好处的、系统性的表达形式，达到戏曲形式与内容的和谐统一，而不应过度强调反映现代生活，陷入困境。

（2）文章认为要走出戏曲艺术现代化的困境，摆脱对现代生活题材和思想内容表达的过度依赖与过度强调，需要依靠民间力量。要走出困境，戏曲创作要来源于民间，来源于广大民众。戏曲的发展和推广要走向民间，要符合民众的审美标准。戏曲的内容上要充分融入人们的现代精神文化生活，成为文化生活不可或缺的一部分。

（三）技巧点拨

阅读的主要目的是从书面语中汲取有用的信息。很多时候这些信息并不是集中出现，而是分布在文章的各个部分。所以阅读理解不能仅仅局限于对文字材料的理解，而且要重视对不同性质材料的理解。除了文字信息外，材料也会以图表、视频等形式出现。考生要具备从图表、视频材料中获取准确、有效信息的能力。

图表、文字、视频等都是当今信息时代的表达方式。所谓"筛选信息"，就是说要从图表、文字、视频等多种阅读材料中，找出特定的信息或重要细节。所谓"整合信息"，是指将图表、文字、视频等阅读材料的各种信息整合起来，形成整体的认识，做整体的把握。

1. 图表信息的筛选与整合

所谓图表信息，是指将已知信息用图像或表格形式给出。它要求考生从已知图像或表格中获取信息，回答问题。图是指统计图及绘画等；表是指统计表，是描述数据的一种形式。在文章写作中，图表一般作为论据或说明事理而使用。阅读理解型题目中也会出现图表来配合文字的情况，因此图表阅读是材料阅读的重要部分。

（1）表格数据的信息筛选

①表格数据的界定

表格数据，是指将某组数据以表格的形式呈现，根据表格中数据提供的信息对数据进行分析处理，按其内在联系抽象成知识与规律。作答时要注意对题意、数据和知识点的联系进行综合分析。

②数据表格信息筛选

数据表格信息筛选，就是根据题目要求，把统计表格的某个特征的信息，从多个不同特征的信息中抽取出来，再按其内在联系抽象成知识与规律，形成文字，进行题目作答。

☞ **示例**

2010 年 7 月大中城市居民蔬菜零售价格行情表（单位：元/500 g）

商品名称	上旬价格	中旬价格	下旬价格	平均价格
芹菜	2.03	2.16	2.28	2.16
大白菜	1.14	1.28	1.37	1.26
油菜	1.8	2.02	2.38	2.07
黄瓜	1.55	1.71	1.19	1.48
萝卜	1.09	1.52	1.22	1.28
茄子	1.89	1.95	2.05	1.96
西红柿	1.8	1.71	1.83	1.78
土豆	1.59	1.83	1.79	1.74
胡萝卜	1.53	1.53	1.57	1.54
青椒	2.48	2.42	2.47	2.46
尖椒	2.54	2.47	2.37	2.49
小白菜	1.14	1.22	1.22	1.19
豆角	2.82	2.82	2.02	2.55
南瓜	4.21	4.25	4.41	4.29
丝瓜	1.92	2.11	2.11	2.05

问题：请概述表格记录的主要信息。

解析：从图表可以获取的信息有：2010 年 7 月大中城市居民蔬菜零售价格总体保持着稳中上升的态势。15 种蔬菜除了萝卜、黄瓜、豆角在下旬销售价格略有回落之外，其余 12 种蔬菜价格都是上旬、中旬、下旬每个阶段都有不同程度的上涨。其中，价格最便宜的排在前三位的是小白菜、大白菜和萝卜，它们的平均价格分别是 1.19 元/500 g、1.26 元/500 g、1.28 元/500 g；南瓜价格最贵，均价达到了 4.29 元/500 g；其他蔬菜品种的均价都在 1.5~2.5 元/500 g 的区间。

这些数据说明 2010 年 7 月大中城市居民蔬菜供应和销售都很正常，虽然处于炎热的夏季，但蔬菜的供需比较平衡，受季节影响除了个别蔬菜的价格偏高（例如，南瓜，主要是处于产期的青黄不接），从蔬菜的角度可见居民消费价格指数呈现温和上升的局面。

（2）统计图的信息筛选

①统计图的界定

统计图是根据统计数字，用几何图形、事物形象和地图等绘制的各种图形。它具有直观、形象、生动、具体等特点。统计图可以使复杂的统计数字简单化、通俗化、形象化，使人一目了然，便于理解和比较。因此，统计图在统计资料整理与分析中占有重要地位，并得到广泛应用。

②统计图的结构

统计图的构成一般有四个部分：

图示线形，在概括统计资料的基础上绘成的曲线、条形、平面、立体、回点和象形等。

坐标和尺度，绘制图式的基本要素。它的设计是否合理，是决定图式能否准确反映图示现象的重要环节。

标题，提示统计图反映的内容。标题一般写在图式的上面。

统计图的辅助部分，包括基线、指导线、时间标目、数字说明、图例、象形图案、资料来源以及文字注解等。

③统计图信息筛选

☞ **示例**

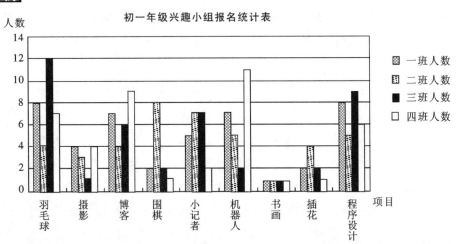

问题：根据图表回答，各个班次选择兴趣项目的人数及情况。

解析：读懂此图，要知道图的横轴线和纵轴线的信息，也要知道不同颜色的条形图表达的对象。以分析一班兴趣小组报名人数和项目情况为例，根据附注找到表示一班情况的条形，再根据横轴的项目和纵轴的人数来描述情况，从而抽出一班兴趣小组报名的人数和项目。如，一班报名情况：羽毛球项目8人，摄影项目4人，博客项目7人，围棋项目2人，小记者项目5人，机器人项目7人，书画项目1人，插花项目2人，程序设计项目8人。

2. 视频材料信息的筛选与整合

随着信息时代的发展，音频、视频多媒体技术由于包含的内容丰富、画面感强、生动有趣且易于接受，愈来愈多地被应用到教学活动中。教师应重视视频材料在教学活动中的作用，学会对视频材料信息进行正确合理地选择、采集、加工以及整理制作，了解其原理，解决实际问题。视频材料与统计图、表及其他平面静止视觉图像都不同，它是动态的，需要在观看或倾听的过程中把握信息。阅读视频材料的基本思路是：主体、具体措施、主要内容、结果。依据这样的阅读过程形成相关信息，并根据试题要求用语言将相关信息表述出来。

四、分析文章结构，把握文章思路

（一）分析文章结构，把握文章思路的含义

文章的结构是指作者对语言材料的组织与安排、布局与谋篇以及文章内部段与段、句与句之间的层次关系。我们常说的段落、层次、开头、结尾、统领（总领）、收束（总结）、伏笔（铺垫）、过渡、照应（呼应）等，都是文章结构的内容。分析文章的结构就是要根据文章的线索和材料安排顺序，弄清文章的段落、层次、开头结尾、过渡照应等问题，具体说来就是划分文章的结构层次。分析文章结构是把握作者写作思路和文章思想脉络的手段，也是从整体上把握文章主旨、分析写作技巧等重要的一环，便于透彻理解文章。

思路就是按照一定的条理由此及彼表达思想的路径、脉络。这个路径和脉络实际上是一个连贯的、有条理的思维过程。分析文章的结构，实际上是要求分析文章各部分之间的组合关系，并进行合理的归纳整理。题目的材料是按照一定的思路组织的。思路是在写作过程中按照一定的条理表达思想的路径和脉络，是作者思维活动的轨迹。通常有一个从发散到集合、从模糊到清晰、从杂乱到有序的过程。最后落实到文章里，读者能看到、感受到的，常常体现为线索或写作顺序。把握作者的思路，便于快速把握文章整体。

文章的结构和作者的思路关系密切：结构是就文章的表现形式来说的，是思路的归宿，表现为文章的骨架，它是外显的思路，而思路是内化的结构；思路是谋篇，结构是布局；思路是内隐的，结构是外显的。因此，具体到阅读能力的要求方面，二者往往是相提并论的，既要理清思路脉络，又要辨明行文结构。

1. 文章结构

阅读理解型题目中的"分析文章结构"更多体现在分析文章部分之间、段落之间及句子之间的结果关系，常见的有如下六种类型：并列关系、承接关系、递进关系、转折关系、因果关系和解证关系。

☞ **示例1**

在一个健康而有序的现代社会中，每个人都应该有机会在各个阶层之间实现自由流动，而不是在父母的身份和影子中定位终生。但是，转型期中国社会流动性的凝滞倾向，造成"富二代"世袭财富、"官二代"世袭权位和"穷二代"世袭贫困的畸形格局有扩大之势。不同的身份标签代表不同的人生轨迹，让"马太效应"越来越明显并且在代与代之间传承，成为社会失衡的栓塞。

解析：转折关系。转型期的中国社会流动性凝滞，"富二代""官二代""穷二代"有扩大之势，让"马太效应"越来越明显并且在代与代之间传承，成为社会失衡的栓塞。

☞ **示例2**

在未来的道路上，社会主义核心价值观就像一盏灯，它不仅推动中华民族的振兴和社会的发展，而且还将是我们建设有中国特色社会主义、加快改革开放、全面实现现代化的强大动力。更重要的是它必将激励亿万中国人民攻坚克难，续写一个古老民族奋发激昂的篇章，实现五千年中国走向现代化的梦想……

解析：递进关系。主题词是社会主义核心价值观，关联词有"不仅……而且；更重要的是"，因此句子之间是递进关系。

☞ **示例3**

在一个体系中的各种制度具有战略互补性，某一项或几项制度发生变革，其他的制度要么进行相应的变化，要么就会与新制度难以配合，对新制度的实施产生阻碍。因此，制度变革本质上就应该是整体推进的，虽然在事实上可以分步进行，否则，就会存在巨大的制度运行成本。

解析：因果关系。本段谈的话题是制度变革，有关联词"因此"，非常典型的因果关系。

☞ **示例4**

战国时期的风诡云谲之中，士争雄、国争霸的社会场景在历史上留下的画卷之繁复、之错综、之精彩、之生动，的确是罕见。而提及战国，自然要提及名噪一时的乱世枭雄

——"四君子"：齐之孟尝、赵之平原、魏之信陵、楚之春申。

解析：承接关系。先讲战国时期波澜壮阔的场景，接着顺其自然地引出四大乱世枭雄，究其实质是讲述了"四君子"出现的时代背景。

👉 **示例5**

愿读小说，喜欢那情节跌宕的精彩；愿读散文，喜欢那感悟人生的真挚；愿读诗歌，喜欢那体察心灵的敏感……读书之乐，在体味，在感悟，更在那阅读中的种种共鸣。

解析：并列关系。先用排比句分别列出对"小说"、"散文"、"诗歌"的喜爱和阅读感悟，这三个分句是并列关系；然后再用总结的形式指出了读书之乐"在体味，在感悟，更在那阅读中的种种共鸣"，语段整体结构是先分后总的解说关系。

👉 **示例6**

世界上万事万物都永远在运动、变化、发展，语言也是这样。语言的变化，短时间内不容易觉察，日子长了就显示出来了"，如宋朝的朱熹，他曾经给《论语》做过注解，可是假如当孔子正在跟颜回、子路他们谈话的时候，朱熹闯了进去，管保他们讲什么，他是一句也听不懂的。不光古代的话后世听不懂，同一种语言在不同的地方经历着不同的变化，久而久之也会这个地方的人听不懂那个地方的话，形成许许多多方言。（吕叔湘《语言的演变》）

解析：解证关系。首句是总说，是中心句，提出了"语言是运动、变化、发展"的规律，也是文章的观点，后面的三个分句从"语言的变化日子长了就显示出来"、朱熹听不懂孔子和颜回、子路的谈话、许多方言的形成等角度来解释和论证首句的内涵与正确。

2. 文章思路

思路是以客观事物为基础的，而客观事物之间的关系不外乎以下三种：时间关系、空间关系和逻辑关系。思路是作者头脑反应的产物。因为客观事物本身总是多侧面的，不同的人往往会有不同的认识结果，因此形成的思路也就不同。文章从思路上看，有如下三种类型：时间型、空间型、逻辑型。时间型主要反映时间顺序，如先后、早晚等；空间型主要反映空间顺序，如上下、内外等；逻辑型主要反映逻辑顺序，如正反、主次、类比、归纳、证明、阐释、叙议等。记叙文一般以时间先后为序，因为事情发生总有先有后；游记常以游踪，即空间方位为线索，因为游览总是从甲地再到乙地。

👉 **示例1**

我曾见过北京什刹海拂地的绿杨，脱不了鹅黄的底子，似乎太淡了。我曾见过杭州虎跑寺近旁高峻而深密的"绿壁"，重叠着无穷的碧草和绿叶，那似乎又太浓了。

解析：从句子结构看是并列关系，从写作思路看是空间型——北京、杭州不同景色的描写。

☞ **示例 2**

　　早晨，蔚蓝的天空，飘浮着几缕薄云，仿佛少女美丽的轻愁，明净而灵动；到了午后，云层渐渐厚重了起来，天色也阴郁了许多，仿佛一位哲人，面色凝重，思虑重重；傍晚时候，云层在天边会聚着涌动着，仿佛英勇的将军检阅千军万马，准备向即将袭来的黑夜发起进攻！

　　解析：从句子结构看是并列关系，从写作思路看是时间型——描绘的是早晨、午后、傍晚天空中的云彩变换。

☞ **示例 3**

　　北京四合院的社会功能十分突出，它形成了以家庭院落为中心、街坊邻里为干线、社区地域为平面的社会网络系统。这种建立在家庭联系与私人交往上面的社会网络，已经历了数代人，产生一种凝聚力量、和谐气氛，使人有一种安全稳定感和归属亲切感，为社区内的行为和个人的抱负提供了种种便利条件，成为保持社会安定的宝贵因素。

　　解析：从句子结构看是承接关系和解证关系，从写作思路看是逻辑型——论述了北京四合院十分突出的社会功能及其表现和作用。

（二）分析文章结构，把握文章思路的方法

1. 抓住文体特点

　　不同的文体的行文思路不同，因而其结构层次也各有特点。议论文常常按提出问题、分析问题、解决问题三个步骤来组织文章结构，一般在分析问题时采用并列式、对照式、层进式、总分式四种论证结构；说明文常按时间、空间、人物、事件进行组织；散文一般按作者的思想感情的变化来组织。新闻结构的五要素、记叙文的记叙顺序、说明文的说明顺序、议论文的论证结构、散文的线索、小说以及戏剧的情节结构等，都可以帮助我们从文章的体裁上快速找到分析结构的依据，进而弄清作者的行文思路。

2. 抓住关键词语

　　关键词语分为两类：一是标志性词语。这些词能表明文章中句与句、层与层之间的基本关系，比如"于是""从而"表承接关系，"但是""然而""不过""其实""与此相反"表转折关系，"首先、其次""一方面……另一方面""同样"表并列，等等。二是解说性词语。科技文中，解说新信息、介绍新情况时，往往采用解说、举例的形式：分析层次时就要注意提示解说内容的词语，如"意思是说""比如""例如""即是""也就是说"等。

3. 分析语段结构

　　分析语段结构可从以下几个方面入手：

　　（1）扣中心，以纲带目。中心句是语段的"总纲"。分析语段结构，如果语段有中心句，首先必须找准中心句。凡属先摆观点然后分析论证，或者先摆情况后解释说明，或

者先总说后分说之类的语段，第一层都划在始发句与后续句之间。与此相反，属于先分析论证后得出结论，或先分述后总结之类的语段，第一层则划在终止句前面。如果是照应式语段，第一层则划在始发句后，第二层则划在终止句前。

（2）理思路，弄清结构。语段的结构形式不外乎两种：一是纵向结构，一是横向结构。弄清结构形式，语段的层次便基本明晰了。

（3）抓标志，分析结构。语段里常运用一些关联词语或关键词语表示句与句间的逻辑关系，如"首先、其次、再次"，表示主次轻重的顺序或问题的几个方面，是并列关系；"总之"、"由此可见"表示结论，一般是分总关系；"所谓"表示有所解释，是解说关系；此外，对应的词语、相似的句式、语意的分合、方位的顺序等，都是分析语段层次的突破口。

（4）抓句子语意间隙，分析结构。有些语段，既无关联词语，又无外在的形式标志，分析结构时，就要认真研究各句内容，揣摩它与前后相邻句子语意的疏密度。彼此语意关系最近，间隙最小，结合最紧的，便是最后一个层次；彼此语意关系最远，间隙最大，结合相对松散的，便是语段的第一个层次。弄清句与句、段与段、层与层、部分与部分、句与段、段与层、层与部分、点与线、线与面等之间的关系，可以从外部结构标志入手，特别要注意划分准确第一层次，不要搞错"辈分"，将大小层次混淆了。

4. 把握文章的思路

（1）辨明重要的文句。文意中的有些句子，如领起句、总起句、过渡句、前呼后应句（包括文中反复出现的文句），往往能体现文章思路，为我们划分文章结构提供了重要参考。

（2）审辨标志性词语。有些文章，为了表达得清晰，往往用一些标志性的词语来表明前后上下内容间的关系。找出这些词语并仔细区别其代表的意思，有助于我们对文章结构的分析。可以作为标志性词语的有：顺序词、关联词、指代词、范围词、类别词、过渡词。

真题链接

材料分析题：

我刚才说，一切事物都有几种看法。你说一件事物是美的或是丑的，这也只是一种看法。换一个看法，你说它是真的或是假的；再换一种看法，你说它是善的或是恶的。同是一件事物，看法有多种，所看出的现象也就有多种。

比如园里那一棵古松，无论是你是我或是任何人一看到它，都说它是古松。但是你从正面看，我从侧面看，你以幼年人的心境去看，我以中年人的心境去看，这些情境和性格的差异都能影响到所看到的古松的面目。古松虽只是一件事物，你所看到的和我所看到的古松却是两件手。假如你和我各把所得的古松的印象画成一幅画或是写成一首诗，我们俩艺术手腕尽管不分上下，你的诗和画与我的诗和画相比较，却有许多重要的异点。

这是什么缘故呢？这就由于知觉不完全是客观的，各人所见到的物的形象都带有几分主观的色彩。

假如你是一位木商，我是一位植物学家，另外一位朋友是画家，三人同时来看这棵古松。我们三人可以说同时都"知觉"到这一棵树，可是三人所"知觉"到的却是三种不同的东西。你脱离不了你的木商的心习，你所知觉到的只是一棵做某事用值几多钱的木料。我也脱离不了我的植物学家的心习，我所知觉到的只是一棵叶为针状、果为球状、四季常青的显花植物。我们的朋友画家什么事都不管，只管审美，他所知觉到的只是一棵苍翠劲拔的古树。我们三人的反应态度也不一致。你心里盘算它是宜于架屋或是制器，思量怎样去买它，砍它，运它。我把它归到某类某科里去，注意它和其他松树的异点，思量它何以活得这样老。我们的朋友却不这样东想西想，他只在聚精会神地观赏它的苍翠的颜色，它的盘屈如龙蛇的线纹以及它的昂然高举、不受屈挠的气概。

从此可知这棵古松并不是一件固定的东西，它的形象随观者的性格和情趣而变化。各人所见到的古松的形象都是各人自己性格和情趣的返照。古松的形象一半是天生的，一半也是人为的。极平常的知觉都带有几分创造性；极客观的东西之中都有几分主观的成分。

（朱光潜《谈美》）

问题：

（1）作者为什么说"这棵古松并不是一件固定的东西"？

（2）请另举一例，谈谈你对文中画线句"极客观的东西之中都有几分主观的成分"的理解。

参考答案：

（1）作者之所以说"这棵古松并不是一件固定的东西"，是因为不同的人看同一棵古松，会有不同的视角、感受，是各人自己性格和情趣的返照。它的形象随观者的性格和情趣而变化。

（2）一个全家企盼已久的孩子终于诞生了，但是孩子出生后大家都呆住了。"快！把他送进保温箱。"医生怕产妇受不了打击，匆匆忙忙地剪断脐带，包起来交给护士。之后的一个月，每天把婴儿抱给产妇喂奶时，每个"新妈妈"的怀里都有一个娃娃，只有"那个娃娃"的妈妈见不到她的孩子。"黄疸重症，现在不能看"，大家总是这样骗她，并私下商量，什么时候带她去看那个畸形的儿子。一个月过去了，不能再瞒了，医生、护士和家人都做了最坏的打算，想她会尖叫着晕倒，想她会转身离开，想她会痛哭失声，甚至为她准备了一张空着的病床。她终于见到那个没有双臂，也没有双腿的孩子。"好可爱！"她居然笑着说。那天生重症残障的孩子，就是现在日本著名的作家——《五体不满足》的作者乙武洋匡。对于这个重症残障的孩子，其他人都觉得难以接受，而他的妈妈却觉得这是自己的可爱的儿子。这个故事正是"极客观的东西之中都有几分主观的成分"的典型事例。

五、归纳内容要点，概括文章主旨

"归纳内容要点"中的"内容"，既可以是几句话、一个段落、一个层次或几个层次的内容，也可以是整篇文章的内容。"要点"即文章或段落层次包含的主要的、根本的内容和观点。"概括文章主旨"中的"主旨"，又称为中心思想或要旨，是作者通过文章全部内容所表达的基本观点或感情倾向。

（一）分析归纳文章的内容要点

1. 归纳内容要点的途径

（1）找出相关的概括性语句

在具体的材料中，概括性的语句与具体的叙述描写是相互依存、相互作用的。因此寻找概括性语句来概括内容要点，是最重要的途径。材料中局部内容要点的归纳，一般也可以运用这一方法。

👉 **示例**

幸福即是"一种令人满意的生活"，社会成员有时对生活不满意，可能与生活琐事或基本民生问题直接相关。当然，一个人衣食无忧，也可能感到不快乐，没有幸福感。有无幸福感是一个较为复杂的问题，它涉及很多因素，且带有较强的主观性。解决了基本民生问题之后，未必让人获得幸福感。但是，社会成员若缺乏基本的民生保障，则一定不会有幸福感。民生好坏是社会成员幸福与否的一个基本判断标准。

问题：概括本段的主要观点。

解析：本段首句"幸福即是'一种令人满意的生活'，社会成员有时对生活不满意，可能与生活琐事或基本民生问题直接相关"，指出幸福与生活琐事和民生问题休戚相关。段尾句再次强调民生问题和幸福之间的关系。中间表述是对生活琐事和民生问题的解释说明。因此本文的观点是尾句，即"民生好坏是社会成员幸福与否的一个基本判断标准"。

（2）提取精要，独立归纳

提取精要，即用自己的语言独立概括。有的文章，虽然有概括力强的语句，但与试题要求归纳的角度并不一致；也有一些文学作品并没有相应的概括语句。遇到这样的情况，我们应根据要求，认定范围、提取精要。

👉 **示例**

学问之要素——答程仲沂先生的信

陶行知

仲沂先生：

先生所说做学问有三要素：一体健，二天才，三财力，很有见地。

行知以为体健是人生的一个重要目的，也是学问的一个重要目的。学生是学习人生之道的人。学以厚生则可，学以伤生是断断乎不可的。天才是做学问的根据。有几分天才做几分学问。大概天才有十分八九之势力，教育的势力只占十分之一二。教育万能之说是教育界自欺欺人的话。但是天才有时很不容易看出来。时机未到，天才隐在里面，专靠主观、武断，以致差之毫厘，失之千里的，是常有的事。

第三点恕我不大同意。我不承认财力是学问的要素。我以为，只要有志学问或是有志于子女的学问，经济的难关是可以打破的。后代的学问是有社会关系的。自己倘若十分困难就号召社会的力量成全子女入学也是应该的。这是就求学必不可少的经费说的。我还有一点意见，就是：穷苦和学问是好友；富贵和学问是仇敌。那天天轻裘肥马，炫耀于同学之前的，究竟学问如何？

十二年九月二十日

问题：结合材料简要阐述作者对做学问的看法。

解析：第一段，交代仲沂先生的观点：一体健，二天才，三财力。第二段，赞成并论证体健和天才是做学问的必要条件。第三段，作者反驳仲沂先生的第三个观点财力。提出自己的观点："穷苦和学问是好友；富贵和学问是仇敌。"因为穷苦更能使人静心思考、平和心态致力于钻研，倘若十分困难可以号召社会的力量成全子女入学做学问。因此，作者认为做学问要体健和天才，即便穷苦也要有志于学问。作答题目时，先概括每个自然段的要点，再根据题目要求对要点进行合并同类项，做相应取舍扩充，形成完整答案。

2. 归纳内容要点应注意的问题

归纳内容要点的前提是对文章内容有准确的理解，对文章的写作思路有清晰的判断。在此基础上还应注意两点：

（1）尽可能用原文中的词语归纳。尽可能用原文中的重要词语组织答案，避免过度臆断或揣度，这样可以防止归纳的不准确。

（2）防止要点遗漏。防止要点遗漏的方法，就是对相关文字作层次分析。在无字数限定的情况下，尽量多写要点，保证答案完整。

真题链接

材料分析题：

读书是意味着，利用别人的头脑来取代自己的头脑。自己思考出来的东西，尽管它不见得是严密紧凑，但总是个有脉络可寻的总体，我们可赖它向某种体系开展，比起看书吸收他人的思想，可说是利多害少。为什么呢？因为后者的思想是从各种形形色色的精神而得来，属于别人的体系，别人的色彩。它不能像自己思考的人，已把自己的知识、个性、见解等融合成一个总体，他的脑子里三教九流，诸子百家的思想纷然杂陈，显得混乱不堪，这种思想的过度拥挤状态，攫夺了一个人的正确观察力，也使人失去了主见，并且很可能导致精神秩序的紊乱，这种现象，我们几乎在所有的学者身上都可发现。所以，在健全的理解力和正当的批判力等方面来说，这类人远不如那些所学无几的人。后者虽说是胸无点墨，但靠着经验、阅历以及零碎的阅读，把所学得的一点知识，和自己的思想融合，或在自己的思想下臣服，所以他们有主见，有判断力。其实，术性的思想家做法也不外是如此，只不过他们的尺度较大，比较有深度而已。思想家们因为要用到许多知识，所以非多读不可，但他们精神力极强固，能把所有的东西克服或同化，融进他的思想体系内。因之，他们的见识虽是规模愈来愈大，但已做有机的关联，全部隶属在他们的思想总体系之下了。这种场合，这些思想家的固有思想，就如同风琴的低音主调，任何时刻都支配一切，绝对不会被其他音调所压制。而那些知识上的大杂烩的头脑中，好似一支曲子渗进很多杂音，它的基本调久久仍找寻不出来。

以读书终其一生的人，他的知识完全是从书本汲取而得，他们有如阅读了许多山水、游记之类的书籍，对于某地或某国的有关知识虽可粗枝大叶地说出来，但是甲地和乙地是如何地联络？人文、物产、习俗又是如何等等，则说不上来。反之，以思考终其一生的人，就像土生土长的父老，一打开话匣子便能把本地事事物物的来龙去脉，以及各种事实或传说和事物的总体关系，如数家珍般地道出来。

（摘编自叔本华《读书与思考》）

问题：

（1）简要概括作者在文段中提出的观点。

（2）结合作者对阅读与思考关系的阐述，谈谈你对这一问题的认识和看法。

参考答案：

（1）人要善于思考，才能有所创新，并具有自己的思想体系。

（2）读书，是一种成长，我们要取其精华，去其糟粕，才能真正有所进步。思考，是一种创新，我们要不断思考，才能更好地实现自己的价值。一个人，若能将"活读书"与"勤思考"相结合，必能达到人生的金字塔。

我们可以热爱读书，因为"书籍是人类进步的阶梯"。伏尔泰也说过"读书使人心明眼亮"。可以说，读书是通往天堂的阶梯。但是我们不能死读书，读死书。书籍的世界千姿百态，我们要取舍有度，即鲁迅先生所说的"取其精华、去其糟粕"，将别人的思想吸收为自己的思想，而不是一味地咀嚼，要真正消化到灵魂深处。我们要将那看起来纷然杂陈、混乱不堪的各种思想观点进行整合吸收，而不至于因为这种思想的过度拥挤状态，攫夺了自己的正确观察力，也失去了自己的主见，这样真的很可能导致精神秩序的紊乱。但是，我们不能否定思考的力量，正如作者所言，自己思考出来的东西，尽管它不见得是严密紧凑，但总是个有脉络可寻的总体，我们可赖它向某种体系开展，而且我们可以通过思考把自己的知识、个性、见解等融合成一个总体。思考，可以为我们打开原生态创新的大门；思考，可以使我们向没有开拓的文化领地、向新的巨人迈进一步，更可以使得我们成为独立的个体。

善于读书，读好书，好读书，读活书。善于思考，不断创新，那么，每个人的世界都会更加豁亮。乘着天使的两只翅膀，我们一定能翱翔高空，开辟自己的新天地。

（二）归纳概括文章的主旨

文章的中心主旨是一篇文章的灵魂，抓住了它就可以对全文内容做到心中有数了。因为文章其他内容都是要为中心主旨服务的，把文章的中心主旨找到了，理解了，文章也就可以说读懂一半多了。分析归纳文章主旨可以遵循从文内到文外，由客观到主观的原则，具体可采用以下方法：

1. 标题提示法

从文章的标题上窥视出文章的中心主旨。

2. 首尾归纳法

从文章的首位段落中归纳出文章的中心主旨。

一篇好文章大都是蕴含着作者的精心构思的，有许多文章作者都在开头和结尾两部分表明了中心主旨。如果我们掌握了首尾阅读法，就会很快全面地把握住文章的主旨和写作思路。

3. 段意串联法

汇总每段的中心句，概括出文章的中心主旨。

概括要求将各个知识点联系起来，在更高的层次上找到一个集中点。有些文章的中心主旨是分散在各个段落中逐次体现出来的，这就有必要将每段的中心联系起来，在整体上找出它们表达陈述的集中点，概括出文章的中心主旨。

4. 重复即中心法

从文中反复出现的词句中发现文章的中心主旨。

一篇文章中反复出现的词语，不言而喻一定是作者着重强调的内容，那么这个内容就一定与文章的中心主旨有联系，有的甚至就是中心所在。

奥地利作家茨威格的《世间最美的坟墓》为了强调托尔斯泰墓的"朴素"特点，不惜笔墨地反复描述托翁墓的样子及周围环境：

（1）这块将被后代怀着敬仰之情来朝拜的圣地，远离尘嚣，孤零零地躺在林荫里。

（2）这只是一个长方形的土堆而已，无人守护，无人管理，只有几株大树荫蔽。

（3）它只是树林中的一个小小长方形土丘，上面开满鲜花，没有十字架，没有墓碑，没有墓志铭，连托尔斯泰这个名字也没有。

（4）围在四周的稀疏的木栅栏是不关闭的。

（5）这个小小的、隆起的长方形包容着当代最伟大人物当中的一个。

（6）哪怕仅仅从这幽暗的土丘上摘下一朵花留作纪念。

显然，几百字的文章里出现了很多重复的词语和句子，它们所要传达的意思集中到一个特征："朴素"。而作者把文章题目定为"世间最美的坟墓"，朴素却最美，读者在这种强烈的反差下领悟到托尔斯泰人格的伟大崇高，这就是文章的中心主旨所在。

5. 层次顺序分析法和关键词归纳法

有些文章我们还可以通过分析文章的语段层次顺序（时间、空间、逻辑顺序）或者抓文章中的关键词来概括出中心主旨。

以上所述归纳概括文章中心主旨的每种方法在实际中一般不是孤立存在的，因此，我们在阅读实践中要学会综合运用它们。

六、分析概括作者的观点态度

（一）作者观点态度的含义

"观点"是作者对事物所持的看法；"态度"是作者在文中所表现的思想和感情倾向，包括肯定与否定、爱与憎、褒与贬，以及某种程度的保留等。作者的观点态度反映在写作中，以文章中表现出来的作者对具体事物的认识和思想倾向，或赞同或反对、或喜爱或厌恶、或冷静或热情的方式呈现，具有鲜明的个人色彩，体现了作者的创作意图。

作者的观点态度，在不同类型的文章中有不同的表现形态。一般说来，论说性的文字是明朗的、直抒的，文学作品则比较含蓄。论说性的文章中，中心论点、分论点以及某些论述，就是作者在文中的主要观点。叙述性的文学作品，一般以写人、叙事、写景见长，观点态度等不直接说出，但是，也是可以捕捉到的。提炼作者的观点态度要综合文体特点，抓住关键部位和重要依据。不同文体的结构特点不同，表现手法不同，表现作者观点态度的方式也就不同。

（二）分析概括作者观点态度的途径

1. 从分析文章内容下手

文章中的材料及其所表达的思想，表明了作者看问题的角度，一定程度上体现了作者的立场，而文章主旨有时更是直接体现了作者的观点和态度。

☞ **示例**

阳明先生说："知是行之始，行是知之成。"我以为不对。应该是"行是知之始，知是行之成"。我们先从小孩子说起，他起初必定是烫了手才知道火是热的，冰了手才知道雪是冷的，吃过糖才知道糖是甜的，碰过石头才知道石头是硬的。太阳地里晒过几回，厨房里烧饭时去过几回，夏天的生活尝过几回，才知道抽象的热。雪菩萨做过几次，霜风吹过几次，冰淇淋吃过几杯，才知道抽象的冷。白糖、红糖、芝麻糖、甘蔗、甘草吃过几回，才知道抽象的甜。碰着铁，碰着铜，碰着木头，经过好几回，才知道抽象的硬。才烫了手又冰了脸，那么，冷与热更能知道明白了。尝过甘草接着吃了黄连，那么甜与苦更能知道明白了。碰着石头之后就去拍棉花球，那么，硬与软更能知道明白了。凡此种种，我们都看得清楚"行是知之始，知是行之成"。富兰克林放了风筝才知道电气可以由一根线从天空引到地下。瓦特烧水，看见蒸气推动壶盖便知道蒸气也能推动机器。伽利略在比萨斜塔上将轻重不同的球落下，便知道不同轻重之球是同时落地的。在这些科学发明上，我们又可以看得出"行是知之始，知是行之成"。

（陶行知《行是知之始》）

问题：指出这段材料中作者的主要观点是什么。

解析：陶行知先生的观点是："知是行之始，行是知之成"不对，应该是"行是知之始，知是行之成"。即实践是前提，认识是在实践的基础上形成的。后面用一系列的生活实践、案例论证此观点。

2. 抓住关键词句，注意标志性词语

语言形式的提示作用是很重要的，应密切关注，抓住了某些关键词语，也就可能找到了打开思路的钥匙，如表时间、趋向、主次、判断、因果、类比、总结概括的语句，句式上的因果、转折、条件等。那些表现人物思想情感的词，如"认为"、"以为"、"感到"之类的词，是具有标志性的词，它往往直接引领表明作者观点态度的句子，抓住了这些标志性的词语，就抓住了作者在文中的思想动态。

☞ 示例

自信比相信天命更有意义。一般人通常喜欢相信天命，在他们的意识里，任何事物都归于上天的安排：生命从上天获得，健康由上天保佑，饮食靠上天赏赐，利益由上天赠予。过分地相信上天，结果把自己的主权毫无条件地送给了神明，而不知道自己的命运要靠自己主宰的道理。而我认为只有自信才能主宰自己的命运：黑暗的可以变成光明，悲伤的可以化为幸福，崎岖不平的道路可以铺成平坦光明的坦途。要相信自己的生活幸福、精神愉快、前途光明都得靠自己争取，凡事靠自己的双手去创造，比依赖神明的支配不是更加实惠吗？

问题：这段话作者表达的主要观点是什么？

解析：先分析语句结构，抓住关键词句。自信比相信天命更有意义（观点句）。一般人通常喜欢相信天命，在他们的意识里，任何事物都归于上天的安排（过渡句）：生命从上天获得，健康由上天保佑，饮食靠上天赏赐。利益由上天赠予（概括叙述现象）。过分地相信上天，结果把自己的主权毫无条件地送给了神明，而不知道自己的命运要靠自己主宰的道理（分析现象的危害）。接下来找到表明作者立场态度的标志性词语"我认为"，以及引领的句子"只有自信才能主宰自己的命运：黑暗的可以变成光明，悲伤的可以化为幸福，崎岖不平的道路可以铺成平坦光明的坦途"（阐释道理）。还有"要相信自己的生活幸福、精神愉快、前途光明都得靠自己争取，凡事靠自己的双手去创造，比依赖神明的支配更加实惠"（揭示普遍道理）。综合以上分析，概括作者本段要表达的观点是：相信自己的生活幸福、精神愉快、前途光明得靠自己争取和创造，比依赖神明更有意义、更重要。

3. 从文中运用的材料入手

文中运用的材料，不论是事实还是文献资料，总是要表达一定观点的。因此，从分析文中运用的材料入手，是分析概括作者观点态度的重要途径。另外有些文章，特别是文学作品表现作者的观点态度往往比较委婉含蓄，还可以联系文章背景资料来帮助理解，因为背景资料中有作者一贯的思想观点、写作动机。

☞ 示例

创造思考教学以培养创造性思维为目标。创造性思维具有以下特点：创造性思维的结果对于思考者或者文化而言具有新颖性和价值；创造性思维是非传统的、具有高度机动性和坚持性的思维活动；创造性思维的任务是将原来模糊的、不明确的问题清楚地勾画出来，或提出某种方案加以解决。

1972 年联合国教科文组织的一份报告《学会生存》中指出："人们越来越要求把所有人类意识的一切潜能都解放出来。"然而，"人们的创造能力是最容易受文化影响的能力"。它强调说："开发创造精神和窒息创造精神这样的双重力量是并存的。"因此，有必要警惕教学中妨碍创造性思维发展的因素。概念的内涵固定化：a. 限制了思考；b. 无法产生突破和解决新问题；c. 对问题的固定反应方式；d. 限制了发散性思维的发挥；e. 墨守成规束缚了创新的愿望和灵感；f. 强调记忆、练习、再现的聚敛性思考；g. 忽略应用、联想的扩散性思维训练；h. 情感因素不足；i. 缺乏形象和审美内容；j. 缺乏认知中的愉悦和激励。

问题：第二段引述了《学会生存》中的一些话，作者引用这些话要说明什么？

解析：第二段引述了《学会生存》中的三句话，第一句与第二、三句之间用"然而"作转折，可见后两句是重点。引完以后写道："因此，有必要警惕教学中妨碍创造性思维发展的因素。"这句话起到了概括总结全文观点的作用。因此，利用此概括性语句揭示作者引用《学会生存》中的一些话的意图：为了教学发展需要培养创造能力。

4. 注意文章风格

风格是作者写作的主调，也是作者观点、态度、情感的一种特定的表达形式，是别人无法复制的。

☞ 示例

古文的写作讲气，词句的短长与声调的高下，说话时的婉转或激昂，都是由气势决定的。这个气势里就含有作者的感情在内。作者由气势决定言之短长与声之高下；读者则从言之短长与声之高下中去求气，得到了气，就能体会到作者写作时的感情，这就是因声求气。

就作者来说，他在写作时，不是考虑什么手法，而是考虑怎样把意思表达清楚、表达正确，怎样把感情表达出来。手法是从声情的变化中自然形成的。不是学会了种种手法，才让自己的情意去凑合各种手法。一凑合就成了做作，就写不好文章了。要达到前人写作的很高境界，就要学通他们下笔的精妙处；要懂得他们写作是本于准确地表达情意的自然流露，而不是有意做作。这样，到自己写作时，才能本着自己的情意，透过气势来表达声情，在表达不同的声情中自然形成各种不同的艺术手法。

因声求气不光是会读出文章的声情来，还要求能长久熟读。这样读，当然是读经过时间考验的名篇；这样读，也是提高阅读能力的最简便方法。由于熟读，接触书里的词汇时，不是孤立的，而是连同整个句子一起记熟的。这样，当对这个词完全懂得时，就对这个词在不同句子里的意义变化，以及在不同句子里的不同用法都懂了。自己在写作时，可使之用得合乎法则。因声求气，就是透过熟读来学习写作的一种方法。

[摘自周振甫《文章例话（节选）》]

问题：文章认为应如何通过读书来提升写作能力？请简要分析。

解析：周振甫是中华书局编审，著名学者，古典诗词文论专家，他的《文章例话》广泛地从古今人谈论或评点文章的著作中选取了精辟独到、具有代表性的例话，结合原文对这些评论详加解释，并且引申开来，深入分析比较各家得失，探幽入微，指导和启发读者开阔眼界、破除拘执，充分展示了他在写作上注重逻辑严谨的学理性和语言朴实无华的文风。节选的这段文字，周先生认为通过读书可提升写作能力，具体表现三个方面：第一，通过读书可以学习前人下笔的精妙处；第二，通过因声求气来学习前人如何准确地表达情意的自然流露；第三，通过熟读名篇来积累词句等的用法，从而使自己的文章合乎法则。

（三）分析概括作者观点态度应注意的问题

1. 要整体把握全文文意的倾向

分析概括全文的观点态度要注意全文的文意，即便是分析概括文章局部的观点态度，也应如此。这是解答这类试题的前提。

2. 要准确理解语句

作者在文中的观点态度总是要通过一定的语句来表现，对语句理解不准确，分析概括就会出错。

真题链接

材料分析题：

艺术要反对的，虚伪之后，是熟练。有熟练的技术，哪有熟练的艺术？

熟练（或娴熟）的语言，于公文或汇报可受赞扬，于文学却是末路。熟练中，再难有语言的创造，多半是语言的消费了。罗兰·巴特说过：文学是语言的探险。那就是说，文学是要向着陌生之域开路。陌生之域，并不单指陌生的空间，主要是说心魂中不曾敞开的所在。陌生之域怎么可能轻车熟路呢？倘是探险，模仿、反映和表现一类的意图就退到不大重要的地位，而发现成其主旨。米兰·昆德拉说：没有发现的文学就不是好的文学。发现，是语言的创造之源，即便幼稚，也不失文学本色。在人的心魂却为人所未察的地方，在人的处境却为人所忽略的时候，当熟练的生活透露出陌生的消息，文学才得其使命。熟练的写作，可以制造不坏的商品，但不会有很好的文学。

熟练的写作表明思想的僵滞和感受力的麻木，而迷恋或自赏着熟练语言的大批繁殖，那当然不是先锋，但也并不就是传统。

如果传统就是先前已有的思想、语言以及文体、文风、章法、句式、情趣……那其实就不必再要新的作家，只要新的印刷和新的说书艺人就够。但传统，确是指先前已有的一些事物，看来关键在于：我们要继承什么以及继承二字是什么意思。传统必与继承相关，否则是废话。可是，继承的尺度一向灵活因而含混，激进派的尺标往左推说你是墨守成规，保守者的尺标往右拉看你是丢弃传统。含混的原因大约在于，继承是既包含了永恒不变之位置又包含了千变万化之前途的。然而一切事物都要变，可有哪样东西是永恒不变的和需要永恒不变的吗？若没有，传统（尤其是几千年的传统）究竟是在指示什么？或单说变迁就好，继承又是在强调什么？永恒不变的东西是有的，那就是陌生之域，陌生的围困是人的永恒处境，不必担心它的消灭。然而，这似乎又像日月山川一样是不可能丢弃的，强调继承真是多余。但是！面对陌生，自古就有不同的态度：走去探险，和逃回到熟练。所以我想，传统强调的就是这前一种态度——对陌生的惊奇、盼念，甚至是尊敬和爱慕，唯这一种态度需要永恒不变地继承。这一种态度之下的路途，当然是变化莫测无边无际，<u>因而好的文学，其实每一步都在继承传统</u>，每一步也都不在熟练中滞留因而成为探险的先锋。传统是其不变的神领，先锋是其万变之前途中的探问。

（史铁生《熟练与陌生》）

问题：

（1）文章标题"熟练与陌生"中"熟练"和"陌生"的含义是什么？

（2）结合文段，谈谈你对画线句子"因而好的文学，其实每一步都在继承传统"的理解。

参考答案：

（1）熟练"是文学创作中缺乏创造力的表现，表明作者思想的僵滞和感受力的麻木，而迷恋或自赏着熟练语言的大批繁殖，是艺术所要反对的。"陌生"是指在文学创作中要向着陌生之域开路，开辟心魂中不曾敞开的所在。敢于突破对已有的思想、语言以及文体、文风、章法、句式、情趣等的模仿，进行语言的创造和探险。

（2）传统和继承相关，继承是既包含了永恒不变之位置又包含了千变万化之前途。传统强调的就是这前一种态度——对陌生的惊奇、盼念，甚至是尊敬和爱慕，唯这一种态度需要永恒不变的继承，这一种态度之下的路途，当然是变化莫测、无边无际，却使文学创作的每一步成为探险的先锋。最终，当熟练的生活透露出陌生的消息，文学才得其使命。因此，在文学创作中，我们要把握好继承的尺度，勇于打破常规，追求一种"陌生"之感，独辟蹊径，变文学模仿为文学创作。唯有如此，好的文学才有可能出现。

第四节

写作能力

一、写作基础知识

（一）审题立意

"审"之本义是"详究、考察"；"审题"，顾名思义，就是详究、考察题意，《现代汉语规范词典》是这样解释的："作文或答题前仔细分析题目的内涵与要求。"材料作文审题，就是在写文章前"仔细分析"试卷所提供的写作材料的内涵与要求。所谓"题意"，就是作文试题的各项显性、隐性的意思与要求；而"符合题意"，则是要求审读揣摩作文试题的各个部分，理解试题所要求的写作角度、材料和中心，准确、全面地把握试题。由此可见，材料作文审题不能靠直觉、凭经验，需要认真地"审读揣摩"，才能"理解""把握"题意。材料作文的审题立意涉及阅读理解、思考推敲、分析概括等一系列复杂的思维过程，审题也是立意，立意是确立文章的中心思想、主题，审题就是对题目所包含的主题、立意和要求的审视。

写作时把好审题立意环节，可以采纳以下思维方式：

1. 顺向思维

按照逻辑、按照规律、按照常规去思考推导。读一则文字材料，人们一般是站在作者的立场，进入他的视角，从他的观点去看问题，理解他的论证的要素和结论，并看看有没有自己的例子支持他的一些论点。阅读时，不仅要读出作者说什么，而且要读出他为什么这样说——他的理由，他推理的脉络，他论证的全貌。审题时，可以"忠实地读"，顺着材料的意思，贴近材料，正面审视分析考材，提取出其正面价值或肯定之处，以此立意写作，可保不离题。

2. 逆向思维

对司空见惯的似乎已成定论的事物或观点反过来思考的一种思维方式。辩证法告诉我们，任何事物都是肯定方面和否定方面的对立统一，考题中的材料也是一样。

以"顺向思维"从材料中提取的观点，有其具体的合理性，在某种情境下其理可以成立，但往往又带有局限性，或不完整的，或具有明显的漏洞。这时我们要运用"逆向思维"对其进行补救或完善，使我们的观点与思想既贴近材料，又超越材料。"逆向思维"要求在"忠实地读"基础上，运用"批判地读"，即跳出作者的视角，有意识地运用自己的经验，建立自己的视角，挑战作者，发现矛盾，提出质疑，在此基础上形成自己的见解。这样才有可能窥见材料中蕴含的深层价值，揭示其隐性涵义，在立意上自会明人心智、高人一筹。

要特别指出的是，"逆向思维"并不是盲目地批判与反对，而是在"顺向思维"的基础上，更深入一步地思考。其要旨有二：其一，要进入作者的精神世界，必须和作者对话，追随他的思考、论证、创造的过程，追问作者怎么想、为什么这么想，向作者提问，思考自己的立场，判定论证的可信程度等；其二，要把自己放进来，联系自己的经验和视角，以我为主，持怀疑和开放精神，从新的角度看同一问题。

运用"逆向思维"，就是要善于寻找和考察与原材料不同的立场和论证，从不同或对立面中突破用一个角度看问题的局限，力求发现全面的真理。当然，这种质疑、批判，并非鲁莽与武断，而是基于材料所做的分析、综合、推论、反驳等理性思考之上的。

（二）依据文章主旨，安排写作顺序

写作顺序是文章的层次、内容的条理、作者的思路。文章结构是否完整，材料安排是否妥当，条理是否清楚，脉络是否分明，关键都在于组织材料时能否找到一个合理的次序。以下为常用的写作顺序：

1. 按照事情发展顺序（起因→发生→发展→高潮→结果）组织材料

按照事情发展顺序组织材料，即先发生的情况先写，后发生的后写。采用这种顺序组织材料，可以将杂乱的材料理顺，条理清楚地叙述事情的开头、经过和结果，如实反映事情的本来面貌，使读者渐入佳境。

2. 按照时间先后顺序（早→中→晚，前→中→后）组织材料

按照时间先后顺序组织材料，即以时间推移为序，将文章要用的各个材料串成一体，或将情节发展的各个阶段连接起来，使文章形成一个完整的整体。

无论是写一件事还是几件事，无论是写人、写景、写游记都可以按照时间的先后顺序写。这种叙述方式可以执简驭繁，使文章有条不紊，让读者读起来既方便顺当，又容易领会。

3. 按照空间转换顺序组织材料

按照空间转换顺序组织材料，即按照方位、处所或地点变换来安排材料，决定材料呈现的次序。写景状物，写参观记、游记的文章，都可以采用这种顺序来写。

4. 按照事物（或内容）类别顺序组织材料

按照事物（或内容）类别顺序组织材料，即面对众多的事物（或内容），把同类的放在一起，然后一类一类地写，写完这一类再写那一类。

这种顺序多用于写景状物，或者写游记、参观记。采用这种顺序，能使文章脉络清楚，内容充实，说服力强，完整、深刻地反映文章的主旨。

（三）布局谋篇，有效安排文章结构

文章结构指的是文章内容的组织和排列形式，主要包括开头和结尾、段落和层次、过渡和照应，等等。结构完整，主要是指作文思路展开有序。形式上有头有中有尾，前后照应，上下连贯，没有主次不分、残缺不全的问题；逻辑上线索清晰，层次分明，顺序恰当，段落合理，没有颠倒重复、混乱不清的问题。

结构安排基本要求：

1. 纲目清楚，详略得当

文章的结构必须完整，开头、主体、过渡、照应、结尾缺一不可。详略处理既要根据中心思想的需要来确定，又要根据文体性质来确定。

详写是指对能直接表现中心思想的主要材料进行具体而充分的叙述和描写。略写是指对与表现中心思想关系不太密切的材料，进行概括式的叙述。在一篇文章中，详写和略写是对立统一、相辅相成的，是两种互为补充的表达方法。详写的内容必须是主要的，次要的内容不能详写；但详写必须有略写配合，使文章繁简适当、重点突出。

2. 层次清晰，前后照应

写作时，为了把文章的中心思想有层次地表现出来，一定要分段。划分段落要根据中心思想的需要而定。既要注意一个段落只说明一层意思，又要注意不要分得太细，还要注意前后照应。照应，就是指开头与结尾的照应、前后文内部的照应以及各部分之间的照应。文章缺少照应，就会给人一种不完整或偏离题意的感觉，因此在写作时必须注意到照应的问题。

照应手法一般有：首尾照应、文题照应、对话照应、细节照应、关键词照应、悬念照应和伏笔照应。

3. 衔接紧密，有呼有应

过渡是文章段落之间的桥梁，前后相邻的两层意思之间，要有内在联系，相邻之处要彼此衔接，语气贯通，让读者思路能顺利地从前者过渡到后者。过渡常用承上启下的段、句子或关联词语。

4. 开头明快，结尾有力

好的开头，新颖生动，引人入胜，或开门见山，或描写环境引人物，或抒发感情渲染气氛，或借诗词表达观点。好的结尾，余味无穷，发人深省，或总结全文揭示主旨，或展示未来鼓舞斗志，或抒发情怀增强感染力，或话语含蓄让读者遐想不已。

（四）语言表达常用修辞手法

下表中列出了常用修辞手法的释义和例子，在各类文章写作中的使用非常广泛。综合素质写作以议论文为主，常用举例论证、对比论证、引用论证、比喻论证来证明论点。此外，常常会运用到对比、引用、比喻等修辞手法，以达到说理充分、文辞优美的效果。

修辞手法	释义	举例
比喻	抓住两种不同性质的事物的相似点，用一事物喻另一事物	叶子出水很高，像亭亭的舞女的裙。层层的叶子中间，零星地点缀着些白花，有袅娜地开着的，有羞涩地打着朵儿的；正如一粒粒的明珠，又如碧天里的星星，又如刚出浴的美人。——朱自清《荷塘月色》
拟人	把事物人格化，将本来不具备人的动作和感情的事物描写成和人一样具有动作和感情	波浪一边歌唱，一边冲向高空去迎接那雷声。——高尔基《海燕》 单是周围的短短的泥墙根一带，就有无限趣味。油蛉在这儿低唱，蟋蟀们在这里弹琴。——鲁迅《从百草园到三味书屋》
夸张	对事物的形象、特征、作用、程度等方面着意夸大或缩小	笔落惊风雨，诗成泣鬼神。——杜甫《寄李十二白二十韵》 五岭逶迤腾细浪，乌蒙磅礴走泥丸。——毛泽东《七律·长征》
排比	把结构相同或相似、意思密切相关、语气一致的词语或句子成串地排列	盖文王拘而演《周易》；仲尼厄而作《春秋》；屈原放逐，乃赋《离骚》；左丘失明，厥有《国语》；孙子膑脚，《兵法》修列；不韦迁蜀，世传《吕览》；韩非囚秦，《说难》《孤愤》；《诗》三百篇，大底圣贤发愤之所为作也。——司马迁《报任安书》
对偶	用字数相等、结构相同、意义对称的一对短语或句子来表达两个相对应或相近或相同的意思	登高而招，臂非加长也，而见者远；顺风而呼，声非加疾也，而闻者彰。——荀子《劝学》
引用	有意引用成语、诗句、格言、典故等，以表达自己想要表达的思想感情，说明自己对新问题、新道理的见解	孔子曰：三人行，必有我师焉。是故弟子不必不如师，师不必贤于弟子。——韩愈《师说》
设问	为了强调某部分内容，故意先提出问题，明知故问，自问自答	谁是最可爱的人呢？我们的战士，我觉得他们是最可爱的人。——魏巍《谁是最可爱的人》
反问	用疑问的形式表达确定的意思，以加重语气	历史上没有一个反人民的势力不被人民毁灭的！希特勒、墨索里尼不都在人民之前倒下去了吗？——闻一多《最后一次演讲》
借代	不直接说出所要表达的人或事物，而是借用与它密切相关的人或事物来代替	黄发垂髫，并怡然自乐。——陶渊明《桃花源记》
对比	把具有明显差异、矛盾和对立的双方安排在一起，进行对照比较	亲贤臣，远小人，此先汉所以兴隆也；亲小人，远贤臣，此后汉所以倾颓也。——诸葛亮《出师表》

二、记叙文写作

（一）记叙文的文体特征

记叙文是以记人、叙事、写景、状物为主，以写人物的经历和事物发展变化为主要内容的一种文体形式。它主要采用叙述、描写、议论、抒情、说明五种表达方法，运用形象思维的手段，通过叙事、记人、写景、状物等来反映丰富多彩的现实生活。

记叙文的文体特征表现在三个方面。

1. 创造性

（1）记叙文是饱含着作者心血的精神产品，是作者心灵和客观事物遇合所孕育出来的创造物。它不像文学作品对生活现象进行集中概括，通过典型形象来反映生活，而是选择日常生活中的那些亲眼所见、亲身经历、亲自体验过的生活内容作为写作的材料，但这不意味着作者可以把现成的生活材料照抄到文章中去，不对生活材料进行加工改造、提炼生发。与之相反，作者正是采用一种必不可少的"工序"把生活材料成功地转化成了文章作品，这一过程到结果包含着作者大量的创造性劳动。

（2）记叙文运用语言文字作为生活展示和思想情感表达的载体和媒介，语言化了的世界就是一种艺术创造。从本质上看，记叙文是某种经验（外在世界的人、事，内在世界的思想、情感等）的陈述，运用语言文字进行叙述，将真实存在转化成语言文字的工作本身就是一种创造性的工作。用语言文字把生活材料转化成记叙文，包含了创造性因素在内，如果在转化的方式上愈能够别出心裁、与众不同，其创造的程度就愈高。

（3）记叙文是作者个人心灵色彩的投影。把真实存在转化成语言文字可以有千万种不同的方式，选用哪一种方式，即最后完成的文章是何种模样，其中必然反映了作者个人的思考和精神意识。苏联作家秋切夫说："我在一切之中，一切之中都有我。"所以，尽管记叙文是客观世界的反映，但这种反映又总是和作者个人的创造性劳动结合在一起的，是通过作者个人的创造性劳动来反映的。

2. 形象性

记叙文要靠具体的形象去感染读者，善于抓住具体的个别的事物"做文章"。所以，它以叙述、描写为主要的表达方式，能够把事物的本质特征准确生动地表现出来，使人产生身临其境的真实感觉。叙述，必须清楚地交代事情的来龙去脉、前因后果以及具体的发展过程；描写，必须使读者如见其人，如闻其声，如触其物，如食其味，历历可感如在目前。在记叙文写作中，创造场面是最基本的手段。因为说到底记叙文总是要在纵横两个方面来组织结构，纵就是时间的延续，横就是空间的展开，而场面就是对人或物在特定的时空中存在或活动状况的描述。记叙文组织连贯、整一、富有动态感的材料，"缩时间于一瞬，寓空间于一隅"，获得了生动具体的形象感。

3. 情趣性

格调方面：记叙文不像议论文那样庄重严肃，也不像说明文那样冷静客观，它追求的是以情动人，以趣逗人；选材角度：记叙文并不要求一定要选择重大题材，而往往是从日常生活中选择富有情趣的凡人小事，作者往往通过对凡人小事的记述，来寄寓自己的感情，来表现丰富多彩的现实生活的某一侧面；表现手法：记叙文追求的是引人入胜的表达效果，它要求把写作内容表现得曲折生动，意趣盎然。有时，记叙文也传达作者对某种事理的认识，但它一般不展开直接的议论，而是把这种认识潜藏在具体的生活画面之中。它通过具体形象的描绘潜移默化地影响读者，从情感、情趣方面去晕染读者，让读者用审美的眼光去领悟作品的意蕴。

（二）记叙文的五种表达方法

1. 叙述

叙述是对人物的经历、事物的发展过程作介绍、说明、交代。叙述是写作中最基本、最常见的表达方式，一般用于介绍人物的身份、地位、经历、事迹等，叙述事情的发生、发展或变化过程，交代事件的前因后果。除了常见的顺叙，还有倒叙和插叙。倒叙，能增强文章的生动性，使文章产生悬念，更能引人入胜，同时也可以避免叙述的平淡和结构的单调；插叙，对主要情节或中心事件作必要的铺垫、照应、补充、说明，使情节更完整，结构更严密，内容更充实。

2. 描写

描写是对人、事、物、景做具体、形象的刻画。记叙文通过描写美丽的自然景色和山川风光，来抒发感情；通过描写人物的外貌、言行和内心世界表现人物性格和刻画人物形象；通过描写人物活动的自然或社会环境，交代背景，渲染气氛以及帮助刻画人物性格，衬托人物的思想感情。

3. 抒情

抒情是表达作者强烈的爱憎、好恶、喜怒、哀乐等主观感情，可以帮助渲染环境气氛、刻画人物，同时还起到突出文章主旨的作用。如郭敬明写生命感悟的唯美抒情："谁是谁生命中的过客，谁是谁生命的转轮，前世的尘，今世的风，无穷无尽的哀伤的精魂。我回过头去看自己成长的道路，一天一天地观望。我站在路边上，双手插在风衣的兜里看到无数的人群从我身边面无表情地走过，偶尔有人停下来对我微笑，灿若桃花。我知道这些停留下来的人终究会成为我生命中的温暖，看到他们，我会想起不离不弃。"这些文字令人回味无穷。

4. 夹叙夹议

夹叙夹议是作者对某个议论对象发表见解，以表明自己的观点和态度。它的作用在于使文章鲜明、深刻，具有较强的哲理性和理论深度。在议论文中，它是主要表达方式；在一般记叙文、说明文或文学作品中，也常被当作辅助表达手段。

5. 说明

说明是用简明扼要的文字，把事物的形状、性质、特征、成因、关系、功用等解说清楚的表达方式。这种被解说的对象，有的是实体的事物，如山川、江河、花草、树木、建筑、器物等；有的是抽象的道理，如思想、意识、修养、观点、概念、原理、技术等。使读者更好地了解文章的背景、环境，状物的细节等，有助于其对文章内容做更深入细致的研读。

（三）记叙文写作的关键：选材

1. 选择有较强的情感内涵的材料

老舍先生说过："小说是情感的记录，而不是事实的重述。"记叙文写作也是如此。事件、线索等仅仅是记叙文的表层结构，其深层结构是充溢其中的情感内涵。事件、线索等仅仅是承载情感内涵的框架，真正感动人的是蕴含在框架中的情感。为什么有的文章看起来也是有头有尾，清楚完整，但就是清淡无味，不生动、不感人呢？最关键的一点就是其中缺乏深厚的情感。在"记叙经历"的文章中，最好要选择富有情感内涵的经历。那些没有情感内涵的"经历"不是记叙文的好材料。把一次一般性的大扫除的经过记叙得再详细，把一次实验课的过程描写得再具体，把一次郊游的经历写得再热闹，如果其中不流淌着真挚的情感，也是不可能动人的，因为"感人心者，莫先乎情"（白居易语）。

2. 选择有较深的主题潜能的材料

主题是文章使用的材料所蕴含的基本意义以及作者通过对材料的思考、体验所传达的基本思想和评价，是一种客观性和主观性的结合。客观性来自于材料本身，主观性来自作者对材料内涵的洞见开掘。所以，鲁迅先生要求"选材要严，开掘要深"。选材和立意是记叙文写作中两个重要的环节，它们处于互相影响的联动状态。材料选得好，为开掘主题提供了最大的可能性；主题的开掘和深化，又反过来制约、促进材料的选择和加工。

罗丹说："对于我们来说，生活中不是缺少美，而是缺少发现。"这句话强调作者要有一双善于发现的眼睛，能够从日常的生活小事中发现具有丰富内涵的材料。从某种意义上来说，愈是能从细小的生活现象中发现深邃的内涵，其作品的质量就愈高。"一粒沙里看世界，半瓣花上说人情"，这是艺术的高致。选材时不仅要注意那些写实性的材料，也要注意那些具有象征意蕴的材料。象征的事物往往能使作品的主题具有多义性、多层性、多向性，从而使读者产生丰富的联想，使作品产生特有的艺术魅力。

3. 选择有初步形式意味的材料

记叙文本身特有的形式规范，对选材的要求概括起来是三点：连贯、整一、动态。

（1）连贯。连贯就是要求记叙文的材料最好是截取现实生活中连续发生的片断。写作时需要特别注意一个重要因素：时间。记叙文中始终潜藏着时间的暗流，也正因为如此，人们把叙事作品称之为时间的艺术。在充分认识到时间在记叙文中的重要作用以后，又必然引出记叙文的另外两个要素：原因和结果。我们强调时间序列在选材时的重要作用，并不意味着一切具有时间序列的"流水账"都可以作为记叙文的材料，相反，只有在时间序列中包含着"价值"的材料，才是记叙文需要的材料。这里的所谓"价值"，就是伴随着时间演进的因果裂变。因此，记叙文选材的连贯性，不仅表示时间的连续，也包含着因果关系的连缀。

（2）整一。整一是指记叙文的材料必须相对集中。这种集中，不是要求作者像写议论文那样围绕中心（主题）选材，而是要求围绕记叙文自身的内部要素选材，或集中于人物，或集中于事件，或集中于环境，这也是记叙文内部又可以分为写人、叙事、绘景等类型的原因所在。议论文是旁征博引，运用零散的、片断的材料来证明中心论点，它是在观点与材料统一的原则之下，靠理性的辐射来集中材料；而记叙文则要靠自身的时空关系来凝结材料。

（3）动态。动态是指记叙文要求在事物的发展过程中，在动态流程中表现某种主题。因此，只有那种具有动态感、过程感的材料才是记叙文真正需要的材料。从本质上看，叙事都是对已经过去了的事情的追述。但这种追述，在不同的文体中有不同的方式，说明文中运用的常常是"一般现在时"，议论文中运用的常常是"一般过去时"，而在记叙文中则常常要把它转化成"现在进行时"。选择具有动态感的材料，其动态发展的流程最好是波浪式的，而非直线式的（直线式的情感缺乏回环蕴藉的美）。俗话说，"文似看山不喜平"，优秀的作品总是以曲折向前发展的方式展示人物、情节和情感等，给予读者审美想象的时空。

真题链接

写作题：

梦想是什么？在卖火柴的小女孩眼里，梦想是飘香的烤鹅，是奶奶温暖的双臂。在"千手观音"邰丽华的眼里，梦想是聋人可以"听"得到，盲人可以"看"得到，肢残朋友可以"行走"。在杂交水稻之父袁隆平的眼里，梦想是杂交水稻的稻谷像葡萄一样结得一串串……

请你以"我的梦想"为题，写一篇记叙文或论说文。

要求：用规范的现代汉语写作。自定立意，自拟题目。不少于1000字。

参考范文1：

我的梦想

我不是医生，不会用手中的手术刀来证明我的能力；我不是歌手，不会用动听的歌曲咏唱我的岗位；我不是作家，不会用优美的语言书写自身的价值。但是，我的梦想是成为一名平凡而伟大的人民教师。

我要在储满"师爱"的脑海中采摘如花的词汇，构筑我心中最美好的诗篇；我要用深深的思索，推演我心中最崇高的哲理，教给孩子们做人的最基本道理；我要用凝重的感情，唱出我心中最优美动听的颂歌，让爱与美托起明天的太阳……

用知识托起学生的学业梦。一方面，作为一名教师，不仅要不断充实自身的专业知识，还需多方涉及其他科目知识；另一方面，现代社会，知识更新速度越来越快，教师不能死守课本知识，也需要不断补充新知识。只有这样，教师自身的知识体系才会趋于完整；只有这样，教师才可以教导出知识面广的学生，从而帮助学生实现学业的成功。对于现代教学来说，教学中的主体应该为学生，所以教师对于知识的传授方式需要注意不能一味填鸭式，而要注重在激发学生学习兴趣的基础上，教会学生主动学习。

用负责托起学生的人格梦。教师对学生的教育不仅仅是学习，还要帮助学生塑造完善的人格。教师的负责可以对学生的人格起到潜移默化的作用，这种负责表现在教师的言传身教。孔子是我国古代著名的教育家，一生从事教育工作，教出许多有才干的学生。这些学生不仅善于学习，具有较深的知识水平，更有令人钦佩的人格魅力。这些和孔子自身的负责分不开，孔子用负责实现他自身教育的成功。现今教育，更需要教师在掌握专业知识的基础上，不断增加主动负责的精神。真正做到从心底关爱学生。

用爱心托起学生的成长梦。黑龙江佳木斯市女教师张丽莉在看到学生过马路有车冲过来时，勇敢推开学生，自己却被压到车轮下，造成双腿截肢。一名教师，在关键时刻用自己的爱心与生命爱护学生，用生命谱写一名教师的职业乐章，成就学生的成长之梦。如果在关键时刻，张丽莉没有挺身而出；如果学生受伤的一幕真实出现在张丽莉的面前，她会心安么？答案是否定的，一名负责任的老师永远不会让这一幕出现。现今，我们需要发扬"最美教师"的精神，用爱心给学生铺路，成就学生的成长。

每个人都有职业理想，有人想成为律师，惩恶扬善，伸张正义；有人想成为记者，文笔飞扬，引导舆论；有人想成为警察，除暴安良，保家卫国；而我想成为一名教师，在三尺讲台挥洒光和热。用知识托起学生的学业梦，用负责托起学生的人格梦，用爱心托起学生的成长梦，为培养新时期的接班人贡献自己微薄的力量。

参考范文2：

我的梦想

梦想是什么？卖火柴的小女孩梦想着飘香的烤鹅，能够赶走饥寒；梦想着家人温暖的双臂，能够驱逐寂寞。"千手观音"邰丽华梦想着残障朋友们可以全面地感受世界。杂交水稻之父袁隆平梦想着农民能够饱尝丰收的喜悦。对于梦想，一千个人有一千种答案，但是对于我来说，站在三尺讲台上挥洒光和热便是我的梦想。

实现梦想要有面对挫折时的积极心态。"山重水复疑无路，柳暗花明又一村。"无臂钢琴师刘伟面对人生苦难，践行人生的诺言，创造了一个又一个奇迹。"积极的人像太阳，照到哪里哪里亮；消极的人像月亮，初一十五两个样"，若没有面对困难时阳光般的心态，便不会有灿烂的辉煌。新教师刚刚踏上工作岗位，也要用积极的心态去面对一切困难和挫折，通过实践提高自己的应对能力。

实现梦想要用爱心温暖学生。教育是充满爱的，没有爱，就没有教育。最牛校长叶志平爱他的每一位学生，对每一位学生高度负责。他制定了有史以来第一份紧急疏散预案，并多次加固校舍安全设施，使得他所在的学校经历了大地震之后，成为唯一一个零伤亡、零损失的学校。作为一名教师，我们应该爱每一位学生，做到一视同仁，用我们的爱温暖学生，激发学生的学习动机；用我们的爱感化学生，得到学生的认可和肯定；用我们的爱打动学生，走近学生的内心世界。

实现梦想要有奉献终身的决心。冯志远老师放弃了在大城市任教的机会支援边疆教育事业，即便眼疾发作，甚至双目失明，也让学生提前将所学内容读给他听，凭借记忆给学生们上历史课，可谓为教育事业奉献了终身。作为老师，要干一行爱一行，既然选择了从事教育事业，就要下决心为自己的梦想奉献终身，要在人生的道路上不断进取，勤于学习，充实自我，将自己的全部积累毫无保留地传授给学生，用自己的人格感化学生，把我们的智慧和青春无怨无悔地奉献给每一位学生。

梦想犹如航行中的灯塔，在茫茫大海中为航船指明方向；梦想犹如黑暗中的灯火，在困惑时为我们点燃成功的希望。我的梦想是成为一名光荣的人民教师，也许在实现梦想的道路上会布满荆棘和坎坷，但是我会保持积极的心态，用爱心温暖学生，为了教育事业奉献终生。

三、议论文写作

（一）议论文的文体知识

议论文又叫说理文，是剖析事物、论述事理、发表意见、提出主张的一种文体。作者通过摆事实、讲道理、辨是非等方法，来确定观点的正确或错误，树立或否定某种主张。

议论是作者对客观事物进行分析、评论、说服，以表明自己的见解、主张、态度的表达方式，通常由论点、论据、论证三部分构成，被誉为"议论文的三要素"。

1. 论点

论点是阐述作者观点的句子，一篇议论文应有且只有一个中心论点，可设多个分论点。论点要求正确、鲜明、新颖。不可以一个本身不正确甚至荒谬的观点作为论点。不可以模棱两可、含混不清的观点作为论点。观点应尽可能地深刻，超出他人见解，避免老生常谈。

论点是一篇文章的灵魂，是作者对议论对象所持的见解和主张。论点必须是正确的，要符合实际，能够解决实际问题。在写议论文时，立论首先要正确鲜明，这是写好议论文的基本要求；其次要深刻、新颖。

论点的位置有五个：题目、开头、文章段落开头、文章中间、结尾。但较多情况是在文章的开头或结尾，段落论点也是如此。当开始与结尾出现类似的语句时，开头的为论点，结尾处的是呼应论点。

有的议论文的论点在文章中用明确的语句表达出来，只要把它们找出来即可；有的则没有用明确的语句直接表述出来，需要读者自己去提取和概括。作为文章论点的句子一般不应含有修辞手法，同时必须是陈述句，反问句与比喻句不能作为论点。

2. **论据**

论据是支撑论点的材料，是作者用来证明论点的理由和依据，必须密切围绕中心论点为其服务。通常议论文的论据分为事实论据和理论论据两种。

事实论据：事实在议论文中做证据的作用十分明显，所谓"事实胜于雄辩"，通过分析事实看出道理，检验它与文章观点在逻辑上是否一致。

理论论据：作为论据的理论总是读者比较熟悉的，或者是为社会普遍承认的，它们是对大量事实抽象、概括的结果。理论论据又包括名言警句、谚语格言以及作者的说理分析等。

3. **论证**

论证是用论据来证明论点的过程。论证的目的在于揭示出论点和论据之间的内在逻辑关系。常用的论证方法有以下几种：

（1）举例论证（例证法）：列举确凿、充分、有代表性的事例证明论点。它的作用是具体有力地论证了观点（中心论点或分论点），增强了文章的说服力。

（2）道理论证：用经典著作中的精辟见解和古今中外名人的名言警句以及人们公认的定理公式等来证明论点。它的作用是有力地论证了观点（中心论点或分论点），增强文章的权威性和说服力。

（3）对比论证：拿正反两方面的论点或论据作比较，在对比中证明论点。其作用是全面地突出论证观点（中心论点或分论点），让人印象深刻。

（4）比喻论证：用人们熟知的事物打比方来证明论点。它的作用是生动形象地论证了观点（中心论点或分论点），使文章浅显易懂，易于理解和接受。

（5）引用论证（引证法）：引用论证比较复杂，这与具体的引用材料有关，有引用名人名言、格言警句、权威数据、名人轶事、笑话趣闻等各种情况。其作用要具体分析，如引用名人名言、格言警句、权威数据，可以增强论证的说服力和权威性；引用名人轶事、奇闻趣事，可以增强论证的趣味性。

（6）归纳论证：是用列举具体事例来论证一般结论的方法。

（7）演绎论证：是根据一般原理或结论来论证个别事例的方法。即：用普遍性的论据来证明特殊性的论点。

（8）类比论证：是从已知的事物中推出同类事例的方法，即从特殊到特殊的论证方法。

（9）因果论证：通过分析事理，揭示论点和论据之间的因果关系来证明论点。因果论证可以用因证果，或以果证因，还可以因果互证。

（二）议论文的写作要求

1. **观点明确，论据充分**

所谓"观点明确"应包括论点的正确性、鲜明性和新颖性。论点的说服力根植于对客观事物的正确反映，而这又取决于作者的立场、观点、态度、方法是否正确，如果论点本身不正确，甚至是荒谬的，再怎么论证也不能说服人。因此，论点正确是议论文的最起码的要求。论点鲜明性是指赞成什么、反对什么，要非常鲜明，千万不能模棱两可、含糊不清。论点应该尽可能新颖、深刻，能超出他人的见解，不是重复他人的老生常谈。

"论据充分"表现为：我们必须选择那些确凿的、典型的事实。引用经过实践检验的理论材料作为论据时，必须注意所引理论本身的精确涵义；引用的事例应该具有广泛的代表性，代表这一类事物的普遍特点和一般性质；论据与论点应统一，论据是为了证明论点的，因此，两者联系应该紧密一致。

论点是议论文的灵魂，分论点是支撑起这个灵魂的骨架，而论据是议论文的血肉。一个人要丰满多彩，光有灵魂和骨架，没有血肉是不可想象的。同样一篇议论文只有中心论点和分论点是不能称为文章的，它还必须有典型而鲜活的论据，加强说理的针对性、时代感，使文章更具说服力。

2. 论证合理，说理透彻

议论文的论证一般分为立论和驳论两大类型。立论和驳论都是一种证明，无非一个是从正面证明其正确，而另一个是从反面证明其错误。它们可以使用基本相同的论证方法。

（1）立论是对一定的事件或问题从正面阐述作者的见解和主张的论证方法。作者在表明自己的态度时要做到：首先，这些看法和主张必须是经过认真的思考或者一定的实践，确实是自己所独有的正确的认识和见解，或者是切实能解决实际问题的主张。要使读者感到有新意，增长知识，提高对事物的认识。然后，必须围绕所论述的问题和中心论点来进行论证。开篇提出怎样的问题，结篇要归结到这一问题。在论证过程中，不能任意发挥，或者任意变换论题。议论文的逻辑性很强，论证必须紧扣中心，首尾一致。最后，"立"往往建立在"破"的基础之上。在立论的过程中，指出一些错误的见解和主张，并加以否定和辩驳，以增强文章的说服力。

（2）驳论是以有力的论据反驳别人错误论点的论证方式。有三种方法：反驳论点、反驳论据、反驳论证。反驳论点，即直接反驳对方论点本身的片面、虚假或谬误，这是驳论中最常用的方法；反驳论据，即揭示对方论据的错误，以达到推倒对方论点的目的，因为错误的论据必定得出错误的论点；反驳论证，即揭露对方在论证过程中的逻辑错误，如大前提、小前提与结论的矛盾，对方各论点之间的矛盾，论点与论据之间矛盾等。由于议论文是由论点、论据、论证三部分有机构成的，因此驳倒了论据或论证，也就否定了论点，与直接反驳论点具有同样效果。一篇驳论文可以几种反驳方式结合起来使用，以加强反驳的力量和说服力。

教师资格考试中常见的是立论文。论证的基本结构一般包括三个层次，即引论、本论、结论。引论是提出问题的部分；本论是分析问题，用论据来证明论点的部分，是文章的主体；结论是解决问题的部分，通常放在文章的最后，与引论相呼应。常见的论证方式有并列式（总论点提出后，用并列的几个分论点去论证总论点的正确性）、递进式（先提出总论点，然后层层深入地进行阐述）、对比式（在一篇文章的几个分论点之间，形成正反对照，通过比较、揭露矛盾，从而阐明中心论点）、总分式（总—分、分—总、总—分—总）。

3. 语言精练，形象生动

语言项是作文评分的重要标准。议论文的语言，要准确精练，形象生动。因为是通过事实呈现和理论分析来阐述观点和思想，所以议论文的语言忌讳摆出说大道理的架势，将哲学原理和辩证法的术语一股脑搬出来，这样做的效果是使得文章流于一种枯燥乏味的空话和套话的说教，读后令人生厌。

一个道理有一千种说法，无论如何表述都要尽量选用形象生动的说法。除了采用比喻、类比、事例等论证方法外，形象畅达乃至华美的语言有时也是必不可少的。修饰议论文的语言，注意运用比喻、排比、对偶和反复等修辞，可以增加文章的感染力流畅性；注意运用假设句、反问句或整句，使文章形成一种滔滔雄辩之势。修饰语言之功，虽不是一朝一夕可成，但只要积行成习，自然会有长进。

（三）议论文的写作技巧

1. 拟写好标题

好的标题可以传达文章主旨和内容，为文章画龙点睛，增添色彩，诱人阅读。从应试角度来说，好的标题能给阅卷者留下良好的第一印象，标题如果能提升阅卷者的阅读兴趣或使之有耳目一新之感，得分一定比较高。议论文的标题拟写标准是准确、鲜明、简洁，达到醒目舒畅要求。所以，诸如"读××有感"、"小议××"、"由××说开去"……都不是适合在考场上出现的标题。

另外，综合素质写作都有给定材料，标题一定要建立在准确的基础上。即：准确理解所给材料内容。

2. 写好开头

人们常用"凤头、猪肚、豹尾"来形容一篇好文章，意思是开头要漂亮、中间要充实、结尾要有力。其中，"凤头"更是至关重要。从应试的角度来说，应该精心设计有亮点、精彩之笔，在文章开头展现出来，可营造强烈的视觉冲击，让阅卷者瞬间被吸引和打动。要避免絮絮叨叨、入题很慢的开头。文章开头要精彩，可多用比喻、类比、排比等修辞手法引入论点；还可引述名言，讲述寓言故事导入话题。议论文开头可以采用以下几种方法：

（1）引用名言，论点随后

▶ 示例

以"为他人喝彩"为题的议论文开头：

韩愈说："李杜文章在，光焰万丈长。"鲁迅说："史家之绝唱，无韵之离骚。"他们各自才华横溢，却不吝啬赞美他人。虽然与被赞美者不在同一时代，却毫无保留地为他人喝彩，展现的是人格修养和大家风范。人生，需要为他人喝彩。

（2）故事铺垫，引出观点

☞ 示例

以"良好行为习惯的起点"为题的议论文开头：

曾经有人问一位诺贝尔奖获得者："您在哪所大学、哪个实验室学到了您认为最主要的东西？"出人意料，这位白发苍苍的学者回答说："是在幼儿园。"这位学者的话说明一个道理：好的生活习惯需从小养成，良好的习惯将会影响一个人的终生。幼儿时期是人一生的启蒙时期，也是培养良好生活习惯的最佳时期。

（3）设问自答，观点出场

☞ 示例

以"人必须有正确的荣辱观"为题的议论文开头：

什么是光荣？什么是耻辱？对于这个问题，很多人并没有进行独立的思考。"八荣八耻"是对这个问题的最好回答，是对每一个人的要求。但在生活中，在一些人看来，考上大学光荣，考不上耻辱；受了表扬光荣，被批评了耻辱；成功了光荣，失败了耻辱……面对生活中荣与辱问题上的是与非，我们应该正确对待。

（4）对比排比，精辟归纳

☞ 示例

以"相信自己，也要信任他人"为题的议论文开头：

有人说："当局者迷，旁观者清。"于是信任他人，让他人来决定自己的一切。有人说："只有自己才最了解自己。"于是闭目寡听，在错误的泥潭中越陷越深。相信自己和听取别人的意见看似是不可统一的矛盾双方，但二者正如我们的左膀右臂，缺一不可。我们既要相信自己，又要相信别人。

3. 写好中间段落的首尾句

议论文的结构是否严谨，条理是否清楚，论证是否严密，论据是否典型，关键在中间段的写作。结构、条理、论证和论据等是议论文评分的重要细则，议论文写作要尽量符合这些标准。

常见的论述模式：首句为小论点或承上启下的过渡词句；中间围绕小论点，运用恰当的事实、理论论据，或针对现实生活中的某些现象，分析说理；最后结合论述内容写一两句小结的话语。其中首句和末句的写作最重要，它能直接勾勒文章的脉络，显示全文的论述思路。另外，文章的整体论证结构常用正反对比式。许多道理只要从正反两面说了，就基本上可做到论述严密。在考场中熟练地运用这种作文模式，可迅速地展开写作，减少失误，节省时间。

真题链接

写作题一：

山有山的高度，水有水的深度，没必要一味地攀比；风有风的自由，云有云的温柔，没必要总是模仿。你认为快乐的，就去寻找；你认为值得的，就去守候；你认为幸福的，就去珍惜。没有不被评说的事，没有不被猜测的人，不要太在乎别人的看法，不要太盲目追求一些东西，做最真实、最朴实的自己，依心而行，无憾今生。

要求：用规范的现代汉语写作。自定立意，自拟题目。不少于1000字。

参考范文：

鼓励学生认识自己

鹰击长空，鱼翔浅底，虎啸深山，驼走大漠，因为选择了适合自己的位置才造就了生命的极致；小桥流水，蝉吟虫唱，斗转星移，珍器古玩，因为选择了适合自己的方式才创造了美景奇观。世间万物只有选择适合自己的位置，适合自己的生存方式、生命状态，才有可能最大限度地实现自己的生命价值。物如此，人亦然。身为教师，要帮助学生发现最好的自己。

教师的使命是促使学生个性的健康发展。如今，我们的教育总是将学生培养成我们所想象的人才，完全是从自己的意愿出发，替受教育者包办一切，学生必须喜欢学习，然后通过各种训练考试达到我们认为理想的成绩。但学生也许有志不在于此，他们也许更热爱音乐，也许更爱好绘画，也许更热衷运动……中国的学生没有个性自由，据新闻报道：北京一个五岁半的男童被母亲逼迫，报了十七个课外辅导班；全民奥数之风打破了学生的日常生活。学生为了分数日夜奋战，殊不知自己的长处到底在哪里。因此，教师要尊重学生个性，帮助学生找到适合自己的位置。

教师要帮助学生看清自己，给予学生自信。教育是一门艺术，一门自由选择的艺术。没有选择的教育，断然不会培养出充满个性的人。我们的社会需要个性张扬的人才，不需要只会读书、死读书的书呆子，我们应该让每个人的个性得到充分自由的发展。那时我们的教育捧出的就不只是一张张所谓重点学校的录取通知书，而是一个个特长突出、个性鲜明的人。十八岁天才少年丁俊晖，走出一条截然不同的道路，这里充满艰辛，又充满着快乐。他没有像普通孩子一样上下学，而是潜心打球，打球正是他最大的乐趣，也是他的长处。由此可见，看到学生长处并鼓励他追求梦想是更重要的事。

此外，教师也要针对学生的个性因材施教。我国古代的大教育家孔子，率先打破了

"学在官府"的局面，真可谓是桃李满天下，弟子多得数也数不清，仅贤者就有几十个。孔子的教育之所以会如此成功，与他因材施教的教学方法是分不开的。试想，如果孔子让子路学习礼仪，让公西华学习治国，或是让曾皙学习兵法，那么孔子学生中的贤者应该会寥寥无几了吧。

对学生的期待目标要适度，要切合实际。每个学生都有自己的优点和缺点，他们的先天因素和后天发展都是不平衡的，在对学生提出目标时，要遵循适度性原则和循序渐进的原则，使学生既不会望而生畏，感到高不可攀，又不会轻而易举达到目标。正所谓，山有山的高度，水有水的深度，不必攀比，每个人都有自己的长处；风有风的自由，云有云的温柔，没必要模仿，每个人都有自己的个性。因材施教，发挥学生最大的优势。

"我就是我，是颜色不一样的烟火"，每个人都有一个最适合自己的位置，只有找准了才能实现自己的价值。社会是多姿多彩的，需要的是各种各样的人才，教师要摒弃传统教育中"一刀切""一锅煮""千人一面"的教育，真正做到"一把钥匙开一把锁"，尊重不同个性学生未来的不同发展，帮助每一个学生在今后的社会生活中找到自己的位置，谱写人生辉煌。

写作题二：

许多植物自身都有对自然界灵敏的反应，并且不断调整自身的生存状态。如干旱可让植物的根深扎于泥土中，风力大的地区的植物长得更牢固。肥沃的土地上生长快的植物往往材质松软，贫瘠的土地上生长慢的植物常常材质坚硬。植物如此，人也一样。

要求：用规范的现代汉语写作。角度自选，立意自定，标题自拟。不少于1000字。

参考范文：

战胜挫折，收获绚丽人生

森林中的大树，不同暴风猛雨搏过千百回，树干就不会长得十分结实。人不遭遇种种逆境，他的人格、本领也不会"长得结实"。成功的过程，就是战胜困难的过程。成功学大师戴尔·卡耐基反复强调过一个观点：一个人的成功，关键就看他能否战胜命运中的挫折。挫折是人生的财富。对于教师而言，除了自己要战胜工作和生活中的种种困难，还要加强对学生的挫折教育，让学生在挫折中不断成长。

让学生认识挫折的必然性和经常性。人生不如意十之八九，但是在当今的校园，因为成绩下滑就跳楼自杀，因为无法与室友一样被保送就杀死室友的事情屡见不鲜。在人生最美好的日子里，只因为一点点的挫折，就葬送了自己的甚至是别人的生命，都是对挫折的认识不够充分。教师应该让学生认识到，适当的挫折是人生成长的必经之路。古往今来，许多名人贤士无不是在挫折中成就了不平凡的事业。经历挫折，才能让我们的学生更加成熟地看待生活和生命。

让学生正视挫折的破坏性和困难性。"路漫漫其修远兮，吾将上下而求索"，漫漫人生道路上，无不充满着坎坷挫折，不管你愿不愿意，它随时都可能堵在你前面。作为教师，必须要让学生知道，挫折虽然会给我们的人生笼盖上一层阴霾，给人带来痛苦，但它却磨炼人的意志，激发人的斗志；也可以让人学会思考，及时调整自己的行动，以最适宜的方法去适应当前的状况，从而实现自己的理想。澳大利亚科学家贝弗里奇说过，"人们最出色的工作往往是处于逆境的情况下做出来的"，只有引导学生正视挫折的破坏性和困难性并勇敢地战胜挫折，才能让它成为学生成功道路上的垫脚石。

让学生学会转移挫折的痛苦和压力。古人说："失之东隅，收之桑榆。"即在某方面的目标受挫时，不灰心气馁，以另一个可能成功的目标来代替，而不致陷入苦恼、忧伤、悲观、绝望的境地。教师可以教育学生，当在某一方面遭受挫折时，可以通过在另一方面争取成功来减轻挫折感和心理不适，取得心理平衡。教师要让学生懂得，对付挫折有许多办法，可以尝试着踏平它、跨过它，甚至可以"曲线救国"，绕过它；只要有信心，有勇气，就一定可以踩过泥泞，跨越挫折，走向成熟。

学生的成才过程其实是不断在失败中修炼自我、挖掘自我、超越自我的成长过程。没有挫折的经历就不可能真正成熟起来，人格也不会完整。作为教师应端正学生对待挫折的态度，让学生从挫折中体验到一种危机感，从而激发迎接挑战、战胜挫折的内在动力，让挫折成为学生成长和成人的重要财富，让生命的花朵在经过风雨的洗礼后开得更加绚丽。

综合素质（中学）考试大纲

一、考试目标

主要考查申请教师资格人员的下列知识、能力和素养：

1. 具有先进的教育理念。

2. 具有良好的法律意识和职业道德。

3. 具有一定的文化素养。

4. 具有阅读理解、语言表达、逻辑推理、信息处理等基本能力。

二、考试内容模块与要求

（一）职业理念

1. 教育观

理解国家实施素质教育的基本要求。

掌握在学校教育中开展素质教育的途径和方法。

依据国家实施素质教育的基本要求，分析和评判教育现象。

2. 学生观

理解"人的全面发展"的思想。

理解"以人为本"的涵义，在教育教学活动中做到以学生的全面发展为本。

运用"以人为本"的学生观，在教育教学活动中公正地对待每一个学生，不因性别、民族、地域、经济状况、家庭背景和身心缺陷等歧视学生。

设计或选择丰富多样、适当的教育教学活动方式，因材施教，以促进学生的个性发展。

3. 教师观

了解教师专业发展的要求。

具备终身学习的意识。

在教育教学过程中运用多种方式和手段促进自身的专业发展。

理解教师职业的责任与价值，具有从事教育工作的热情与决心。

（二）教育法律法规

1. 有关教育的法律法规

了解国家主要的教育法律法规，如《中华人民共和国教育法》《中华人民共和国义务教育法》《中华人民共和国教师法》《中华人民共和国未成年人保护法》《中华人民共和国预防未成年人犯罪法》《学生伤害事故处理办法》等。

了解《国家中长期教育改革和发展规划纲要（2010—2020年）》的相关内容。

2. 教师权利和义务

理解教师的权利和义务，熟悉国家有关教育法律法规所规范的教师教育行为，依法从教。

依据国家教育法律法规，分析评价教师在教育教学实践中的实际问题。

3. 学生权利保护

了解有关学生权利保护的教育法规，保护学生的合法权利。

依据国家教育法律法规，分析评价教育教学活动中的学生权利保护等实际问题。

（三）教师职业道德规范

1. 教师职业道德

了解《中小学教师职业道德规范》（2008年修订），掌握教师职业道德规范的主要内容，尊重法律及社会接受的行为准则。

理解《中小学班主任工作条例》文件精神。

分析评价教育教学实践中教师的道德规范问题。

2. 教师职业行为

了解教师职业行为规范的要求。

理解教师职业行为规范的主要内容，在教育活动中运用行为规范恰当地处理与学生、学生家长、同事以及教育管理者的关系。

在教育教学活动中，依据教师职业行为规范，爱国守法、爱岗敬业、关爱学生、教书育人、为人师表。

（四）文化素养

了解中外历史上的重大事件。

了解中外科技发展史上的代表人物及其主要成就。

了解一定的科学常识，熟悉常见的科普读物，具有一定的科学素养。

了解重要的中国传统文化知识。

了解中外文学史上重要的作家作品。

了解一定的艺术鉴赏知识。

了解艺术鉴赏的一般规律，并能有效地运用于教育教学活动。

（五）基本能力

1. 信息处理能力

具有运用工具书检索信息、资料的能力。

具有运用网络检索、交流信息的能力。

具有对信息进行筛选、分类、管理和应用的能力。

具有运用教育测量知识进行数据分析与处理的能力。

具有根据教育教学的需要，设计、制作课件的能力。

2. 逻辑思维能力

了解一定的逻辑知识，熟悉分析、综合、概括的一般方法。

掌握比较、演绎、归纳的基本方法，准确判断、分析各种事物之间的关系。

准确而有条理地进行推理、论证。

3. 阅读理解能力

理解阅读材料中重要概念的含义。

理解阅读材料中重要句子的含义。

筛选并整合图表、文字、视频等阅读材料的主要信息及重要细节。

分析文章结构，把握文章思路。

归纳内容要点，概括中心意思。

分析概括作者在文中的观点态度。

根据上下文合理推断阅读材料中的隐含信息。

4. 写作能力

掌握文体知识，能根据需要按照选定的文体写作。

能够根据文章中心组织、剪裁材料。

具有布局谋篇，安排文章结构的能力。

语言表达准确、鲜明、生动，能够运用多种修辞手法增强表达效果。

三、试卷结构

模　块	比例	题　型
职业理念	15%	单项选择题 材料分析题
教育法律法规	10%	
教师职业道德规范	15%	
文化素养	12%	
基本能力	48%	单项选择题 材料分析题 写　作　题
合　计	100%	单项选择题：约39% 非选择题：约61%

四、题型示例

1. 单项选择题

（1）小明在课堂上突然大叫，有的同学也跟着起哄。下列处理方式，最恰当的一项是（　　）。

A. 马上制止，让小明站到讲台边

B. 不予理睬，继续课堂教学

C. 稍作停顿，批评训斥学生

D. 幽默化解，缓和课堂气氛

（2）"五岳"是我国的五大名山，下列不属于"五岳"的一项是（　　）。

A. 泰山 　　　　　　　　　　B. 华山

C. 黄山 　　　　　　　　　　D. 衡山

阅读下面文段，回答问题。

子曰："学而不思则罔①，思而不学则殆②。"（《论语·为政》）

【注释】①罔：迷惑、糊涂。②殆：疑惑、危险。

（3）下列对孔子这段话的理解，不正确的一项是（　　）。

A. 在孔子看来，学和思二者不能偏废，主张学与思相结合。

B. 孔子指出了学而不思的局限，也道出了思而不学的弊端。

C. 光学习不思考会越学越危险，光思考不学习会越来越糊涂。

D. 孔子学与思相结合的思想，在今天仍有其值得肯定的价值。

2. 材料分析题

阅读下面材料，回答问题。

学生王林在学校因同学给他起外号，将同学的鼻子打出了血。班主任徐老师给王林的爸爸打电话，让他下午到学校来。放学时，王林的爸爸刚来到校门口，等在那里的徐老师当着众人的面，第一句话就是："这么点儿大的孩子都管不好，还用我教你吗？"

问题：

请从教师职业道德规范的角度，对徐老师的做法进行评价。

3. 写作题

请以"我为什么要当教师"为题，写一篇论述文。要求观点明确，论述具体，条理清楚，语言流畅。不少于1000字。

参考文献 REFERENCES

［1］檀传宝. 教师职业道德［M］. 北京：北京师范大学出版社，2015.

［2］中公教育教师资格考试研究院. 综合素质（中学）［M］. 北京：世界图书出版公司，2012.

［3］阚维. 综合素质（中学）［M］. 武汉：华中师范大学出版社，2012.

［4］杨明全，等. 综合素质（中学）［M］. 上海：华东师范大学出版社，2015.

［5］教师资格考试统编教材题库编委会. 综合素质（中学）［M］. 北京：高等教育出版社，2015.

［6］范先佐. 教师职业道德与专业发展［M］. 长春：东北师范大学出版社，2010.

［7］《国家教师资格考试专用教材》编委会. 综合素质（中学）［M］. 北京：教育科学出版社，2015.

［8］徐大林，马焕灵. 综合素质（中学）［M］. 大连：辽宁师范大学出版社，2015.